U0711745

THE COLLECTED TRANSLATIONS OF WESTERN CLASSICS ON LEGAL LOGIC

西方法律逻辑经典译丛

熊明辉　丁　利　主编

〔美〕罗伯特·罗德斯　霍华德·波斯伯塞尔　著

Robert E. Rodes, Jr.　Howard Pospesel

杜文静　译

Premises and Conclusions

Symbolic Logic for Legal Analysis

前提与结论

法律分析的符号逻辑

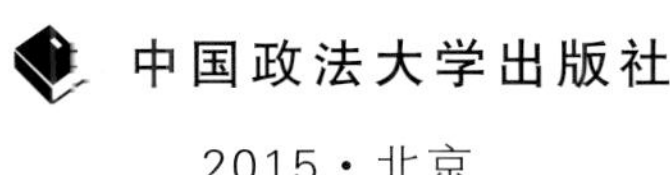

中国政法大学出版社

2015·北京

前提与结论：法律分析的符号逻辑

版权登记号：图字 01－2015－2979 号

出版说明

“西方法律逻辑经典译丛”系列图书翻译项目由教育部普通高校人文社会科学重点研究基地中山大学逻辑与认知研究所、广东省普通高校人文社会科学重点研究基地中山大学法学理论与法律实践研究中心以及中山大学法学院公共政策与法律制度设计研究中心共同策划，该系列图书由中国政法大学出版社出版。入选本译丛书目的图书均为能够代表“西方法律逻辑”最高学术研究水平的经典著作，计划书目为开放式，既包括“西方法律逻辑”经典教科书，又包括其经典专著。首批由广东省“法治化进程中的制度设计与冲突解决：理论、实践与广东经验”项目资助出版，共推出9本译著，分别是《法律与逻辑》、《法律逻辑研究》、《法律推理方法》、《诉讼逻辑》、《论法律与理性》、《法律论证：有效辩护的结构与语言》、《前提与结论：法律分析的符号逻辑》、《建模法律论证的逻辑工具》、《虚拟论证：论法律人及其他论证者的论证助手设计》。同时，该9本译著也是熊明辉教授承担的国家社科基金

重点项目“全面推进依法治国的逻辑理性根基研究”（2013）、广东省高等学校珠江学者岗位计划资助项目（2013）和中山大学重大培育项目“依法治国的逻辑问题研究”（2013）联合资助的一项重要成果。他山之石，可以攻玉。相信本译丛之出版不仅有助于推动我国法律逻辑教学和研究与国际接轨，而且为法治中国建设提供一种通达法律理性和逻辑理性、实现公正司法的工具。

熊明辉　丁　利

2014年6月8日

总　序

法律逻辑有时指称一组用来评价法律论证的原则或规则，其目的是为法律理性和法律公正提供一种分析与评价工具；有时意指一门研究法律逻辑原则或规则的学科，即一门研究如何把好的法律论证与不好的法律论证相区别开来的学科。

自古希腊开始，法律与逻辑就有着密不可分的联系，甚至可以说，逻辑学实际上就是应法庭辩论的需要而产生的，因为亚里士多德（Aristotle）《前分析篇》中的“分析方法”后来演变成“逻辑方法”，它实际上是针对当时的智者们的论证技巧而提出来的，这些智者视教人打官司为基本使命之一。亚里士多德把逻辑学推向了对普遍有效性的追求，这导致了这样的结果：论证的好坏与内容无关，而只与形式有关。19 世纪末，亦即在弗雷格（Frege）发展出了数理逻辑之后，“形式逻辑”一度成为“逻辑”的代名词。法律与逻辑的关系似乎渐行渐远。因此，有人说逻辑就是形式逻辑，根本不存在特殊的法律逻辑，故法律逻辑至多是形式逻辑在法律领域中的应用。

事实上，法律推理确实有自己的逻辑，并且这种逻辑指向的是与内容相关的实践推理。正因如此，如佩雷尔曼（Perelman）所说，在处理传统上什么是法律逻辑的问题时，有人宁愿在其著作中使用“法律推理”或“法律论证”之类的术语，而避免使用“逻辑一词”。

20世纪50年代，以图尔敏（Toulmin）和佩雷尔曼为代表的逻辑学家们开始把注意力转向实践推理，特别是法律推理领域，开辟了法律逻辑研究的新领域。特别是非形式逻辑学家与论证理论家们把语境因素引入到日常生活中真实论证的分析与评价上来，这为法律逻辑研究找到了一个很好的路径。如今，法律逻辑研究需要面对“两个大脑”：一是“人脑”，即法官、律师、检察官等法律人是如何进行法律论证的；二是“电脑”，即为计算机法律专家系统中法律论证的人工智能逻辑建模。前者的逻辑基础是非形式逻辑，而后者的逻辑基础是形式逻辑。如果说形式逻辑对论证的分析与评价仅仅是建立在语义和句法维度之上的话，那么，非形式逻辑显然在形式逻辑框架基础之上引入了一个语用维度，因此，我们不再需要回避“法律逻辑”这一术语了。

熊明辉　丁　利

2014年5月31日

译者引言

本书所说的“符号逻辑”是与亚里士多德传统逻辑相比较而言，指的是弗雷格、罗素、怀特海等人提出的现代逻辑（命题逻辑以及谓词逻辑）。这是罗伯特·罗德斯与霍华德·波斯伯塞尔两位学者的合作研究成果。他们利用符号逻辑的技术手段，把自然语言表达的法律案例符号化，然后通过形式系统的推理规则，从而得到一个有效的结论。本书不仅对律师、法官、立法者、法律教育者、法学院的学生，甚至对每一个需要运用到法律分析和论辩的人来说都具有重要的启迪意义。

1951年，克卢格的《法律逻辑》（德文版）一书的出版是法律逻辑作为一个学科正式形成的标志。在他看来，法律逻辑是现代逻辑（命题逻辑以及谓词逻辑）在法律推理、法律论辩以及立法过程中的应用。他认为，现代逻辑是科学哲学的一部分，推论规则对于任何科学领域的发展都是必要的，尤其对于法律领域。因为现代逻辑的研究对象是推论的正确性以及把有效论证和无效

论证相区别开来的规则系统。这正是法律论证所寻求的逻辑基础，也是实现法律形式理性目标的唯一途径。因此，20 世纪 80 年代，我国兴起了法律逻辑这一分支学科，但主流是“传统逻辑 + 法律例子”构成了面向法律逻辑的教科书。

本书英文版在 1997 年已经出版，十几年过去了，而通过前提对结论的演绎支持，实现法律形式理性的目标的著作却是屈指可数。本书作者认为，法学家为了正确分析法律，必须运用至少两种不同的推理模式。首先，法学家凭借直觉思维或经验思维尽量作出公平与公正的决定，主要取决于作为推理人的法官之综合素质，包括其法律意识、司法理念、价值信仰、理论素养甚至是个人偏好等因素，这是通常的法律思维模式。然而，这种推理得出的结论能否达到符合理性的要求，能否真正实现司法的公正性？所以，正如圣母大学法学教授戴维·林克所说，按照过去判例体系，以及其他法律解释的统一性和一致性标准，任何一位法学家都必须逻辑上证明自己的立场。也就是说，法官在庭审过程中凭直觉形成裁判决定后，并不意味着案件的正确处理决定；因为法官由经验得出的结论，还需要运用推论规则加以证成。

本书作者不仅详细介绍了命题逻辑和谓词逻辑的现代化证明技巧，并把它们运用到经典法律案例中，与此同时，还提出了一些创新方法，比如，用合理高效的技术来评价谓词论证，用简化的方法来分析谓词论证等。从而，清晰表达了符号逻辑到法律领域的运用，并且展示了从逻辑上证明一个好的直觉决定并非难事，因此充分说明了法律论证形式的演绎有效性。

本书与传统的法律逻辑学教科书不同之处在于，它不是简单的“传统逻辑 + 法律例子”，也不是片面地强调“唯符号逻辑”，仅仅从纯符号的角度探讨法律问题。与之相反，而是紧密结合法律内容，考虑到在法律实践中运用命题逻辑和谓词逻辑可能会出现的相关法律难题。比如，分析复杂的法律材料会导致陷阱类的问题，而标准逻辑的局限性会导致悖论类的问题。本书作者相信，通过自己的改进策略，不但可以避免上述的问题，而且根本不需要回避很可能产生上述问题的法律论证。

本书把现代逻辑的符号运用到法律分析中，使得法律概念和法律规范非常清晰，并利用标准化符号逻辑的方法充分演绎法律推理，对法学、逻辑学、哲学、人工智能等各个学术领域具有重要的贡献，是符号逻辑与法学相得益彰的经典佳作。另外，作者不仅在例题与习题中广泛运用法律材料、案例与法规，还从各种领域中运用真实的例子进行推理使得读者产生浓厚的兴趣，给读者耳目一新的感觉，这也是本书独具匠心之处。在此，我要深深地感谢中山大学熊明辉教授，他给我提供了宝贵的机会翻译这本著作，并在翻译过程中承蒙他的鼓励和帮助，使我受益匪浅。

杜文静

2015年5月2日于上海

vii
前　言

戴维·林克
圣母大学法学教授和
约瑟夫·马特森法学院院长

我一直都很喜欢霍华德·波斯伯塞尔教授和罗伯特·罗德教授的著作。这两位学者的合作研究成果对于法律分析与思考，具有非常重要的贡献。而且，这对于律师、法官、立法者、法律行政管理者、法律教育者、法学院的学生、法律预科生，甚至对每一个需要运用到法律分析和论辩的人来说都具有重要的意义。

为了正确分析法律，法学家必须运用至少两种不同的推理模式。一方面，法学家能够凭直觉尽量作出最正确的判断和决定。当然，伟大的法律思想家，无论他们是否承认，作出判断必须依据正义、公平、公正，在道德上是正确的、可行的、可实现的，并且符合一个或多个本能标准。这是通常的法律思维模式。然而，另一方面，按照过去判例体系，以及其他法律解释的统一性和一致性标准，任何一位法学家都必须在逻辑上证明自己的立场。

我们可以从直观上判断，但必须从逻辑上进行证明。当我是一名律师的时候，就已经注意到对于大多数法律专业人士来说，从一种方式转换到另一种方式常常会陷入进退两难的境地。这很可能是认知和直觉为荣格圈两种相反的人格类型造成的，而且一个人的自然推理倾向往往会妨碍其使用直觉和逻辑模式。“疑难案件使法律无能为力”与“在某些案件中，律师和法官无法逻辑上证明一个直觉决定”并没有太大差别。而在其他情况下，逻辑并不反对直觉。

同时作为一名教育者，我已经意识到直觉判断和逻辑证明之间的明争暗斗。一些具有优秀本科平均成绩的法学院申请者，却往往在法学院入学考试中成绩很差。实际上所有这些申请者都认为，他们在标准化考试中都考得很差。我想他们觉得这是在有压力的情况下导致的后果，而且不会影响他们对法律的研究。不过，教育者们心里非常清楚，这样的学生在如此重要的领域其实是缺乏技能的。实际上，这些学生对形式逻辑了解得并不多。由于直觉和逻辑思维能力的不平衡，即使他们以后进入法学院也会遇到困难。一些学生在入学第一年，考试成绩很好，但在后面学习更难的课程时会逐渐吃力起来。还有一些学生在第二年和第三 viii
年成绩优秀之前，第一年就一直奋战在基础课程中。通常我们会认为经过一年的磨练，有些学生已经对学习失去兴趣，而其他人终于“使出干劲”。但是我认为原因不在于此，因为法学院第一年以传统逻辑为基础，而在更高级的课程中，直觉所占的比重却要比分析多。

现在有一本书提出了两种推理形式。对于正奋战在法学院入学考试中的法律预科生和一年级的法律本科生，很多年来我一直推荐霍华德·波斯伯塞尔教授的著作，还有雷曼·艾伦（Layman Allen）的逻辑博弈——《合式公式证明博弈》（*WFF'N Proof*）。听从我建

议的学生都取得了优秀的成绩。现在有更好的著作推荐给你们，它对于律师、法律学院的学生、法律预科生都非常重要。这本书清晰表达了符号逻辑在法律中的运用，并且从逻辑上展示了很容易证明一个好的直觉决定。

序　言

很多法律推理是演绎的；并且如果这些技巧能够充分利用，那么标准化符号逻辑的方法足以分析演绎法律推理。这两个断言始终贯穿本书。

在第二章和第三章中，我们提出标准化逻辑的证明技巧，并且将它们运用到法律案例中。在第三章最后一节的开始，我们将重点放在把符号逻辑运用到法律论证的分析中。

为了尽量使得自己的系统在互相竞争的法学理论之间保持中立，于是，我们一直在从事这项工作，尽管没有致力于任何明确经验等值式，也没有致力于针对引入法律义务词项的任何单一逻辑形式。正因如此，我们把道义逻辑归到了附录。有些法学理论或许允许运用道义逻辑多些，但这种运用都不是中立的理论。

现在我们需要说明一些问题，因为它们经常出现在法律推理中，但是却被逻辑学家忽略或者留给高级课程来解决。其中包括实质蕴涵怪论以及意向性问题。我们无法断言这些问题已经被解决，但是相信利用改进的策略可以避免上述的问题，根本不需要回避很可能产生上述问题的法律论证。本书还提出了一些创新，比如，用合理高效的技术来评价谓词论证（参见第3.3节），用简化的方法来分析谓词论证（参见第3.7节），并为否定诉讼程序与积极抗辩制定了方案（参见第四章）。

我们相信，对于法学院的课程或者相关研讨会，抑或关于法学方法论的课程，本书都是非常有用的。它也可以推荐给法学院学生用来自学。在大学课程中，本书对于法律学习和法学院入学考试也很有帮助。虽然它所涵盖的主题通常没有出现在逻辑课中，但是其
x 已经融入到优秀本科生的能力中。不过，若大学老师仍希望在不影响整本书连贯性的前提下，把特别的内容删除掉。本书的前三章内容是后面部分的基础，而后面的章节则可以单独删除或缩短。

吉卜林（Rudyard Kipling）讲了这样一个故事，一只刺猬教一只乌龟缩成一个球，而这只乌龟教这只刺猬学游泳。最后，他们发现自己都变成了穿山甲。同样，逻辑学家和律师经过多年的合作，上述类似的事情也会发生。假如我们的同行从一门学科或其他学科中发现太少的乌龟或者刺猬，却有太多的穿山甲，这就是我们的过错了。

我们衷心地感谢凯瑞（Leonard Carrier）、欧文（Ed Erwin）、戈德曼（Alan Goldman）、哈克（Susan Haack）、莱恩（Robert Lane）、芒斯（Craig Munns）和西格尔（Harvey Siegel），感谢他们阅读和评论本书，其中芒斯还核对了答案手册。同时，我们的朋友和以前的学生还为本书提供了很多例子，所以要感谢他们：阿纳斯塔西奥（Pat Anastasio）、阿里亚斯（Adelsi Arias）、卡希尔（Philip Cahill）、赛德（Catherine Ceder）、克莱特（Mary Ann Clark）、戴（Nancy Sue Day）、迪金（Ruthanne Deakin）、加西亚（Dania Garcia）、戈德曼（Alan Goldman）、杰森（Mitchell Johnson）、乔纳斯（Jason Jonas）、马雷罗（Sarah Marrero）、麦克唐纳（Janice-Marie McDonald）、莫兰（Andrew

Moran）、班纳（Leo De la Pena）、佩雷斯（Richard Perez）、罗森（Daisy Rosen）、鲁宾（Rochelle E. Rubin）、鲁尼恩（Tom Runyan）、乌加特（Miguel F. Ugarte）与沃特（Judith Taylor Walter）。下列各位也为本书提供了一些例子：德马科（James DeMarco）、克里斯托夫（Margarita Kristoff）、玛森（Rachel Mathason）、米格（Denise Oehmig）、雷（Supryia Ray）、罗德里格斯（Marlene Rodriguez）、桑德斯（Jonathan Sanders）、锡奥（Rey Sio）、泰达（Richard R. Talda）和泽尔纳（Haroid Zellner）。我们特别感谢马兰斯（David Marans），因为他为本书提供了 17 个例子。同时，也要感谢出版社的评论家们，哈佛法学院的布鲁尔（Scott Brewer），圣玛丽学院的塞尔（Patricia Sayre）以及俄亥俄州的雷蒙（Ron Laymon）。

目　录

第 1 章 引 言 1

1.1 论 证

我们其中的一个人心不在焉地走进图书馆洗手间，可他没有注意到门上的标志，于是产生了一个神经质的恐惧——走错了地方。但当他看到洗手间的小便池，这种恐惧就随之消失。因为在其脑海中，马上做出一个逻辑推理。该推理用形式的陈述描述如下：

所有带小便池的洗手间都是男士洗手间。

这个洗手间有小便池。

所以，这是男士洗手间。

在日常生活中，每个人通常都会以这种方式进行逻辑推理，并且碰到别人提出的逻辑论证也是如此。

在法律专业中，我们当然比其他人有更多的机会运用逻辑论证。在普通法和法律规则中经常会运用上述所讨论的“洗手间”论证，例如：

没有报酬的合同是不能执行的。 2

这个合同没有报酬。

所以，它不能执行。

去年收入超过 2000 美元的人必须纳税。

安妮去年收入超过 2000 美元。

所以，安妮必须纳税。

诉讼程序是一个特殊的逻辑论证形式，称为省略三段论。下面是《美国联邦民事诉讼规则》关于过失的起诉状之格式9：

关于过失的起诉状

1. 管辖权主张。

2. 1936年6月1日，在马萨诸塞州波士顿市波利斯顿大街的公路上，被告驾驶一辆汽车因过失撞上正横穿该公路的原告。

3. 原告因被撞倒，造成腿骨折及其他伤害，不能经营其业务，遭受巨大的身体及精神痛苦，花去医疗费用及住院费1000美元。

为此，原告请求法院判决被告向原告支付＿＿＿＿＿＿美元及诉讼费用。

这就是一个省略三段论，因为其缺少一个前提。当然上面的诉讼过程，仅仅是理解性的描述，而不是严格陈述。关于这个民事诉讼的完整论证如下：

任何人因过失驾驶一辆汽车撞上他人并造成伤害都要承担伤害赔偿责任。
被告因过失驾驶一辆汽车撞上他人并造成伤害。
因此，被告承担伤害赔偿责任。

在民事诉讼中我们并没有陈述第一个前提，因为这个前提是每个人都清楚的法律原则。《美国联邦民事诉讼规则》第12条第2款第6项规定：没有陈述救济请求，被告声称不存在这样的法律原则将驳回起诉。当然，在此情况下，这样的动议毫无意义。如果加上省略的前提，那么该论证就如同“洗手间”论证一样，上面所列的另外两个论证也是如此。[1]

3 论证可以从两个不同的方面来评价。一方面，在论证中，判定前提的真或假，称其为评价论证的内容。另一方面，判定结论是否能从前提中推出，称其为评价论证的形式。一般来说，逻辑更关心论证的形式而不是内容。我们去掉“洗手间”论证的内容，得到如下形式：

所有D都是E
f是D
所以，f是E

---

〔1〕 该推理可以有更深入的分析，参见第177页练习6。

上述所列的其他论证都具有相同的形式。如果从前提必然推出结论，那么这个形式是好的。

从下面的例子中，我们可以更清楚地看出形式和内容之间的区别。

论证一	论证二
所有新教教徒都是路德教徒。 有些新教教徒是卫理公会教徒。 所以，有些路德教徒是卫理公会教徒。	所有路德教徒都是新教教徒。 有些新教教徒是卫理公会教徒。 所以，有些路德教徒是卫理公会教徒。

这两个论证的结论都是假的，说明每一个论证都存在错误。论证一的错误很明显：第一个前提为假（内容错误）。论证二的前提都是真的，但是它犯的错误与论证一不同：从前提不能必然推出结论。论证二揭示了形式的不足之处：

所有D都是E
有些E是F
所以，有些D是F

论证一的形式是什么呢？

如果一个论证具有正确的内容和好的形式，那么它的结论为真。
所以，日常训练培养了我们评价论证内容是否正确的能力。而逻辑课
程培养了我们评价论证形式是否好的能力，这也是它的主要目的。而 4
逻辑课程的另一个目的就是根据论证内容和形式两个不同方面，使学
生掌握识别和评价论证的技巧。

但我们为什么应当按照自己的方式评价论证呢？因为评价支持或不支持一个命题或主张的论证常常是我们达到真理的最佳方式。当然，这是法官的工作。如果律师想说服法官或者预测法官的判决，他们也必须这样做。这也是人们在从事实践事务时所必须掌握的，如果律师想给当事人提供好的建议，同样也得这样做。现在，先不考虑实践，人们（包括律师）更愿意自己相信的事物是真的而不喜欢所相信的事物是假的。

1.2 关键词项

在本书继续进行之前，我们要把前面出现的一些词项弄清楚，同时再引入另外一些词项。列表中的每一个词项都将在下文中作出解释。

论证
结论
前提
陈述
有效
无效
推衍
逻辑等值
真
假
演绎
归纳

论证是一个基本的逻辑概念。一个论证是由陈述所组成的一个序列，其中最后一个陈述（结论），可能从其他陈述（前提）中推出。注意，“可能”[2]一词拓宽了论证的定义，从而使它既包含好论证又包含坏论证。论证是由若干个推理组成。论证的构成成分是陈述。具有真或假的语句是陈述。一类陈述可以粗略地看成一类表达陈述的句子。一些例子如下：

---

〔2〕 本书中我们在一些语境下使用引号，这种表达习惯常常在逻辑学和其他学科中出现。对比下面的句子：

(A) 大象都是灰色的。(B)“大象”是一个名词。

逻辑学家称之为“使用与提及的区别”。意味着句子 A 使用（但没有提及）词语，而句子 B 提到了这个词语。

陈 述	非陈述
戴安娜·范斯坦是一位民主党人。	你有时间吗?
任何一个没有报酬的合同是不能执行的。 有些埃及人是白肤金发碧眼的人。	全体起立。 当心! 反对无效。[3]

逻辑的两个主要分支是演绎逻辑和归纳逻辑。在演绎逻辑中，我们关注两类论证：①结论必然从前提中推出。②所有其他论证。第一类论证称为有效的，第二类论证称为无效的。关于“有效性”有两个等值定义：

有效论证是指具有这样一种形式的论证：如果所有前提为真，则其结论必然为真。

有效论证是指具有这样一种形式的论证：其前提都为真而结论为假，这是不可能的。

因为“有效性”是演绎逻辑中非常重要的概念，所以它具有几种等值的描述。例如：

论证的前提推衍其结论。

论证的结论必然从其前提推出。

论证的结论逻辑上从其前提推出。

注意，我们上述的“有效性”仅是从形式上定义，而不是从内容上定义的。一个有效论证可能包含假的陈述，而一个无效论证可能由真陈述组成。下面的例子就揭示了这个特点。尽管“梅勒”论证中的陈述都是假的，但是它的形式却无懈可击。假如“梅勒”论证的前提为真，则其结论也将为真。而“莫里森”论证中的陈述都是真的，可是其形式是差的。

---

〔3〕 这就是我们所说的“行为语言”。通过说出“反对无效”，法官实际上在否决反对，而不是告诉我们一些已经发生的事实。所以这个判决或正确或错误，是因为它不意在传输信息。因此这不是一个陈述。如果你想了解更多关于行为语言的话，可以阅读奥斯丁（J. L. Austin）著的《如何以言行事》（*How to Do Things with Words*, Cambridge, MA: Harvard University Press, 1962）。

6

有　效	无　效
诺曼·梅勒是希腊人并且是一名牙医。 因此，他是希腊人。	托妮·莫里森是美国人。 因此，她是美国人并且是一名小说家。

因此，“莫里森”论证中的结论不能只由前提推出。关于“梅勒”和“莫里森”的论证，形式如下：

“梅勒”	P并且Q。因此，P。	有效形式
“莫里森”	P。因此，P并且Q。	无效形式

在无效论证中，我们能够找到关于真陈述和假陈述的所有可能组合。有例子如下：

真前提和真结论	有些最高法院法官不是女性。 因此，有些女性不是最高法院法官。
假前提和真结论	所有新教教徒都是路德教徒。 因此，所有路德教徒都是新教教徒。
真前提和假结论	戴安娜·范斯坦或者是参议院议员或者是众议院议员。 因此，她是众议院议员。

而在有效论证中，我们能够找到关于前提与结论的所有组合，但除了一种组合。下页的例子就是有效论证的两个例子。在有效论证中，根据“有效性”的定义，排除了“（所有）真前提和假结论”这种组合。有效性的优点在于它的保真性。一个有效论证不可能由真前提推出假结论。

正如前面所提到的，“推衍”关系是和有效性概念联系在一起的。当论证是有效的，则一个陈述推衍出第二个陈述，其中第一个陈述是前提，第二个陈述是结论。我们进一步推广“推衍”这个概念，使得它在一组陈述中成立。如果论证是有效的，那么第一组陈述推衍出第二组陈述，其中第一组陈述是前提，第二组陈述是结论。

真前提和真结论	有些路德教徒是民主党人。 因此，有些民主党人是路德教徒。	7
假前提和真结论	戴安娜·范斯坦是众议院议员。 因此，她或者是参议院议员或者是众议院议员。	

逻辑等值就是互相推衍。两个陈述（或者两组陈述）在逻辑上等值，当且仅当它们相互推衍。由于两个陈述（或者两组陈述）具有相同的内容，当且仅当它们逻辑等值，所以，逻辑等值是法律逻辑中一个很重要的概念。

我们所定义的“有效性”与日常话语的“有效性”并非严格一致。[4]（因为专业词项具有精确的定义，而普通词项并没有其特点，所以它们的含义不可能完全等同。）二者最重要的区别在于，普通词项包括形式和内容，而专业词项只关心形式。当我们用非专业话语来评价一个推理的“有效性”时，不但关注它的结构，还要考虑其内容。日常语言的“有效性”不可能运用到有缺点的论证中（比如“梅勒”论证和“莫里森”论证）。

为了避免混淆，从事逻辑专业的学者赞成把形容词“有效的”（“无效的”）运用到论证中，而不是陈述中。而把“真”（“假”）运用到陈述中，而不是论证中。一个陈述是真的，当它所表达的事物与现实世界一致。如果不一致，则这个陈述是假的。

演绎和归纳之区别已经在不同的学科、不同的时期、以不同的方式展现出来。“演绎”是从一般到个别的推理，“归纳”是从个别到一般的推理，这就是两者的主要区别。法学家们经常用这种方式得出二者的区别。例如：艾伦（Carleton Kemp Allen）先生在他的经典著作《法律的制定》（*Law in the Making*）[5]中，讨论先例时提到“司法判决的过程或者是演绎的或者是归纳的”。在第一个理论中，法官判决是从一般到个别的演绎过程（从一般法律规则到具体事实）。不过在第

〔4〕 当然，这两种解释都和我们说的有效或无效的法律事务的含义大不相同。

〔5〕 （Oxford，1927），pp. 107－8.

二个理论中，法官不得不寻找已经适用于具体事实的法律规则。因此，这个过程就是归纳的。

8 由于不同的原因，现代法学家倾向于使用其他词项，而不是用“归纳”来描述通过判例分析来获得法律规则的过程。现代逻辑学家已经不喜欢按照“特别”和“一般”来区别演绎和归纳。现在，逻辑学家通常根据推理的前提和结论的联系来区分演绎和归纳。在一个有效演绎中，前提与结论的联系是必然的，而在归纳中，联系是或然的。举例如下：

> 在购物中心这端的商店现在很拥挤。
>
> 因此，在购物中心另一端的商店也很拥挤。

前提使得结论看上去很有可能，不过即使前提是真的，结论也有可能为假（也就是说，结论并不必然从前提推出）。逻辑学家认为这样的推理是归纳逻辑。[6]

尽管逻辑学家和法学理论家针对这些概念提出各自的定义，但是在大多数情况下，判定一个推理是演绎的还是归纳的，他们的看法仍能达成一致。而在我们的日常生活和法律环境中，也离不开这两种推理。本书重点强调关于演绎法律推理的研究。原因很简单：目前，逻辑学家对演绎逻辑比对归纳逻辑要了解得更多。

1.3 逻辑与法律

从法律制度建立以后，演绎推理便占据了法律领域的一席之地。

---

〔6〕 我们注意到有两种关于演绎和归纳的观点在逐渐得到逻辑学家们的认可。第一种观点认为演绎和归纳的区别并不是不同论证之间的区别，而是评价论证的标准类型之间的区别。在这种观点之下，对于一个论证，你或者认为它“演绎有效”（如果它符合演绎逻辑的严格标准），或者认为它“归纳性强”（如果它符合归纳逻辑的不太严格标准），或者它什么都不是（因为它不符合任何一个标准），但是你不能正确地描述它为“演绎”或“归纳”。这种方法是由史克姆斯（Brian Skyrrns）在《逻辑导论》（*Choice and Chance*, Blmont, CA: Dickenson, 1996）一书中提出的。第二种观点认为推理并不只有两种形式，而是有三种形式；第三种论证形式叫作“回溯法”或“最佳解释推理”。回溯法的前提需要用解释描述现象，结论是规定解释的假设。这种观点是由19世纪美国法学家皮尔士（Charles Peirce）首先提出的。

现在我们讲一个发生在2400年前的例子。在法庭上，麦利图斯（Meletus）指控苏格拉底（Socrates）是一名无神论者（这次审判判处了苏格拉底死刑）。根据苏格拉底的追随者——柏拉图（我们知道，审判苏格拉底时，他也在场）的审判记录，我们从中摘录部分内容如下：[7]

苏格拉底 老实告诉我，麦利图斯，这就是你对我的看法吗？我真的根本不相信神吗？ 9

麦利图斯 对，你根本不信神。

苏格拉底 有没有人只相信超自然活动而不相信超自然存在？

麦利图斯 没有这样的人。

苏格拉底 但如果我相信超自然活动，我免不了也会相信超自然存在。我们不是认为超自然存在是神或者是神的孩子吗？这么说你同意吗？

麦利图斯 当然同意。

苏格拉底 如果你断言我相信超自然存在，那么假如这些超自然存在就是神，我们将得出这样的结论……另一方面，如果像人们通常所说的那样，这些超自然存在是众神与山林水泽的仙女或其他母亲的私生子，世界上有谁会只相信神的子女而不相信神本身呢？

我们把苏格拉底的推理整理成下面两个相关联的论证：

如果有超自然活动，就有超自然存在。
任何超自然存在是神或者是神的孩子。
如果有神的孩子，就有神。
所以，有超自然活动蕴涵了有神。

苏格拉底相信有超自然活动。
苏格拉底已经证明超自然活动的存在蕴涵了有神。（参见前面的论证）
相信一个主张并且证明其蕴涵另一个主张的人也相信第二个主张。
因此，苏格拉底相信有神。

这些论证是有效的还是无效的？我们怎样才能获得确切的答案？本书针对

〔7〕“Apology” in *The Last Days of Socrates*, trans. Hugh Tredennick (Baltimore: Penguin Books, 1989), pp. 57–58.

这些问题提供了解决方法。(这两个论证是第3.2节和第3.5节的习题)

现在再举一个法律逻辑的例子。这是关于尼克松(Richard Nixon)参与水门丑闻的事件,国会议员拉塔(Latta)、麦克洛里(McClory)和曼(Mann)在法院委员会进行了争论。[8]

10 **书记员** 麦克洛里先生提议,除非总统在1974年7月27日周六中午12点之前,没有明确地保证交出委员会所要求的全部录音谈话,而根据美国米切尔法院规定,这些录音谈话要提供给地区法院,众议院才推迟10天行使宪法所赋予的权力弹劾总统……

拉塔先生 ……在我们表决之前,我想提醒麦克洛里先生注意他的提议措辞。你提议除非总统没有保证交出全部录音谈话,才推迟10天。所以,如果明天他没有交出,我们就要推迟10天。当然,如果他给出保证,我们就不用推迟10天。对于你已经起草好的提议,我建议作如下修改:假如总统明确保证明天中午之前交出全部录音,就推迟10天。

麦克洛里先生 我认为提议的措辞完全正确。我是经过深思熟虑后才起草的。

拉塔先生 我建议你重新考虑……

曼先生 主席先生,我认为来自伊利诺斯州的麦克洛里先生必须恰当地表明自己的意图,因为这对于全体委员的表决实在是太重要了。所以,如果他能仔细检查该项提议,将发现提议中的措辞是经不起推敲的……

麦克洛里先生 不管诸位是否认同,该提议的措辞是正确的。除非总统明天没有保证交出全部录音,才推后10天。所以,如果总统没有保证,那么就没有推迟10天,而是短短1天。我坚持认为这份提议起草得很正确。最初该提议是由律师起草的,看完之后我也被误导了,不过通过修改,现在它已经正确。除非总统没有保证,才推迟10天。如果总统没有保证,那么就只有24小时或者23小时加1个半小时。

在这次辩论中,误解始终贯穿其中。

(1)国会议员拉塔坚持认为,麦克洛里的提议(除非总统没有保

[8] Meeting of July 26, 1974. The example was given by Daniel Bonevac in *Deduction: Introductory Symbolic Logic* (Palo Alto, CA: Mayfield Publishing Company, 1987), pp. 2–3.

证，才推迟10天）会导致一些推论：

如果总统没有给出他的保证，那么推迟10天。如果他给出其保证，就不用推迟10天。

他正确吗？

（2）国会议员拉塔进一步认为，麦克洛里的意图如下（而非原提议）：

假如总统给出他的保证，委员会将推迟10天。

拉塔这个不同于原提议的陈述正确吗？ 11

（3）国会议员曼认为麦克洛里的意图如下：

除非总统给出他的保证，委员会才推迟10天。

曼先生正确吗？

（4）最后，麦克洛里先生声称他的提议有如下结论：

如果总统没有给出他的保证，那么不会推迟10天。

实际上，前提能够推衍这个结论吗？针对这四个问题，如果你还不确定答案，那么通过法律逻辑的学习将会使你受益匪浅。

逻辑词汇像“除非”、“不能”、“并非”和“假如”在法律会话中非常重要。对于起草、阅读或者实施法律的人，还有那些向当事人提供有关法律事宜的人来讲，理解逻辑词汇和由它们所组成句子的含义是非常必要的。因此，本书的目的就是解释这些词汇。在后面第2.7节的练习中，利用符号逻辑的技巧，就能清晰表达该委员会会议上的发言，并回答以上问题。

在法规和其他法律论述中，发现、揭示和消除歧义及模糊的能力是一种重要的法律技能。符号逻辑恰恰起到这样的作用，尤其是当歧义性导致语意含糊不清时（即差语句结构中的歧义）。例如，美国宪法的第五修正案部分内容如下：

无论任何人，除非根据大陪审团的陈述或起诉书，否则不受死罪或其他重罪的审判，但发生在陆军或海军中，或发生在战时或出现公共危险时服役的民兵中的案件除外……

该短语“发生战时或出现公共危险时的服役”是仅仅联系“民

兵”，还是联系全部的“陆军或海军，或民兵”就不清楚了。它的含糊性会产生很大的歧义，尤其对于在和平时期，陆、海军中被指控犯罪的人。在奥卡拉汉诉帕克［O'Callahan v. Parker, 39 U. S. 258（1969）］案中，法官道格拉斯（Douglas）与法官哈伦（Harlan）关于修正案的解
12 释有不同的意见。但对于逻辑而言，任何可接受的逻辑公式都不会存在修正案的含糊性。因为当你符号化修正案后，就必须根据构造公式的规则选择一种或者另一种含义。所以，掌握符号化语句的技巧，有助于提高察觉别人著作以及自己著作含糊性的能力。（第五修正案的含糊性是后面第5.2节中的一个练习题。）

最后，思考一个关于立法机关草案的例子：

草案 A

对被判抢劫、盗窃或者纵火罪并且在犯罪或逮捕时携带致命武器（除非他具有法律权利携带致命武器）的罪犯，或者对公众使用或企图使用致命武器的罪犯，或者故意造成他人身体伤害或对他人实施虐待的罪犯，或者在这个州以前判过重罪或以前在任何其他地方有过公罪，如果在这个州是公罪，将被判为重罪的罪犯，不得判处缓刑。

现在思考一个案例，某人因为贩卖海洛因被判了重罪。在贩卖时，他没有装备，而被捕时却非法带枪。以前，在这个州还被判了轻罪。根据上述立法，他不符合缓刑吗？由于该草案的模糊性，你会发现很难回答这个问题。

按照下面修改后的立法，请问某人没有资格判处缓刑吗？

草案 B

如果符合下面一个或一个以上的条件，对任何人不得判处缓刑：

（1）被判抢劫、盗窃、纵火罪并且在犯罪或逮捕时携带致命武器，而他不具有合法权利携带致命武器的；

（2）对公众使用或者企图使用致命武器，或者故意造成他人身体伤害或对他人实施虐待的；

（3）在这个州，以前被判过重罪的；

（4）以前在任何其他地方有过公罪，如果在这个州是公罪，将被判为重罪的。

某人不符合草案 B 的第一个条件，因为他没有犯抢劫、盗窃、纵火罪，当然他也不满足其他条件。所以，按照草案 B 的条款，他符合缓刑的 13
条件。但根据草案 A，他符合缓刑的条件吗？事实证明，两个草案是逻辑等值的，因为它们具有相同的内容，因此，无论根据上述草案中的任何一个，某人都符合缓刑的条件。

你可以看到，这种认识到两个复杂陈述等值或差异性的能力，对于立法者以及理解并且应用法规或者执行法律条文的律师而言是多么重要。判定关于政策的两种陈述或者关于事实的两种描述是否等值、一致或者不相容，或者是否一个陈述推衍出另一个陈述都属于逻辑的研究范围。本书的目的就是加强我们判定语言表达之逻辑内容的能力，这样有助于提高对法规或者法律文件的理解。而对于法律专业的学生来说，与日俱增的理解能力也是很有价值的。

在后面的章节中将解释符号逻辑的语言与技巧，这对于提高逻辑能力是很重要的。现在我们看一个符号逻辑如何帮助逻辑直觉上的例子。在上述草案 A 和 B 中，由于它们内容上等值，于是不难发现其具有相同的逻辑符号形式。该草案的符号化可以清楚地表达如下：

$$(x)(\{[Ax \,\&\, (Bx \vee Cx) \,\&\, -Dx] \vee Ex \vee Fx \vee Gx \vee Hx\} \rightarrow -Ix)$$ [9]

由于在论证评价中使用的都是符号，本书提到的逻辑称为“符号”逻辑。目前，所使用的符号逻辑有不同的系统，这里提到的系统是大

〔9〕 Ax = x 被判抢劫、盗窃、纵火罪

Bx = x 在犯罪时携带致命武器

Cx = x 在逮捕时携带致命武器

Dx = x 具有合法权利携带致命武器

Ex = x 对公众使用或者企图使用致命武器

Fx = x 故意造成他人身体伤害或对他人实施虐待

Gx = x 以前在这个州被判过重罪

Hx = x 以前在任何其他地方有过公众犯罪，如果在这个州，将被判为重罪

Ix = x 符合缓刑的条件

(x) = 对于任意的 x

$\vee$ = 或者

$-$ = 并非

$p \rightarrow q$ = 如果 p 那么 q

家所熟知的标准系统。该标准系统比其他系统更为简单，而在阐述它时我们引入一些方法和策略，但其通常不会出现在该系统中。我们相
14 信，通过改进标准系统可以最大程度地表达演绎法律论证。在接下来的两章中将介绍标准法律论证的组成部分，当然随后的章节中也会引入我们的创新之处。[10]

练习

＊1. 在下列陈述中找出假陈述。（附录四已经给出带星号练习题的答案）

（a）具有真前提和真结论的一些论证是有效的，而其他是无效的。

（b）具有真前提和假结论的一些论证是有效的，而其他是无效的。

（c）具有假前提和真结论的一些论证是有效的，而其他是无效的。

（d）具有假前提和假结论的一些论证是有效的，而其他是无效的。

（e）一个前提的论证是有效的当且仅当这个前提包含结论。

（f）两个陈述是逻辑等值当且仅当它们互相推衍。

（g）某个假陈述逻辑上等值于一个真陈述。

2. 逻辑关注于判定陈述的内容。思考一个例子，该陈述是由奥兰治县的法官提出的：

> 除非他们在你的房子里，否则你不准射击任何人，除非你处于即将到来的危险中。[11]

这个陈述是什么意思？它和下面的陈述具有相同的内容吗？

（a）允许你射击别人如果他们在你的房间里并且你处于即将到来

---

〔10〕 逻辑学家从亚里士多德（Aristotle）开始，就已经在证明技巧中使用专门符号。不过，现代符号逻辑的发展主要是由19世纪数理逻辑学家推动的，尤其是布尔（George Boole）、德摩根（Augustus De Morgan）、皮尔士（Charles Peirce）以及弗雷格（Gottlob Frege）。紧接着，在1910年和1913年出版的不朽巨著《数学原理》（*Principia Mathematica*）中，他们的工作被罗素（Bertrand Russell）和怀特海（Alfred North Whitehead）进一步发展。See William and Martha Kneale's *The Development of Logic*（Oxford: The Clarendon Press, 1962）for a valuable treatment of these historical developments.

〔11〕 "Robbery Victim May Face Charges", Miami Herald（November 12, 1994）, p. 5B.

的危险中。

(b) 允许你射击别人只有他们在你的房间里并且你处于即将到来的危险中。

(c) 允许你射击别人如果他们在你的房间里或者你处于即将到来的危险中。

(d) 允许你射击别人只有如果他们在你的房间里或者你处于即将 15
到来的危险中。

(e) 如果某人不在你的房间里并且你没有处于即将到来的危险中，那么不允许你向他射击。

符号逻辑为上述问题提供了解决办法。(法官所说的话作为后面第3.5节的练习题。)

*3. 逻辑也关注从前提推出结论。对于这样的推理，你的逻辑直觉敏锐吗？该练习题就能检验你的直觉敏锐度。关于下面的每一组句子，判断第二个句子是否能从第一个句子中推导出来（或者说被推衍）。并且判断第一个句子是否能从第二个句子中推导出来。附录四提供了这些问题的答案。顺便提一下，本书提出的技巧也能解决以上所有问题。

(a) 苏参加法学院入学考试或者企业管理研究生入学考试，不过并非两者都参加。
苏参加法学院入学考试当且仅当不参加企业管理研究生入学考试。

(b) 如果自杀是允许的，那么协助自杀也是允许的，反之亦然。
如果或者自杀或者协助自杀是不允许的，那么两者都不允许。

(c) 左侧车道只允许左转。
只有左侧车道允许左转。

(d) 如果任何人被判有罪，劳伦斯·鲍威尔将被判有罪。
只有劳伦斯·鲍威尔将被判有罪，事实上，如果任何人被判有罪。

(e) 如果某些人处于束缚中，那么我们都处于束缚中。
对于任何两个人，如果第一个人处于束缚中，那么第二个人也

处于束缚中。

(f) 如果陪审团的某些成员受贿，那么他们的有些将赞成无罪判决。
如果每一个陪审团成员都受贿，那么他们全部将赞成无罪判决。

(g) 没有任何物质不具有属性。
每种属性属于某物质。

(h)（歌词）“人人都爱我家宝宝，但我家宝宝只爱我。”
我是我家宝宝。

(i) 无论谁，贬低除自己外的某人也贬低沃尔特·惠特曼。
无论谁，贬低除沃尔特·惠特曼的某人也贬低沃尔特·惠特曼。

(j) 沃尔多赞赏所有不赞赏自己的人。
沃尔多赞赏某个自我赞赏的人。

第 2 章　命题逻辑 17

2.1　合　取

如果一个陈述不包含其他的陈述，那么称它为简单陈述。请看下面关于简单陈述的例句：

> 桑德拉·奥康纳是一名最高法院的法官。
> 联邦法院对于专利案件具有专属管辖权。

如果一个陈述不是简单陈述，那么称它为复合陈述。请看下面关于复合陈述的例句：

> 律师作结案陈词并且法庭指示陪审团。
> 如果被告人认罪，那么就不会审判了。
> 或者被告人是有罪的或者控方证人在说谎。
> 被告人将被判有罪，当且仅当，控方证明其排除了合理怀疑。 18

上述四个陈述都是由两个简单陈述组成，并且这两个简单陈述是由一个符号联系起来。在句中起联结作用的符号，称它们为陈述联结词。下面的陈述也是复合的：

> 并非被告人认罪是武力导致的。

该例子是由常用语“并非”和简单陈述构成的。这个惯用语也称为陈述联结词，尽管实际上它仅仅联系一个陈述而不是两个陈述。

英语中（或者在任何一种自然语言中）有很多陈述联结词，不过在逻辑中有五个非常重要的联结词：

并且

如果……那么

并非

或者……或者

当且仅当

本章主要研究这五个联结词，因为它们构成了复合陈述，而复合陈述构成了论证。其有效性或无效性依赖于构成复合陈述图式的论证形式研究被称为陈述逻辑。（目前交替使用术语“陈述”和“命题”。我们将在后面的章节详细给出二者之间的区别。）

由“并且”联结两个或两个以上的陈述所组成的复合陈述称为“合取”。其肢陈述称为“合取肢”。合取肢可以是简单陈述，也可以是复合陈述。下面是一个合取：

（S1）被告拒绝接受招标并且拒绝支付。

这些符号的使用对于我们的工作非常有帮助。目前，两类符号就已经够了。

（1）用大写字母表示简单陈述的缩写。陈述的缩写字母将是该陈述中最重要词汇的第一个字母。本书中，代表陈述缩写的整个单词都
19 用大写字母，这样有利于找到要选择的符号。例如：S1 中的第一个合取肢符号化为“A”。虽然，按照约定我们从主要词汇中选择一个字母作为其代表字母，但是不要以为一个缩写字母代表一个单词或者任何短于陈述的语言表达式。此外，表达相同的信息或者具有相同内容的简单陈述，它们都可以由同一个字母表示。这里就出现一个问题，例如，下面这些陈述可以符号化为同一个字母：

马文袭击诺顿。

马文打诺顿。

诺顿被马文袭击。

马文殴打诺顿。

诺顿是马文袭击下的受害者。

（2）“&”是陈述联结词“并且”的缩写。表示第一个合取肢的大写字母在符号“&”之前，表示第二个合取肢的大写字母紧跟其后。

S1 符号化为下面的公式 F1：

（F1）A & C

该公式读作“A 与 C”或者“A 合取 C”。

对于联结词“并且”，还可以用其他的词语表示，这些词语表达式都是逻辑等值的。比如下列陈述中出现的联结词：

奥普拉留下，但是宝拉离开。
奥普拉留下，然而宝拉离开。
奥普拉留下，同时宝拉离开。
奥普拉留下，尽管宝拉离开。
奥普拉留下，可是宝拉离开。
奥普拉留下，即使宝拉离开。

上面的陈述全部符号化为“O & P”。当然这些联结词并不是完全同义的，它们的含义具有共同特点，所以我们把其归为一类（你是否注意到前面的句子是合取?）每个用语都具有这样的含义，当任何人认可联言陈述时，自然也会接受其两个合取肢。

注意上述陈述包含的意思也能由以下方式表达： 20

奥普拉留下。宝拉离开。

由于这两个句子是独立的，因此我们没有把它们符号化为单一的公式“O & P”。相反地，把它们符号成两个公式“O”和“ P”。在做出这一选择时，我们并没有根据任何逻辑原则。为了与前面一致，我们仅采用以下约定：

一个语句由一个公式表示。

当然，如果“O”和“P”都为真，那么“O & P”也是真的，反之亦然。

因为每一个合取肢都有自己的主语和谓语，关于奥普拉和宝拉的联言陈述很容易分开。然而有一些联言陈述具有一个主语和几个谓语，如 S2：

（S2）萨姆打开书并且开始阅读。

还有一些联言陈述具有一个谓语和多个主语，如 S3：

（S3）乔和梅布尔是目击者。

在把这两个例子符号化之前，我们需要把其省略的主语或者谓语补充完整，使之可以独立分开：

(S2A) 萨姆打开书并且萨姆开始阅读。

(S3A) 乔是目击者并且梅布尔是目击者。

现在我们对这两个例子进行符号化，如下：

(F2) O & R

(F3) J & M

然而并非所有的陈述都能像 S2 或者 S3 可以独立分开。例如 S4 可以，但是 S5 就不行：

21 (S4) 印第安纳州的选民向立法机构选出了 50 名参议员和 100 名代表。

(S5) 印第安纳州的立法机构是由 50 名参议员和 100 名代表组成的。

因此，S4 能被符号化为公式 F4：

(F4) S & R

(S 表示印第安纳州的选民向立法机构选出了 50 名参议员，R 表示印第安纳州的选民向立法机构选出了 100 名代表。) 不过，S5 只能用一个单一的字母表示，因为它与下面的合取并不等值：

印第安纳州的立法机构是由 50 名参议员组成的并且印第安纳州的立法机构是由 100 名代表组成的。

这个合取的每个合取肢为假，所以整个合取也为假。因此，它和为真的 S5 并不等值。

给出一个陈述，如果要判定它是如 S4 一样是复合句，还是如 S5 一样是简单句，就必须仔细分析该句的含义。我们希望通过分析法律陈述能够帮助你养成精确考量词汇含义的好习惯，这样会使你成为一名优秀的律师。

在总结这次符号化讨论之前，我们应该提及一些关于判定论证整体结构的事情。如何判断论证中的陈述哪些是前提，哪些是结论？当然，理解包含该论证的文本是无可替代的。然而一些关键用语却是相当重要的指示。下面就是由前提引入结论的表达词：

因此，所以，从而，故，后来，紧接着，……证明……表明

并且，经常还有一些由结论引入前提的联结词：

由于，因为，为了

以上给出的联结词并不是全部，我们只列举了其中一部分。

这些表达词常常有助于我们首先识别结论。因为在每个论证中，
只有唯一的结论，其余的陈述都是前提。结论可能是论证的第一句， 22
可能在中间，也有可能是最后一句。

“并且”联结词的逻辑内容包含在下面两个断言中：

（1）如果合取是真的，那么它的每一个合取肢也是真的。

（2）如果两个（或两个以上的）陈述是真的，那么它们组成的合取也是真的。

如果你质疑前述两个断言，可以通过例子来检验。根据这些断言我们建立了两个推论规则。推论规则是允许从一个或多个陈述推出另一个陈述的规则，即从其他的陈述推出或得到一个陈述的规则。为了确保正确或有效，推论规则必须保真，也就是说该规则不允许从真推假。

基于前面的断言所建立的两个有效推论规则如下：

合取消去规则（&O）：从合取可以推出任何一个合取肢。

合取引入规则（&I）：由两个或两个以上的陈述可以推出其组成的合取。

第一个规则称为“合取消去”，因为它允许从含有合取的公式进行推导。第二个规则称为“合取引入”，因为它允许推出含有合取的公式。上述两个规则有一定的灵活性。例如：合取消去规则证明了由 F1 到 F2 的推导，也证明了从 F1 到 F3 的推导。

（F1）A & C

（F2）A

（F3）C

合取引入规则保证从 F4 和 F5 推导出 F6，还保证从 F4 和 F5 推导出 F7。

（F4）B

（F5）D

23 (F6) B & D 23

(F7) D & B

这两个推论规则的引入使得我们开始了解形式化证明[1]的逻辑技巧。这是一种展示论证有效性的技巧。一个形式证明是由一个陈述序列组成，该序列的前端陈述是论证的前提，最后一个陈述是论证的结论。前提之下的每一个陈述是由某正确推论规则证明的，如两个合取规则。(这种形式证明的解释将与后面的内容紧密联系起来。)

通过证明这个符号化论证的有效性，逻辑技巧可以充分展现出来：

A & C ⊢C & A

(该符号"⊢"可以看成"因此"，它处于一个符号论证结论之前的位置。) 该论证的形式证明如下：

(1) A & C	A
(2) A	1 &O
(3) C	1 &O
(4) C & A	3，2 & I

右边这一栏是理由栏。这个理由是每个陈述的理论基础。我们采用"A"作为"假设引入"的缩写字母。(从现在开始，证明中的所有假设将是验证论证有效性的前提。) 第 2 行的证明 (1&O) 可以看成是，根据合取消去规则，对第 1 行推导的简化。第 4 行的证明可以看成是，根据合取引入规则，对第 3 行与第 2 行推导的简化。整个证明过程充分展现了论证的有效性。原因何在？如果整个论证能分解成一系列步骤，当每一步为真，那么论证本身也是真的。证明所有步骤为真就能说明整个论证是真的。我们非常清楚所有的步骤都是真的，这是由有效推论规则保证的。形式证明的方法很重要，因为逻辑学家可以通过

---

[1] 本书中的形式化证明的模型由杰勒德·根岑于 1934 年提出。根岑的方法与早期的形式化证明的方法主要有两点不同：他为每一个逻辑联结词提出了一个"合成"规则和一个"分解"规则，他没有使用原则。逻辑学家把他的方法称为"自然演绎"。See "Untersuchungen uber das logische schliessen", *Mathematische Zeitschrift*, vol. XXXIX (1934), pp. 176 – 210 and 405 – 431.

它来说明论证的有效性。因此，它广泛应用于逻辑的每一个分支中。

注意如果第 2 行与第 3 行的陈述互换位置，上面的证明仍是正确 24
的。对于大多数有效论证，有效证明方法不止一种。当然，逻辑学家比起冗繁的证明更喜欢简洁的证明，比起杂乱无章的证明更喜欢系统的证明。不过对于我们而言，只要是正确的证明即可。

现在我们来看关于有效形式证明的第二个例子：

E & F，G & H ⊢ E & H

（该论证的前提被逗号分开。）

（1）E & F	A
（2）G & H	A
（3）E	1 &O
（4）H	2 &O
（5）E & H	3，4 &I

某些合取陈述包含的不止一个“并且”（或和“并且”等值的词），S8 就是这样的一个例子：

（S8）我种树，阿波罗浇水，而神叫它生长。

S8 符号化如下：

（F8）P & W & I

S8（F8）是一个双重（或者多重）合取。对于合取所包含的合取肢数量并没有进行限制。

合取消去规则与合取引入规则可以运用到包含两个或以上合取词的陈述中。现在我们看一个关于包含两个合取词的论证所构建的证明，如下：

P & W & I ⊢ I & W & P

（1）P & W & I	A	
（2）P	1 & O	
（3）W	1 & O	
（4）I	1 & O	25
（5）I & W & P	4，3，2 & I	

前提与结论

到目前为止，本节重点介绍的是关于合取的有效论证，当然还有无效论证。例如：

> 杰西·杰克逊是一位美国民主党人。
>
> 所以，杰西·杰克逊是一位美国民主党人并且他是加利福尼亚人。

该例子符号化：

$$D \vdash D \,\&\, C$$

我们应该很清楚该论证是无效的，因为它具有真前提与假结论。由于其中一个断言为假（即杰克逊是加利福尼亚人），所以该结论是假的。当然，还有很多无效论证具有真结论。在第2.7节中，我们将通过另一种方法来说明具有这种特点论证的无效性。

如果你试图为这个“杰克逊”论证构建一个形式证明，那么你是无法这样做的（在没有犯错的情形下）。请注意某个证明不能完成并不能说明该证明无效。因为谁也不能保证证明未能完成，是由于该论证无效，而不是证明者缺乏技巧造成的。

练习

1. 请使用给出的符号来形式化下面的陈述：

(a)（报纸专栏）“我是黑人并且我是古巴人。”

*(b)（《哥林多前书》第4章第10条）“我们为基督的缘故算是愚拙的，你们在基督里倒是聪明的。”

(c)（儿童图书）“虽然乔治是一个小不点儿，他却有一个真正的创意。”

(d)（尤利乌斯·凯撒）“我来，我看，我征服!”（字母“A”表示“我征服”的缩写。）

(e)（民歌）“果冻，果冻，果冻，果冻在我的脑海里。”

*(f)（民歌继续）“果冻杀了我爸爸，使我妈妈全瞎，但是我爱我的果冻卷。”

26 (g)（泰德·肯尼迪）“我是一名美国人并且是一名天主教徒；我

爱我的国家并且忠诚于我的信仰。”

2. 指出下面的句子是简单句还是合取。如果它是合取，请指出其合取肢。如果一个句子可以看成合取，那么请把它转化成合取形式。

(a)（税收指南）“线5c是线5a和5b的总和。”

*(b) 萨姆与苏是丈夫与妻子。

(c) 萨姆和苏都结婚了。

(d) 琼斯、史密斯与布朗组成了公司的董事会。

(e) 玛丽的妈妈和爸爸都是律师。

(f)（科林·鲍威尔）“成功是做好充分准备、辛勤工作、从失败中总结经验的结果。”

(g)（《美国宪法》第3条第1款）“美国的司法权应属于最高法院，而低级法院由国会随时下令设立。”

*(h)（《美国宪法》第十四修正案）“所有出生在美国或加入美国国籍并受其管辖的人，都是美国及其所居住州的公民。”

3. 请用形式证明构建下面符号论证的有效性：

(a) A, B ⊢ A & B

*(b) C & D & E ⊢ D

(c) F & G ⊢ F & F

(d) H & I, J & K ⊢ H & K & J & I

(e) L & M & N ⊢ M & N & L

4.《美国联邦民事诉讼规则》第56（c）条关于简易判决部分内容规定如下：

只要诉答文书、庭外证言、对质问书的答复及被记录的自认，以及宣誓陈述书都证明对于重要的事实并不存在真正的争点，而且证明申请当事人有权获得作为法律问题的判决，则应立即作出所要求的简易判决。

(a) 列出法院对简易判决动议的评判条件，并把这些陈述符号化。(P = 法院评判诉答文书，D = 法院评判庭外证言，I = 法院评判对质问书的答复，F = 法院评判被记录的自认，A = 法院评

判官誓陈述书）

*（b）列出适用于简易判决的条件，并把这些陈述符号化。（F = 对于重要的事实并不存在真正的争点，E = 申请当事人有权获得作为法律问题的判决）

（c）在一年级模拟法庭论辩中，一名学生通过证明对于重要的事
27 实并不存在真正的争点试图获得简易判决。根据该练习的
（b）部分，请你证明该学生进行的推理显然是无效的。

2.2 蕴　涵

由两个陈述和联结词“如果…那么”共同构成的一个陈述，称为条件句。“那么”之前的成分称为“前件”，而“那么”之后的成分称为“后件”。前件和后件或者是简单陈述或者是复合陈述。关于条件句的例子如下：

（S1）如果天空看起来要下雨，那么我将带把伞。

蕴涵（→）是陈述联结词“如果…那么”的缩写。表示前件的字母在蕴涵之前，表示后件的字母紧跟其后。S1 符号化为下面的公式 F1：

（F1）$R \rightarrow U$

该公式读作“如果 R 那么 U”或者“R 蕴涵 U”。

关于 S2 可以用很多语句表达。

（S2）如果程序是正确的，那么法院将获得管辖权。

下面的句子与 S2 是等值的：

如果程序是正确的，法院将获得管辖权。

法院将获得管辖权，如果程序是正确的。

假如〔2〕程序是正确的，法院将获得管辖权。

法院将获得管辖权，假如程序是正确的。

---

〔2〕 文体家反对将“假如”等同于“如果”。See the entry in Fowler, *Modern English Usage*. 尽管如此，我们相信蕴涵的使用能够合理地表达该词的通常用法。

万一程序是正确的，法院将获得管辖权。

正确的程序推衍[3]法院获得管辖权。 28

正确的程序将导致（造成，带来等）法院获得管辖权。

上面的陈述统一符号化为 F2[4]。

(F2) P → J

这里一定要清楚，没有一个陈述形式化为 F2X。

(F2X) J → P

一个条件句组成部分的顺序是很重要的。我们将运用下面的符号化原则：

“如果”（或者它的同义词“假如”）后面的陈述是前件，相应地，它的缩写词也在蕴涵的前面。

如果把该原则运用到上面包含“如果”或者“假如”的陈述中，你将得出 F2（而不是 F2X）。（令人遗憾的是，当遇到惯用语“除非…才”时，该原则就不再适用。现在我们来看下面的表达。）

请思考报纸上关于体育的一个摘录：

休斯敦队输给丹佛队并且迈阿密队战胜新英格兰队使得夺标决赛在橘子体育场举行。

这是一个包含合取前件的条件句：

(S3) 如果休斯顿队输给丹佛队并且迈阿密队战胜新英格兰队，那么 29
夺标决赛将在橘子体育场举行。

但是这个陈述并不能符号化为 F3X。

(F3X) H & M → O

---

[3] 逻辑学家通常把“蕴涵”与“推衍”作为同义词，但是我们为“蕴涵”一词赋予了更弱的含义。在我们平常的使用中，P 蕴涵 Q 是指当且仅当“如果 P，那么 Q”是真，但 P 推衍 Q 是指当且仅当“如果 P，那么 Q”是必要或者逻辑上真。“史密斯签署了独立宣言”蕴涵（但是不能推衍出）“史密斯现在死亡了”。

[4] 在第 5.3 节我们检验了这个问题：是否 F2 完全涵盖这些句子的含义。无论如何，F2 满足了多数逻辑目的的实现。

F3X 的问题在于歧义性。（由于差的语法结构，从而导致 F3X 的意义并不明确。）仅从 F3X 的形式看，我们不能判定它是条件句还是一个合取，也就是说，不能判定其主要联结符号是“→”还是“&”。现在我们把 F4 和 F5 与 F3X 进行对比就一目了然了。

（F4）（H & M ）→ O

（F5） H &（M → O）

在 F4 中，“→”应用于整个公式中，我们称其为支配符号。“&”只涉及整个公式的一部分，因此，“→”管辖的范围要大于“&”。相反地，在 F5 中，“&”是支配符号。在 F4 和 F5 中，我们使用的圆括号可以清楚地表示二者之区别。圆括号在逻辑演算中也起到同样的作用。除了圆括号，我们还可以使用方括号和大括号，它们作为组群符号出现。

公式 F4 是 S3 正确的符号化形式。而公式 F5 与 F4 所包含的内容不同，所以它不是 S3 有效的符号化形式。注意，“休斯顿输给丹佛”逻辑上能从 F5 推导出来，但是这一陈述并不能从 F4 或者 S3 中推出。公式 F3X 可不是合适公式，也就是说，它不是一个合适的构成公式。任何一个具有“→”和“&”的公式必须使用一对组群符号标注清楚。（可以通过附录 2 中的规则来判定命题逻辑的公式是否为合式公式。）

有些句子含有一个以上的条件联结词，如 S6：

（S6）如果艾伦延迟了分期付款，那么只要公司要求偿还整个贷款，她将支付剩下的差额。

陈述 S6 是一个双重条件句。一个陈述当然可以含有多个条件联结词。S6 符号化为 F6，如下：

（F6）L →（D→P）

30 圆括号位于“D→P”的两侧，所以第一个蕴涵比第二个蕴涵管辖范围更广。如果把 F6 中的一对圆括号移到左侧就改变了该公式的内容，在某种程度上它不再是例句 S6 的形式化。在双重（或者多重）条件句中，经常会使用一对组群符号来识别占主导地位的蕴涵。相对于多重条件句而言，多重合取（如“P & W & I”）就不要求使用组群符号来消除其歧义性。不过，组群符号还是经常运用于多重合取中，这样便于我们更好地运用逻辑技巧。

通过下面的断言可以表达联结词“如果…那么”的部分逻辑含义：

> 如果一个条件句是真的并且它的前件也是真的，那么它的后件将是真的。

倘若你质疑上述断言，可以通过例子来检验。不过在检验之前，我们在该断言基础上先建立一个推论规则：

> 蕴涵消去规则（→O）：从条件句以及作为它前件的陈述推导出作为其后件的陈述。

它之所以称为“蕴涵消去规则”，因为其允许从含有一个蕴涵的公式（与第二个公式）推出一个不含蕴涵的公式。

现在我们可以通过该规则来证明下面符号化论证的有效性：

A, A → B, B → C ⊢C

(1)　A　　　　A
(2)　A → B　　A
(3)　B → C　　A
(4)　B　　　　2，1 →O
(5)　C　　　　3，4 →O

D & (D → E) ⊢ D & E

(1)　D & (D → E)　A
(2)　D　　　　　　1 &O
(3)　D → E　　　　1 &O　31
(4)　E　　　　　　3，2 →O
(5)　D & E　　　　2，4 &I

蕴涵消去规则相当于自中世纪以后为大家所熟知的“分离规则”（拉丁文“肯定前件式”）：

如果 P 那么 Q
P
所以，Q

该论证形式在法学与非法学领域都很常见。由于形式简单，人们会经常使用它，却没有意识到自己实际上正在进行推理。下面关于里根诉商品运输与仓储公司的案例［Ragan v. Merchants Transfer Warehouse Co. , 337 U. S. 530（1949）］，它是关于分离规则的论证：

> 担保信托公司诉约克（Guaranty Trust Co. v. York）案把这一原则适用于法定时效，该理论认为，当一个人在州法院被禁止，同样地在联邦法院也被禁止。这就承认了如果一个情形在堪萨斯州法院被禁止，根据担保信托公司诉约克案的理论，因此在联邦法院也被禁止。

我们把上述分离规则的论证整理如下：

> **如果一个情形在堪萨斯州法院被禁止，那么它将在联邦法院也被禁止。**
>
> **此情形在堪萨斯州法院被禁止。**
>
> **因此，它在联邦法院也被禁止。**

该论证过程符号化如下：

$K \rightarrow F,\ K \vdash F$

区别分离规则与下面无效的推论形式，这点尤为重要

> 如果 P 那么 Q
>
> Q
>
> 所以，P

32 该论证形式的第二个前提是第一个前提的后件。这个形式称为肯定后件式之谬误。通过下面的符号化公式，可以清楚地看到上述两个论证的区别：

> 分离规则：　$P \rightarrow Q,\ P \vdash Q$　（有效）
>
> 肯定后件式：$P \rightarrow Q,\ Q \vdash P$　（无效）

现在思考一个关于肯定后件式谬误的例子：

> **如果萨姆和查利是合作伙伴，他们就要分享利润和亏损。**
>
> **萨姆和查利分享利润和亏损。**
>
> **因此，他们是合作伙伴。**

要注意，第一个前提断言了合作伙伴蕴涵分享，但是并没有断言分享蕴涵合作伙伴。因此，第一个前提加上第二个前提不能推出萨姆和查利是合作伙伴。

联结词"除非……才（only of）"引起了混淆。例如下面的 S7：

（S7）除非该州的主要证人作证，被告人才被判有罪。

S8 或者 S9 与 S7 具有相同的内容吗？

（S8）如果该州的主要证人作证，那么被告人被判有罪。

（F8）$T \rightarrow G$

（S9）如果被告人被判有罪，那么该州的主要证人作证。

（F9）$G \rightarrow T$

S8 和 S9 所表达的内容不同，它们究竟哪一个与 S7 等值呢？

按照人们的常识，通常会认为 S7 和 S8 具有相同的含义。假如它们意思相同，那么词语"除非"对 S7 没有产生任何作用，而实际上它决定了 S7 的含义。

虽然该州的主要证人没有作证，但是假定被告人被判有罪。显然， 33
这个结果对于 S7 是假的，但是对于 S8 却不是假的。S8 关注的是证人作证带来的后果，而不是证人没有作证导致的后果。因此，当证人没有作证，上述的结果对于 S8 并非为假。如果一种结果使得一个句子为假而另一个句子为真，那么说明这两个句子具有不同的含义。而该结果使得 S9 也是假的，从而证明 S7 和 S9 是等值的。

对于 S7 与 S9 的等值，我们用一个更强的论证 S10 来表示：

（S10）如果该州的主要证人没有作证，那么被告人没有被判有罪。

这里，可以清楚地看出 S7 和 S10 表达同一个意思。S9 和 S10 也表达相同内容（在第 2.3 节我们将给出证明）。因此，S7 和 S9 表达相同内容。

上述几段内容都表述了演绎论证，从而说明 S9 是 S7 的重述，而 S8 不是。（其中两个论证将作为后面的练习。）因此，S9 的符号化公式（$G \rightarrow T$）也表示 S7。对含有"除非……才"语句的符号化，我们将采取下面的原则：

"除非……才"引入后件。

具有"除非 Q 才 P"这种形式的语句符号化为"P → Q"。

另外两个条件联结词表达式是"充分条件"与"必要条件"。如果事件（或状态）A 是事件（或状态）B 的充分条件，那么 A 存在保证 B 存在。如果事件（或状态）C 是事件（或状态）D 的必要条件，那么在 C 不存在的情况下 D 也不存在。由于 C 不存在，D 也不存在，从而 D 存在保证了 C 存在。因此 D 是 C 的充分条件。类似地，因为 A 存在保证了 B 存在，B 不存在 A 也不存在，所以 B 是 A 的必要条件。因此，总的原则是，如果 E 是 F 的充分条件，那么 F 是 E 的必要条件，反之亦然。总之，任何一个条件陈述都可以表达成充分条件和必要条件。

充分条件不需要是必要条件，当然必要条件也不需要是充分条件。请看下面两个例子：

(S11) 弗雷德被判诈骗罪是充分条件，对于其被取消律师资格。

34 (S12) 在法学院入学考试中南希的分数在 175 分以上是必要条件，对于其允许进入法学院。

S11 的含义基本上和 S13 相同，因此，这两个陈述句符号化为 F13。S12 的含义和 S14 近似，所以它们形式化为 F14。

(S13) 如果弗雷德被判诈骗罪，他将被取消律师资格。

(S14) 如果南希允许进入法学院，那么她在法学院入学考试中的分数在 175 分以上。

(F13) G → D

(F14) A → S

注意，上述两个例子中，短语"充分条件"位于其后件的前面，而短语"必要条件"位于其前件的前面。另外还要注意，蕴涵符号仅有逻辑含义，没有时间的意义（即蕴涵意味着"那么"，而不是"后来"）。虽然时间上在法学院入学考试中取得分数先于允许进入法学院，但是该事实没有提出任何理由把"S"放在"→"前。

我们可以用"必要条件"这个概念来说明短语"除非……才"。S7 和 S15 是等值的，二者可以通过 F15 来刻画。

（S7）除非该州的主要证人作证，被告人才被判有罪。

（S15）该州的主要证人作证是被告人被判有罪的必要条件。

（F15）G → T

我们还可以借助“充分条件”和“必要条件”这两个概念来阐述分离规则的有效性和肯定后件式谬误的无效性。在分离规则的论证中，第二个前提断定了第一个前提所表达的充分条件。而在肯定后件式谬误中，第二个前提却没有断定第一个前提所表达的充分条件，相反地，它断定了必要条件。

下面是一个常见的、完全由条件句组成的论证：

A → B，B → C ⊢ A → C

第一个前提的后件正好是第二个前提的前件，所以第一个前提的前件（也是结论的前件）与第二个前提的后件（也是结论的后件）联
系起来。这个形式称为连锁论证。连锁论证可以有两个以上的前提。 35
电影《证人》中的情节展现了一个关于三个前提的连锁论证。一个年轻的哈来逊男孩无意间得知警察贪污公款的内幕而被追杀，警探约翰·布克（哈里森·福特饰演）为了保护他而被射伤。男孩的母亲，雷切尔（凯利·麦吉丽丝饰演）发现布克受了伤，随之产生了下面的谈话：

雷切尔　上帝啊，为什么你不去医院？

约翰　不行，不能看医生！因为医生发现枪伤就会汇报。如果医生汇报，警察就会找到我。如果警察找到我就会找到孩子。

对约翰的推理重新论述如下：

如果给医生打电话，那么枪伤就会被汇报。

如果医生汇报，那么贪污公款的警察就会找到我。

如果警察找到我，他们也会找到那个男孩。

所以，看医生就会导致贪污公款的警察找到那个男孩。

C → R，R → M，M → B ⊢ C → B

显然该连锁论证是有效的，不过为了保证该证明过程的有效性，我们需要建立一个适合条件句的推论规则。下面的内容非形式证明了

该“证人”论证的有效性，指出了我们所需要的推论规则：

> 假定雷切尔给医生打电话。从这个假定和第一个前提可以推出约翰的枪伤。根据推出的结论与第二个前提可以推出贪污公款的警察找到约翰。再利用这个结论和第三个前提，于是推出他们会找到那个男孩。总结如下：从给医生打电话的假设，可以推出找到那个男孩。因此，我们得到一个断言：如果给医生打电话，那么该男孩就会被找到。

这个推导的过程合情合理，当然我们还想再增加一个推论规则，使得该推理过程更加规范化。

> **蕴涵引入规则（→I）：如果从一个假设陈述（可能还有其他的假设）推出第二个陈述，那么就得到一个条件句，其前件是假设陈述，而后件是第二个陈述。**
>
> **从假设 A（可能还有其他的假设）推出 B 就得到 A→B。**

36 这里，“从假设 A 推出 B”是什么意思？是否从 A 到 B 的演绎过程只有一步呢？答案当然是“不”。从假设 A 到 B 可以通过任意步骤进行推导，并且我们把这个过程描述为“从 A 到 B 的推导”。

从本节最后一部分开始，我们把证明中引入的前提称为“假设”。对于涉及前提的引入，以及其他特定陈述的规则，我们现在有必要对其形式化规定如下：

> **假设规则（A，PA）：任何一个陈述在证明中需要它时都可以成为一个假设。**

该规则从表面上看太随意了，不过我们会说明其实际上并非如此。

我们利用上面刚介绍的两个规则，再加上蕴涵消去规则，现在就能构造关于“证人”论证的形式证明了。

(1)	C → R	A
(2)	R → M	A
(3)	M → B	A
(4)	C	PA
(5)	R	1，4 →O
(6)	M	2，5 →O

(7)　B　　　3, 6 →O

(8)　C→ B　　　4 - 7 →I

该论证的前 4 行由假设规则保证。其中前 3 行是前提，我们称为初始假设。而第 4 行称为临时假设，这是为了配合第 8 行蕴涵引入规则的使用。我们用缩写字母“PA”表示临时假设。第 8 行的证明理由（“4 - 7→I”）是“根据蕴涵引入规则，由第 4 行的假设开始到第 7 行的推导过程”的缩写。（在形式证明中先引入假设。）

要注意，蕴涵引入规则与蕴涵消去规则及其两个合取规则在某方面是不同的。这些规则允许从一个陈述（或者两个陈述）推出另一个陈述。而蕴涵引入规则允许从一个推导（或者推理）导出另一个陈述。在上述的例子中，因为从第 4 行的假设推出了第 7 行，所以才允许我们增加第 8 行。在这个形式证明中的第 8 行可以观察到，蕴涵引入规则使用的是连字符（而不是逗号）来分开行号。

我们介绍的形式证明是一个具有三列的证明。现在再增加第四列，称它为“依赖假设列”，并置于行号的左边。新增这一列显示了证明过程中每一陈述依赖于哪些假设。从依赖假设列可以清楚看到该证明 37
的最后一行仅依赖于初始假设。如果最后一行依赖临时假设，就没有证明该论证的结论只从前提推出，而是必须加上其他假设才能导出结论。

对于每一个证明规则，我们将采取下面的原则推测出通过该规则引入的任一陈述的依赖假设。虽然该原则支配假设规则，但其自身很简单：

一个假设依赖于自身。

此原则适用于初始假设和临时假设。到目前为止已经提出了四条规则，对它们，我们用依赖假设原则描述如下：

→O
&I　}**导出的陈述依赖于相关前提所依赖的假设。**
&O

→I　**导出的条件句依赖于该条件句后件所依赖的假设减去前件依赖的假设。**

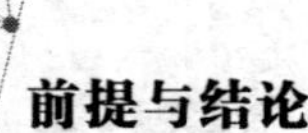

（我们把两个原则中的第一个原则称为“标准依赖假设原则”。）

为了更好地阐明这些原则和修改后的证明形式，我们将重新表述关于“证人”的论证形式：

1	（1）	C → R	A
2	（2）	R → M	A
3	（3）	M → B	A
4	（4）	C	PA
1，4	（5）	R	1，4 →O
1，2，4	（6）	M	2，5 →O
1，2，3，4	（7）	B	3，6 →O
1，2，3	（8）	C→B	4 –7 →I

前面4行中的每一个陈述都作为假设依赖于它自身。第5行的陈述依赖于它的前提所依赖的假设，即1和4。第6行的陈述由第2行（依赖于假设2）和第5行（依赖于假设1和4）推出，因此它依赖假设1，2
38 和4。第7行陈述所依赖的假设理由与第6行类似。第8行依赖于第7行所依赖的假设（从1到4）减去假设4，因此，它依赖1，2，3。注意，在新增的一列只能出现假设的行号。在上面的证明中第5行到第8行是推出行，不是假设行。所以，该证明中依赖假设列不会出现5到8中的任一数字。

当使用蕴涵引入规则以及下面所引入的其他规则时，依赖假设的力度就会减弱。例如，去掉该证明中的第8行就消除了对第4行临时假设的依赖性。当你在证明中引入一个临时假设，就应该考虑如何在最后一行消除对临时假设的依赖（比如运用蕴涵引入规则）。我们要求证明中最后一行的陈述不能依赖于任何临时假设，从而避免假设规则的随意性。任意一个证明都可以包含依赖假设列，不过我们仅在包含临时假设的证明中使用它。

既然我们具有假设规则及引入的“依赖假设”概念，现在就能给出一个更好的形式证明组成部分。

符号化论证S的形式证明是由下列公式组成：

（1）每一个公式由假设规则保证或者根据上述任何一个推论规则从其

他公式推出。

(2) 该列最后一个公式是 S 的结论，并且

(3) 其最后公式所依赖的假设是 S 的前提。

现在思考下面的语句：

> 如果秘鲁人在哥伦布之前航行到波利尼西亚并且如果当时唯一可用的船用软木制造，那么秘鲁人坐上软木制的船就航行到波利尼西亚。

把该句符号化后得到的公式是 F16 还是 F17？

(F16) S→(B→P)

(F17) (S & B) → P

这两个公式是等值的（因为它们具有相同的内容），所以其中任何一
个都可以作为该语句的符号化公式。现在我们构造关于 F16 和 F17 相 39
互推衍的证明，从而充分说明其是等值的。

关于 F16 推衍出 F17 的证明：

1	(1)	S → (B→ P)	A
2	(2)	S & B	PA
2	(3)	S	2 &O
1, 2	(4)	B → P	1, 3 →O
2	(5)	B	2 &O
1, 2	(6)	P	4, 5 →O
1	(7)	(S & B) → P	2 – 6 →I

在此证明中，我们运用了蕴涵引入规则。如果希望结论是条件句（例如该证明中的第 7 行），则可以引入该条件句的前件作为临时假设（例如第 2 行）然后导出后件（例如第 6 行）。

而 F17 推衍 F16 的证明运用了两次蕴涵引入规则：

1	(1)	(S & B) → P	A	[1]
2	(2)	S	PA	[3]
3	(3)	B	PA	[5]
2, 3	(4)	S & B	2，3 &I	[7]
1, 2, 3	(5)	P	1, 4 →O	[6]

1，2	(6)	$B \rightarrow P$	3－5 →I	[4]
1	(7)	$S \rightarrow (B \rightarrow P)$	2－6 →I	[2]

我们可以采用一些技巧来简化该证明过程：①当构造一个证明时，首先关注占主导地位的陈述列，因为其他列后面可以随时加上。②构造主列经常从顶部和底部同时向中间进行，这对于简化证明很有帮助。如果在证明的最下方写陈述，离中间还有空缺，那你就应该设定目标而不是盲目进行演绎推理。我们可以用最右边方括号内的数字记下证明中所需陈述的顺序。（这一列不属于形式证明的部分。）证明开始时，我们仅知道第1行和最后1行的陈述。注意第7行是一个条件句，我们根据蕴涵引入规则假定第2行的陈述作为其前件，目标是第6行的陈述，即它的后件。而第6行本身也是条件句，再次采用蕴涵引入规则，假定第3行的陈述作为其前件，第5行作为其目标。推出第4行的陈述并不需要太多的技巧，而第4行正好填补了证明过程中的空
40 缺。把顶部和底部的陈述组成一列，再从上到下加上其他三列，就是一个完整的形式证明。③把蕴涵引入规则看成“子证明”，即证明中的证明是很有用的。子证明以临时假设作为前件开始证明，目标是推出后件。该证明包括两个子证明。从第2行到第6行是稍复杂的子证明，而从第3行到第5行就稍微简单些。

蕴涵引入规则能够应用于证明中的任何两行吗？不能，必须要满足下面两个条件：

1. 第1行的陈述（推出条件句的前件）一定是假设。
2. 另一行的陈述（条件句的后件）一定从第1行（可能其他假设）推出。

（一个陈述B从假设A推出当且仅当B是一个推出行并且B依赖于A。）

练习

1. 请使用提示标志符号化下面的陈述。

(a)（陀思妥耶夫斯基）“当上帝死去，人就可以为所欲为。”

*(b)（广告）“如果你有时间，我们就有啤酒。”

(c) (报纸) “如果贝尔系统的工人举行全国大罢工，则戴德县大约有 7000 名贝尔电话公司的员工会受此影响。”

(d) 假如约翰在法学院入学考试中取得优秀成绩，那么他将进入法学院。

(e) 如果被告人与检察官合作，那么她将被判缓刑。

* (f) (报纸) “如果宾夕法尼亚州队在决赛中获胜并且迈阿密队失败，那么节庆杯/橘子杯将选择宾夕法尼亚州队。”

(g) (报纸) “如果她说话，那么她将打破咒语，而不得不等待下一个仲夏。”

(h) (税收说明) “如果已婚配偶联合报税并且配偶双方都工作和有各自的个人退休账户，那么分别计算出配偶各方的扣除量。” (A = 你有工作，B = 你的配偶有工作，C = 你有个人退休账户，D = 你的配偶有个人退休账户，S = 分别计算出配偶各方的扣除量)

(i) (连环漫画) “如果我有面包，那么若再有火腿，我就能做火腿三明治了。”

41

Reprinted by permission:Tribune Media Services

* (j) (报纸) “如果宾夕法尼亚州队输掉其最后一场比赛，则如果内布拉加州队赢了前八强，那么迈阿密队就会摘取橘子杯，并且如果俄克拉荷马州队赢了前八强，那么迈阿密队就参加节庆杯。(M = 迈阿密队选择参加橘子杯比赛，F = 迈阿密队选择参加节庆杯比赛)

2. 请使用下面的“字典”把公式翻译成语句。

A = 迈阿密队赢得最后一场常规季比赛

B = 迈阿密队输掉最后一场常规季比赛

C = 纽约队输掉最后一场常规季比赛

D = 迈阿密队赢得分区冠军

E = 迈阿密队是“百搭”式运动队

(a) (A & C) → D

*(b) A & (C → D)

(c) A → (C & D)

(d) (A → D) & (B → E)

3. 请根据提示标志符号化下面的陈述。

(a)（报纸）“除非迈阿密队和宾夕法尼亚州队赢得了他们的决赛，才于1月2日的黄金时间在亚利桑那州的坦佩举行球赛。”

*(b)（报纸）“如果迈阿密海豚队成为亚军，他们将参加克利夫兰的圣诞周末。”

(c)（车尾贴）“万一出现狂喜，那么这车将无人驾驶。”（R = 狂喜出现，U = 这车无人驾驶）

(d) 除非你来，我才去看电影。

(e)（广告）“喜欢运动吗？爱美国的比尔·雷体育城。”（S = 你喜欢运动，B = 你将爱比尔·雷体育城）

*(f) 将史密斯定罪是无期徒刑的充分条件。

(g) 配备电池是我的汽车发动的必要条件。

(h)（亚利桑那州的四分卫）我们战胜迈阿密队的唯一机会是如果吉诺·洛雷塔受伤并且飓风队参加。

42 (i)（工会的电视广告）“买美国产品，美国人就有工作了。”（B = 美国人买美国产品，W = 为美国人提供工作）

*(j)（连环漫画）“让我看看谁不知道黄油该涂在面包的哪一面，并且我将让你见识一个拿着油溜溜三明治的家伙。”（D = 你让我看看谁不知道黄油该涂在面包的哪一面，S = 我将让你见识一个拿着油溜溜三明治的家伙）

《史前时代》　　　　　　　　　　　　　　　　　　　　丁·哈特

By Permission of Johnny Hart and Creators Syndicate,Inc.

4. 请构造下面符号化论证的有效形式证明。

(a) A & B, A → C ⊢ A & C

＊(b) D → E, F → G, D & F ⊢ E & G

(c) H → (I → J), H & I ⊢ J

(d) K → (L & M) ⊢ K → M

(e) K →L, K → M ⊢ K → (L & M)

要求符号化从练习 5 到练习 12 中的每一个论证并且建立有效的形式证明。

5. 在 1984 年戴维斯杯网球赛中美国队败给了瑞典队，约翰·麦肯罗评论道：

> 在比赛前我就说过，如果我们打得很差就会输球，事实上我们打得很差，我们输球了。[5]

这只是一个解释，现在我们把它整理成论证形式如下：

> 如果我们打得很差，就会输球；并且我们打得很差。因此，我们输球了。

＊6. 下面的论证就是我们前面所讨论的关于"除非…不"的例子： 43

> 我们应该很清楚 S7 与 S10 表达同一个意思。S9 与 S10 表达同一个意

[5] Richard Finn, "Sweden Walks Off with Davis Cup Title", *USA Today* (December 18, 1984), p. 1C.

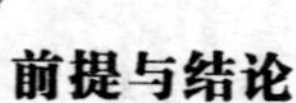

思。因此，S7 与 S9 也表达同一个意思。

上述语句加上联结词，表达如下：

> 如果 S7 与 S10 表达同一个意思并且 S9 与 S10 表达同一个意思，那么 S7 与 S9 也表达同一个意思。

（A = S7 与 S10 表达同一个意思，B = S9 与 S10 表达同一个意思，C = S7 与 S9 表达同一个意思）

7. 在 1986 年的一次采访中，人类学家托尔·海尔达尔声称，逻辑使他知道了在 1947 年“康蒂基”号轻木筏开始从秘鲁到波利尼西亚的跨洋旅程。他已经知道在第一批欧洲人抵达南美洲之前，一些波利尼西亚植物来自南美洲并且他还知道哥伦布发现美洲大陆之前的秘鲁船是由轻木制造的：

> 如果专家说这船不能在海上航行，那么我有早期航行的证据——植物——并且如果几世纪前秘鲁人已经航行并且他们只有一种类型的船，那么逻辑已经很清楚——他们使用这些船航行，而不管专家们会质疑其适航性问题。〔6〕

海尔达尔的论证可以作如下表达：

> 在哥伦布发现美洲大陆之前秘鲁人航行到波利尼西亚，并且当时的船只都是轻木制造。如果在哥伦布发现美洲大陆之前秘鲁人航行到波利尼西亚，那么若当时的船只都是轻木制造，则秘鲁人使用轻木船航行到波利尼西亚。结论：秘鲁人使用轻木船航行到波利尼西亚。

8. 关于美国著名连环画漫画《杜恩斯比利》的论证：

> 法官托马斯说他宣誓对于罗伊诉韦德（*Roe v. Wade*）案没有任何意见，不过显然他是有意见的。如果他对于该案有意见，却宣誓没有，那
> 44 么他犯了伪证罪。如果他作伪证，那么他犯了重罪。于是法官托马斯犯了重罪。

〔6〕 Henry Mitchell, “Author’s Voyage through History”, *The Miami Herald* (May 30, 1986), p. 1B.

9. 下面的对话讲述了道尔（Arthur Conan Doyle）爵士的故事“波希米亚丑闻”。

福尔摩斯　我希望她（艾琳·艾德勒）爱她的丈夫。

波希米亚的国王　为什么？

福尔摩斯　因为这就免得陛下担心将有的麻烦。如果这位女士爱她的丈夫，她就不会爱陛下。如果她不爱陛下，她就没有理由要干预陛下的计划。[7]

名侦探的推理如下：

如果艾琳·艾德勒爱她的丈夫，那么她不会爱国王。如果她不爱国王，那么就不会干预国王的计划。因此，假如她爱自己的丈夫，那么就不会干预国王的计划。

（K = 艾琳不爱国王，I = 艾琳不干预国王的计划）[8]

*10. 这是有关评判功利主义的论证，道德理论就是正确行为能带来最好结果的理论： 45

如果功利主义是真的，那么一种行为的正确或错误依赖于它的后果。

---

〔7〕 *The Complete Sherlock Holmes* (New York: Doubleday & Company, Inc., 1956), vol. 1, p. 192.

〔8〕 在这个部分，我们将否定陈述句看成简单陈述句；由下部分开始我们会将它看成复合陈述句。

我们对未来一无所知。如果一种行为的正确或错误依赖于它的后果并且我们对未来一无所知，那么我们不知道什么是正确和错误。所以，如果功利主义是真的，那么我们不知道什么是正确和错误。[9]

(C＝一种行为的正确或错误依赖于它的后果，R＝我们不知道什么是正确和错误)

11. 在《凯文与哈贝》(Calvin and Hobbes) 漫画中，凯文推理如下：

妈妈在洗澡。这意味着她要出去。她没有告诉我得去洗澡。这意味着我要待在家里。妈妈出门而我待在家里意味着我将有一个保姆。如果我有一个保姆，她将是罗莎琳。因此，罗莎琳将是我的保姆。

(C＝她没有告诉我得去洗澡)[10]

《卡尔文与霍布斯》 B. 沃特森

12. 在1776年的音乐会上，亚当斯 (John Adams) 和富兰克林 (Ben Franklin) 说服弗吉尼亚州的国会代表李 (Richard Lee) 回家并且说服弗吉尼亚议会授权国会代表团来支持独立。当李上马离开费城去威廉斯堡时，他开始慷慨陈词：

---

[9] 这个形式论证版本是由里根（Tom Regan）在《你的一代：对即将到来改革的反思》(*The Thee Generation*: *Reflections on the Coming Revolution*, Philadelphia: Temple University Press, 1991, p. 112) 中提出。

[10] 在这个部分，我们将否定陈述句看成简单陈述句；由下部分开始我们会将它看成复合陈述句。

> 要是有一块殖民地能完成工作，那就是弗吉尼亚，46 这片给了我们光 45
> 荣的乔治·华盛顿总司令的土地，现在要向大陆提出要求独立的提案。并且当弗吉尼亚州提出独立，南方殖民地也会这么做。而当南方殖民地提议，中部殖民地也会跟随。先生们，欢迎弗吉尼亚州和美国独立。

李的论证如下：

> 如果弗吉尼亚州支持独立，那么其他的南方殖民地也会这么做。如果弗吉尼亚州和其他的南方殖民地支持独立，那么中部殖民地会这么做。结论：弗吉尼亚州支持独立是获得其他的南方殖民地和中部殖民地支持的充分条件。

13. 在前面的练习1(i)中，我们不能明显看出该陈述的组成成分。下面为其两个变体：

如果我有一个面包，那么（若我有火腿，就能做火腿三明治）

$$B \rightarrow (H \rightarrow M)$$

如果我有火腿，那么（若我有面包，就能做火腿三明治）

$$H \rightarrow (B \rightarrow M)$$

证明第一个解释能够推衍出第二个。相同的证明步骤说明第二个解释也能推衍出第一个。所以两个陈述是等值的，它们作为原陈述的解释是可接受的。

*14. 选自1995年3月31日“今晚ABC世界新闻”的电视节目如下：

琳达·巴第洛 ……贝特朗·阿里斯蒂德总统说过，安全是事关海地整个未来的关键。

阿里斯蒂德 一旦我们政治稳定，就能拥有使人感到足够安全的投资环境，这是必不可少的。如果有安全的投资环境，我们将有工作。有工作将有钱。有钱就有食物。

阿里斯蒂德总统的论证说明了海地的安全性是养活居民的充分条件。(a) 请用自然语言重构该论证的形式陈述。(b) 请使用符号标志符号化该论证。(c) 请用形式证明的方法证明该论证。 47

2.3 否　定

由表达式"并非"与一个构成陈述所组成的陈述称为否定。这个构成陈述可以是简单陈述，也可以是复合陈述。下面是关于否定的例子：

(S1) 并非杰西·杰克逊是一位共和党人。

我们用符号（-）作为联结词的缩写。S1 符号化为下面的公式 F1：

(F1) -R

该公式读作"并非 R"或者"否定 R"。

下面的陈述与 S1 表达相同的内容：

(S2) 杰西·杰克逊是一位共和党人，这不是真的。

(S3) 杰西·杰克逊是一位共和党人，这是假的。

(S4) 杰西·杰克逊不是一位共和党人。

相应地，以上陈述都可以符号化为 F1。现在我们将使用大写字母缩写肯定陈述，而不是否定陈述。

在符号化否定时，为了避免语义歧义，我们必须采用下面的组群符号原则：

> 每当所否定的构成陈述是一个复合陈述时（否定陈述除外），该构成陈述必须用圆括号（或者方括号等符号）括起来，当所否定的构成陈述是简单陈述或者简单陈述否定时，就不用括起来。

我们运用组群符号原则表达下面的公式：

(F5) -A

(F6) - -A

48 (F7) - (B & C)

(F8) -B & -C

注意 F7 是一个合取的否定符号化，而 F8 表示一个合取（B 的否定和 C 的否定）。顺便说一句，F7 与 F8 并不等值。F8 比 F7 更强一些。F8 断言 B 和 C 都是假的，而 F7 仅断言这两个陈述组成的合取是假的。在本章第2.1节，我们已经讨论过当一个合取肢为真，而另一个合取肢为假，那么它们组成的合取为假。因此，从F7中推出至少有一个合取肢为假，“B并且C”才为假。而F8推出两个合取肢都为假，所以F7比F8要弱一些。

现在我们应该如何符号化以下这个商店的门牌标语：

没有衬衫。没有鞋。没有服务。

该标语的含义是模糊的。它表示拒绝给那些没有穿衬衫（无论他们是否穿鞋）的人服务，还是拒绝给那些没有穿鞋（无论他们是否穿衬衫）的人服务，又或者仅仅拒绝给那些既没有穿衬衫也没有穿鞋的人服务？毫无疑问，店主肯定是想对顾客的衣着有更多限制，S9和F9表达如下：

（S9）如果并非你穿衬衫和鞋，那么你将不会被服务。

（F9）$-(A \& B) \rightarrow -C$

（A＝你穿衬衫，B＝你穿鞋，C＝你将被服务）S10和F10的表达对顾客的衣着要求就少一些限制：

（S10）如果你没有穿衬衫并且没有穿鞋，那么你将不会被服务。

（F10）$(-A \& -B) \rightarrow -C$

F9与F10不等值，从而说明否定对合取没有“乘法分配律”。在这一点上，逻辑中的否定与算术中的减号是相同符号，但是它们表达的含义却不一样。

我们将在本节的后面检验包括下面语句的柏拉图论证：

（S11）除非灵魂是永恒的，否则最初的学习不可能发生在出生之前。

S11可以变形为： 49

（S11A）如果灵魂不是永恒的，那么最初的学习不会发生在出生之前。

S11A和S11符号化为下面的公式：

（F11）$-I \rightarrow -B$

（I＝灵魂是永恒的）“除非…否则”意味着“如果并非”，那么包含

"除非…否则"的语句可以相应地符号为"如果并非"的公式。(有时"除非 Q，否则 P"的意思被认为是"P 当且仅当非 Q"而不是"如果非 Q，那么 P"，但这是不正确的。例如，一个朋友告诉你"除非我病了，否则我在那儿"，通过证明他生病了说明其并没有食言。)

杀人犯哈里斯（Jean Harris）声称，她出于过失杀了保健医生泰诺瓦（Herman Tar nower)。在判决前的一次《人物》杂志采访中，她说："如果我故意杀某人，那么我会杀了她［另一名妇女特莱弗罗斯(Lynne Tryforos)］。"[11] 哈里斯的论证如下：

> 如果我故意杀某人，那么我将杀害特莱弗罗斯。我没有杀她。这证明我没有故意杀害任何人。
>
> I → T，－T ⊢ －I

(I = 我故意杀某人) 这种论证模式称为"逆分离规则"（拉丁文"否定后件式")。我们经常运用这种形式并且其显然是有效的。(哈里斯论证中第一个前提是否为真和结论是否为真并不属于我们考虑的问题。) 现在给出哈里斯论证有效性的非形式表述（可以引申到任何否定形式论证）如下：

> 假定哈里斯故意杀了某人。从该假设和第一个前提可以推出她杀了特莱弗罗斯。但是第二个前提和该推论正好相反。所以该假设和论证的前提矛盾，因此得出假设不成立，结论是假设的否定。

50 我们增加一条这种类型的推论规则：

> 否定引入规则（－I)：如果从假设陈述（或者其他的假设）推出一个标准矛盾，那么得到该假设的否定。

其中标准矛盾指的是形如 P & －P 的合取。现在我们给上述规则再加上一些符号，以使其能更好识别。

> 如果从假设 A（或者其他的假设）推出 B & －B，那么得到－A。

---

〔11〕"吉恩·哈里斯：如果我杀人，那么我会有冤家对头，绝不是我喜欢的保健医生。" *Miami News* (March 2, 1981), p. 4A.

注意，否定引入规则没有提到标准矛盾所涉及的内容，因为任何一个标准矛盾形式都是一样的。

关于“哈里斯”论证的形式证明如下：

1	(1)	I → T	A
2	(2)	−T	A
3	(3)	I	PA
1，3	(4)	T	1，3 →O
1，2，3	(5)	T & −T	4，2 &I
1，2	(6)	−I	3−5 −I

第1行和第2行的陈述是初始假设。而第3行是临时假设，这是为了便于后面否定引入规则的运用。第6行“3−5 −I”是“根据否定引入规则从第3行的假设推出第5行的标准矛盾”的缩写。（在形式证明中首先列出假设行。）运用下面的原则可以得到第6行所依赖的假设：

> 根据否定引入规则，导出的陈述假设依赖于标准矛盾所依赖的假设减去导出的假设否定。

因此，第6行的假设依赖于第5行所依赖的假设（从1到3）减去第3行所依赖的假设。所以，它依赖于假设1和2，然后通过否定引入规则，去掉了临时假设。

为什么在证明的第6行能够推出“−I”？因为从第1行到第3行
的假设推出了第5行的矛盾。只有含有矛盾的假设集会产生矛盾，因
此，从第1行到第3行构成一个矛盾集合。为了避免不一致性，其中
一个假设必须去掉。第6行的依赖假设说明了仅依赖于假设1和2。所 51
以，在第6行中我们去掉第3个假设仅保留假设1和2。

希尔维亚（Sylvia）的漫画围绕这一论证进行了如下阐释：

> 如果妇女像孩子一样玩团队运动，她们将顺利融入公司职员中。但是因为她们没有进入团队运动，所以她们不能融入公司职员中。

S → F，−S ⊢ −F

By permission of Nicole Hollander

有人对该论证只是略知一二，认为它展示了逆分离规则。然而经过仔细检查以后，我们证明它是逆分离规则的伪造品，这种无效形式称为否定前件式之谬误。比较下面两个形式：

逆分离规则：$P \to Q$，$-Q \vdash -P$（有效）

否定前件式：$P \to Q$，$-P \vdash -Q$（无效）

逆分离规则论证的第二个前提否定了必要条件，而它的伪造品第二个前提否定了充分条件。在“企业”论证中，参加团队运动作为“融入”的充分条件。对于“融入”而言，还有很多其他的充分条件，比如具有和蔼可亲的性格。一个人不具有这些充分条件的其中之一，但是可能拥有其他的充分条件，所以你就不能从缺乏某个充分条件，从而有效地推出缺乏另一个条件。

在第 2.2 节，我们要证明 S9 与 S10 逻辑等值。

（S9）如果被告人被判有罪，那么该州的主要证人作证。

（S10）如果该州的主要证人没有作证，那么被告人没有被判有罪。

52 （F9）$G \to T$

（F10）$-T \to -G$

逻辑学家把 F10 称为 F9 的“假言易位陈述”。该术语名称并不重要，但是如果你否定了某个条件句中的构成陈述，那么在该条件句就可以交换构成陈述（并没有改变其内容），假言易位陈述就显得非常有用。

下面我们给出 F9 推衍出 F10 的证明，关于 F10 推衍出 F9 的证明将作为本节后面的练习 9。

1　　（1）　$G \to T$　　A

2	(2)	-T	PA
3	(3)	G	PA
1, 3	(4)	T	1, 3 →O
1, 2, 3	(5)	T & -T	4, 2 &I
1, 2	(6)	-G	3-5 -I
1	(7)	-T → -G	2-6 →I

在蕴涵引入的子证明（从第2行到第6行）中含有否定引入的子证明（从第3行到第5行）。当顶部两行和底部两行判定下来，就可以运用否定引入策略来添加第3行的陈述：

> 当你希望得到一个否定陈述诸如“-G”（你没有发现比这更直接的方法），就需要给出临时假设“G”，然后推出一个标准矛盾。

否定消去规则类似于否定引入规则：

> 否定消去规则（-O）：如果从一个否定假设陈述（或许还有其他的假设）推出一个标准矛盾，那么得到该否定假设的构成陈述。

该规则重新叙述如下：

> 从假设 -A（或许还有其他的假设）推出 B & -B，那么得到 A。

从该规则得到的依赖假设原则类似于前面讨论的从否定引入规则得到的依赖假设原则。

下面的论证来自柏拉图的《斐多篇》，我们可以运用否定消去规 53
则为该论证构建一个证明。这个对话发生在雅典监狱中，苏格拉底等待执行死刑期间参加的哲学讨论。

> “此外，苏格拉底，”塞雷斯回答道，“你经常讲述的一个理论，学习只是回忆。如果这是真的，那么现在我们所回忆的知识一定是以前学习过的；这是不可能的，除非我们的灵魂在出生之前就已经存在。所以用这种方式看，灵魂是不朽的。”〔12〕

该论证符号化为：

---

〔12〕 Plato, “Phaedo”, in *The Last Days of Socrates*, trans. Hugh Tredennick (Baltimore: Penguin Books, 1989), p. 120.

学习是回忆。如果这样，那么初始学习发生在出生前。除非灵魂是不朽的，否则初始学习没有发生在出生前。所以，灵魂是不朽的。

R, R→ B, -I→ -B ⊢ I

否定消去有效性证明如下：

1	(1)	R	A
2	(2)	R → B	A
3	(3)	-I → -B	A
4	(4)	-I	PA
1, 2	(5)	B	2, 1 →O
3, 4	(6)	-B	3, 4 →O
1, 2, 3, 4	(7)	B & -B	5, 6 &I
1, 2, 3	(8)	I	4-7 -O

关于否定消去的策略十分简单，如下：

当你希望得到某个陈述诸如“I”（你没有发现比这更直接的方法推出“I”），就需要给出临时假设“-I”，然后推出一个标准矛盾。

什么时候运用否定消去策略呢？如果以下三个特点都存在，就应该采用该策略：

54 1. 目标（或子目标）是判定的。

2. 前提行中包含一个或一个以上否定。

3. 从前提到结论不存在更直接的路径。

由否定引入规则与否定消去规则所保证的推理类型，传统上称为归谬证明法。这是一种归结到某个荒谬假设的方法，即从错误假设推出矛盾，然后得到它的否定。该推理形式在数学中很普遍，且适用于任何学科，当然也包括法律领域。

练习

1. 请使用标出的符号来符号化下面的陈述：

(a)（保险杠贴纸）“滑板不是犯罪。”

*(b)(饼干盒)“这包饼干按重量出售，不按容量出售。”

(c)(报纸)“迈阿密的电视观众不会无法观瞻明天晚上拉里·霍姆斯与斯科特·弗兰克之间的 WBC 重量级冠军赛。”(W = 迈阿密的电视观众可以观瞻明天晚上霍姆斯与弗兰克之间的 WBC 冠军赛)

(d)(歌词)“为了学校通过，我已经等了很久；宝拉，我不能再等你了。”(P = 为了宝拉我可以等待更长时间)

(e)(费罗尔·萨姆斯)“如果妈妈不高兴，也没人高兴。”(M = 妈妈高兴，S = 一些家庭成员高兴)

*(f)(漫画母亲)“我不买花生酱也不卖房子。”

(g)(漫画儿子)“她不卖任何房子，也不买任何花生酱。”

(h)(漫画)“如果不是垃圾邮件，我根本不会收到任何邮件。”(J = 我收到垃圾邮件，M = 我收到邮件)

(i)(汉斯·克里斯蒂安·安徒生)“除非它是公鸭，否则现在我们应当有鸭蛋。”

(j)(电视新闻)“如果参议员克里投票赞成预算法案，它就会通过；如果他投票反对，它就会失败。”

*(k)(希特勒)“如果我得不到迈科普和格罗兹尼的油，那么必须结束这场战争。”

(l)(查尔斯·狄更斯)“除非我亲眼看见，以及亲耳听到，否则我永远也不会相信它。”

(m)(标题)“没有搬到城市来，哈密尔顿就不能负责。”(P = 汉密尔顿负责，M = 汉密尔顿搬到城市)

*(n)(税指令)“如果你有一个非本地居住的外来配偶，那么若你
没有申报联合报税，你可以为你的配偶免税，除非他/她在美 55
国没有收入并且不依赖其他人。”(E = 你可以为你的配偶免税)

(o)(体育版)“当他们［圣母院足球队］离球门 4 – 7 码之间有第二次进攻机会时，除非临近比赛结束并且他们落后了，否则他们决不会扔出球。”(F = 圣母院足球队距离球门 4 或者更

多码去进攻，S = 圣母院足球队距离球门 7 或者更少码去进攻，T = 圣母院足球队传球）

2. 请使用“代码字典”把下面的公式翻译成语句。

D = 辩方证人免予起诉

P = 控方证人免予起诉

（a） – –D

*（b） –D & –P

（c） – （D & P）

（d） –D → –P

3. 斯温德尔填完了退税申请表，要求免除已去世两年的家属之所得税。当国税局认为该退税申请表无效时，她论证如下：

> 根据该说明的第 41 页规定，“除非你签字，否则税收表格 1040A 不是一个有效退税申请表。”我签字了。所以，它是有效退税申请表。

莎莉的论证错在哪里？

4. 请构造下面符号化论证的有效形式证明：

（a） – –A ⊢ A

*（b） –B → C，–B → –C ⊢ B

（c） D → –E, E ⊢ –D

（d） –F ⊢ – （F & G）

（e） – （H & –I），H ⊢ I

要求符号化习题 5 到习题 15 每一个论证并且构造其有效形式证明。

5. 在第 2.2 节提到了下面的论证，目的是更好地理解含有“除非…才”的语句。

> 按照人们的常识，通常会认为 S7 与 S8 是等值的，这是错误的想法。假设它们意思相同，那么词语“除非”对 S7 没有产生任何作用，但实际上它影响了 S7 的含义。

56 （E = S7 和 S8 是内容等值的，A = 词语“除非”决定了 S7 的含义）

＊6. 漫画人物南希觉得，如果她玩荡秋千，那么她将很开心。而下一幅漫画说明她玩秋千时，明显不开心，因此证明她想错了。

> 南希玩秋千并且不开心。因此，如果她玩秋千那么就会开心的，这不是真的。

7. 合同上签字并且盖章，但它从未履行。因此，并非这份合同签了字，盖了章并且履行。

(A = 合同盖章)

8. 金斯利・艾米斯提出了这个论证，关于谣传吉卜林是个随便的人：

> 他是个普通的一夫一妻制的人，这个观点没有矛盾。倘若存在与此相反的证据，则这些证据一定会出现。无火就无烟，在这种情况下，没有烟。[13]

艾米斯的结论是吉卜林是一夫一妻制的。请使用“代码字典”把该论证符号化：M = 吉卜林是一夫一妻制的，E = 存在滥交的证据，K = 我们了解这样的证据。你需要剖析火和烟的隐喻。

9. 我们已经证明了 S9 推衍出 S10。现在证明 S10 也能推衍出 S9（从而 S9 与 S10 是逻辑等值的）。

> (S9) 如果被告人被判有罪那么该州的主要证人作证。
>
> (S10) 如果该州的主要证人没有作证，那么被告人没有被判有罪。

＊10. 柏拉图在《理想国》中写道：

> ……品达和悲剧作家声称，阿斯克勒庇俄斯虽然是阿波罗的儿子，因
> 为受贿成为富人，因此被雷电击中身亡。正如我们之前说的，我们不会接 57
> 受这样的陈述：如果他是神的儿子，不会贪得无厌……[14]

柏拉图推理分析如下：

---

〔13〕 Kingsley Amis, *Rudyard Kipling* (New York: Thames and Hudson, 1986), p. 37.

〔14〕 Plato, *The Republic*, trans. Francis McDonald Cornford (Oxford: Oxford University Press, 1941), p. 98.

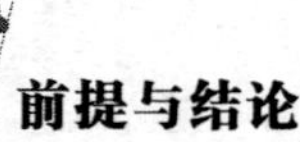

并非阿斯克勒庇俄斯既是神的儿子又受贿。原因如下：①如果阿斯克勒庇俄斯是神的儿子，那么他没有贪得无厌。②如果他受贿，那么他贪得无厌。

11. 对上面引用《理想国》的语句作如下论证：

并非阿斯克勒庇俄斯既是神的儿子又贪得无厌。所以，如果他是神的儿子，那么他不是贪得无厌的。

12. 路德（Martin Luther）在《基督徒的自由》（The Freedom of a Christian）中写道：

任何事物都不能接收和珍视神谕，除非通过信仰才能实现。因此，很显然，当灵魂需要之于生命和正义的神谕，它仅由信仰而不是任何事物来证明；因为假如它能被其他东西证明，那么它将不需要神谕，随之也不需要信仰。[15]

显然，路德在进行推理，但是该推理过程并不清晰。重新构造该推理过程如下：

如果灵魂能被某些东西证明，除了信仰，它将不需要神谕。但是灵魂确实需要神谕。如果灵魂不能被任何东西证明，除了信仰，那么它不能被任何事物证明。因此，灵魂只能被信仰证明；它不能被任何事物证明。

请使用这个“代码字典”：O = 灵魂能被某些东西证明除了信仰，N = 灵魂需要神谕，W = 灵魂能被任何事物证明。

13. 克里斯蒂（Agatha Christie）在“百万美元债券抢劫”中写道：

“但是如果债券被抛出船外，那么它们就不会在纽约销售。”

58 “我很佩服你的逻辑思维，黑斯廷斯［波洛说］。债券已经在纽约销售，因此它们没有被抛出船外。看看，这会把我们带向何方？”

“带到我们刚开始的时候。”

“一生难遇！如果袋子被抛出船外，并且债券在纽约销售，袋子中不可能有债券……”[16]

---

[15] John Dillenberger (ed.), *Martin Luther: Selections from His Writings* (Garden City, NY: Doubleday & Company, Inc., 1961), p. 55.

[16] “Poirot Investigates” in *Triple Threat* (Binghamton, NY: Vail-Ballou Press, Inc., 1923), p. 105.

在这个对话中，黑斯廷斯和波洛分别进行了相关推理。我们把他们的两个论证简化如下：

如果债券被抛出船外，那么它们就不会在纽约销售。债券在纽约销售。如果袋子被抛出船外并且债券没有被抛出船外，袋子中不可能有债券。于是，如果袋子被抛出船外，那么它不可能有债券。

14. （挑战性习题）[17]某犯人提出了一个百无聊赖的论证：

如果我不吃东西，我将会生病。如果我吃东西，我将会生病。因此，我会生病。

我们可以在十行以内完成该证明，但是该证明过程需要两个临时假设，这些临时假设要通过否定规则来消除。

《ID魔术师》　　　　B. 派克和 J. 哈特

By permission of Johnny Hart and Creators Syndicate,Inc.

15. （极有挑战性习题）报纸上描述了一位艾滋病人（提姆·布劳恩）[18]与病魔作斗争的事情。联邦政府允诺给其提供大麻用来控制他的恶心，但后来又食言。布劳恩论述如下：

如果我买大麻，就吃不起饭。如果我买食物，就不能吃饭。 59

他的困境可以表达为下面的论证：

如果我买大麻，那么我不能买食物。如果我不能买食物，那么不能吃饭。如果我能买食物但不买大麻，那么（由于恶心）也不能吃饭。于是，

---

〔17〕 练习题中标注“挑战性的”比其他题都有难度。这些题需要动脑筋。如果你喜欢挑战，你就会解决它们。

〔18〕 Tom Majeski, “AIDS Patient Fights for Marijuana”, *Miami Herald* (December 15, 1991), p. 15A.

我不能吃饭。

括号内的语句主要是说明原因，所以它不需要符号化。

2.4 析 取

两个构成陈述再加上联结词“或者（or）”组成的陈述称为析取；其构成陈述称为析取肢。通常情况下，词语“或者（either）”位于第一个析取肢的前面。关于析取的例子如下：

或者辩方证人在说谎或者控方证人在说谎。

我们引入析取（∨）作为联结词“或者”的缩写。上述析取例句符号化如下：

$D \vee P$

该公式读作“D 或者 P”或“D 析取 P”。

当我们断言一个析取为真，总是认为析取肢都是真的。例如，如果发现双方证人都撒谎，我们不会认为上面的析取为假。在这种情况下，“或者”的使用是相容的。然而，有时当谈论某个“或者”语句时，我们要试图排除析取肢都是真的。例如，如果有老板告诉雇员：“你可以在星期五休息或者星期一休息”，那么老板很可能排除了雇员在这两天都休息的情形。所以，在该例句中“或者”的使用是不相容的。[19]

有时语句中出现“或者”，我们并不清楚它的使用含义。[20]因此，对于含有“或者”的语句，我们必须详细说明其含义从而避免产生误
60 会。当我们清楚“或者”是在相容意义上使用，即有其析取肢皆为真的可能，可以采用下面的常用语表示：

---

〔19〕 在拉丁语中用不同的单词表达“或者”的两种含义：“vel”表示相容析取而“aut”表示不相容析取。逻辑学家选择第一个单词“vel”的首字母来符号化相容析取。

〔20〕 这样是不值得的，“或者”在不相容意义上使用，相比在其他任何地方，更常常出现在一种规定的或者直接的语言中（比如在上面的例子中雇员使用的情形）。

A 或者 B 或者全部。

A 并且/或者 B。

当我们清楚“或者”是在不相容意义上使用，可以这样表示：

（S1）A 或者 B 但不是全部。

析取符号是“或者”在相容意义上的缩写词。我们可以使用析取、合取以及否定来符号化不相容析取。S1 符号化为下面的 F1：

（F1）$(A \vee B)\ \&\ -(A\ \&\ B)$

一般地，“或者”是在相容意义上使用的。如果它表示不相容，本书会在“或者”的后面注明“但不是全部”。

现在我们将下面的句子符号化：

或者嫌疑犯说谎，或者证人说谎，或者侦探说谎。

从而得到下面三个符号表达式：

（F2）$S \vee W \vee D$

（F3）$S \vee (W \vee D)$

（F4）$(S \vee W) \vee D$

公式 F3 与 F4 逻辑等值（参看本节练习题 15）。这说明圆括号的位置并不重要，因此这三个公式都是可接受的。因为 F2 更简单，故其更好。下面的两个语句及其符号化是不同的：

（S5）嫌疑犯说谎同时或者证人或者侦探说谎。

（S6）或者嫌疑犯和证人都说谎或者侦探说谎。

（F5）$S\ \&\ (W \vee D)$

（F6）$(S\ \&\ W) \vee D$

S5 与 S6 并不是等值陈述。二者之间的差别是 S5（不是 S6）直接断言了嫌疑犯说谎。对于符号化像 S5 与 S6 这样的语句，圆括号就显得很 61
重要了。所以下面公式 F7X 的含义就十分模糊。

（F7X）$S\ \&\ W \vee D$

这个公式所表达的意思和 S5 相同还是和 S6 相同？恐怕没有人知道。

所以，我们认为 F7X 是不规范的公式，应当尽量避免使用它。语句 S7 同样含义模糊，也应该避免。

(S7) 嫌疑犯说谎并且证人说谎或者侦探说谎。

现在我们对含有析取公式的组群符号的使用，做出如下总结：

如果一个公式既含有析取又含有合取或者蕴涵，就必须要使用圆括号（或者其他的组群符号），从而表明联结词的使用范围。

在多重析取中，组群符号可以省略。

联结词（相容）“或者”的逻辑内容如下：

如果任意一个析取肢为真，那么该析取为真。

在此基础上我们构造如下推论规则：

析取引入规则（∨I）：从一个陈述推出含有该陈述作为其析取肢的任何析取。

该规则重述如下：[21]

从 A 推出或者 A∨B 或者 B∨A。

标准依赖假设原则应用于该规则中。析取引入规则允许我们从 F8 推出从 F9 到 F11 的任何一个公式。

62 (F8) A

(F9) A ∨ B

(F10) C ∨ A

(F11) D ∨ A ∨ E

对于析取引入规则，有人觉得它太开放了。“你能够引入任何陈述——甚至是一个在证明中没有出现的陈述——作为另一个析取肢?”不过下面的规定可以打消他们的忧虑：推论规则必须具有保真性。(即不允许从一个真陈述推出假陈述)。我们知道，如果一个析取的任何一

[21] 该规则的第一种陈述比该符号重述的含义更广泛，因为它应用于没有内部组群符号的多重析取。

个析取肢为真，那么该析取也为真。因此，如果 F8 为真，那么从 F9 到 F11 中任何一个公式也为真，而不管其他析取肢的真值。因此，从某种意义上说，不管有什么样的其他析取肢，析取将遵循不管什么陈述都能构成其他析取肢的规则。

表达式“既不……也不……”意味着“并非或者……或者……”；所以 S12 能够重新表述为 S13 并且符号化 F13。

（S12）既不是丈夫也不是妻子申请抚养权。

（S13）并非或者丈夫或者妻子申请抚养权。

（F13）－（H∨W）

（H＝丈夫申请抚养权，W＝妻子申请抚养权）F13 逻辑上等值于 F14，所以 S12 也可以符号化为 F14。

（F14）－H＆－W

完成 F13 逻辑上等值于 F14 这项工作的四分之一，就是证明 F13 推衍出 F14 的左边合取肢。在该证明中运用了析取引入规则，证明如下：

1	（1）	－（H ∨ W）	A
2	（2）	H	PA
2	（3）	H ∨ W	2 ∨I
1，2	（4）	（H ∨ W）＆－（H ∨ W）	3，1 &I
1	（5）	－H	2－4 －I

F13 推衍出 F14 的右边合取肢的证明和上面类似。

1987 年的节庆杯（宾夕法尼亚州队与迈阿密队）计划更改比赛 63
时间，把新年的第一天变为第二天。[22] 由此，我们得到下面的语句：

两队中任何一个队输了比赛并且节庆杯将恢复到它的初始时间 1 月 1 日。

此句看上去是一个合取，然而事实上它是一个条件句，符号化如下：

---

〔22〕 Greg Cote，“Prime Time Hinges on 11－0Teams”，*Miami Herald*（November 18，1986），p. 1C.

（F15）$(P \lor M) \to O$

（P = 宾夕法尼亚州队输了比赛，M = 迈阿密队输了比赛，O = 节庆杯将于 1 月 1 日举行）F15 和 F16 有怎样的联系？

（F16）$(P \to O) \;\&\; (M \to O)$

这两个公式是等值的。通过析取引入规则，我们证明 F15 推衍出 F16。证明如下：

1	（1）	$(P \lor M) \to O$	A
2	（2）	P	PA
2	（3）	$P \lor M$	2 ∨I
1，2	（4）	O	1，3 →O
1	（5）	$P \to O$	2 –4 →I

上面的证明是关于 F15 推衍出 F16 的左边合取肢。下面部分是关于 F15 推衍出 F16 的右边合取肢。

6	（6）	M	PA
6	（7）	$P \lor M$	6 ∨I
1，6	（8）	O	1，7 →O
1	（9）	$M \to O$	6 –8 →I

该证明得出下面这一步：

1	（10）	$(P \to O) \;\&\; (M \to O)$	5，9 &I

64 （本节最后的练习题 4（b）就是关于 F16 推衍出 F15 的证明。）

我们再来看一个新故事：

> 在该国首次女人对女人的州长竞选活动中，民主党人海伦·布萨利斯恭维共和党州财政厅长凯·奥尔，经过昨天的初选，内布拉斯加州将有第一位女性首席执行官。[23]

该引证含有一个简单的论证（称为“内布拉斯加州长”）：

或者布萨利斯或者奥尔赢得内布拉斯加州长选举。如果布萨利斯赢

[23] “Women Vie for Top Nebraska Post”, *Miami News* (May 14, 1986), p. 2A.

了，内布拉斯加将有第一位女州长。如果奥尔赢了，内布拉斯加将有第一位女州长。所以，内布拉斯加将有第一位女州长。

$B \vee O,\ B \rightarrow F,\ O \rightarrow F \vdash F$

“内布拉斯加州长”推理形式是一种二难推理。逻辑学家总结了几种二难推理，下面两种是最常见的形式：

简单构成式：$P \vee Q,\ P \rightarrow R,\ Q \rightarrow R \vdash R$

复杂构成式：$P \vee Q,\ P \rightarrow R,\ Q \rightarrow S \vdash R \vee S$

“内布拉斯加州长”是一种简单构成式的二难推理；随后我们将见到一个关于复杂构成式的二难推理的例子。本节最后的练习题中也有这种类型的例子。

现在在一个可靠的二难推理简单构成式中，我们引入下面的析取消去规则：

析取消去规则（∨O）：从 $A \vee B$，$A \rightarrow C$，和 $B \rightarrow C$ 推出 C。

如果要求证明这条规则，那么我们开始于当析取为真，至少它的一个析取肢为真的考虑。(然后该怎样证明呢?)

现在通过构造三个证明来说明析取消去规则的运用，第一个是“内布拉斯加州长”的证明：

(1)	$B \vee O$	A	
(2)	$B \rightarrow F$	A	65
(3)	$O \rightarrow F$	A	
(4)	F	1，2，3 ∨O	

因为第4行的陈述匹配两个条件句的后件并且这些条件句的前件匹配第1行的析取肢，析取消去规则是可以运用的。

第二个证明是一个简单论证，如下：

或者布萨利斯或者奥尔将赢得选举。因此，或者奥尔或者布萨利斯将赢得选举。

$B \vee O \vdash O \vee B$

这个证明包含了析取消去规则（根据析取前提）以及析取引入规则

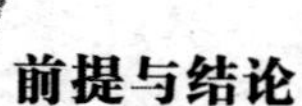

（根据析取结论）。不过该证明中最重要的推理形式是析取消去规则。为了在该证明的最后部分运用析取消去规则，除了析取前提，我们还需要这样两个条件句：

B → （O∨B）

O → （O∨B）

注意第一个条件句的前件匹配该析取前提的左边析取肢并且第二个条件句的前件匹配右边析取肢。每一个条件句的后件匹配该论证的结论。运用蕴涵引入规则就可以得到这两个条件句。该证明如下：

1	（1）	B∨O	A
2	（2）	B	PA
2	（3）	O∨B	2 ∨I
	（4）	B→ （O∨B）	2 - 3 →I
5	（5）	O	PA
5	（6）	O∨B	5 ∨I
	（7）	O→ （O∨B）	5 - 6 →I
1	（8）	O∨B	1，4，7 ∨O

注意上面证明中的第 4 行和第 7 行陈述并不依赖假设。例如，第 4 行依赖于第 3 行所依赖的假设（即 2）减去第 2 行所依赖的假设；也就是说，其没有依赖假设。为了解释在证明中其中一行为什么不依赖
66 假设，我们引入了逻辑真的概念。逻辑真是一个陈述，在逻辑上其虚假性是不可能的；它是由逻辑上的矛盾组成的。例如：或者克林顿是民主党人或者他不是民主党人。逻辑真本质上必然为真，而它的缺点是不能传达真实信息。逻辑真——仅限于逻辑上的真——在证明中不需要假设就能推导出来。上述证明中的第 4 行及第 7 行的陈述不需要假设就能够得出，说明它们在逻辑上为真。

标准依赖假设原则应用于析取消去规则。第 8 行的陈述依赖于第 1 行、第 4 行和第 7 行所依赖的假设。和许多其他析取消去证明一样，该证明的显著特点是相同的陈述出现在三行中（3，6 和 8）。然而这些行的陈述所依赖的假设是不一样的，并且只有第 8 行不依赖于临时假设。

析取消去策略总结如下：

> **如果一个前提行是析取，那么寻找具有两个条件句的前提行，并且这两个条件句的前件分别匹配该析取的析取肢，后件匹配某目标行。如果你找到了条件句，就可以运用析取消去规则。如果你在前提中找到了其中一个条件句，那么需要添加另一个条件句作为目标行。如果你没有在前提行中找到条件句，那么需要添加两个条件句作为目标行。**

第三个证明是关于复杂构成式的二难推理，析取消去策略就在该证明中体现出来。在给康克林（James C. Conkling）的一封信中，林肯（Abraham Lincoln）所写的《解放宣言》（the Emancipation Proclamation）部分内容如下：

> 然而，与法律一样，宣言或者有效或者不是有效的。如果它不是有效的，那么不需要收回。如果它是有效的，那么不能收回，至多能死而复生。[24]

现在我们交换后面两个前提的位置，再增加一个没有明说的结论，该论证重述如下：

> 该宣言或者有效或者不是有效的。如果它是有效的，那么不能撤销。如果它不是有效的，那么不需要撤销。因此，或者宣言不能撤销或者不需要撤销。

$$V \vee -V,\ V \rightarrow -B,\ -V \rightarrow -N \vdash -B \vee -N$$

该论证是复杂的，所以不是简单的二难推理。注意条件句的后件没有匹配；相反，每一个后件匹配结论中的一个析取肢。为了完成该论证 67
中的析取分离证明，必须演绎出两个条件句（下面证明中的第 7 行和第 11 行），它们的后件匹配论证中的结论。

1	(1)	$V \vee -V$	A
2	(2)	$V \rightarrow -B$	A
3	(3)	$-V \rightarrow -N$	A

---

〔24〕 引自 Irving M. Copi, *Introducticn to Logic*, 7th ed.（New York: Macmillan Publishing Company, 1986）, p. 259.

4	(4)	V	PA
2，4	(5)	–B	2，4 →O
2，4	(6)	–B ∨ –N	5 ∨I
2	(7)	V → (–B∨ –N)	4 –6 →I
8	(8)	–V	PA
3，8	(9)	–N	3，8 →O
3，8	(10)	–B ∨ –N	9 ∨I
3	(11)	–V → (–B∨ –N)	8 –10 →I
1，2，3	(12)	–B ∨ –N	1，7，11 ∨O

练习

1. 请使用给出的符号来形式化下面的陈述：

(a)（普劳图斯的对话）“这个女人肯定疯了或者喝醉了。”

*(b)（国会议员威廉·雷曼）“他（布什）将是一位环保总统或者不是。”

(c)（法医病理学家）“或者目击者的证词是错误的，或者这不是纳撒尼尔·凯特的尸体。”（E = 目击者的证词是正确的，N = 这是纳撒尼尔·凯特的尸体）

(d)（柏拉图）“（死亡）是幻灭并且死者没有任何意识，或者它是灵魂的迁移。”（C = 死者有意识）

(e)（约翰·沃尔佩）“整个铁路系统会破产并且/或者国有化。”

*(f)（布姆·菲利普斯）“如果我们不完成至少八胜比八负，那么我应该辞职或被解雇。”（L = 我们至少八胜结束这个赛季，R = 我应该辞职，F = 我被解雇）

(g)（最高法院法官约翰·哈伦）[25]“我们的宪法是色盲，既不知道也不容忍公民间的等级。”

68 (h) 我们命令瑞秋或埃里森站着，但不是两人都站着。

---

〔25〕 Dissenting in *Plessy v. Ferguso*, 163 U. S. 537, 552, at 559 (1896).

(i) 零或是偶数或是奇数或者两者都不是。

*(j)（报纸）“如果有必要为了进行设备维修而拔下管路或者如果事故降低了发电量，那么该公司可能会被迫减少所有地区供电量或者对黄金海岸部分地区实行限电。”

(k)（税收指令）“如果下述第 1 条或第 2 条适用，你不用支付税收罚款或者必须完成 2210 表格。”（C = 你被要求完成 2210 表格，A = 下述第 1 条适用，B = 下述第 2 条适用）

2. 请使用“代码字典”把下面的公式翻译成语句。

F = 在佛罗里达州虐待动物是重罪
M = 在佛罗里达州虐待动物是轻罪
O = 在佛罗里达州虐待动物可以定罪

(a) $-M \vee -F$

*(b) $-(M \vee F)$

(c) $O \rightarrow (M \vee F)$

(d) $(-M \rightarrow F) \vee -O$

3. 1992 年的美国个人报税表格 1040A 规定如下：

> 如果你和你的配偶选择联合报税但现在是各自分开报税，则你们中的任何一人或者可以要求支付所有税额。

请使用相容的“或者”来符号化上述例句，再使用不相容的“或者”来符号化上述例句。（Y = 你可以要求支付所有税额，S = 你的配偶可以要求支付所有税额）哪一种符号化的公式符合美国国税局的规定？提示：紧接着下一个句子是“或者你们每人可以要求支付一部分税额”。

4. 请构造下面符号化论证的有效形式证明：

(a) $A \& B \vdash A \vee C$

*(b) $(P \rightarrow O) \& (M \rightarrow O) \vdash (P \vee M) \rightarrow O$

(c) $-(-D \vee -E) \vdash D$

(d) $(F \& G) \vee (H \& F) \vdash F$

（e）I，（I∨J）→K⊢J∨K

要求符号化习题5到习题11每一个论证并且构造其有效形式证明。

5.《午夜快车》（*Midnight Express*）的作者海耶斯（Billy Hayes）告诉听众，他决定逃出土耳其监狱，而他在那里已经关了5年。

> 69 我的想法是如果我逃出监狱，那么我将自由。如果他们射击并且杀了我，那么我也自由了。[26]

海耶斯提出了一个简单构成二难推理：

> 如果我逃离，我将自由。如果他们杀了我，我也将自由。或者我逃离或者他们杀了我。因此，我将自由。

*6. 在柏拉图的《申辩篇》中，[27]苏格拉底提出了一个论证说明他不惧怕死亡的原因：

> 死亡或者是毁灭或者是灵魂的迁移。如果死亡是毁灭，那么它像无梦的睡眠。如果它像无梦的睡眠，那么这是一种益处。另一方面，如果死亡是灵魂的迁移，那么这仍旧是一种益处。因此，死亡是一种益处。

7. 在伍勒诉讼瑟坦出租车公司［Woolen v. Surtran Taxica，Inc.，684 F. 2d 324（5th Cir. 1982）］案中，该成员的代表试图介入一场反垄断集体诉讼。他们声称《美国联邦民事诉讼规则》第24（a）条规定使他们有权介入反垄断集体诉讼，因为该诉讼的后果影响他们的利益。不过原告代表论证被告没有权利来介入，因为在该规则第24（a）条中有一种情况，即申请人的利益已由现在的当事人充分代表的除外。而该规则第23（a)(4）条规定，除非代表当事人能充分地代表缺席者，才能有集体诉讼。因此，或者集体诉讼根本不应该继续进行或者其他的集体成员没有权利介入它。

---

〔26〕 Bill Kaczaraba，"No More 'Crazy House' for Hayes"，*Miami Hurricane*（October 31，1978），p. 1.

〔27〕 Plato，"Apology" in *The Last Days of Socrates*，trans. Hugh Tredennick（Baltimore：Penguin Books，1989），pp. 74－75.

或者代表当事人能充分地代表缺席者或者他们不能代表。如果他们能充分地代表缺席者，那么缺席者没有权利介入。另一方面，如果代表当事人不能充分代表缺席者，那么集体诉讼根本不应该继续进行。所以，或者集体诉讼根本不应继续进行或者其他的集体成员没有权利介入它。

8. 有一个新闻故事是关于威利·丹尼斯，为了将指控罪名由谋杀降为过失杀人，他同意在审判第二个人时出庭作证。然而丹尼斯出庭 70
作证的证词却与其之前告诉州检察官的证词不同，于是法官撤销丹尼斯的过失杀人罪而以谋杀罪起诉他。报纸上的报道援引了法官判决的理由，如下：

> "他在法庭上的陈述中自认一级谋杀罪并且与之前告诉州检察官的证词相矛盾"，塞普说，"他食言并且说谎了——或者对州检察官或者对陪审团。"
>
> "他不配合州政府，而配合州政府是降为判处过失杀人罪的必要条件。"〔28〕

塞普法官论证如下：

丹尼斯法庭上的陈述与之前告诉州检察官的证词相矛盾。如果真是这样，那么他或者对陪审团说谎或者对州检察官说谎或者两者都有可能。假如他对陪审团说谎，那么他没有配合州政府。并且如果他对州检察官说谎，那么他也没有配合州政府。因为丹尼斯配合州政府是放弃谋杀罪名的必要条件，所以州政府将指控他谋杀。

（M = 州政府指控丹尼斯谋杀）

9. 在莫里斯诉韦伯［Morris v. Webber, Moore K. B. 225, 72 Eng. Rep. 545, 2 Leonard 169, 74 Eng. Rep. 449 (1587)］案中，关键问题是约翰·贝利是否违法。约翰所谓的父亲亨利在和自己母亲结婚前，已经结婚了。因为亨利患性无能的顽疾，所以第一次婚姻无效。有人认为，如果亨利实际上不是性无能，那么他的第一次婚姻在法律上没有被撤销，而他和约翰的母亲婚姻是无效的，另一方面，如

〔28〕"Murder Suspect-Witness Stripped of Lesser Plea", *Miami News* (October 7, 1971), p. 5A.

果亨利是患性无能的顽疾，他不可能是约翰的生父。无论哪种情形，约翰都不可能是合法婚姻所生的。

> **或者亨利·贝利患性无能顽疾或者他不是。如果他不是患性无能顽疾，那么他的第一次婚姻在法律上没有被撤销。并且如果亨利的第一次婚姻在法律上没有被撤销，那么他和约翰母亲的婚姻是无效的。如果亨利和约翰母亲的婚姻是无效的，那么约翰不是亨利合法的孩子。另一方面，如果亨利患性无能顽疾，那么他不是约翰的生父。如果他不是约翰**
> 71 **的生父，那么约翰不是合法婚姻所生的。于是约翰不是亨利·贝利合法的孩子。**

*10. 《爱丽丝漫游仙境》（*Alice in Wonderland*）的作者卡罗尔（Lewis Carroll）是一位逻辑学家，所以在其作品中爱丽丝运用演绎论证并不稀奇：

> 她的眼光落在桌下的一个小玻璃箱上：她打开箱子，发现一块很小的蛋糕，蛋糕上面用葡萄干组成了一句话："吃掉我。""好吧，我会吃的"，爱丽丝说，"如果它能使我变大，我就能拿到钥匙；并且如果它使我变小，我就能从门底下爬过去；所以无论哪种方式，我将进入花园，我并不在乎哪种方式！"〔29〕

爱丽丝的论证如下：

> **蛋糕使我或者变大或者变小。如果它使我变大，我就能拿到钥匙；并且如果它使我变小，我就能从门底下爬过去。如果我能拿到钥匙，我将进入花园；并且如果我从门底下爬过去，我将进入花园。所以无论哪种方式，我将进入花园。**

11. 在一则新闻中披露了许多公司为了戴德县（佛罗里达州）委员会的一个席位，都会给两名候选人资助。一位政治顾问评论道：

> 基本的道理是，"如果我资助菲利普斯和杜索，我怎么可能会输？资助这个人我有机会成为委员或者资助那个人我也有机会。"……
>
> 这是众所周知的道理。这也是一句行话，但既然你是一家报纸，我称

---

〔29〕 Lewis Carroll, *Alice in Wonderland* (London: Dent, 1961), pp. 8 – 9.

它为 CYA。[30]

上述资助者的推理如下：

我将有机会成为委员因为我资助了竞选活动。如果我资助菲利普斯的竞选活动并且她获胜，那么我有机会成为委员。并且如果我资助杜索的竞选活动并且他获胜，那么我有机会成为委员。显然，或者菲利普斯或者杜索将获胜。

（B＝菲利普斯在选举中获胜，C＝杜索在选举中获胜）

12. （半挑战性习题）（a）请把下面的句子符号化： 72

弗莱德被禁止拜访或打电话给威尔玛。

（V＝弗莱德被禁止拜访威尔玛，T＝弗莱德被禁止打电话给威尔玛）（b）证明“V ∨ T”是不正确的符号化公式。（c）解释为什么会出现这种不正确的符号化公式。（d）该句子的任意正确符号化公式是否用到析取？

13. （半挑战性习题）请使用给出的符号来符号化下面的陈述：

（多尔参议员提出的政策）“除非出现紧急情况需要疏散美国人民，或者除非涉及国家利益而你没有时间告诉国会，或者除非总统证明涉及军事安全……，……否则未经国会授权我们不能派遣美国军队去海地。”

（A＝国会授权派遣）

14. （挑战性习题）在练习题1（b）中，国会议员雷曼的陈述逻辑是真的。说明该陈述不依赖假设。在该证明中有两个临时假设，总共8行。

15. （挑战性习题）本节前面讨论的 F3 和 F4 是逻辑等值。它们等值当且仅当互相推衍。请证明 F3 推衍出 F4。（F4 推衍出 F3 的证明与此类似。）该证明运用两次析取消去规则，总共有16行。

---

[30] Luis Feldstein Soto, “Donors Hedged Their Bets”, *Miami Herald* (October 10, 1988), p. 1B.

（F3） S ∨ （W ∨ D）

（F4） （S ∨ W） ∨ D

16. （挑战性习题） 在汉瑞斯德诉肖内西 [Harisiades v. Shaughnessy, 342 U. S. 580 （1952）] 案中，最高法院支持一项1940年法令，其允许对曾经成为鼓吹暴力推翻政府组织成员的外国人驱逐出境。道格拉斯法官的反对意见如下：

> 该法案有以下两个可能的支持理由：
>
> （1）某人一旦成为该组织成员会败坏我们的社会并且对我们的社会永远有危险；或者
>
> （2）国家对一名外国人驱逐出境的惩罚不是根据他做了什么，而是他的政治观点是什么。
>
> 73 这两个可能理由在我们的哲学中是很陌生的。当我们向其低头，而支持以它们为基础的该项国会法案，就否认了自己的宽容传统和基于《权利法案》之上的信仰。

请使用“代码字典”把道格拉斯法官的论证符号化：S = 该项法案是可支持的，T = 某人一旦成为该组织成员会败坏我们的社会，B = 由于他的政治观点，某个外国人可能被驱逐。在此语境下，“两个可能理由”解释为“仅有两个可能理由”，并且“在我们的哲学中是很陌生的”可以认为是“假”。构造该论证的一个证明。

2.5 等 值

两个构成陈述和联结词“当且仅当”所组成的陈述，称为双条件句。例如：

> （S1）琳恩将去法学院，当且仅当，她已被接受。

一个双条件句等值于两个条件句的合取。因此，S1 逻辑等值于 S2：

> （S2）如果琳恩已被接受那么将去法学院，并且除非她被接受才去法学院。

S2 符号化为 F2，如下：

(F2) (A → G) & (G → A)

F2 可以看成是 S1 的符号化，不过为了在证明过程中更方便地使用“当且仅当”，我们用一种简单符号来表示，称为等值（↔）。现在 S1 符号化为 F1，如下：

(F1) G ↔ A

F1 读作“G 当且仅当 A”或者“G 等值 A”。表达式“必要条件和充分条件”同义于“当且仅当”，也可以缩写为等值。按照惯例，逻辑学家把“当且仅当”缩写为“iff”，我们也将采取这种做法。该惯例 74
适用含有蕴涵的公式，也适用含有等值的公式。

关于等值的两个规则是基于这样的事实，一个双条件句等同于两个条件句的合取。

等值引入规则（↔I）：从 A → B 和 B → A 推出 A↔B。

等值消去规则（↔O）：从 A↔B 推出或者 A → B 或者 B → A。

标准依赖假设原则适用于上述每一条规则。

我们通过构造三个证明来说明这些规则的运用。第一个证明是关于一个简单的论证：

琳恩将去北卡教堂山分校当且仅当她去法学院。所以，她去法学院当且仅当她去北卡教堂山分校。

M ↔ G ⊢ G ↔ M

(1)	M ↔ G	A
(2)	M → G	1↔O
(3)	G — M	1↔O
(4)	G ← M	3, 2↔I

第二个证明是关于佛罗里达州最高法院在某案件中提出的论证的有效性，即一名妇女试图勒令她的前夫支付给其成年女儿的大学教育费用：

在当今快速发展的社会，大多数家长都愿意资助他们成年的孩子获得高等教育，但是这样做是出于一种道德义务而不是法律义务。保持婚姻关

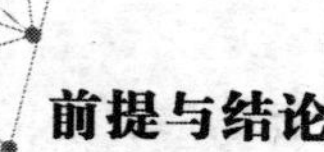

> 系的父母，在他们的孩子上学时，会继续支持孩子上学，甚至其年龄超过二十一岁。但是这种帮助是有条件的，或者可随时撤回，没有人会用诉讼强迫家长继续支持。法院对离异的父母强制执行这些道德义务而其他父母却可以做出自己的选择，从根本上讲这是不公平的。[31]

法院的论证可以重述如下：

75 **离异的父母在法律上有义务支付其年龄21岁或者更大的孩子的教育费用，当且仅当，保持婚姻关系的父母也有这样的义务。保持婚姻关系的父母没有这样的法律义务。因此，离异的父母也没有这样的法律义务。**

D ↔ M，－M ⊢ －D

证明如下：

1	(1)	D ↔ M	A
2	(2)	－M	A
3	(3)	D	PA
1	(4)	D → M	1↔O
1，3	(5)	M	4，3 →O
1，2，3	(6)	M & － M	5，2&I
1，2	(7)	－D	3－6－I

再看一个关于类固醇与体育运动的电视广告，它包含了如下陈述：

(S3) 如果我吃它，我将赢；如果我不吃它，我不会赢。

S3等值于下面的双条件句：

(S4) 我赢当且仅当我吃它。

下面的证明揭示了S3可以推衍出S4。练习题8则是关于S4推衍出S3的证明。

1	(1)	(T → W) & (－T → －W)	A	[1]
1	(2)	T → W	1 &O	[3]
1	(3)	－T → －W	1 &O	[4]

---

[31] *Grapin* v. *Grapin*, 450 So. 2d 853 (Fla. 1984).

4	(4)	W	PA	[6]
5	(5)	-T	PA	[8]
1, 5	(6)	-W	3, 5→O	[9]
1, 4, 5	(7)	W & -W	4, 6&I	[10]
1, 4	(8)	T	5-7-O	[7]
1	(9)	W → T	4-8 →I	[5]
1	(10)	W ↔ T	9, 2↔ I	[2]

最右边的一列数字表明了证明的顺序，而此列并不属于形式证明中的 76
组成部分。

现在我们已经讨论了命题逻辑中的 5 个主要联结词，并且介绍了 10 条推论规则——关于每个联结词的“引入”规则和“消去”规则。附录五把这些规则归并在一起。这 10 条规则再加上假设规则组成了一个集合，其具有“一致性”和“完全性”的特点。一个集合称为一致的，指的是仅运用这些规则完成其证明的任意论证是有效的；而仅运用这些规则不能完成其证明的就是无效论证。该规则集称为完全的，指的是对于任意有效的符号化论证，其是由我们所使用的符号化语言表达，它的证明仅运用这些规则就可以构造出来。

在第二章第六节中我们将论证自己的证明系统，并且为了便于评价命题论证，将在第二章第七节中提出两种更有逻辑性的方法。

练习

1. 请使用所给出的符号来符号化下面的陈述：

(a)（学院备忘录）“我们重视最有效的应用领域，当且仅当，我们也重视研究的基础领域。”

*(b)（新闻快报）“当且仅当（关于种族研究的提议）得到多数 AAA 成员的批准，它将成为美国人类学协会的职务。”

(c)（第 2.4 节）“F3 和 F4 是等值的当且仅当它们互相推衍。”（A = F3 推衍出 F4，B = F4 推衍出 F3）

(d)（ABC 新闻播音员卡罗尔 · 辛普森）“签订和平协议当且仅当

美国军队立即向波斯尼亚出发。”

(e)(逻辑学家奎因)“就数学即逻辑这一论题而言，站得住脚的观点是：所有数学表达式都只是基于逻辑表达式来定义的，这不仅充分而且是必要的。”

*(f)(1940 年 6 月，温斯顿·丘吉尔)“假如，不过仅仅是假如，法国舰队即刻驶向英国港口，他们的政府会全力支持对法国的停战。”

(g)(报纸)“越南北部将于星期一会见美国谈判代表亨利·基辛格，当且仅当，美国将于星期二如期同意签署和平协议。”

(h)(逻辑学家杰弗里·亨特)“集合 C 是集合 D 的真子集，当且仅当不属于集合 D 的元素也不属于集合 C，不过有不属于集合 C 而属于集合 D 的元素。”(A = 有不属于集合 D 而属于集
77 合 C 的元素，B = 有不属于集合 C 而属于集合 D 的元素)

2. 请使用“代码字典”把下面的公式翻译成语句。

B = 圣母院队赢得杯赛
C = 圣母院队赢得全国冠军
M = 迈阿密队赢得全国冠军
F = 在本赛季的决赛中，圣母院队击败迈阿密队

(a) C ↔ －M

*(b) －(C ↔ B)

(c) C ↔ (F & B)

(d) (C ↔ F) & B

3. 关于报纸上大联盟赛季最后一天的体育报道：

今天如果勇士队和巨人队都赢了或都输了，星期一晚上他们将在旧金山打一场季后赛。

(B = 勇士队赢了)“勇士队输了”可以符号化为“－B”。(a) 请把该句符号化。(b) 请给出与该句等值的符号化公式，但是不能使用联结词“&”和“∨”。

4. 请构造下面符号化论证的有效形式证明：

(a) A ↔ B, B & C ⊢ A & C

* (b) D → (E & F), E → D ⊢ D ↔ E

(c) G ↔ H, (H → G) → (I → J), (G → H) → (J → I) ⊢ J ↔ I

(d) K ↔ L, L ↔ M ⊢ K ↔ M

要求符号化习题 5 到习题 10 每一个论证并且构造其有效形式证明。

5. 为了支持“在学术上很有前途的黑人球手”，一群黑人高尔夫球手给迈阿密大学提供了一笔奖学金。[32] 但有些人反对该奖学金的条款，因为它是“逆向歧视”的表现。他们推理如下：

> 限于黑人球手的奖学金是种族歧视，当且仅当，限于白人球手的奖学金是种族歧视。显然，仅白人球手有资格申请的奖学金是种族歧视。因此，仅黑人球手有资格申请的奖学金也是种族歧视。

* 6. 哲学家洛克（John Locke）认为，温暖只是我们观念中存在的 78
“第二性质”。为了支持该观点，其作了下面一段论述：

> ……他认为同样的火，保持一定距离可以带给我们温暖的感觉，而如果离得太近则带来疼痛的感觉，我们自己应该能够想到原因。这种火带来温暖的观念实际上是在火中；而同样的火带来疼痛的观念不是在火中。[33]

洛克论证如下：

> 如果疼痛是火的性质，那么温暖完全是火的性质。因为疼痛不是火的性质，所以温暖也不是火的性质。

7. 逻辑学家休斯（Hughes）和克雷斯韦尔（Cresswell）写道：

> 应该注意到，每当我们有形如 Cab 的命题，会经常运用 TR3 得到 ⊢ LCab，因此由定义 F，⊢ Fab。而且，每当我们有 ⊢ Fab，由定义 F，在

[32] Charlie Nobles, “Black Golfers on a Treadmill”, *Miami News* (February 18, 1972), p. 4B.

[33] John Locke, *An Essay Concerning Human Understanding* (New York: Dover, 1959), vol I: p. 174.

> A5 中用 Cab 取代 p，并且由分离规则得到 ⊢ Cab 。即每当 Cab 是一个命题，所以 Fab 也是一个命题，反之亦然。[34]

他们的推理重述如下：

> 如果“Cab”是一条定理，那么“LCab”也是一条定理，并且如果“LCab”是一条定理，那么“Fab”是一条定理。而且，如果“Fab”是一条定理，那么“Cab”也是一条定理。这就证明了“Cab”是一条定理，当且仅当“Fab”是一条定理。

(C = “Cab”是一条定理，L = “LCab”是一条定理，F = “Fab”是一条定理)

8. 我们在前面已经证明了 S3 能够推衍出 S4。

> (S3) 如果我吃它，我将赢；如果我不吃它，我不会赢。
>
> (S4) 我赢当且仅当我吃它。

现在通过说明 S4 推衍出 S3，因此就证明了它们是逻辑等值的。

79 9. 在星际迷航表演中，星舰号的船员被一台功能强大的计算机俘虏。在一名船员对计算机说“我正在对你说谎”之后，全体船员得以逃脱。下面是计算机的推理：

> 他说他正在说谎。如果他说他正在说谎并且他在说谎，那么他没有说谎。不过如果他说他正在说谎并且他没有说谎，那么他正在说谎。这就证明了他正在说谎当且仅当他没有说谎。

*10. “有些人相信在其死后不久，他们的身体会被重新创造出来。但是重造的身体到底属于谁？比方说，猫王是实际上的猫王或仅仅是猫王的复制品？对于有两个重造的猫王（我们称其为“A”与“B”）在逻辑上是有可能实现的，但是这种实现不利于两个重造之中必有一个是猫王的观点。下面的论证就说明了上述情况：

> A 是猫王当且仅当 B 是猫王。不过他们不能都是猫王。所以，A 不是

---

〔34〕 G. E. Hughes and M. J. Cresswell, *An Introduction to Modal Logic* (London: Methuen, 1968), p. 31. 我们把他们的逻辑符号替换成一种更易于打印的版本。

猫王并且 B 也不是。

（A = A 是猫王，B = B 是猫王）”

11. 5 岁的布瑞恩・戴利在比他大的露丝・加拉特往草坪椅子上坐时，拉开了椅子，导致露丝摔了下来，把屁股磕破。所以加拉特起诉布瑞恩索赔医药费〔加拉特诉戴利［Garratt v. Dailey, 46 Wash. 2d 197, 279 P. 2d1091（1955）］案〕。上诉法院的判决含有下面的陈述：

> 如果……布瑞恩知道原告想要坐在椅子上，那么故意造成原告身体触地的意图将成立，并且原告有权利要求赔付医药费……要是布瑞恩并不具备这种知识，那就不存在他做出的错误行为，并且对会伤害理论承担责任的基本前提就还没有确立。

（上述两个陈述可以作为两个条件句的合取。）这些司法评论如下：

> 被告对原告所受伤害承担责任，当且仅当，被告知道原告想要坐在椅子上。

请使用代码字典：K，I = 被告想造成原告身体触地；L，W = 被告承认错误行为。

12.（挑战性习题）在第 2.4 节中，我们注意到 S1 符号化为 F1。 80

（S1）A 或者 B 但是不是全部。

（F1）（A ∨ B）& －（A & B）

S1 还可以符号化为 F2。

（F2）A ↔ －B

请通过证明 F1 和 F2 之间互相推衍来说明它们是逻辑等值的。

13.（挑战性习题）（a）请使用联结词“－”和“&”，写出下面每一个公式的逻辑等值式。

P → Q
P ∨ Q
P ↔ Q

(b) 请使用联结词“-”和“∨”写出下面每一个公式的逻辑等值式。

P → Q

P & Q

P ↔ Q

如果该练习顺利完成，我们就能把5个联结词去掉3个。(蕴涵、等值以及析取或合取)。

2.6 导出规则

有些证明仅运用目前为止所引入的11条规则，其证明过程显得繁冗复杂，即便对于简单的论证也是如此。例如，下面的论证：

或者我长了一个瘤或者我怀孕了。但是我不可能怀孕，所以一定长了瘤。

T∨P，-P ⊢ T

81 该论证的第一个前提是医学意见。而第二个前提是基于这样的事实——该妇女以前做过绝育手术。幸运的是，这个有效论证的令其恐惧的结论被证明是假的。一个有效论证有一个假结论，除非它的一个或一个以上的前提也是假的。在这个例子中，则是第二个前提为假，即以前做的绝育手术失败了并且她怀孕了。[35]

该论证的有效证明如下：

1	(1)	T∨P	A
2	(2)	-P	A
3	(3)	T	PA
2, 3	(4)	T & -P	3, 2 &I
2, 3	(5)	T	4 &O
2	(6)	T → T	3-5 →I
7	(7)	P	PA

[35] Bill Gjebre, “Unplanned Birth Nearly Cost Marriage”, *Miami News* (February 2, 1976), p. lA.

8	(8)	－T	PA
2, 7, 8	(9)	P & －P & －T	7, 2, 8 &I
2, 7, 8	(10)	P & －P	9 &O
2, 7	(11)	T	8－10 －O
2	(12)	P → T	7－11 →I
1, 2	(13)	T	1, 6, 12 ∨O

（由第 4 行和第 5 行的公式可以巧妙地推出第 6 行的公式。根据第 9 行的公式，我们使得第 10 行的公式依赖于第 8 行的假设。）

你肯定会同意我们为其付出很多心血的这个证明，不过它展示的只是一个相当简单的论证有效性。要是我们采用下页所提到的 7 种其他推论规则，那么所构造的证明应该比这个更简单，并且证明过程将更加简洁。当然，标准依赖假设原则可以运用于任意一条规则中。

任何其他规则都能添加到我们的规则集中。不过出于简洁性的考虑，我们要使得一个规则集合的范围尽可能小些。那么为什么会选择下面的特殊规则集，而不是其他小集合呢？因为前 5 条规则符合用自然、普通的方法进行推理的要求，并且所有 7 条规则对于简化证明过程还非常有用。之所以称这些规则为“导出”规则是因为在推理过程中，没有运用它们，而仅利用初始（或者“原始”）规则就能进行推理。比如，上面的证明就说明了没有运用析取论证规则也可以。而由于原始规则集是一致的，所以其扩展的集合也是一致的。

82

七条导出推论规则		
连锁论证	CH	从 A → B 和 B → C 推出 A → C。
逆分离规则	MT	从 A → B 和 －B 推出 －A。
析取论证	DA	从 A ∨ B 和 －A 推出 B。 从 A ∨ B 和 －B 推出 A。
合取论证	CA	从－（A & B）和 A 推出 －B。 从－（A & B）和 B 推出 －A。
双重否定	DN	从 A 推出 －－A 并且反之亦然。
德摩根律	DM	从－（A & B）推出 －A ∨ －B 并且反之亦然。 从－（A ∨ B）推出 －A & －B 并且反之亦然。

续表

七条导出推论规则		
蕴　涵	AR	从 A → B 推出 －A ∨ B 并且反之亦然。 从 A → B 推出－（A & －B）并且反之亦然。 从－（A → B）推出 A & －B 并且反之亦然。

在第 2.2 节中，我们讨论的论证形式等同于连锁论证规则。在第 2.3 节中，讨论的论证形式等同于逆分离规则，同时，该论证形式的替换形式“否定前件式”无效。现在我们看看哪些形式和第三写出规则、第四导出规则相匹配并找出其相关的无效形式。

	有效形式	无效形式
析取论证	P ∨ Q，－P ⊢ Q P ∨ Q，－Q ⊢ P	P ∨ Q，P ⊢ －Q P ∨ Q，Q ⊢ －P
合取论证	－（P & Q），P ⊢ －Q －（P & Q），Q ⊢ －P	－（P & Q），－P ⊢ Q －（P & Q），－Q ⊢ P

注意，有效析取论证的第二个前提否定了其析取肢，而在无效形式中的第二个前提肯定了其析取肢。相反地，有效合取论证的第二个前提肯定了否定合取的合取肢，而在无效形式中的第二个前提否定了其合取肢。考虑下面关于 4 种论证形式的一些简单例子：

83

	有效论证	无效论证
析取论证	比尔·克林顿是演员或者政治家。 他不是演员。 所以，他是政治家。	罗纳德·里根是演员或者政治家。 他是演员。 所以，他不是政治家。
合取论证	罗纳德·里根不会既是加利福尼亚州的居民又是俄亥俄州的居民。 他是加利福尼亚州的居民。 所以，他不是俄亥俄州的居民。	罗纳德·里根不会既是宾西法尼亚州的居民又是俄亥俄州的居民。 他不是宾西法尼亚州的居民。 所以，他是俄亥俄州的居民。

注意，上述每个无效论证都有真前提和假结论——它是判定无效的标志。

很明显，缘何有效的析取论证形式是有效的，而它的替换形式却是无效的？如果一个析取为真，那么其至少有一个析取肢一定为真；所以假如它不是两个析取肢中的任意一个，那它一定不是析取。一个为真的析取，其析取肢可能都为真；所以你不能从一个析取肢为真推出另一个为假。合取论证形式的有效性可能就不如析取论证形式那么明显。一个合取为真，当且仅当合取肢都为真；而一个合取为假，当且仅当至少一个合取肢为假。假如它不是有一个析取肢为假，那它一定不是合取。一个为假的合取，其合取肢可能都假；所以你不能由一个合取肢为假，从而推出另一个为真。

双重否定规则的有效性依赖于陈述的事实并且它的否定具有相反的真值。如果“P”为真，那么“－P”为假，因此“－P”的否定“－－P”为真；因此，如果“P”真，“－－P”真。反之亦然。

现在我们来解释“否定”这个概念的含义，它对于证明是很有帮助的。通过给一个公式增加而非删除否定，就得到了该公式的否定。因此，“－P”是“P”的否定，而“P”不是“－P”的否定。这恰是概念“否定”与“相反”（或者“矛盾”）之间的区别。公式“P”是“－P”的相反（矛盾），而不是它的否定。作这种区分消除了一个肯定陈述可能是一个否定的谬论。

根据德摩根律（由 19 世纪的英国逻辑学家德摩根提出）判定 F1 与 F2 的等值，以及 F3 与 F4 的等值：

（F1）－（A & B）

（F2）－A ∨ －B

（F3）－（A ∨ B） 84

（F4）－A & －B

F1 和 F2 的共同点在于：它们为真，当且仅当其至少有一个构成陈述（“A”和“B”）是假的。类似地，F3 和 F4 为真，当且仅当其构成成分都假。我们将在第 2.7 节给出这些等值的形式证明。顺便说一句，你不应该认为 F1 等值于 F4，或者 F2 等值于 F3。

蕴涵规则可以把一个条件句转化成一个析取或者是合取的否定(并且反之亦然)。当然，否定条件句也可以转化。蕴涵规则说明了这样一个事实，可以用另一种方式表达条件陈述的内容，即如果后件为假，那么前件不能为真。下面三个句子表达了相同的含义：

如果你吃萝卜，你将生病。

或者你不吃萝卜或者你生病。

不会你既吃萝卜又不生病。

有关蕴涵规则的有效性之证明参见本节最后的练习题 14 与下一节的练习题 3。

对于含有两个以上析取肢的析取或者含有两个以上合取肢的合取，为了运用 DA，CA，DM，或者 AR 规则，我们应该引入内部组群符号来减少其析取肢或者合取肢的数量。例如：公式“$A \vee B \vee C$”可以写成形如“$A \vee (B \vee C)$”或形如“$(A \vee B) \vee C$”。

前四条导出规则与最后三条导出规则存在一些差别：其一，前四条规则都有两个前提，而后三条规则只有一个前提。其二，后三条规则涉及逻辑等值，而不仅仅是推衍；因此只有它们是“可逆的”。例如：双重否定规则保证从 F5 推出 F6，并且反之亦然。

(F5) P

(F6) $--P$

其三，由于最后三条规则是关于逻辑等值，所以它们既能运用于部分行中公式，也能运用于整个行的公式。(前四条导出规则和所有原始规则是关于推衍而不是等值；所以它们不能运用于部分行中公式。) 因此，双重否定规则允许从 F7 推出 F8 (在这里，它运用于前件的右合取肢)，而合取消去规则就不能保证从 F7 推出 F9。

85 (F7) $(P \& Q) \rightarrow R$

(F8) $(P \& --Q) \rightarrow R$

(F9) $P \rightarrow R$

(由于 F7 不能推衍出 F9，所以合取消去规则不能保证从 F7 推出 F9，但这却是一件好事。假如它能保证从 F7 推出 F9，那么规则集合将会不一致。)

现在我们运用这些导出规则来构造几个证明。哲学家克尔凯郭尔(Kierkegaard)写道:

> 如果你结婚,你将后悔;如果你不结婚,你也将后悔;如果你结婚或者不结婚,你都将后悔;……[36]

克尔凯郭尔提出这个论证(符号化如下):

$$M \rightarrow R,\ -M \rightarrow R \vdash R$$

(M = 你结婚了,R = 你将后悔你的婚姻决定)证明如下:

1	(1)	$M \rightarrow R$	A
2	(2)	$-M \rightarrow R$	A
3	(3)	$-R$	PA
1,3	(4)	$-M$	1,3 MT
2,3	(5)	$--M$	2,3 MT
1,2,3	(6)	$-M \,\&\, --M$	4,5 &I
1,2	(7)	R	3-6 -O

请思考第 86 页上的卡通画《背面》所提出的保证(S10)是否等值于陈述 S11?

(S10)或者你的智商再高一倍,或者你将不会收到钱。

(S11)除非你的智商再高一倍,才返还你的钱。

(F10) $D \vee -M$

(F11) $M \rightarrow D$

当然,这两个陈述是等值的,当且仅当它们可以互相推衍。运用下面两个导出规则,我们可以证明 S10 推衍出 S11。

1	(1)	$D \vee -M$	A
2	(2)	M	PA
2	(3)	$--M$	2 DN

---

[36] Soren Kierkegaard, *Either/Or* (Garden City, NY: Doubleday & Company, Inc., 1959), vol I: p. 37.

《背面》 G. 拉尔森

"哇，我不知道……好吧，对我来讲，听起来不错。"

1，2	(4)	D	1，3 DA
1	(5)	M → D	2 –4 →I

如果这个论证只运用原始规则，那么该证明有 4 个临时假设以及 14 行证明步骤。而利用两个导出规则后该证明过程减少了 9 行。所以该例子充分说明了我们扩充规则集合是很明智的。

第 3 行的双重否定规则对于下一行的析取论证很有必要。请注意当运用 DA 规则时，它所在的这一行陈述必须是另一行析取肢的否定。第 3 行的陈述是第 1 行的右析取肢的否定。另一方面，第 2 行的陈述不是任何公式的否定。而若对第 1 行和第 2 行运用 DA 导出规则，则是不准确的。

现在我们可以证明 S11 推衍 S10，并且前面已经说明了 S10 推衍出 S11，所以这两个陈述逻辑等值。

> （S10）或者你的智商翻了一倍，或者你将不会收到钱。 87
>
> （S11）除非你的智商翻了一倍，才返还你的钱。

S10 是一个析取，而且一般来说析取是很难得到的，所以我们将借助下面的策略来获得它们，两个策略如下：

> **蕴涵策略：通过建立一个条件句（由蕴涵引入或者连锁论证得到）作为子目标从而得到析取。然后根据蕴涵规则，把条件句转化成析取。**
>
> **德摩根律策略：建立一个析取否定的临时假设（建立否定是考虑到后面证明要运用否定消去规则）。然后对临时假设运用德摩根律。**

关于蕴涵策略要注意两点：①当该条件句转化成析取时，左边的析取肢就是该条件句前件的否定。②所以，如果目标陈述的左析取肢为肯定的，作为中间步骤的双重否定就能运用。在 S11 推衍 S10 的过程中，以上两点以及蕴涵策略的证明技巧就会逐一展现出来。

1	(1)	M → D	A
2	(2)	– D	PA
1，2	(3)	– M	1，2 MT
1	(4)	– D → – M	2 – 3 →I
1	(5)	– – D ∨ – M	4 AR
1	(6)	D ∨ – M	5 DN

对于证明的构造，我们还有两个一般性的建议：

第一，证明可以从顶部向下或者由底部向上构造出来。由底部向上构造证明就是列出目标和子目标直到你找到论证的前提。有人会问："为了得到论证结论，我需要什么陈述？为了得到子目标，我需要什么陈述？"等诸如此类的话。当然，设立子目标并不是推出行的陈述；当你到达目标链顶部时，还需要调头向下填补证明的其余部分和依赖假设列。因此，我们完成一个证明往往需要从顶部到底部或者从底部到

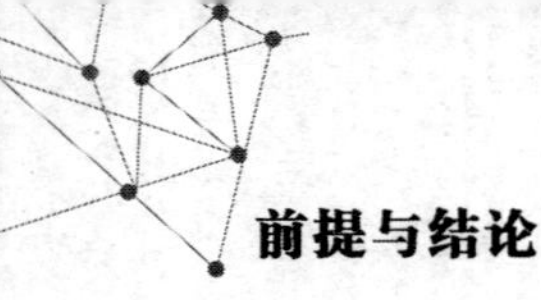

顶部交替进行。

第二，通常情况下，在证明过程中只能运用一个证明行的公式；也就是说，由该行得到有且只有一个演绎。（但是对于这条一般性的建议，合取和双条件句却常常是例外；从这些陈述中经常得到两个演绎。）所
88 以，在构造一个证明时，仅仅关注那些还没有被运用的前提行是很明智的。当你运用这些前提行进行演绎时，给它们打一个勾（或者标注其他符号）将会很实用。接下来的工作，你只需关注未打勾公式就行了。

现在，我们对专栏作家威廉·萨菲尔提出的论证来构造证明，从而阐明以上两点建议。该论证有关 1988 年总统竞选期间，国民警卫队奎尔的不安：

> 该困境如下：如果布什雇员没有就此问题积极审查这个潜在的竞争搭档，那么他们是不称职的，并且布什请求我们让他把那帮笨蛋带进白宫。另一方面，如果布什雇员进行严格的盘问而奎尔误导他们，那么他很狡猾或者太天真——而他也并非最适合总统的职位。[37]

萨菲尔的论证如下：

如果布什雇员没有就此问题审查这个潜在的竞争搭档，那么他们是不称职的。

如果奎尔很狡猾或者太天真，那么他不适合总统的职位。

不可能同时出现两种情况，他们盘问奎尔并且他很坦诚。［未表明的前提］

因此，或者布什雇员是不称职的或者奎尔不适合总统职位。

$-V \rightarrow -C$

$(V \& -F) \rightarrow (D \vee N)$

$(D \vee N) \rightarrow -S$

$-(V \& F)$

$\vdash -C \vee -S$

该论证的第二个和第三个前提是连锁论证的前提。即使前面讨论过构造证明的策略，我们也想进行下面的推导：

---

〔37〕 "Quayle Issue Tests Bush's Character", *Miami News* (August 23, 1988), p. 11A.

	(1)	$-V \to -C$	A
√	(2)	$(V \& -F) \to (D \vee N)$	A
√	(3)	$(D \vee N) \to -S$	A
	(4)	$-(V \& F)$	A
	(5)	$(V \& -F) \to -S$	2，3CH

89

为了专注于该证明顶部的剩下三行，我们分别给第 2 行与第 3 行打了勾。由于没有熟悉的形式，我们只能检查该证明的最终目标（该论证的结论）。该目标（暂时称它为第 z 行）是析取，所以应该采用蕴涵策略或者德摩根律策略。现在，我们通过构造证明来说明这两个策略。在下面的证明中首先运用第一个策略，因此在第 y 行制定一个条件句作为子目标。由于第 y 行的公式是条件句，我们使用蕴涵引入策略来规定第 6 行和第 x 行。第 x 行的陈述与第 5 行的后件匹配，所以我们规定第 w 行（作为子目标）来匹配第 5 行的前件。第 u 行和第 v 行作为增加行，从而得到了第 w 行。

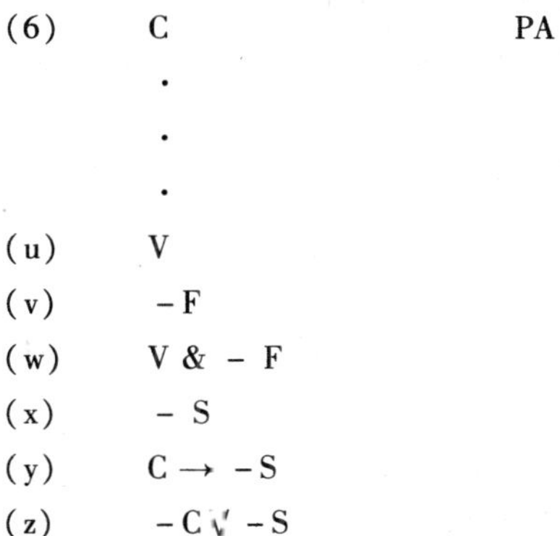

(6)	C	PA
	.	
	.	
	.	
(u)	V	
(v)	$-F$	
(w)	$V \& -F$	
(x)	$-S$	
(y)	$C \to -S$	
(z)	$-C \vee -S$	

当然，从第 u 行到第 z 行的陈述还没有得出，而它们正是我们要实现的目标。该证明分开部分的空白由垂直省略号表示。为了推出第 w 行到第 z 行的陈述，我们现在需要制定一个计划来推出第 u 行与第 v 行。也是时候来关注证明顶部到目前为止未打勾的行：1，及 4 到 6。第 1 行和第 6 行类似于逆分离规则的前提——只可惜第 1 行的后件是第 6 行的否定，而不是相反。因此，第 1 行和第 6 行不能运用逆分离规则。不过，通过双重否定规则，就可以很好地解决该问题。

√(7)	− −C	6 DN
(8)	− −V	1，7 MT

从第 8 行得到第 u 行（现在是第 9 行）。

(9)	V	8 DN

90 在第 1 行到第 9 行的所有行打完勾以后，我们开始找出未打勾的行：4，5 及 9。第 4 行与第 9 行是合取论证的前提，它们可以共同推出第 10 行（前面的目标行 v）。

(10)	−F	4，9 CA

现在该证明的两部分（顶部的假设及推导和底部的目标行）已经连接起来。我们继续向目标行出发，按照前面的分析进行推导，再加上依赖假设列，就能够完成该证明。

1	(1)	−V → −C	A	
2	(2)	(V & −F) → (D∨N)	A	
3	(3)	(D∨N) → −S	A	
4	(4)	− (V & F)	A	
2，3	(5)	(V & − F) → −S	2，3 CH	
6	(6)	C	PA	
6	(7)	− −C	6 DN	
1，6	(8)	− −V	1，7 MT	
1，6	(9)	V	8 DN	(u)
1，4，6	(10)	−F	4，9 CA	(v)
1，4，6	(11)	V & −F	9，10 &I	(w)
1，2，3，4，6	(12)	−S	5，11 →O	(x)
1，2，3，4	(13)	C → −S	6 − 12 →I	(y)
1，2，3，4	(14)	−C ∨ −S	13 AR	(z)

通过德摩根律策略，关于该论证的另外一种证明也能够得出析取结论。

1	(1)	−V → −C	A
2	(2)	(V & −F) → (D∨N)	A

3	(3)	(D∨N) → –S	A	
4	(4)	–(V & F)	A	
2，3	(5)	(V & –F) → –S	2，3 CH	
6	(6)	–(–C ∨ –S)	PA	
6	(7)	––C & ––S	6 DM	
6	(8)	––C	7 &O	
1，6	(9)	––V	1，8 MT	
1，6	(10)	V	9 DN	91
1，4，6	(11)	–F	4，10 CA	
1，4，6	(12)	V & –F	10，11 &I	
1，2，3，4，6	(13)	–S	5，12 →O	
6	(14)	––S	7 &O	
1，2，3，4，6	(15)	–S & ––S	13，14 &I	
1，2，3，4	(16)	–C ∨ –S	6–15 –O	

在这个证明中，为了得到第 7 行，我们对第 6 行应用了德摩根律的第 2 个版本（从左向右）。假如我们运用第 1 个版本（从右向左）将得到：

––(C & S)

练习

1. 请构造下面符号化论证的有效形式证明。每一个证明至少运用一个导出规则。

(a) –A & (B → A) ⊢ –B

*(b) C∨D，–C ⊢ ––D

(c) –(E & F)，––E ⊢ –F

(d) –G∨H，–(H & –I) ⊢ G → I

(e) –(J∨K) ⊢ –(K∨J)

要求符号化习题 2 到习题 13 每一个论证并且构造其有效形式证明。每一个证明至少运用一个导出规则。

2. 电视纪录片解释了为何每一群大角羊总有一个占主导地位的

公羊：

> 如果没有一个占主导地位的公羊，所有的公羊将和母羊交配。如果那样的话，母羊将会筋疲力尽，并且如果它们耗尽精力，它们的后代将会身体虚弱。这就说明了如果没有领头羊，它们的后代将会身体虚弱。

*3. 笛卡儿（René Descartes）论证如下：[38]

> 92 肉体本质上是可分的。心智与肉体是相同的并且如果是这样的话，那么心智也是可分的。然而，心智完全是不可分割的。因此，心智与肉体是不同的。

4. 佛罗里达州检察长助理给出这样一个解释（我们把该解释重新表述成一个论证），撤销对和老年阿尔茨海默氏病的受害者发生过性关系男人的强奸指控：[39]

> 除非该州法院证明这名女子不同意做爱，才能定罪。除非存在相关的证据或者该妇女作证，且该州能够证明这点。然而没有相关的证据并且由于她的疾病，该妇女也不能作证。因此，该州法院不能定罪。

（P＝该州法院证明这名妇女不同意）括弧内的内容是为了澄清或者提供背景资料，所以它不需要符号化。

5. 下面的内容选自《爱丽丝漫游仙境》：

> 让爱丽丝感到意外的是，当鹅卵石躺在地板上时它们都变成小蛋糕，而她的脑海中出现一个好主意。“如果我吃了其中一块蛋糕”，她想到，“我的尺寸一定会有一些变化。并且它不会使我变大，我想一定会使我变小。”[40]

---

[38] *Meditations on First Philosophy* (Indianapolis: The Bobbs-Merrill Co., Inc., 1960), p. 81.

[39] Jeff Leen, “Alzheimer's Victim Can't Testify, So Prosecutor Drops Rape Charge”, *Miami Herald* (November 6, 1983), p. 28A. 起诉人的决定似乎是不恰当的。因为根据可适用的法律《佛罗里达州法律》第 794.011 条规定，这位女性的精神状况应当使得对其做出的任何同意都无效。

[40] Lewis Carroll, *Alice's Adventures in Wonderland*, *Through the Looking-glass*, and *The Hunting of the Snark* (New York: The Modern Library. n. d.), pp. 60－61.

爱丽丝的论证如下：

如果我吃了蛋糕，它将使我变大或者变小。它不会使我变大。所以，如果我吃了蛋糕，它将使我变小。

6. 在 1988 年一场比赛中，裁判裁定杨基队的二棒手博比·米查姆是夹住，而并非抓住一个界外球。教练比利·马丁对裁判进行抗议后被逐出比赛。马丁在赛后说道：

他（裁判员斯科特）先是说没有看到，并且我能够接受。然而他接 93
着说球反弹出去。或者他第一次说谎或者他第二次说谎。[41]

马丁的推理如下：

如果斯科特第一次说真话，那么他没有看到。如果他第二次说真话，那么他看到了。因此，斯科特或者第一次没有说真话或者第二次没有说真话。

（A = 斯科特第一次说真话，B = 斯科特第二次说真话）

*7. 有一份报纸详细报道了巴斯夫人的困境，这位得克萨斯州的年老寡妇被官僚制度的第 22 条军规弄得左右为难。[42] 她的问题是，退伍军人管理局通知她，基于以下规则及事实，他们给她一笔养老金：

如果巴斯夫人收到一笔养老金，那么由于她的收入水平，她就不符合公共医疗补助的条件。

如果她不符合公共医疗补助的条件，她就不能待在疗养院。

如果她没有收到这笔养老金，那么她也不符合公共医疗补助的条件，因为医疗补助指南要求用尽所有可用的资源。

请证明这些陈述能够推出巴斯夫人不能待在疗养院。

8. 在本书第 94 页的连环漫画《杜恩斯比例》中，乔安妮提出了一个论证。其中，未明确表达的第二个前提如下：

---

〔41〕 "Here's Dirt on Martin: He's in Trouble Again", *Miami Herald* (June 1, 1988), p. 1C.

〔42〕 "Widow, 71, Is Too Rich, Too Poor", *Miami Herald* (January 16, 1986), p. 20A.

安妮塔·希尔不是一个有妄想症的反社会人士。

该论证中没有标明的结论是第一个前提的左析取肢。（H＝希尔说真话，L＝托马斯是一个掩盖其罪行的普通说谎者，T＝托马斯说真话，S＝希尔是一个有妄想症的反社会人士）

94

《杜恩斯比利》

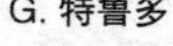

G. 特鲁多

9. 选自《傲慢与偏见》的一段对话，如下：

> “在你面前有一个不幸的选择，伊丽莎白。从这一天开始，对于你父母中的任何一个，你必成陌生人。如果你不嫁给柯林斯先生，你妈妈将永远不再见你，而如果你这样做，我将永远不再见你。”[43]

（M＝你妈妈将再见你，F＝你爸爸将再见你，C＝你嫁给柯林斯先生）该论证首先给出了其结论。

10. 有一份报纸预测“黑色游击队之家”监狱中的黑帮对枪杀休伊·牛顿（黑豹党的创始人之一）的蒂龙·鲁滨逊发出“死刑”通告。杀他的理由是他告诉警察自己是黑帮成员之一。[44]该报纸的推理如下：

> 如果鲁滨逊是黑帮的成员，那么他违反了隐瞒身份的规定。如果他违反了这项规定，他将被杀。如果他不是成员，那么他是伪装的。如果鲁滨

[43] Jane Austen, *Pride and Prejudice* (New York: New American Library, 1961), pp. 97－98.

[44] “Newton Case Suspect May Be Gang Target”, *Miami Herald* (August 28, 1989), p. 2A.

逊伪装成其中一员，他将被杀。因此他将被杀。

* 11. 记者发现一位参与联邦奖学金项目的专职主任也在某兽医诊所工作，而他是这个诊所中唯一有执照的兽医。根据佛罗里达州的法律规定每个兽医办公室都要有一位专职兽医。该新闻内容如下：

> 冈萨雷斯·梅奥博士及其妻子都意识到他陷入了一个困境：如果他说他在联邦项目中工作，那么他的诊所所有兽医都无执照。如果他说在诊所里只负责管理事务，那么他没有履行该奖学金项目主任的工作职责。[45] 95

该论证表述了冈萨雷斯·梅奥博士所面临的困境，如下：

> **冈萨雷斯·梅奥博士不能既作为联邦奖学金项目的专职主任又作为兽医诊所的专职兽医。如果他不在诊所专职工作，这个诊所就不能合法经营。因此，或者他的诊所非法经营或者他并非全职的奖学金项目主任。**

12. 下面的论证是有关第 2.3 节中“特别挑战”的习题。如果运用导出规则，那么该证明就相当容易了。

> **如果我买大麻，那么我不能买食物。如果我不能买食物，那么我不能吃饭。如果我买食物并且不买大麻，那么（由于恶心）我不能吃饭。所以，我不能吃饭。**

13. （半挑战性习题）柏拉图在《政治家》的对话中写道：

> ……如果有艺术，则有衡量的标准，并且如果有衡量标准，则有艺术；但是如果想要其中之一，则两者都没有了。[46]

证明分号前面的从句能够推衍出后面的从句。（A = 有艺术，M = 有衡量标准）

14. （挑战性习题）下面六个论证分别是蕴涵规则的不同推理形式：

(a) $P \rightarrow Q \vdash -P \vee Q$　　　　(b) $-P \vee Q \vdash P \rightarrow Q$

---

〔45〕 Louis Salome and Hilda Inclan, “Aid Chief Runs Own Clinic While on U. S. Payroll”, *Miami News* (October 4, 1976), p. 4A.

〔46〕 Plato, “Statesman”, in *The Dialogues of Plato*, trans. Benjamin Jowett (New York: Random House, 1937), p. 312.

(c) $P \rightarrow Q \vdash -(P \,\&\, -Q)$　(d) $-(P \,\&\, -Q) \vdash P \rightarrow Q$
(e) $-(P \rightarrow Q) \vdash P \,\&\, -Q$　(f) $P \,\&\, -Q \vdash -(P \rightarrow Q)$

我们仅仅运用原始推论规则来构造这些论证的有效证明，从而说明上述推论规则是“导出”规则。跳过（c）和（f），因为它们太简单了。现在仅通过原始规则我们来构造其他四个论证的证明。这些证明的长度如下：

(a) 10 行　　(b) 14 行
(d) 6 行　　(e) 9 行

96 你还能构造更简洁（简单）的证明吗？

2.7 真值表

形式证明的逻辑技巧虽然非常有用，但是其有一个主要缺点就是不能证明无效性。（注意不能完成证明并不能说明该证明无效。）在本节中我们将介绍真值表——这是证明有效性与无效性的方法。[47]

无论是简单还是复杂，任何一个陈述都有真值。也就是说，每一个陈述非真即假。一个合取的真值（例如广告 S1）是由其合取肢的真值判定的（S2 和 S3）。

(S1) 他喜欢我的孩子并且他喝威士忌。
(S2) 他喜欢我的孩子。
(S3) 他喝威士忌。

如果 S2 和 S3 都为真，则 S1 也为真。如果 S2 为假或 S3 为假或两者都假，那么 S1 为假。对于这些陈述的符号化公式 F1 到 F3 也是如此。F1 的真值完全由 F2 及 F3 的真值来判定。

(F1) $L \,\&\, D$
(F2) L

〔47〕 格特布·弗雷格在《概念演算》（哈雷，1879 年）中介绍了一种更早的关于真值表技巧的版本。

（F3）D

五个联结词符号都具有这种性质：一个公式的真值是由连接该公式构成成分的真值所判定的（或者、否定情况的公式的真值由构成成分的真值所判定）。[48] 在下面的基础真值表中，可以看到公式的真值由其构成部分的真值所判定：[49]

指引列			(1)	(2)	(3)	(4)	(5)	97
	P	Q	$-P$	$P \& Q$	$P \vee Q$	$P \rightarrow Q$	$P \leftrightarrow Q$	
(a)	T	T	F	T	T	T	T	
(b)	F	T	T	F	T	T	F	
(c)	T	F		F	T	F	F	
(d)	F	F		F	F	T	T	

比如第 3 列说明了当两个析取肢都为真时（a 行），该析取公式为真。当一个析取肢为真（b 行和 c 行），该析取也为真。当两个析取肢都为假时（d 行），该析取为假。（我们把真值的垂直行称为“列”，水平行称为“行”。）

为了充分运用真值表这种方法，我们必须掌握包含在基础真值表中的技巧。幸运的是，这些技巧体现在以下五个原则中：

（P1）**一个陈述及其否定具有相反的真值。**

（P2）**一个合取为真当且仅当它的合取肢都为真。**

（P3）**一个析取为假当且仅当它的析取肢都为假。**

（P4）**一个条件句为假当且仅当它的前件为真并且后件为假。**

（P5）**一个双条件句为真当且仅当它的两个组成陈述具有相同的真值。**

根据上述原则，假如知道所包含的简单陈述的真值，我们就能判定任意由五个命题逻辑的陈述联结词所组成的复合陈述（或公式）的真值。现在举例说明陈述 S4（及其公式 F4）。

---

〔48〕 在本章前五节中采用的 10 种“引入”与“消去”规则给联结词指派含义，从而保证它们具有这种性质。有人想知道这 5 个联结词的符号解释是否和语言联结词的表达一致，该问题将在第 5 章第 3 节中详细论述。

〔49〕 通过运用内部组群符号来表示多重析取与合取，从而简化这部分内容。

（S4）如果萨克拉门托市是加州首府，那么它就不是在密西西比河的西岸。

（F4） C → -W

T T

\ F

F

包含在 S4（F4）中的简单陈述都是真的，所以在“C”和“W”下方都是“T”。运用 P1 原则，我们判定了“－W”为假，因此在否定下方计为“F”。接着，运用 P4 原则，就得到整个陈述（公式）为假，
98 在蕴涵下方计为“F”。为了节省垂直空间，我们只在一行中写“T”和“F”：

（F4）	C	→	－	W
	T	F	F	T

按照这样的惯例，每一个“T”和“F”都置于公式中主要符号的下面。因此，由于“－W”的主要符号是否定（否定支配“W”，而不是反之亦然），故“F”置于否定下面，从而说明“－W”为假。类似地，“F”置于蕴涵下面说明整个条件句为假。

如果给出简单构成陈述的实际真值，我们已经掌握如何来判定该陈述或公式的真值。对于其简单组成任意一种可能的真值指派都将决定该陈述或公式的真值。这些可能指派组成的图表称为真值表。公式 F4 的真值表如下：

C	W	C	→	－	W
T	T	T	F	F	T
F	T	F	T	F	T
T	F	T	T	T	F
F	F	F	T	T	F
			*		
1	2	3	6	5	4

（最底行的数字不属于真值表的部分；它们仅仅说明依次填入每列的顺序。）对于公式 F4 的简单构成陈述有四种可能的真值指派。列出真值

指派组合的一种实用方法是交换"T"和"F"，首先在指引列的第 1 列单独列出真值，然后在指引列的第 2 列进行真值配对。指引列与表中其余部分被一对垂直线分离开来。在指引列的右边有 16 种真假组合情况，它们可以一行一行地得到，也可以一列一列地得到。而相比之下后者更快。因此，我们采用后者的方法。第 3 列真值是第 1 列真值的复制，而第 4 列真值是第 2 列真值的复制。为了使真值表更简洁，第 3、4 列的真值可以省略。对于第 4 列运用规则 P1 可以得出第 5 列真值。对第 3 列和第 5 列运用规则 P4 可以得出第 6 列真值，也就是整个公式的真值。（第 3 列给出 F4 前件真值，第 5 列给出其后件真值。）我们对整个公式赋值的这一列用 * 标注出来。

上述例子说明了通过计算前提和结论的真值可以为一个论证构造 99
真值表。现在我们为前面提到的在法学院入学考试学习指导中的一个论证设计真值表如下：

> 规则 2 规定如果雇员疏忽，那么雇主承担责任。于是如果雇员没有疏忽，雇主就不承担责任。[50]

该论证符号化如下：

N → L ⊢ − N → − L

真值表构造如下：

	N	L	N	→	L	⊢	−N	→	−L
	T	T		T			F	T	F
√	F	T		T			T	F	F
	T	F		F			F	T	T
	F	F		T			T	T	T
								*	

上述陈述组成的论证被垂直线分开。因为前提在真值表中只有一列，

[50] David Tajgman, *Lovejoy's Shortcuta and Strategies for the LSAT* (New York: Monarch Press, 1985), p. 62.

我们就不用 * 表示该列。现在检查一下真值表的第 2 行，其前提是真值“T”而结论是真值“F”。因为第 2 行很重要，我们对它做了一个“√”标记。这个真值表证明了此论证由真推假的逻辑可能，这也就意味着该论证无效。下面把该论证与相类似的有效论证进行比较：

$N \rightarrow L \vdash -N \rightarrow -L$ （无效）

$N \rightarrow L \vdash -L \rightarrow -N$ （有效）

你可能会把这个有效论证作为逆分离规则的等值式，而把无效论证与
100 错误的否定前件式进行比较。无效论证的错误在于如果一个陈述蕴涵第二个陈述，则第一个陈述不存在就能蕴涵第二个陈述不存在。在前面例子中，仅由于疏忽蕴涵承担责任并不能推出没有疏忽蕴涵不用承担责任。

现在为该有效论证构造一个真值表，如下：

N	L	N	→	L	⊢	–L	→	–N
T	T		T			F	T	F
F	T		T			F	T	T
T	F		F			T	F	F
F	F		T			T	T	T
							*	

在该表中不会存在这样一行，前提为真值“T”而结论为真值“F”。因为前提和结论的真值完全由其简单构成陈述的真值决定，并且由于表中包括了所有构成陈述的可能指派组合，所以该表说明了这个论证由真推假是不可能的。即该表证明了此论证是有效的。

从我们对这两个论证及其真值表的分析可以得出通过真值表检验命题论证的原则如下：

> 一个论证是无效的，当且仅当，其真值表中有任意一行的前提为真而结论为假。

重述如下：

一个论证是无效的，当且仅当，其真值表中有任意一个“打勾”行。

当一个论证含有 3 个简单陈述，那么其真值表具有 8 行；第 3 指引列可以交换“T”和“F”的真值。我们在前面提到的公式 F5 并不能推衍出 F6。现在通过真值表来验证该结论。

(F5) (P & Q) → R

(F6) P → R

101

	P	Q	R	(P	&	Q)	→	R	⊢	P	→	R
	T	T	T		T		T	T		T	T	T
	F	T	T		F		T	T		F	T	T
	T	F	T		F		T	T		T	T	T
	F	F	T		F		T	T		F	T	T
	T	T	F		T		F	F		T	F	F
	F	T	F		F		T	F		F	T	F
√	T	F	F		F		T	F		T	F	F
	F	F	F		F		T	F		F	T	F
							*				*	

该真值表的第 7 行是“打勾”行，从而证明公式 F5 没有推衍出 F6。

真值表与形式证明方法对于命题论证是一致的吗？是的，构造一个论证的有效形式证明，当且仅当它可以通过真值表证明其有效。

当然，真值表不仅能用来评估论证的有效性；还能用来判定两个陈述是否逻辑等值。我们要求逻辑等值的陈述必须具有相同的真值。所以，当用真值表来验证等值时，就必须在加 * 列中检验每一行的“T”和“F”（任意顺序）。因此加 * 所在行是非常关键的一行。我们运用下面的规则来验证两个陈述的等值：

两个陈述逻辑等值，当且仅当，在其真值表中没有“打勾”行。

现在考虑两个没有等值关系的公式 F7 与 F8 真值表如下：

(F7) –(A & B)

(F8) –A & –B

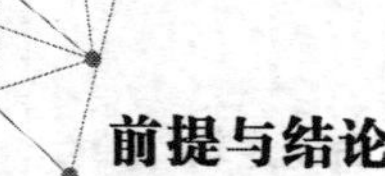

	A	B	–	(A	&	B)	– A	&	– B
	T	T	F		T		F	F	F
√	F	T	T		F		T	F	F
√	T	F	T		F		F	F	T
	F	F	T		F		T	T	T
			*					*	

102 F7 与 F8 的不等值说明了否定对于合取并不具有分配作用，这不同于在算术等式中乘法对加法算子的分配。

下面的真值表证明了 F7 与 F9 的逻辑等值：

（F7） –（A & B）

（F9） – A ∨ – B

A	B	–	(A	&	B)	– A	∨	– B
T	T	F		T		F	F	F
F	T	T		F		T	T	F
T	F	T		F		F	T	T
F	F	T		F		T	T	T
		*					*	

F7 与 F9 的逻辑等值说明如果你把合取换成析取，那么就能把否定置于合取的两边。类似地，如果把析取换成合取，那么就能把否定放在析取的两边。[参看本节练习 2（a）]。

真值表的优点就是可以用来证明有效性以及无效性，但是其最大的缺点是对于含有 4 个或者 4 个以上简单陈述的论证，它将会非常繁冗。每当增加一个构成陈述，真值表的长度就会加倍。一个含有 4 个陈述的论证，其真值表就有 16 行。对于 5 个陈述的论证，其真值表有 32 行。上节提到的专栏作家萨菲尔关于国民警卫队奎尔的不安的这个论证有 6 个构成陈述，其真值表则有 64 行。当然，计算机是不会介意处理 64 行真值表的，而普通人要列出 64 行却是相当麻烦。对于检验复杂论证的有效性，完全真值表的方法并不适用。而形式证明的方法则是检验复杂论证有效性的另外一种选择，但是它不能证明无效性。所以，现实中我们需要一种证明论证无效性的方法，尤其是针对复杂论证。

幸运的是，优化真值表的方法可以证明无效性；我们称之为“简化真值表”。[51]在完全真值表中一个“打勾”行就足够说明无效性，而其余行不用再考虑。简化真值表方法可以得到至关重要的“打勾”行，而不用花时间去构造其他行。反过来，通过计算真值也可以达到目的。现在我们给整个陈述指派关键的真值（也就是说，每一个前提为真而结论为假），然后依次对简单陈述赋值，而不是先对一个论证的最小陈述指派真值，再逐步给整个陈述赋值。正如在完全真值表中所做的工作那样。最后，通过证明赋值行是一致的就说明该论证是无效的。

对于下面选自《加菲猫》漫画的论证，我们可以运用简化真值表的方法来证明其无效性：

如果奥迪思考，那么他存在。他没有思考。因此，他不存在。 103

表格底部的下方数字说明了“T”和“F”添加到表中的顺序，不过它们并不是真值表的组成部分。

	O	E	O	→	E	-	O	⊢	-	E
√	F	T	F	T	T	T	F		F	T
				*		*			*	
	8	5	9	1	6	2	7		3	4

前三个指派是对前提为真而结论为假的指派。现在我们试图完成该行中其余的指派。根据 P1 原则，数 3 列的“F”使得数 4 列、数 5 列和

〔51〕 还有一个“简化真值表”的方法来证明有效性。但是在本书中没有引入它。

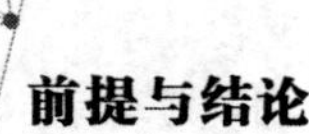

数6列指派“T”。由同样的原则，数2列的“T”使得数7列、数8列和数9列指派“F”。P4原则保证数9列和数6列与数1列是一致的。我们所构造的真值行是该论证的完全真值行中至关重要的一行。因为该行证明了这个论证在逻辑上可能有真前提与假结论的情况；也就是说，该行证明了此论证的无效。我们已经完成了这一行的赋值，在该行之前用“√”标注出来。

证明论证无效的简化真值表的步骤总结如下：

> **先给论证的每一个前提指派“T”和给结论指派“F”。如果完成的其余指派是一致的，则该论证无效。**

104 我们应该先对在论证中可能会产生另外指派的陈述进行赋值。例如，当该论证的结论是析取时，把“F”指派给它又将产生两个指派（因为只有当两个析取肢为假时，该析取才为假）。不过，当该结论是合取时，把“F”指派给它不会产生另外的指派（因为对于析取肢的三种不同指派与一个析取结论为假正好匹配）。如果在简化真值表中，没有产生另外的真值指派，那么就必须对某个主要列作出一个无产生的指派。如果这个指派导致前后不一致，那么你就需要一个相反指派。

如果我们能灵活运用简化真值表的方法，就能证明任何无效的命题论证的无效性。请思考一个问题，利用这种方法如何说明两个陈述不等值？[52]

在本章中，我们介绍了命题逻辑的5种联结词并提出了评价论证有效性与陈述逻辑等值的3种方法。在下一章中，我们将继续研究更加复杂的逻辑系统，它是基于命题逻辑内部成分的系统。

练习

1. 请用完全真值表构造下面符号化论证。说明每一个论证是否有效。

(a) M → R， – M → R ⊢ R

*(b) – N → – L ⊢ N → L

---

〔52〕 我们给一个陈述指派“T”，给另一个陈述指派“F”，表明这一行是完全一致的。

（c） A ↔ B ⊢ －（－A ↔ －B）

2. 请用完全真值表说明下面每对公式是否逻辑等值。

（a） －（A∨B），－A & －B

*（b） －（A∨B），－A∨－B

（c） S &（W∨D），（S & W）∨D

3. 蕴涵规则使得 F1 转换为 F2 或者 F3，并且反之亦然。

（F1） A → B

（F2） －A∨B

（F3） －（A & －B）

请运用完全真值表方法证明：（a）F1 与 F2 是等值的，且（b）F1 与 105
F3 是等值的。

4. 请用简化真值表证明下面符号化论证的无效性。

（a） A ∨ P, A ⊢ － P

*（b） －（U & O），－U ⊢ O

（c） I →（O → F）⊢（I → O）→ F

要求符号化习题 5 到习题 17 每一个论证（或者每对陈述），并且使用完全真值表和简化真值表的方法评价其有效性。

5. 在本书第 10 至 11 页中，所引用的关于众议院司法委员会的争吵所涉及的陈述如下：

（S1） 除非总统没有给出他的保证，否则推迟 10 天。[53]

（S2） 如果总统没有给出他的保证，将推迟 10 天。

（S3） 如果总统给出他的保证，就不会推迟 10 天。

（S4） 假如总统给出他的保证，将推迟 10 天。

（S5） 除非总统给出他的保证，否则推迟 10 天。

（S6） 如果总统没有给出他的保证，就不会推迟 10 天。

---

〔53〕 在本书的第 47 页到第 48 页，你可以回顾关于“除非”的讨论内容。

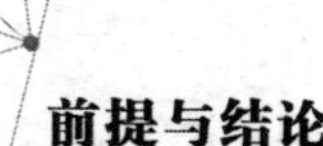

(a) 国会议员拉塔坚持认为 S2 与 S3 是国会议员麦克洛里提议(缩写为 S1)的推论。它们是吗?

(b) 他还认为 S1 与 S4 不是等值的。对吗?

(c) 国会议员曼认为 S1 与 S5 不是等值的。对吗?

(d) 国会议员麦克洛里声称 S6 是 S1 的推论。对吗?

(A = 总统给出他的保证)

＊6. 摘录于对山姆·谢波德博士谋杀定罪的最高法院复审决定:

106 ……我们认为法官安排的新闻媒体造成谢波德被剥夺了他有权享受的“司法平静与冷静”。

……

如果在诉讼过程中的报道威胁到审判的公正性,那么应该下令重新审理此案。

……

此案被发回地方法院,该法院发出命令,除非州法院在合理的时间内再次指控他,否则谢波德将从关押中被释放出来。[54]

(P = 有关谢波德审判案的报道威胁到该审判的公正性,R = 对谢波德的定罪应该撤销)

7. 在中间的两张漫画中,斯派克(史努比的哥哥)似乎在进行推理,如下:

我一定会死的,因为我的脚冷,并且如果我要死了,我的脚也会冷。

PEANUTS reprinted by permission of United Feature Syndicate,Inc.

---

[54] *Sheppard v. Maxwell*, 384 U. S. 333, 354, 363 (1966).

8. 选自亚瑟·西蒙的《微积分与分析几何》，如下：

连续性定理

如果 f 在 x 是可微的，那么 f 在 x 是连续的。

从该定理可以得出，如果 f 在 x 不是连续的，那么 f 在 x 不是可微的……然而，不能推出连续性蕴涵可微分性。[55]

西蒙认为下面两个论证中第一个论证是有效的，而第二个论证无效。这两个断言都正确吗？

如果 f 在 x 是可微的，那么 f 在 x 是连续的。因此，如果 f 在 x 不是连 107
续的，那么 f 在 x 不是可微的。

如果 f 在 x 是可微的，那么 f 在 x 是连续的。因此，如果 f 在 x 是连续的，那么 f 在 x 是可微的。

9. 选自《爱丽丝》的部分内容如下：

……这一次她找到一个小瓶子……，而且瓶颈处还系着一个纸标签，上面印着精美的大字母："喝了我"。

"喝了我"一切都会觉得很好，不过聪明的小爱丽丝并没有急于这么做。"不，我先看看，"她说，"看它是否标有'毒药'"；因为……她从来都不曾忘记，如果你从一个瓶子喝了那么多"毒药"，迟早身体都会难受的。

然而，这个瓶子没有标有"毒药"，所以爱丽丝冒险喝了它……[56]

该论证如下：

如果这个瓶子标有"毒药"，那么我不该喝它。该瓶子没有标"毒药"。因此，喝它是正确的。

*10. 有一位本科生在一篇学期论文中论证如下：

在这个地球上唯一完美的事情就是我们毁灭自己的能力。如果某物创造了他物，那么该物将会保护它。如果上帝在这个世界上不存在，则它没

---

[55] (Glenview, IL: Scott, Foresman and Co., 1982), p. 116.

[56] Lewis Carroll, *Alice's Adventures in Wonderland*, *Through the Looking-glass*, and *The Hunting of the Snark* (New York: The Modern Library, n. d.), pp. 30 – 31.

有保护我们。所以，上帝在这个世界上不存在。

该论证似乎是：

上帝没有保护我们。如果上帝创造我们，他将保护我们。如果上帝不存在，那么上帝没有保护我们。所以，上帝不存在。

11. 哲学家詹姆斯·瑞查德写道：[57]

在这里，我仅论证安乐死的两种形式（积极与消极）在道德上是等值的：或者它们都是可接受的或者它们都是不可接受的。

108 瑞查德似乎认为下面两个语句是逻辑等值的，是吗？

积极安乐死是道德上可接受的，当且仅当，消极安乐死是道德上可接受的。

或者积极安乐死与消极安乐死在道德上都是可接受的，或者它们在道德上都是不可接受的。

12. 1986 年密苏里州通过了堕胎法案，其中包括一项条款，假定该州法律被解释为承认该州公民、居民以及他人未出生孩子的所有权利、特权和豁免权。在 1989 年 8 月，堪萨斯城的律师提起了诉讼，控告州长和总检察长关押一名怀孕的囚犯。[58]下面论证详细阐述了该诉讼的要点：

如果密苏里州法律被解释为承认该州公民、居民以及他人未出生孩子的所有权利、特权和豁免权，并且如果密苏里州有其他人未经正当程序，有权利不被关押，那么囚犯的胎儿具有该项权利。密苏里州有其他人未经正当程序，确实有权利不被关押。因此，如果密苏里州法律被解释为承认该州公民、居民以及他人未出生孩子的所有权利、特权和豁免权，那么囚犯的胎儿未经正当程序，有权利不被关押。

第一个前提可以看成是一个双重条件句或者是一个带有合取前件的条件句（参见下一个练习题）。

---

〔57〕 James Rachels, *The End of Life* (Oxford: Oxford University Press, 1986), p. 108.

〔58〕 James J. Kilpatrick, "If Life Begins at Conception…", *St. Petersburg Times* (September 13, 1989), p. 13A.

13. 下面的两个陈述是否逻辑等值：

如果密苏里州法律被解释为承认该州公民、居民以及他人未出生孩子的所有权利、特权和豁免权，那么若密苏里州有其他人未经正当程序，有权利不被关押，则囚犯的胎儿具有该项权利。

如果密苏里州法律被解释为承认该州公民、居民以及他人未出生孩子的所有权利、特权和豁免权，并且密苏里州有其他人未经正当程序，有权利不被关押，那么囚犯的胎儿具有该项权利。

*14. 在《我的继母是外星人》（哥伦比亚电影公司 RCA）中，史 109
蒂夫·米尔斯（由丹·艾克罗伊德扮演）对塞莱斯特（金·贝辛格）发表演讲如下：

在人类与外星人中，你是我想要的一切，并且我真的不知道该怎么做，如果我发送那个信息，拯救了你的星球，却失去了你。如果我不发送，你留下来，而我却扼杀了整个星球。

史蒂夫的二难推理可以由下面的论证表达：

如果我发送信息，你的星球得以幸存，而你却要离开。如果我不发送它，你留下来，但是你的星球将被毁灭。所以，你留下，当且仅当，你的星球毁灭。

（“你离开”作为“你留下”的否定，而“你的星球毁灭”作为“你的星球幸存”的否定。）

15. 一名工商管理专业的教育家尤金·F. 布里格姆写道：

如果股市呈负相关，或是如果出现零相关，那么恰当的投资组合将会有非常小的风险。然而，股市往往是正的（但不完全）彼此相关，因此所有的股票投资组合往往是有些冒险。[59]

我们增加一个前提：“股市不都是正相关与负相关的”。注意“股市呈零相关”等值于“股市既不是正相关也不是负相关”。（R = 股票投资组合会涉及重大风险）

16. 在19世纪鲍伊堡（亚利桑那州）学校的历史遗址中有这样一

[59] *Fundamentals of Financial Management* (Hinsdale, IL: Dryden Press, 1978), p. 107.

个陈述如下：

（S1）学校不会成立，若：找不到合格的老师；没有适龄的儿童生活在城堡中；或者没有士兵有兴趣参加。

这个陈述似乎更应该读作：

（S2）只有找到合格的老师，并且有适龄的儿童生活在城堡中或者士兵有兴趣参加，学校才成立。

110 把这两个陈述符号化并且检验它们的逻辑等值。请运用真值表明确指出其在内容上的精确差别。

17. 极端的好运可以帮你玩这个高低扑克游戏：A♥，2♦，3♥，4♥，6♥，9♠，J♥（一个红桃顺子和一个最低牌）。自然地，你会声明有高和低。下面是两名牌手提出关于上述情况的 S1 和 S2 规则。

（S1）如果平局或者你输了，不管是哪一种方法，你将失去整个底池（也就是，保留一半最佳高手和一半最佳低手）。

（S2）为了赢得底池的两半（高或低），你必须有两种赢的方式（且不算平局）。

你的朋友认为这是同样的规则还是两个不同的规则？符号化这些陈述并且检验它们是否逻辑等值。（表达相同规则的陈述当且仅当它们是等值的。）请使用“代码字典”：A = 你的高手优于所有其他的高手，B = 你带走底池的一半高牌，C = 你的低手优于所有其他的低手，D = 你带走底池的一半低牌。

18.（挑战性习题）怀利所写的《思维与逻辑》中的 101 个难题中有这样一道题：

当谈到公司的三个人时，该公司的人事主管考虑雇用他们时曾说：“我们需要布朗，并且如果我们需要琼斯，那么也需要史密斯，当且仅当我们需要布朗或者琼斯〔60〕而不需要史密斯。”

---

〔60〕假设“我们需要布朗或者琼斯”意味着“或者我们要布朗或者我们要琼斯”。事实上，这两种说法有不同的含义，我们将会在第六章中看到。

如果实际上公司需要不止一个人，那么将需要谁?[61]

假定公司人事主管所说的这句陈述中最重要的联结词是“当且仅当”。(假如你想自己解决难题就不用往下看了。）有人提出了关于该难题的答案：“公司需要琼斯和史密斯，而不是布朗”。这个答案是否正确，我们可以将该答案作为一个论证的结论，而该公司人事主管所说的与公司需要不止一个人的断言作为其前提，通过评价这样一个论证从而判断它。

19.（超级挑战性习题）在橄榄球常规赛季剩下的一场比赛中，《迈 111
阿密先驱报》通过下面四个陈述描述了海豚队在季后赛的情况：[62]

（S1）如果海豚队赢［他们最后一场常规赛的比赛］，他们就进入季后赛。

（S2）如果海豚队输，那么若杰特队赢，则他们无缘季后赛。

（S3）如果海豚队输，那么若杰特队输并且钢人队输，则海豚队进入季后赛。

（S4）如果海豚队输，那么若杰特队输并且钢人队赢，则海豚队进入季后赛，当且仅当野马队赢并且迈阿密队打破平局领先瑞德队结束比赛。

在《先驱报》同一版面的别处，由下面两个断言提出了季后赛的简化版：[63]

（S1）如果海豚队赢，他们就进入季后赛。

（S5）如果海豚队输，他们进入季后赛的唯一方法是，如果钢人队和杰特队输或者如果野马队和钢人队赢并且杰特队输。

（a）从S2到S4能推衍出S5吗？（b）从S1到S4（四个语句放在一起）等值于S6吗？

（S6）海豚队进入季后赛，当且仅当，或者得海豚队赢，或者，杰特队输并且或者钢人队输或者野马队赢并且迈阿密队打破平局领先野马队结

---

〔61〕（New York：Dover，1957），puzzle 42.

〔62〕“Playoff Possibilities，” *Miami Herald*（December 28，1993），p. 5D.

〔63〕“Victories，Praise Suddenly Disappear，” *Miami Herald*（December 28，1993），p. 1D.

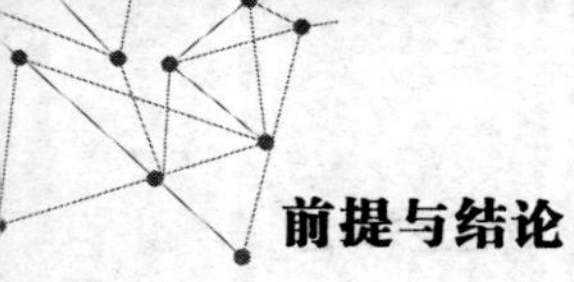

束比赛。

（在 S6 中每一个联结词都比后面联结词的辖域大。）为了简化这些陈述的符号，“输”就相当于“没有赢”。当我们解决上面的问题后，就可以构建真值表或者证明（为了说明推衍或者等值）抑或简化真值表（为了说明非推衍或者非等值）。

第 3 章　谓词逻辑 113

尽管第二章中介绍的命题逻辑系统功能非常强大，但对于所有的演绎论证评价来说并不充分。例如，思考下面这封寄给报社的信件所提出的论证：

亲爱的编辑先生：

我已于11月2日在高地投下自己神圣的一票，不过我在4日却看到贵报刊登出关于高地无人投艾德·克拉克票的新闻。因为我投票支持艾德·克拉克竞选总统，或者贵报刊登虚假消息，或者选票结果出现问题……〔1〕

这封信的论证是：

我投票支持艾德·克拉克。所以，没人投票支持艾德·克拉克是错误的。

我们把该论证称为"投票者"，命题逻辑提出了下面关于"投票者" 114
的分析：

I ├ – –S

(I＝我投票支持艾德·克拉克，S＝某人投票支持艾德·克拉克）现在这个符号化论证是无效的。但很明显，用语言表达的该论证是有效的。我们只能得出这样的结论：命题逻辑并不能完美地表达出"投票者"的逻辑形式。尽管在"我投票支持艾德·克拉克"与"某人投票支持艾德·克拉克"陈述间存在逻辑关系，但是这种关系避开了命题逻辑

〔1〕 *The Highlander*, Highlands, NC（November 13, 1980), p. 2.

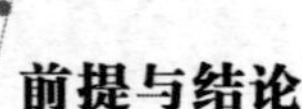

的检验，因为二者是简单陈述，而命题逻辑只能分析复合陈述。[2]显然，我们所需要的是能够分析简单陈述的逻辑。本章将要阐述的主角——谓词逻辑便是这样的系统。令人高兴的是，谓词逻辑是由命题逻辑“演化而来”，因此，读者对于后者中符号与技巧的理解有助于学习前种逻辑理论。

我们再来看看另一种对比两类逻辑理论的视角：命题逻辑是关于“合取”、“析取”、“蕴涵”、“等值”与“否定”的逻辑，而谓词逻辑则是关于“所有”、“某个”、“没有一个”等相关术语的逻辑。此外，因为谓词逻辑能够“渗入”到简单命题中，所以它能提供更深层次的分析。在接下来的章节我们将展示给读者，即如何用符号表现更深层次的逻辑系统。

3.1 符号化

“投票者”（我投票支持艾德·克拉克）的前提可被分析为“我”、“投票支持艾德·克拉克”两个表达。[3]这些部分不能在命题逻辑中展示出来，但在谓词逻辑中则可以。我们将这个前提符号化：

$$Vi$$

其中大写的 V 指代“投票支持艾德·克拉克”，小写 i 是代词缩写。按照惯例，尽管大写字母并不一定代表着语句成分的先后顺序，但因为出现在首位，所以我们大写它。“投票者”的结论（没人投票支持艾德·克拉克是假的）可以符号化为：

115 $$-(x)\ -Vx$$

在命题逻辑中，该否定是很常见的。符号“（x）”是全称量词，可理解为“对于任一个 x”。该符号化的论证如下：

$$Vi \vdash -(x)\ -Vx$$

---

〔2〕 简单陈述与复合陈述的差别在第二章第 17 页（边码）中已作阐述。

〔3〕 “投票支持艾德·克拉克”还可以进一步划分为“投给”以及“艾德·克拉克”，不过我们并不需要通过这个层面的分析来揭示“投票者”的结构有效。

可以理解为“我投票支持艾德·克拉克；因此，对于任一个 x，x 没有投票支持艾德·克拉克是假的”。（或者简写为“iV's；因此对于任一个 x，x 没有 V 来说是假的”。）谓词逻辑中还有一个基本的词汇符号，存在量词：$(\exists x)$。这个符号理解为“存在一个 x 使得”。我们用它来符号化“某人投票支持艾德·克拉克”可以得出：

$$(\exists x)\ Vx$$

该公式可理解为“存在一个 x，使得 x 投票支持艾德·克拉克”。（或者简写为“存在一个 x，V's”）。

总的来说，基本谓词逻辑中一共有五类符号：

个体常项：a，b，c，……，v
个体变项：x，y，z
全称量词：(x)，(y)，(z)
存在量词：$(\exists x)$，$(\exists y)$，$(\exists z)$
谓词符号：A，B，C，……，Z

个体常项与谓词字母的含义会随着一个论证到另一个论证发生改变，也可以据“符号字典”发生改变。而谓词逻辑的其他符号的含义则保持不变。个体常项是“单独词项”的缩写，即姓名（“比尔·克林顿”）、代词（“她”），以及描述个人的词语（“最富有的美国人”）。小写字母从“a”到“v”即为个体常项。个体变项（“x”、“y”和“z”）可以交叉引用。[4]它们出现在量词中，同时也跟在谓词后。在“符号字典”中也会被使用到。当读者学习了本章内容后，将会对变项的重要性有更加深刻的认识。顺便提一句，逻辑中的“个体”，我们指的是任何能够命名的或者被提及的单个事物；关于个体的例子包括：拉尔夫·纳德、袜子（切尔西·克林顿的宠物猫）、数字17、土 116
星、埃菲尔铁塔、密西西比河、波士顿市、泰德·邦迪的父亲和美国宪法第一修正案等。

普通词项——可以修饰几个或者许多个体——逻辑学家称为“谓

〔4〕 如果一个公式中需要超过3个变项，我们将用 w 作为后备变项。如果需要更多变项，我们可以用加上引号的（x'）等表示。

词”。[5]“谓词”一般是形容词或复数名词（可带或不带联系词项）。谓词的例子如下：

(是) 绿色

(是一个) 电导体

(是) 路德教徒

投票支持艾德·克拉克

用于表示谓词缩写的大写字母被称为谓词字母（或者简称“谓词”）。谓词又可划分为性质谓词和关系谓词。本节主要讨论性质谓词。第3.5节会对关系谓词进行相关阐述。注意，一个性质谓词的字母后面总是跟着一个小写字母（个体常项或者个体变项），而关系谓词字母之后总是跟着两个甚至更多的小写字母。若大写字母后面没有跟着小写字母则必不是谓词字母，而是简单陈述的缩写。陈述字母可被用于谓词逻辑之中，如同在命题逻辑中一样。

我们所选择的作为个体常项或谓词的字母将可能成为单独词项或谓词词项的首字母。我们选择用来提供常项的词将会出现下划线，而用来指代谓词字母的词将会全部大写。因此“投票者”的前提可被写为“我投票支持艾德·克拉克”来具体规定符号“i”与“V”。陈述缩写将出现在符号字典中。

经典的亚里士多德逻辑（或称为“三段论逻辑”）被用来处理以下四种陈述组成的论证：[6]

---

〔5〕 逻辑学的“谓词”与语法家口中的有所不同。例如，‘attorneys are lawyers’ 中词项 ‘attorneys’ 在逻辑中称为谓词。

〔6〕 谓词逻辑的辖域比亚里士多德逻辑宽泛很多。亚里士多德的逻辑主要关注“直言三段论”。直言三段论是一种论证：(a) 由第117页所列出四种陈述中的三个陈述组成，以及 (b) 包含三个谓词，其中每个谓词出现在三个陈述中的两个陈述中。这四种陈述形式（按照我们展示的顺序）被中世纪逻辑学家记为“A”、“E”、“I”和“O”。每个有效的三段论都是由这些元音字母表示的陈述组成，而辅音陈述用来识别三段论的其他形式特点。例如，一个有效的三段论形式完全由A陈述组成：所有M是P；所有S是M；所以，所有S是P。这种有效三段论被称作“芭芭拉式”。中世纪的逻辑学生通过熟记这些形式的名称来识别三段论逻辑中的24个有效式。因为对于“存在预设”有不同的方法（参见第5.5节），现代逻辑学家仅承认256个三段论形式中的15个有效式。

类　型	形　式	事　例
全称肯定	所有 A 是 B。	所有的法规是法律。
全称否定	没有 A 是 B。	没有法规是法律。
特称肯定	有些 A 是 B。	有些法规是法律。
特称否定	有些 A 不是 B。	有些法规不是法律。

学习如何符号化语句来展现这四种基础形式是很重要的，主要有两个原因：①许多语句包含这些形式中的一个或者另一个；②许多其他语句在某种程度上与这四种基本形式相类似。这四种基本形式可以符号化如下：

形　式	事　例	符号化
所有 A 是 B。	所有的法规是法律。	$(x)(Sx \rightarrow Lx)$
没有 A 是 B。	没有法规是法律。	$(x)(Sx \rightarrow -Lx)$[7]
有些 A 是 B。	有些法规是法律。	$(\exists x)(Sx \,\&\, Lx)$
有些 A 不是 B。	有些法规不是法律。	$(\exists x)(Sx \,\&\, -Lx)$

以上公式运用了命题逻辑中的蕴涵、合取以及否定。需要注意的是，全称量词通常与蕴涵配对（如前两个公式所示），存在量词与合取配对使用（如后两个公式所示）。这两个经验规则的例外是非常少见的。紧跟在量词后面的组群符号到该公式最后与之相配的组群符号共同揭示了该量词的辖域；该辖域由量词、组群符号以及组群符号所包含的所有符号构成。[8]一个合式公式中的每个变项都属于某个量词的辖域（附录2中已经给出了判定一个谓词逻辑公式是否合式的标准）。第二个公式与第四个公式中的否定必须出现在第二个谓词字母之前。如果出现在公式中的其他地方，那么该符号化是不正确

---

〔7〕 $-(\exists x)(Sx \,\&\, Lx)$ 公式同样正确，而且读者发现，在证明过程中运用原文所给出的公式将会更加简单。

〔8〕 仅当量词后只有一个谓词时，如 $(\exists x)\ Vx$，量词辖域的组群符号可以省略。当组群符号表示否定的辖域［如在 $(x)\ -(Ax \vee Bx)$ 中］时，同样指明了量词的辖域，而其他组群符号则可以省略。

的。〔9〕

118 下面是表达四种基本形式的一些不同形式的陈述：

所有 A 是 B。	没有 A 是 B。	有些 A 是 B。	有些 A 不是 B。
每个 A 是 B。 单个 A 是 B。 任何 A 是 B。 A 是 B。	A 不是 B。 没有一个既是 A 又是 B。 不存在 A B's。 A 从不是 B。	存在 A 是 B。 至少有一个 A 是 B。 存在 A 是 B。 A 有时是 B。	存在 A 不是 B。 至少有一个 A 不是 B。 不是所有的 A 是 B。 A 不是一直是 B。

我们发现以上部分语句与亚里士多德所研究的四种基本形式是相似的。该相似性可以帮助我们判定这种语句的符号化。以下例子出自一部关于自然的电视纪录片：

在北极，每个动物必须经历迁徙、适应与死亡的过程。

这个陈述包含四个一般用语，这些用语能被缩写为以下谓词字母：

Ax = x 是一种北极动物

Mx = x 迁徙

Dx = x 适应（寒冷环境）

Px = x 死亡

这个陈述是全称的（而不是特称的）以及肯定的（不是否定的），所以它与陈述形式“所有 A 是 B”相似，可以相应地符号化。量词是全称的并且主要联结词是蕴涵，我们可以得到以下符号化：

$(x)\ [Ax \rightarrow (Mx \vee Dx \vee Px)]$

---

〔9〕 例如，F2（等同于 F2'）不能表示 S1，而是 S2 的符号化。F4 不能表示 S3，它符号化为 S4。

（S1）没有法规是法律。

（S2）每个都是一条法规而不是一条法律。

（F2）$(x) - (Sx \rightarrow Lx)$

（F2'）$(x)(Sx \ \& - Lx)$

（S3）有些法规不是法律。

（S4）有些规定不是法规和法律。

（F4）$(\exists x) - (Sx \ \& \ Lx)$

与基本形式相类似的其他语句符号化的事例有： 119

(体育）每位飓风棒球队员都是为上垒而战。	$(x)[(Hx \& Px) \rightarrow Bx]$ 或者 $(x)[Hx \rightarrow (Px \rightarrow Bx)]$
摩门教徒是基督教徒，但不是新教徒。	$(x)[Mx \rightarrow (Cx \& -Px)]$
任何人在军事法庭中被裁决为谋杀罪的，或者被判死刑，或者判处终身监禁。	$(x)[Mx \rightarrow (Dx \vee Lx)]$
(加缪）没有一个人会因流放或被疏远而感到快乐。	$(x)[(Ex \vee Sx) \rightarrow -Hx]$ ($Sx = x$ 被疏远)
有些犯罪只是不法行为，而不是重罪。	$(\exists x)(Cx \& Mx \& -Fx)$

以上类型的陈述称为一般的，因为它们提到所有或者部分的个体。一般陈述可以，根据量词（或者全称量词，或者存在量词）进行符号化。通常情况下，我们通过限制话语的论域（或者仅仅“论域”）来简化一般陈述的符号化。所谓论域，是指公式中量词与变项所涉及的一类事物。请思考如何限制论域，从而简化上表中第一个语句的符号化（每位参加比赛的飓风队员都为上垒而战）：

论　域	符号化
无限制的	$(x)[(Hx \& Px) \rightarrow Bx]$
飓风棒球队员	$(x)(Px \rightarrow Bx)$
那些人参加比赛	$(x)(Hx \rightarrow Bx)$
飓风棒球队员参加比赛	$(x)\ Bx$

在本章的习题中经常会出现受限制的论域。顺便说一句，在一个论证中，你必须对每个陈述使用相同的话语论域，并且就这个目的而言，只有在该论证中没有陈述处理论域之外的个体，给定论域才可 120
接受。

在谓词逻辑中，并不是所有陈述都是一般陈述；有些是单称的。一个单称陈述中必有具体命名的个体；它被符号化为个体常项而不是量词。[10]例如：

> 我投票支持艾德·克拉克。　　　　Vi
>
> 比尔·克林顿不是民主党人。　　　$-Rb$

有些陈述是复合的，而不是一般陈述，比如接下来报纸上的一句话：[11]

> 现如今如果每个美国人都外出并且填满他的油箱，那么我们将榨干每个加油站。

这是一个条件陈述，其前件和后件都是全称肯定陈述。我们可以将它符号化为下面公式之一：

$$(x)(Ax \rightarrow Fx) \rightarrow (y)(Sy \rightarrow Ey)$$
$$(x)(Ax \rightarrow Fx) \rightarrow (x)(Sx \rightarrow Ex)$$

（$Ax = x$ 是美国汽车油箱，$Fx = x$ 已满，$Sx = x$ 是一家美国加油站，$Ex = x$ 已空）注意该公式中主要联结词——第二个蕴涵——不属于量词的辖域。该情况存在是因为该陈述的整体形式是一个条件句形式。当一般陈述是简单陈述时——也就是说，该陈述不包含其他的陈述——其符号化中的任何联结词都在从公式开头的量词辖域内。

在本节中，我们提出了谓词逻辑基本符号。接下来的三节，在谓词逻辑中，我们将提出由符号化语句所组成论证的评价方法。

121 ## 练习

1. 根据提示符号化以下陈述。

(a)（报纸）“亨利·基辛格是一位被本土化的公民。”（$Nx = x$ 是一位被本土化的公民[12]）

---

〔10〕 与现代符号逻辑不同，在亚里士多德逻辑中，单称陈述（例如，“苏格拉底是会死的”）相当于全称肯定陈述（“所有人和苏格拉底一样是会死的”）。

〔11〕 *The Springfield* [*Ohio*] *Sun* (May 10, 1979).

〔12〕 一般来说，谓词会经常使用字典中的变项，但这并不意味着符号化一定含有变项。

*(b)(偶尔听到)“每个人都有古怪的亲戚。”(论域：人)

(c)(检察官)“那没有滑雪面罩［在证物之中］。”(论域：证物)

(d)(柏拉图)“每场战争都是为了掠夺财富。”

(e)(报纸)“部分婚姻充斥着戾气。”

*(f)(乔伊斯·布罗泽)“任何一个拨打淫秽电话的人都需要专业帮助。”(论域：人)

(g)(杰瑞·布朗对罗斯·佩罗说)“世上没有东西能使一个亿万富翁成为平民主义者。”

(h)(头条)“不是所有的税收漏洞都需要填补。”

(i)(高速公路路标)“破坏路标是一种不法行为。”(Vx = x 是一种破坏路标的行为，Mx = x 是不法行为)

*(j)(格言)“闪光的未必都是金子。”(Lx = x 闪光，Ox = x 是金子)

(k)(报纸专栏)“比尔·<u>伊文斯</u>是一个犹太人和南方人。”

(l)(美国食品药物管理局官方)“任何不含有柠檬果汁的饮料都不是柠檬汽水。”(论域：饮料；Cx = x 含有柠檬果汁，Lx = x 是柠檬汽水)

(m)(女权主义者伊芙琳·扬)“任何为了信用卡而(与丈夫)交欢的女子都是妓女。”(Ex = x 为了信用卡与丈夫交欢)

*(n)(报刊文章)“(国防部官员宣布)蓝色以及乳色毛毯中不含有双对氯苯基三氯乙烷成分，可以放心继续使用。”(论域：国防部提供的毛毯；Bx = x 是蓝色以及乳色，Dx = x 含有双对氯苯基三氯乙烷成分，Ux = x 可以放心使用)

(o)(接上条)“部分橄榄色的毛毯含有双对氯苯基三氯乙烷成分，而其他颜色的毛毯则没有。”

2. 用所给出符号将以下公式翻译成自然语句。

论域：人

Bx = x 受贿	Jx = x 是法官
Cx = x 是腐败的	Lx = x 是律师
d = 地方检察官	Px = x 是政客
Gx = x 是政府官员	

122 (a) Ld

*(b) $(\exists x)\ Bx$

(c) $-(x)\ Lx$

(d) $(x)\ (Jx \rightarrow Lx)$

(e) $-(x)\ (Lx \rightarrow Jx)$

*(f) $(\exists x)\ (Jx \ \&\ Cx)$

(g) $(\exists x)\ (Px \ \&\ -Lx)$

(h) $(x)\ (Jx \rightarrow -Bx)$

(i) $(x)\ [(Px \ \&\ Bx) \rightarrow Cx]$

*(j) $(x)\ [Jx \rightarrow (Lx \ \&\ Gx)]$

(k) $(\exists x)\ (Px \ \&\ -Bx \ \&\ -Cx)$

3. 根据提示，符号化以下陈述。

(a)（保险杠贴纸）“每位妈妈都在上班。”

*(b)（亨利·雷泽纳）“每一个对如何经商非常感兴趣的人都不是好战的。”（论域：人；$Bx = x$ 对经商感兴趣）

(c)（报纸专栏）“每位男士都有权发表自己的观点，每位女士也是这样。”

(d)（本文）“在谓词逻辑中，不是所有的陈述都是一般的，有些属于单称的。”（论域：谓词逻辑中的陈述）

(e)（费希特）“想干坏事却做了好事的他是不信神的人。”（论域：人；$Wx = x$ 想干坏事却做了好事，$Gx = x$ 为神服务）

*(f)（莎士比亚）“既不做债主，也不做债奴。”（论域：人；$Bx = x$ 应该向别人借钱，$Lx = x$ 借钱给别人）

(g)（报纸广告）“糖尿病患者且脚部溃烂并发症患者才具备资格（参与此项研究）。”

(h)（电视广告）“金霸王电池——从没有普通电池如此耐用。”（$Rx = x$ 是普通电池，$Ax = x$ 外表像金霸王电池，$Bx = x$ 像金霸王电池一样耐用）

(i)（电视广告）“如果当你烹饪这些香肠，而这些香肠不饱满，它们不会是法兰克福球场快餐店的香肠。”（论域：法兰克福

香肠；Px = 当烹饪时 x 很饱满，Bx = x 是法兰克福球场快餐店）

*（j）（报纸）“没有游戏的哪一个方面，美国人不占主导地位。”（Ax = x 是游戏的一个方面，Dx = x 是美国人占主导地位的领域）

（k）（电台播报）“伊拉克殴打或者虐待美国战俘。”（Ix = x 是被囚禁在伊拉克的美国战俘）

（l）（摇滚歌词）“如果每人都是错误的，那么没人是正确的。”（论域：人）

（m）（对话）“所有的啤酒——以及有些面包——是犹太食品。” 123
（Ax = x 是面包）

*（n）（圣经中约翰 1：3）“万物经他而来，无他将不复存在。”（论域：万物；Gx = x 由上帝创造）

（o）（莎士比亚）“人类死过一次又一次，蠕虫将他们啃吃，却不是为了爱。”（论域：人；Wx = x 的尸体被蠕虫啃吃，Lx = x 为爱而亡）

（p）（报纸中有关马尔迪·格拉斯音乐狂欢节的报道）“游行队伍中有犹太人与意大利人，但没有黑人或者妇女。”（论域：游行队伍）

4. 这幅名为《小伙伴》漫画中的幽默之处，来自于自负的威灵顿小朋友的模糊表达。用下列字典符号化两种可能存在的含义：Qx = x 是一个问题，Wx = 威灵顿知道 x 的答案，Ux = 威灵顿的叔叔知道 x 的答案。

By permission of Morrie Turner and Creators Syndicate.

5.（思考题）根据提示，符号化以下陈述。

（a）（卡莫恩斯）“那些侍奉上帝的人从不缺背信弃义的敌人。”（论域：人；$Ex = x$ 有背信弃义的敌人）

（b）（报纸）“在众议院或参议院中，没有共和党人投票赞成最初（预算）法案。”（$Hx = x$ 是众议院成员，$Sx = x$ 是参议院成员）

（c）（酷杰克）“你给我一个还没树立若干敌人的律师，而我将给你一个公证人。”（$Ex = x$ 树立一些敌人）

（d）（明尼苏达小胖）“努力比赛，不然露宿街头。”（论域：专业桌球选手）

（e）（标示）“所有人禁止进入或者侵占这些地方。”（论域：人；$Ex = x$ 禁止进入这些地方，$Tx = x$ 禁止侵占这些地方）

（f）（贝特朗·罗素）“除非他能够以热情相待学生且有强烈的意愿传授他自己认为有价值的东西，否则没人能成为一个好老师。”（论域：人；$Gx = x$ 是一个好老师）

（g）（亚当·克莱顿·鲍威尔）“我们所有人都有问题，直到所有的问题都被解决。”（论域：人；$Px = x$ 有问题）

（h）（泰迪·罗斯福）“这个国家并不是一个适合我们所有人居住的地方，除非我们把它变成适合我们所有人居住的地方。”（论域：美国人；Gx = 对 x 来说美国是适合居住的地方）

（i）（报纸）“在没有俄亥俄州的支持下，没有任何共和党人被选为总统。”（$Ox = x$ 赢得俄亥俄州的选票）

（j）（狄更斯）“人们常说，要是任何人拥有了知识，那么守财奴都知道如何欢度圣诞节。”（论域：人）

（k）（电视报道）“如果人与动物甚至不能共存于这个地方（玛莎葡萄园岛），那么他们就不能在任何地方共存了。”（Sx = 人与动物能在 x 共存）

（l）（T恤信息）“世上有两种人：SPE 协会的成员以及希望成为 SPE 协会的成员的人。”（论域：人；$Sx = x$ 是 SPE 协会成员，$Wx = x$ 希望成为 SPE 协会的成员）

（m）（标示）“宠物狗不允许进入（导盲犬除外）。”

(n)（飞车手罗德·哈德利的老婆）“如果罗德的所有女朋友们来买这本书，我们将会发大财。”（论域：人；R = 我们发大财）

3.2　证　明

上一章所介绍的形式证明方法只需在原有的命题逻辑推论规则的基础上增加三条推论规则即可运用到谓词逻辑中。其中两条新规则（“消去”规则）能让我们将谓词逻辑的公式转换成可使用命题推论规则的公式。

由下面的定义可以简化谓词逻辑中新规则的表达：

> 量化是一个以量词开头的公式，这个量词的辖域是整个公式。全称量化是一个以全称量词开头的量化，而存在量化则是一个以存在量词开头的量化。
>
> 量化的一个例子是去掉量词（和量词辖域内的组群符号）并且用相同的个体常项取代所有的剩余变项所得到的公式。

通过以下的例子将进一步阐明“量化”的概念：

125

量　化	非量化
$(x)(Ax \rightarrow Bx)$	(F1) Fg
$(\exists x)(Cx \ \& \ Dx)$	(F2) $-(x)(Hx \rightarrow Ix)$
$(x) -Ex$	(F3) $(\exists x)(Jx \ \& \ Kx) \ \& \ (x)(Lx \rightarrow Mx)$

F1 与 F2 不是量化的原因是它们都不是以量词开头（其中 F2 是以否定开头）。F3 不是量化的原因是开头的量词辖域并没有包括整个公式，而在第二个合取处就结束了。由以下例子可以很清晰地阐明“量化事例”这个概念。

“$(x)(Ax \rightarrow Bx)$”的事例	并非“$(x)(Ax \rightarrow Bx)$”的事例	解　释
$Aa \rightarrow Ba$	$Ay \rightarrow By$	没有包含个体常项
$Ab \rightarrow Bb$	$Ac \rightarrow Bx$	没有替换最后一个变项
·		
·		

续表

“$(x)\ (Ax \rightarrow Bx)$”的事例	并非“$(x)\ (Ax \rightarrow Bx)$”的事例	解　释
· $Av \rightarrow Bv$	$Ad \rightarrow Be$	变项被不同的个体常项取代

现在我们可以规定基本谓词逻辑的推论规则。我们将从全称量词消去规则开始：

全称量词消去规则（UO）：从一个全称量化可以推出它的任何事例。

针对下面这段文字所包含的论证，我们构建了一个证明来阐释该规则的运用：

《美国宪法》明确规定，国会没有剥夺言论及出版自由的权利。在违背该法律的情况下，国会擅自通过了煽动叛乱法；而煽动叛乱法是宪法明令禁止的，它剥夺了群众言论及出版自由的权利，因此它是违反宪法的且是无效的。[13]

126 该论证进行形式化，然后符号化如下：

所有剥夺言论自由的法律都是违反宪法的。所有违反宪法的法律都是无效的。煽动叛乱法剥夺言论自由。因此，该法律是违反宪法的且是无效的。

$$(x)\ (Ax \rightarrow -Cx),\ (x)\ (-Cx \rightarrow Vx),\ As \vdash -Cs \ \& \ Vs$$

（论域：法律；$Cx = x$ 是符合宪法的）下面是证明过程（其中穿插有评论）：

(1) $(x)\ (Ax \rightarrow -Cx)$　　A
(2) $(x)\ (-Cx \rightarrow Vx)$　　A
(3) As　　A

我们想把命题推论规则（比如蕴涵消去规则）运用到这些公式中的某

〔13〕 Kenneth Roberts, *Lydia Bailey* (Greenwich, CT: Fawcett Publications, Inc., 1947), p. 21.

些公式，但是第1行和第2行中的公式不是条件句，所以行不通（这两行的蕴涵都在量词的辖域内）。此时，我们能够运用全称量词消去规则来解决该问题：

（4） As → －Cs	1UO
（5） －Cs → Vs	2UO

原因显而易见，我们要在第4行与第5行的事例中用到常项“s”。（以后我们会推出一个包含“s”的事例作为对“s”的例示）。现在，我们可以自由地运用蕴涵消去规则：

（6） －Cs	4，3 → O
（7） Vs	5，6 → O
（8） －Cs & Vs	6，7 &I

至此，完成了上述证明；该论证是有效的。

为什么UO是一条有效的推论规则？因为量化中每个个体都是真的，那么每个命名的个体也是真的。如果最高法院现有职员都是大学毕业生为真，那么法官奥康纳是大学毕业生是真的。在上面的证明中，第1行的全称量化提到了如果哪条法律剥夺言论自由，那么它是违反宪法的；第4行中的公式提到如果煽动叛乱法剥夺言论自由，那么它是违反宪法的。

我们应该很清楚，不能同样简单地规定存在量词消去规则与UO规则。因为你不能说某些个体是真的，则每个命名个体也是真的。思考下面这句话：

（S1）有些东西是绿色的。 127

因为S1是真的，所以我们可以认为存在一个个体是绿色的。我们可能不知道该个体的名字，不过能够给它任意命名为“a”。然后从S1中可以推出“a是绿色的”。根据这种理论，我们可以将存在量词消去规则规定如下：

> “存在量词消去规则（EO）：假如被引入的个体常项没有出现在被检验的论证符号化或者导出行以上的任意行中，则从存在量化可以推出其任何事例。”

“假如”从句后面的两个限制保证了在事例中个体常项的使用真正是“任意的”，也就是说，个体常项的使用不是专用于该事例的任何其他方面。

某报纸专栏解释了电视为什么没有直播德州队与奥克拉荷马队之间的下场橄榄球比赛的原因（本文写于有线电视时代之前）：

> ……有限制的选播规则又产生冲击。因为 CBS 频道将在 11 月 26 日直播奥克拉荷马与内布拉斯加两队的比赛，这意味着 CBS 网络已用完了直播奥克拉荷马队的选择权（根据规定，两年间每个电视广播网络只能转播一支球队三次比赛）。而 ABC 频道用完了它直播德州队的选择权。[14]

这个说明可视为结论被阐释为如下事实的一个论证：

> **CBS 频道不会播放奥克拉荷马队的比赛。ABC 频道不会播放德州队的比赛。任何八大联盟球队的比赛播放权只属于 CBS 或者 ABC。因此，德州和奥克拉荷马的比赛都不会播放。**

$(x)(Ox \rightarrow -Cx)$

$(x)(Tx \rightarrow -Ax)$

$(x)(Cx \vee Ax)$

$\vdash -(\exists x)(Ox \;\&\; Tx)$

（论域：八大联盟球队比赛的播放；$Ox = x$ 有奥克拉荷马球队，$Tx = x$ 有德州球队，$Cx = x$ 是 CBS 频道播放，$Ax = x$ 是 ABC 频道播放）第三个前提是没有提及的假设。

128 因为这个论证的结论是否定，所以我们需要使用否定引入策略，从而使得该结论的临时假设消去其否定。

1	(1)	$(x)(Ox \rightarrow -Cx)$	A
2	(2)	$(x)(Tx \rightarrow -Ax)$	A
3	(3)	$(x)(Cx \vee Ax)$	A
4	(4)	$(\exists x)(Ox \;\&\; Tx)$	PA

---

〔14〕 Richard Rosenblatt, “Doctor Cancels Practice for Flu-bitten Hurricanes”, *Miami News* (October 4, 1983), p. 4B.

接下来的一步是对第 4 行使用 EO 规则，同时对第 1 行到第 3 行使用 UO 规则。注意，先进行 EO 规则这一步很重要，否则我们将违反 EO 规则之一的限制。因为在该论证的符号化或者该论证的前四行中没有出现常项，我们可以将它事例为任何一个个体常项。

4	(5)	Ob & Tb	4 EO
1	(6)	Ob → - Cb	1 UO
2	(7)	Tb → - Ab	2 UO
3	(8)	Cb ∨ Ab	3 UO

注意，标准的依赖假设原则可以运用到 EO 规则与 UO 规则中（与本节所提到的其他规则一样）。这是因为从第 5 行到第 8 行中的主要符号是命题逻辑中的联结词。通过运用命题推论规则，得到一个标准矛盾。而我们运用否定引入规则来完成该证明。

4	(9)	Ob	5 &O
1，4	(10)	- Cb	6，9 →O
4	(11)	Tb	5 &O
2，4	(12)	- Ab	7，11→O
1，3，4	(13)	Ab	8，10 DA
1，2，3，4	(14)	Ab & - Ab	13，12 &I
1，2，3	(15)	- (∃x)(Ox & Tx)	4 - 14 - I

我们已经规定并且阐释了两个量词“消去”规则的使用，但是还没有介绍关于两个量词的“引入”规则。在没有这些规则的情况下，能否构造关于论证的结论是全称或者存在量化的证明呢？请思考下面来自一份报纸的论证：

缅因州奥古斯塔——州议会的一项法案这么写道：“每一个年收入少于 129
4000 美元的缅因州居民将免费获得由州健康与福利部门提供的听力援助。”

当被告知这项举措中并没有明确只限听力障碍者时，班戈市的众议员罗伯斯·索拉斯说：“我想这项法案需要继续完善。”〔15〕

〔15〕“Maine Bill Needs to Be Polished Up” (Associated Press), *Miami News* (March 10, 1969), p. 6A.

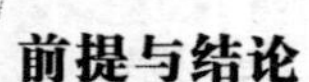

在下面论证中，可以清楚看到这项法案的漏洞（该论证称为“免费听力援助”）：

> 缅因州的每个年收入不足4000 美金的居民将免费获得一项听力援助（如果这项法案正式颁布）。有些年收入不足4000 美金的缅因州居民不是听力障碍患者。因此，（如果这项法案正式颁布）有些没有听力障碍的缅因州居民也将得到免费的听力援助。

$$(x)\ (Lx \rightarrow Fx),\ (\exists x)\ (Lx\ \&\ -Hx)\ \vdash\ (\exists x)\ (-Hx\ \&\ Fx)$$

（论域：缅因州的居民）因为（目前）我们还没有介绍存在量词引入规则，所以这个论证必须要使用否定消去策略。

1	（1）	$(x)\ (Lx \rightarrow Fx)$	A
2	（2）	$(\exists x)\ (Lx\ \&\ -Hx)$	A
3	（3）	$-(\exists x)\ (-Hx\ \&\ Fx)$	PA

现在我们遇到这样的问题，第 3 行不是一个存在量化（因为它是以否定开头），所以不能运用 EO 规则。此时就需要引入谓词逻辑的第三个推论规则，即量词交换规则：

> **量词交换规则（QE）：**
>
> 从 $-(x)\ Ax$ 推出 $(\exists x)\ -Ax$，并且反之亦然。
>
> 从 $-(\exists x)\ Ax$ 推出 $(x)\ -Ax$，并且反之亦然。

130 QE 规则体现了一种深刻认识。如果并非所有辩护律师都是称职的，那么至少有一个辩护律师不称职（并且反之亦然）。如果并非有一种可原谅的杀人行为，那么没有任何杀人行为是可原谅的（并且反之亦然）。这是因为 QE 规则包含逻辑等值，它可以用于行中公式的一部分也可以被用于整行公式。而本节中其他的引入规则只能用于整行公式。QE 规则允许从量化的否定中推出量化，所以我们能运用 UO 规则或者 EO 规则。通过 QE 规则我们继续证明：

3	（4）	$(x)\ -(-Hx\ \&\ Fx)$	3 QE

现在我们可以对第 2 行运用 EO 规则，并且对第 1 行与第 4 行运用 UO 规则。

1　(5)　Lc & －Hc　2 EO
2　(6)　Lc → Fc　1 UO
3　(7)　－ (－Hc & Fc)　4 UO

对第 5 行到第 7 行，我们可以使用命题逻辑规则：

1　(8)　Lc　5 &O
1，2　(9)　Fc　6，8 →O
1，2，3　(10)　－ －Hc　7，9 CA
1　(11)　－Hc　5 &O
1，2，3　(12)　－Hc & － －Hc　11，10 &I
1，2　(13)　(∃*x*) (－H*x* & F*x*)　3 －12 －O

关于谓词逻辑系统的许多证明都需要用到否定消去策略。这类典型的证明可分为七个步骤：

否定消去证明的七个步骤	
1	论证的前提是假设的。
2	一个临时假设是结论的否定。
3	运用 QE 规则。
4	运用 EO 规则。
5	运用 UO 规则。
6	对第 4 步与第 5 步得到的公式运用命题推论规则推出一个标准矛盾。
7	该论证的结论由否定消去规则得到。

到目前为止，本书对于包含临时假设的每一个证明都要求有一列 131
依赖假设。现在我们建议来放宽这个要求：如果一个证明中只有一个临时假设，那么根据否定引入或否定消去规则，在这个证明的最后一行可以去掉该假设，而依赖假设列也可以从该证明中删除掉。这个规定最主要的目的是，确保证明的最后一行（论证的结论）不依赖临时假设。其目的就是为了确保结论。

为了使得更复杂的论证有效，请思考下面关于《商法》的部分内容：

《破产法》第 63 节第 1 条规定，对这种质疑的未定权益在这里是可

> 证明的。然而，《破产法》第 83 节第 4 条规定，如果未定权益不被允许，那么它被认为是不可证明的。因为在《破产法》中只有可被证明的权益才能被清偿，于是未定权益在被清偿前必须是被允许的。〔16〕

该论证如下：

> **如果未定权益不被允许，那么它将不能被证明。只有可证明的权益才能被清偿。于是未定权益只有它被允许才能清偿。**

$(x)[(Cx \& -Ax) \rightarrow -Px]$〔17〕

$(x)(Dx \rightarrow Px)$

$\vdash (x)[Cx \rightarrow (Dx \rightarrow Ax)]$

（论域：破产法权益）注意第二个前提的符号化；在第 5.2 节中将会有关于“只有”陈述的讨论。我们首先运用否定消去策略，然后再对临时假设使用 QE 规则。

(1) $(x)[(Cx \& -Ax) \rightarrow -Px]$ A

(2) $(x)(Dx \rightarrow Px)$ A

(3) $-(x)[Cx \rightarrow (Dx \rightarrow Ax)]$ PA

(4) $(\exists x) - [Cx \rightarrow (Dx \rightarrow Ax)]$ 3 QE

下面我们将对第 1、2、4 行进行事例（不过第 4 行优先）。

132 (5) $-[Cd \rightarrow (Dd \rightarrow Ad)]$ 4 EO

(6) $(Cd \& -Ad) \rightarrow -Pd$ 1 UO

(7) $Dd \rightarrow Pd$ 2 UO

现在，通过运用命题逻辑的规则，从而得到一个标准矛盾，然后再使用 -O 规则。

(8) $Cd \& -(Dd \rightarrow Ad)$ 5 AR

(9) $Cd \& Dd \& -Ad)$ 8 AR

(10) Cd 9 &O

---

〔16〕 Rate A. Howell, John R. Allison, and N. T. Henley, *Business Law Alternate Addition* (Hinsdale, IL: The Dryden Press, 1978), p. 766.

〔17〕 第一个前提也可以符号化为 $(x)[Cx \rightarrow (-Ax \rightarrow -Px)]$。

(11) - Ad	9 &O
(12) Cd & - Ad	10，11 &I
(13) - Pd	6，12 →O
(14) - Dd	7，13 MT
(15) Dd	9 &O
(16) Dd & - Dd	15，14 &I
(17) (x) [Cx → (Dx → Ax)]	3 - 16 - O

值得注意的是，这里的系统不允许对量词所管辖的公式运用命题逻辑的规则。[18] 比如，我们不能对上面证明中第4行直接运用蕴涵规则，而必须首先运用 EO 规则将量词去掉。只要相关命题联结词不在量词的任何辖域内，就可以对带有量词的公式运用命题逻辑规则。例如，下面的推导过程就是合法的：

(1) - [(∃x) Ax → (x) Bx]	A
(2) (∃x) Ax & - (x) Bx	1AR

让我们再回顾一下 EO 规则的两个限制条件：

假如被引入的个体常项没有出现在：①被检验的论证符号化中或者②导出行以上的任意行中。

去掉第一个限制，我们就构造了一个关于无效论证的“证明”：

有共和党人。因此，比尔·克林顿是共和党人。 133

(∃x) Rx ⊢ Rb

(1)	(∃x) Rx	A	
(2)	Rb	1 EO	[违反第一个限制]

去掉第二个限制，我们就构造了一个非常愚蠢的论证“证明”：

有共和党人。因此，每个人都是共和党人。

(∃x) Rx ⊢ (x) Rx（论域：人）

---

[18] 用于命题规则陈述中 A's 和 B's 标志着是由陈述缩写的公式，而不是由表达陈述部分的公式片段（如“Ax”）来填补空缺的。

(1)　(∃x) Rx　　A
(2)　–(x) Rx　　PA
(3)　(∃x) –Rx　　2 QE
(4)　Re　　1 EO
(5)　–Re　　3 EO [违反第二个限制]
(6)　Re & –Re　　4, 5 &I
(7)　(x) Rx　　2–6–I

很明显，一个规则集合为了无效论证来构造“证明”是毫无价值的。我们现在提出的规则集（包括 UO、EO、QE、17 条命题逻辑推论规则，以及假设规则）都是一致的和完全的。对于所构造的证明，任何论证都是有效的，而且对于任何有效论证，所构造的证明可以运用我们的符号词汇表达出来。

通过增加一条允许引入存在量词的导出规则，许多论证的结论就可以由存在量化进行符号化，这样就能简化其证明过程：

存在量词引入规则（EI）：从存在量词的任何事例推出存在量化。

通过运用该规则，我们可以简化“免费听力援助”的证明过程：

(x) (Lx → Fx), (∃x) (Lx & –Hx) ⊢ (∃x) (–Hx & Fx)

(1)　(x) (Lx → Fx)　　A
(2)　(∃x) (Lx & –Hx)　　A
134 (3)　La & –Ha　　2 EO
(4)　La → Fa　　1 UO
(5)　La　　3 &O
(6)　–Ha　　3 &O
(7)　Fa　　4, 5 →O
(8)　–Ha & Fa　　6, 7 &I
(9)　(∃x) (–Hx & Fx)　　8 EI

第 8 行的公式是对第 9 行进行存在量化的事例，所以由第 8 行推出第 9 行是正确的。

EI 允许仅使用初始规则即能推导出该结论（需要更多推导步骤），所以它是一种“导出规则”。右边的证明展示了仅使用初始规则的过程：

(1) Fa	A
(2) (∃x) Fx	1 EI

(1) Fa	A
(2) –(∃x) Fx	PA
(3) (x) –Fx	2 QE
(4) –Fa	3 UO
(5) Fa& –Fa	1，4 &I
(6) (∃x) Fx	2 –5 –O

在证明过程中，若使用EI规则，将会省去4个步骤，如同该事例以及“免费听力援助”一例中的那样。

如果再有一个全称引入规则（UI），对于简化其最后一行是全称量化的证明将是非常方便的。不幸的是，为了能有效地使用该规则，将需要大量的逻辑限制——以至于精简证明过程的获益远小于规则的复杂性以及为了判定所给事例是否满足所有限制的困难。因此，我们将采取谓词逻辑规则的非对称集，使用存在量词的引入与消去规则，而只有全称量词的消去规则。

练习

1. 完成下列证明，其中每一个假设都已被判定。

(a) (1) (x)(Ax → Bx)　　A

(2) (∃x)(Cx & Ax)　　A

(3) Ca & Aa

(4) Aa → Ba

(5) Aa 135

(6) Ba

(7) Ca

(8) Ca & Ba

(9) (∃x)(Cx & Bx)

*(b) (1) (x)(Dx → Ex)　　A

(2) (x)(Ex → Fx)　　A

（3）	$-(x)(Dx \to Fx)$	PA
（4）		3QE
（5）	$-(Da \to Fa)$	4EO
（6）		1UO
（7）		2UO
（8）		6，7CH
（9）		8，5 &I
（10）		3-9-O

对于练习 2 到练习 14 的说明：符号化每一个论证并且对该论证的有效性构造证明。

2. 在雅库斯诉美国政府［Yakus v. United States，321 U. S. 414 (1944)］案中，雅库斯对其因以超过物价管理部门（战时机构）颁布的最高价格出售牛肉而获罪进行上诉。在上诉中，他深信，对控制价格的国会立法权价格监管者来讲，关于《应急价格控制法案》争论构成了违宪授权。最高法院的裁决结果如下：

> 从宪法上说，应急价格控制法是有效的。只有当一部法案不存在合理标准并依据此标准进行自我监管时，这部法条才会在对行政机构赋予特殊权利的情况下授予其不合法的立法权。而在这个案子中，合理的标准是存在的。[19]

（论域：授权给指定政府部门的法律；e = 应急价格控制法，$Vx = x$ 是立法权上的有效授权，$Sx = x$ 包含合理标准）这个论证已给出结论。

136 ＊3. 有关正运营的丹佛机场的新闻报道：

> 当自动行李系统运行时，主航站楼的部分区域总是有明显的震动感。[20]

---

〔19〕 Rate A. Howell, John R. Allison, and N. T. Henley, *Business Law* (Hinsdale, IL: The Dryden Press, 1979), pp. 93-94.

〔20〕 "Denver Airport Is Ready for Take Off", *Miami Herald* (February 26, 1995), pp. lA and 14A.

这名记者希望读者推理如下：

> **当行李系统运行时，航站楼的部分区域有震动感。行李系统会一直运行。因此，航站楼的部分区域一直都会有震动感。**

［论域：每时每刻（当机场存在以后）；Bx = x 是当行李系统运行后的某个时刻，Vx = x 是当航站楼的部分区域有震动感后的某个时刻］

4. 哲学小说家加缪（Camus）说道：

> 我是如何知道自己没有朋友的？答案很简单。我在一天察觉它。那天，我想以自杀来捉弄他们，用这种方式去惩罚他们。但是惩罚谁呢？有些人或许会很惊讶，但是没人会觉得受到了惩罚。我发现自己没有朋友。[21]

论证如下：

> **任何我的朋友由我的自杀会觉得受到惩罚。不过没有人由我的自杀会觉得受到惩罚。这就证明我没有朋友。**

（论域：人；Fx = x 是我的一个朋友，Px = x 由我的自杀将觉得受到惩罚）

5. CBS 晚间新闻主持人丹·拉泽（Dan Rather）说道：

> 如果人们认为艾滋病只在吸毒者与同性恋间流行，那么麦基克·约翰逊揭穿了这个错误的看法。

拉泽推理如下：

> **并非所有艾滋病毒携带者是吸毒者或者是同性恋，因为麦基克·约翰** 137
> **逊就是病毒携带者，但他既不是吸毒者也不是同性恋。**

6. 每一位校董成员都投票反对废除种族隔离的提议。有些校董成员是黑人。因此，有些黑人校董投票反对该提议。

（论域：校董成员）

*7. 哲学史学家弗雷德里克·卡普勒斯特（Frederick Copleston）用下面的方式概述柏拉图的论证：

---

〔21〕 Albert Camus, *The Fall* (New York: Random House, 1956), p. 74.

……一个人能够回忆起他感知过的事物且认识它，即便不再感知此物。这意味着认识与感知不是相等的。[22]

该论证形式化如下：

存在我们认识自己能够回忆的事物，即使是我们（现在）不再去感知的东西。于是认识与感知不相等。

（$Kx = x$ 是认识的情况，$Rx = x$ 是回忆的情况，$Px = x$ 是感知的情况）

8. 一位纽约卡车司机联盟的领袖曾就成立妓女工会一事谈论道：

任何一个为生计奔波的人都值得通过加入工会联盟来使得自身生活得更好一些。如果卖淫合法化，我们当然愿意将从事这个行业的人团结起来成立组织。[23]

他的论证如下：

在合法情形下，每个为生计工作的人都有权利加入工会组织。妓女为生计工作。所以，任何在合法情形下工作的妓女都有权加入组织。

（论域：人；$Wx = x$ 为生计工作，$Lx = x$ 从事合法工作）

138 9. 儿童电视卡通片的一段对话如下：

苏丹：投降或者这个男孩（多诺）将死去。
赞多尔：投降并且我们都会死。

这段对话暗示了悲伤的论证：

或者我们投降或者多诺死去。如果我们投降，我们都会死去。因此，多诺将死去。

（论域：被攻击的人群；S = 我们投降）注意第二个前提的符号化“$S \rightarrow (x)\ Px$”，它不是一个量化，所以 UO 规则并不适用。证明提

〔22〕 *A History of Philosophy*, Volume 1, Part 1 (Garden City, NY: Image Books, 1962), p. 169.

〔23〕 "Union Has Proposition for Hookers", *Springfield* [*Ohio*] *News and Sun* (March 24, 1979).

示：请使用否定消去的策略。[24]

10. 下面这段话解释了为什么精神病人不会被判有罪。通过两个前提（也就是前面的两句话）可以演绎出该解释。

> 精神错乱自卫背后的理论提到，一个犯罪需要同时具备行为与动机两个要素。一个精神病人不能在法律上被定为有犯罪动机……如果他不具备犯罪动机，那么他不需要承担法律责任，因为犯罪的基本条件之一必然缺失。[25]

（论域：人；Gx = x 法律上被判有罪，Ax = x 有犯罪行为，Bx = x 有犯罪动机，Cx = x 是一个精神病人）

*11. 一则新闻报道如下：

> 周日在克拉克马斯县，俄勒冈医学协会代表召开了一次会议，批准并通过了一项决议，规定所有协会成员都必须共同购买团体保险，或者任何人都不投保。
>
> 在这个决议实施后，如果俄勒冈医学协会任何一个医生放弃投保，那么协会团队保险的合同将自动解除。[26]

新闻记者推理如下：

> **或者所有人被保险或者没有人被保险。所以，如果有一个成员没有被** 139
> **保险，那么就没有成员被保险。**

（论域：俄勒冈医学协会的成员）注意，上述例子中的前提是析取，因此不使用 UO 规则。其结论是条件句，所以该证明过程要用到蕴涵引入策略。

12. （半挑战性习题）F1 与 F2 是逻辑等值的公式，F3 与 F4 同样也是。请用四个形式证明来说明其逻辑等值。

（F1）（x）（Ax & Bx）

---

〔24〕 如使用析取消去，该证明会更冗长、更麻烦。

〔25〕 "Criminal Law' §48, 21 Am. Jur. 2d 167.

〔26〕 "Blazer Team Doctor to Lose Insurance", Springfield [*Ohio*] *Sun* (April 24, 1979), p. 10.

（F2）（x）Ax &（x）Bx

（F3）（∃x）（Ax ∨ Bx）

（F4）（∃x）Ax ∨（∃x）Bx

13.（挑战性习题）一般来说，征服了埃及且焚毁了亚历山大港古老图书馆中的书籍的阿拉伯人，都会通过以下论证对其行为进行“合法化”：

> 与《古兰经》相符的书籍是多余的，而与《古兰经》不相符的书籍是有害的。在这两种情况下书籍都应该被销毁。因此，所有的书籍都应该被销毁。

（论域：亚历山大港图书馆中的书籍）

14.（挑战性习题）在第1.3节中所讨论的有关苏格拉底的论证如下：

> 如果有超自然活动，就有超自然存在。任何超自然存在或者是神或者是神的孩子。如果有神的孩子，就有神。所以，如果有超自然活动，就有神。

（Cx = x 是神的孩子）

3.3 命题类比

形式证明的方法能够确定有效性，但是无法证明无效性。而我们需要一种能够证明无效性的方法，接下来的两节将会介绍这样两种方法。

我们可以通过消除谓词逻辑公式中的每个量词、量词辖域内的组群符号、变项以及个体常项来获得“命题类比”（或“类比”）。这种
140 方式所得出的命题类比将会包含部分或所有以下内容：陈述字母、陈述联结词以及组群符号。例如：

谓词公式	命题类比
（x）Ax	A
（∃x）（Bx & －Cx）	B & －C
（x）[Dx →（Ex → Fx）]	D →（E → F）

我们很容易得到一个符号化的谓词论证的命题类比，例如：

$$(x)(Gx \rightarrow Hx), (\exists x)(Ix \& -Hx) \vdash (\exists x)(Ix \& -Gx)$$
$$G \rightarrow H, I \& -H \vdash I \& -G$$

一般来说，谓词论证中的公式与它们在类比论证中的公式不是逻辑等值的。然而，在某受限辖域内，谓词论证是有效的，当且仅当其命题类比是有效的。这样我们就有了一种新的检验符号化谓词论证的方法，即通过检验这些论证的命题类比来间接检验它们。由于这些类比是命题，所以可以运用真值表进行检验。

现在需要非常仔细地判定那些符号化谓词论证的辖域，从而使得这种方法能够正确运用。我们可以按照下页图表中的步骤进行检验。第一步，要求论证中的每个公式都是量化。现在回忆一下，量化是指对于一个公式来说，以量词开头，其辖域是整个公式。注意，下面两个公式都不是量化。

$$-(x)Jx$$
$$(x)Kx \rightarrow Lm$$

第一步中同样会排除那些多于一个量词以及包含个体常项的公式。因此，下面两个公式也都不符合第一步的要求（即使每个公式都是量化）。

$$(\exists x)[Nx \vee (y)Oy]$$
$$(x)(Px \vee Qr)$$

命题类比中检验论证有效性的方法	
1	论证中每个公式只具有一个量词且没有常项？ 是：至第2步。 否：停止检验。结果不判定。
2	每个公式是全称公式？ 是：至第4步。 否：至第3步。
3	论证是只有一个前提且结论是存在量化？ 是：至第4步。 否：停止检验。结果不判定。

续表

命题类比中检验论证有效性的方法	
4	建立并且检验命题类比。该类比有效吗？ 是：初始论证同样有效。 否：初始论证无效。

第二步和第三步进一步限制了这种方法的辖域，其要求被检验的论证或者是由专有的全称量化公式组成，或者只有一个前提且结论是存在量化组成。当这些条件排除了一些论证后，剩下的那些包括两种典型的谓词推理。注意，当对于一个论证的检验到达不了上表中的第四步时，这个论证是否有效也就没有意义了，比如那些超出命题类比使用辖域的论证。

现在我们运用这种方法来检验一些论证。下面一篇新闻报道提供了国会联合委员会关于国防生产总结报告的一部分内容：

> 报告中说道，委员会认为没有一个理智的领导者会愿意动用核武器，除非他认为他的国家的基本社会、政治和经济制度的完整将遭受战争的威胁，而没有任何防御系统可以保证承受住它。[27]

委员会的形式化以及符号化论证如下：

> **没有理智的领导人会动用核武器除非他认为自己国家的基本完整将遭受战争的威胁。没有理智的领导人这么认为。因此，没有理智的领导人会动用核武器。**

142 $(x)(-Bx \rightarrow -Nx),\ (x)\ -Bx \vdash (x)\ -Nx$

（论域：理智的领导者）这个符号化论证达到了流程图中的第四步，所以我们能够通过检验类比公式的方法进行评价。

$-B \rightarrow -N,\ -B \vdash -N$

如果我们识别出这个类比是分离规则的一个事例（把“－B”和“－N”看成单位），那么可以提前知道它是有效的。不过现在还需要通过真值表的方法来证明其有效性。

---

〔27〕 “They Say Nobody Wins in a Nuclear War”, *Miami News* (May 17, 1977), p. 2A.

B	N	-B	→	-N	-B	⊢	-N
T	T	F	T	F	F		F
F	T	T	F	F	T		F
T	F	F	T	T	F		T
F	F	T	T	T	T		T
			*				

“真前提和假结论”这个情况并没有在行中出现，所以这个类比是有效的；进而说明该谓词论证也是有效的。

有关法学院入学考试的参考指南这样说道：

> ……在圆圈 C 与圆圈 F 之间有部分相交（陈述 5）。因此，圆圈 C 至少有一部分是在圆圈 F 之外……〔28〕

这里所说的“圆圈”指的是表示全称陈述内容的一种方法，我们可以忽略它，仅考虑下面的论证：

有些 C 是 F。因此，有些 C 不是 F。

$(\exists x)(Cx \ \& \ Fx) \vdash (\exists x)(Cx \ \& \ -Fx)$

这个论证同样到达了流程图中的第四步，所以得出了它的类比：

$C \ \& \ F \vdash C \ \& \ -F$

通过构建一个简化真值表，我们可以证明该类比的无效性（也间接证 143
明谓词论证的无效性）。

C	F	C	&	F	⊢	C	&	-F
√T	T	T	T	T		T	F	FT
			*				*	

其中打勾标记表明了对前提真与结论假的指派在整个赋值过程中是一致的，从而证明了该论证的无效性。

当然，还有许多谓词论证到达不了流程图中的第四步。如果我们

---

〔28〕 Karl Weber, *How to Prepare for the New Law School Admission Test* (New York: Harcourt Brace Jovanovich, Publishers, 1983), p. 116.

改写量化的否定公式，那么就能增加一类符合上述条件的论证。通过 QE 规则我们发现，F1A 与 F1B 是逻辑等值的，同理 F2A 与 F2B 也是如此。

(F1A) $-(x)\,Ax$

(F1B) $(\exists x)\,-Ax$

(F2A) $-(\exists x)\,Bx$

(F2B) $(x)\,-Bx$

因此，如果一个谓词论证仅仅因为其中的一个或多个公式是量化的否定而不能到达第四步，那么我们可以根据这些等值形式来重写那些公式，从而把论证带到第四步。

考虑一个书评提出的论证，我们改述该论证如下：

> 并非任何机器都是自由的。并非任何机器都能发现哥德尔陈述。有些人能发现哥德尔陈述。所以，至少有些人是自由的。[29]

$-(\exists x)(Mx \,\&\, Fx),\ -(\exists x)(Mx \,\&\, Dx),\ (\exists x)(Px \,\&\, Dx) \vdash (\exists x)(Px \,\&\, Fx)$

如果我们将前两个前提重新改写成量化（通过用上文提到的 F2A 与 F2B 的等值形式），所得到的论证能用下面的方法进行评价：

144 $(x)-(Mx \,\&\, Fx),(x)-(Mx \,\&\, Dx),(\exists x)(Px \,\&\, Dx) \vdash (\exists x)(Px \,\&\, Fx)$

现在通过简化真值表对命题类比进行检验，如下：

	M	F	D	P	–	(M	&	F)	–	(M	&	D)	P	&	D	⊢	P	&	F
√	F	F	T	T	T	F	F	F	T	F	F	T	T	T	T		T	F	F
					*				*					*				*	

我们也可以通过类比的无效性来说明初始论证的无效性。

如果我们在符号化过程中不采用个体常项，那么这种方法能运用得更广泛。而一个语句所对应的符号化通常包括常项，不过它能被改

〔29〕 *Choice*. June 1971, p. 560.

写从而用谓词字母来代替常项。这项工作可以通过惯用语“与…相同”来完成。比如，S3 可以被改写为 S4，S5 可以被改写为 S6：[30]

(S3) 煽动叛乱法剥夺了言论自由。　(F3) As

(S4) 任何与煽动叛乱法相同的法律都剥夺了言论自由。

(F4) $(x)(Sx \rightarrow Ax)$

(S5) 比尔·克林顿不是一个共和党人。　(F5) $-Rb$

(S6) 和比尔·克林顿相同的人没有是共和党人的。

(F6) $(x)(Bx \rightarrow -Rx)$

($Sx = x$ 是一部与煽动叛乱法相同的法律，$Bx = x$ 是一个与比尔·克林顿相同的人）在许多情形下，一个论证没能通过流程图中的第一步是因为一个个体常项在此方法的帮助下会发生改变，它将直接到达第四步。

命题类比方法可以用来判定两个谓词公式是否逻辑等值，假如它们能够达到下面流程图中的第三步。

145

命题类比中检验陈述等值的方法	
1	这两个量化公式是不是都只有一个量词且没有常项？ 是：至第 2 步。 否：停止检验。结果不判定。
2	这两个公式是不是都是全称的或都是存在的？ 是：至第 3 步。 否：停止检验。结果不判定。
3	建立命题类比并且检验它们的等值。这些命题公式是等值的吗？ 是：谓词公式同样是等值的。 否：谓词公式不等值。

在本章第一节，我们提出了一个陈述的两种可接受的符号化：

$(x)[(Hx \& Px) \rightarrow Bx]$

$(x)[Hx \rightarrow (Px \rightarrow Bx)]$

---

[30] 注意 F3 与 F4 的区别：即 F3 推衍出“$(\exists x)Ax$”，而 F4 并没有推衍出“$(\exists x)Ax$”（详述参见第 5.5 节）。这个区别并不构成一个实际问题。这种区别几乎没有什么机会对实际法律话语中提出的论证之有效性产生影响。

由于这些公式达到了等值流程图的第三步，我们为它们的类比建立真值表来证明它们的等值：

H	P	B	(H	&	P)	→	B	H	→	(P	→	B)
T	T	T		T		T			T		T	
F	T	T		F		T			T		T	
T	F	T		F		T			T		T	
F	F	T		F		T			T		T	
T	T	F		T		F			F		F	
F	T	F		F		T			T		F	
T	F	F		F		T			T		T	
F	F	F		F		T			T		T	
						*			*			

这两个类比陈述在每一行都有相同的真值，证明了它们是逻辑等值并且（间接证明）两个量化公式也是等值的。

对于不能到达流程表中第三步的一对公式来说，也不能证明它们
146 不等值。而关于不能到达第二步，我们需要了解，只有在极少数的情况下，一个全称量化公式与一个存在量化公式是等值的。

因交换了语法上的主项和谓项（或者我们会说，交换了两个谓项）而得到的陈述和初始陈述是逻辑等值的。亚里士多德学派的逻辑学家称之为“有效地交换”。那下面哪一对是等值的？

初始陈述	换位陈述
所有 A 是 B。	所有 B 是 A。
没有 A 是 B。	没有 B 是 A。
有 A 是 B。	有 B 是 A。
有 A 不是 B。	有 B 不是 A。

通过符号化然后检验类比的方法，我们可以证明第一对陈述不是等值的。还有一种证明两个命题公式不等值的方法是通过说明两个公式具有相反真值的简化真值表来完成。

谓词符号化：$(x)\ (Ax \rightarrow Bx)$，$(x)\ (Bx \rightarrow Ax)$

命题类比：A → B, B → A

	A	B	A	→	B	B	→	A
√	T	F	T	F	F	F	T	T
				*			*	

上表中对剩下的三对陈述等值与否的讨论是本节课后练习题 12 的内容。

关于陈述之间还有一种重要的关系是矛盾关系（或者内容上完全相反）。两个陈述是矛盾的，当且仅当在逻辑上它们必须具有相反的真值。（矛盾与等值是有联系的：第一个陈述是第二个陈述的矛盾，当且仅当第一个陈述和第二个陈述的否定逻辑等值。）我们需要知道与“所有 A 是 B”相矛盾的是“有 A 不是 B”（而不是“没有 A 是 B”），并且与“没有 A 是 B”相矛盾的是“有 A 是 B”。这些关系将会是练习题 11 的内容。

关于命题类比，我们更进一步讨论两个观点：第一，让我们回顾一下本书所提到的简化真值表方法不能证明有效性或者逻辑等值，而 147
仅仅能证明无效性与不等值。完全真值表可以用来证明所有结果。第二，正因为复杂性问题，对于包含超过 3 个（或者 4 个）陈述字母的论证来说，完全真值表并不实用。如果一个命题类比包含 4 个或者更多的陈述字母，我们可以通过简化真值表来证明其无效性或者构建形式证明来证明其有效性。

我们如何判定本节内容中所提到评价论证的方法能够使得每个事例都有正确答案？以及为什么我们要给流程表中前三步设置限制？该方法的形式理由是合理的，但是因为其太长，这里就不详细说明了。[31] 我们大致的想法是，所有的变项都可以被同一个常项事例，所以对一个能到达流程表中第四步的论证使用否定消去证明与其命题类比具有相同的形式。然而，对流程表中第四步之前就被排除的论证来说那就并非一直适用了。

---

〔31〕 See Howard Pospesel, “The Method of Propositional Analogues”, *Teaching Philosophy*, XVI (June 1993), 157 – 163.

练习

1. 下面每个符号化论证都没有通过检验论证流程图中的前三步。我们需要找出它们没能通过的原因。这些论证被改写成另一种等值形式可以到达第四步吗？如果可以，请把它改写并用形式证明或者完全真值表或者简化真值表来检验其命题类比。

(a) $-(x)\ Ax \vdash (\exists x)\ -(Ax\ \&\ Bx)$

*(b) $(x)\ Cx\ \&\ (x)\ Dx \vdash (x)\ (Cx\ \&\ Dx)$

(c) $(x)\ Ex \vee (x)\ Fx \vdash (x)\ (Ex \vee Fx)$

(d) $-(x)\ (Gx \rightarrow Hx),\ -Gi \vdash -Hi$

(e) $(x)\ Jx \vdash (\exists x)\ Jx$

*(f) $(x)\ Kx,\ (\exists x)\ Lx \vdash (x)\ (Kx \vee Lx)$

2. 证明第 3.2 节后面的练习中论证的有效性，通过构建完全真值表［对（a）与（b）］或者形式证明［对（c）与（d）的］来检验它们的命题类比。

(a) 练习 4

*(b) 练习 6

(c) 练习 8

(d) 练习 10

练习 3 到练习 10 的说明：符号化每一个论证并且通过对其命题类比构建完全真值表或者简化真值表来检验论证的有效性。

148 3. 下面的论证选自哲学考试内容——它们不是“制成品”。

(a) 没有原因的行为是自由的。
有些人类行为是没有原因的。
因此，有些人类行为是自由的。
（论域：行为）

*(b) 我们人类都是主动的。但是因为机器人不是人类，所以它们

不是主动的。

(c) 有些事件没有原因。
所有机器人行为都是事件。
所以，有些机器人行为没有原因。
(论域：事件)

(d) 所有自由行为都是没有原因的。
所有人类行为不是有原因的。
所以，人类行为都是自由的。
(论域：行为)

(e) 所有人类行为都是有原因的。
有些有原因的行为是自由的。
因此，有些人类行为是自由的。
(论域：行为)

4. 美国政府诉李［United States v. Lee, 106 U. S. 196, 220 (1882)］案中，最高法庭论证如下：

> 这个国家中没有人地位显赫得能使他凌驾于法律之上。没有官员可以设立无视法规而不受惩罚的法律。所有政府官员，无论官位高低，都必须绝对服从与遵守法律。

他们的论证可简化为：

> **没有美国人能凌驾于法律之上。因此，没有美国政府官员能凌驾于法律之上。**

(论域：美国人)

*5. 精神病专家卡尔·荣（Carl Jung）写道：[32]

> 然而，如果我们把精神限制成意志的行为，那么我们得出精神或多或
> 少与意识相同的结论，因为我们很难想象没有意识的意志和选择的自由。 149
> 这显然是把我们带回到我们一贯的主张，就是公理精神＝意识。

---

[32] "On the Nature of the Psyche", in *The Basic Writings of C. G. Jung*, ed. Violet Staub de Laszlo (New York: Random House, 1959), p. 54.

荣也许提出如下论证：

任何事情是精神的当且仅当它是意志。任何不是意识的也不是意志。结论：任何事情是精神的当且仅当它是意识。

6. 政府税收公开出版物中的一段陈述如下：

关于纳税人所拥有的资产，只能主张贬值。对于承租人来讲，所租用的财产决不受耗损折旧影响……[33]

这个陈述“没有租赁财产是自有财产”可能是该论证没有明确提出的前提。（Dx = 对 x 可能要求财产折旧）第一个前提与“任何折旧的财产可能要求是自有财产”是等值的。

7. 《美丽新世界》中的一段内容，如下：

……“当你拥有青春和成功时，你只能独立于上帝；独立不会安全地把你带到终点！好吧，最后我们拥有了青春和成功。然后呢？明显，我们能独立于上帝……”[34]

该论证形式化如下：

所有独立于上帝的人是青春和成功的。所有人是青春和成功的。于是我们所有人能独立于上帝。

（论域：人）

8. 爱尔兰哲学家伯克利（Berkeley）写道：

……因为酷热除了是一种特别痛苦的感觉以外什么都不是；痛苦除了作为一种感知外不能存在；于是没有酷热能真正地存在于不能感知的物质实体中。[35]

150 伯克利提出的该论证如下（用来支持他的不存在物质世界的论题）：

---

[33] *Fundamentals of Tax Preparation* (Department of the Treasury publication 796, revised July, 1977), p. 11 - 1.

[34] Aldous Huxley (New York: Bantam Books, 1953), p. 159.

[35] George Berkeley, *Three Dialogues Between Hylas and Philonous* (Indianapolis: The Bobbs-Merrill Company, Inc., 1954), p. 16.

所有酷热都是痛苦。没有痛苦能存在于没有感知的物质实体。于是没有酷热能存在于没有感知的物质实体。

（Cx = x 能存在于没有感知的物体实体）

＊9. 伊拉斯谟（Erasmus）在《愚人颂》中写道：

基督在福音中否认，除了上帝，没有一个人能被称为善良的。如果他是一个愚人，即他不是智者，根据斯多葛学派的观点，每一个善良的人都是智者，那么如果所有的人都是愚人就不奇怪了。[36]

很显然，伊拉斯谟推理如下：

没有人是善良的。不是智者的人是愚人。每个善良的人都是智者。因此，所有人都是愚人。

（论域：人）

10. 贝特朗·罗素（Bertrand Russell）说道：

物质只不过是把事件集合起来的一种方式，因此哪里有事件哪里就有物质。[37]

他的论证如下：

某事物是物质，当且反当，该事物是用构成物质的方式把错综复杂事件集合起来。因此，任何错综复杂的事件都是物质。

（论域：复杂系列事件；Mx，Gx = 用某种形成问题的方式在 x 中归类的事件）我们将罗素论证的前提看作是量化的双条件句。

练习 11 到练习 14 的说明：符号化这些陈述并且通过对其命题类比构建完全或者简化真值表来检验逻辑等值。

11. (a) 通过说明 S1 与 S3 是逻辑等值的来证明 S1 与 S2 是矛盾的。 151

（S1）所有 A 是 B。

---

〔36〕 Trans. John Wilson (Ann Arbor, MI: The University of Michigan Press, 1958), p. 129.

〔37〕 *Religion and Science* (New York: Henry Holt and Company, 1935), p. 147.

（S2）有 A 不是 B。

（S3）有 A 不是 B 是假的。

以量化公式的方式改写 S3（及 S6）的符号化。

＊(b) 通过说明 S4 与 S6 是逻辑等值的来证明 S4 与 S5 是矛盾的。

（S4）没有 A 是 B。

（S5）有 A 是 B。

（S6）有 A 是 B 是假的。

12.

初始陈述	换位陈述
所有 A 是 B。	所有 B 是 A。
没有 A 是 B。	没有 B 是 A。
＊有 A 是 B。	有 B 是 A。
有 A 不是 B。	有 B 不是 A。

我们已经证明了第一对陈述并不逻辑等值。试证明其他三对陈述的等值。

13. 一般陈述的对换陈述是先将它转换，然后在每个谓项前加上前缀“非”。

初始陈述	对换陈述
所有 A 是 B。	所有非 B 是非 A。
＊没有 A 是 B。	没有非 B 是非 A。
有 A 是 B。	有非 B 是非 A。
有 A 不是 B。	有非 B 不是非 A。

检验每对陈述的等值。

152 14. 这是一家玉石店内一角的海报：

世上有三种作品：便宜的—好的—速成的
便宜的、好的作品不迅速。 速成的、便宜的作品不好。 速成的、好的工作不便宜。

海报上的最后三句话有一种、两种或者三种不同的含义？用命题类比的方法检验它们的逻辑等值。（论域：作品的事例；Cx，Gx，Fx）

3.4 解 释

到目前为止，命题类比是一种很好的方法，然而有许多谓词论证却不能适恰地使用这种方法。思考下面的论证：

> 如果每一个陪审团成员收受贿赂，那么他们将会投票使嫌犯无罪释放。因此，收受贿赂的每一个陪审团成员将会投票使嫌犯无罪释放。

$$(x)\ Bx \rightarrow (x)\ Ax \vdash (x)\ (Bx \rightarrow Ax)$$

（论域：陪审团成员）法学院入学考试给出了另外一个例子的论证：[38]

> 板球队所有队员同时也在慢速垒球队或者曲棍球队效力，但不会同时效力于后两者。所以，一些板球队队员是慢速垒球队队员。

$$(x)\ \{Cx \rightarrow [\ (Sx \vee Lx)\ \&\ -\ (Sx\ \&\ Lx)]\}\ \vdash (\exists x)\ (Cx\ \&\ Sx)$$

第一个论证（称之为“受贿的陪审团成员”）不能使用命题类比，因为其符号化的前提不是一个量化；第一个量词的辖域仅是该公式的一部分。第二个论证也不能使用命题类比，因为符号化的前提包含了两个量词。虽然构成第二个论证（“板球”）的所有陈述都是包含一个量词的量化公式，然而这个论证由于没有存在量化的前提，结论却有存 153
在量化，所以没能到达流程表中的第四步。因为我们需要说明论证无效性的方法，在本节中即介绍一种证明任何无效符号化谓词论证的方法。

一个有效的论证不能含有真前提与假结论。因此任何具有这样真值组合的论证一定是无效的。假设“受贿的陪审团成员”中谓词具有下面的含义：

$Bx = x$ 是男性

---

〔38〕 Karl Weber, *How to Prepare for the New Law School Admission Test* (New York: Harcourt Brace Jovanovich, Publishers, 1983), pp. 69, 116.

Ax = x 是没有妻子的

（论域：人）在这个事例中，论证如下：

如果所有人都是男性，那么所有人是没有妻子的。　(T)
因此，每个男性都是没有妻子的。　(F)

此论证含有真前提与假结论，因此它是无效的。但它与“受贿的陪审团成员”具有相同的逻辑形式；而且有效性是逻辑形式的问题，所以“受贿的陪审团成员”肯定也是无效的。

我们之所以称该证明无效性的技巧为“解释”，是因为逻辑学家称这种为符号指派含义的方法为“解释”。我们可以将此方法总结如下：

> 判定一个符号化谓词论证的无效性需要考虑话语的论域，然后对谓词字母、陈述字母以及个体常项做出解释，以便确保重新解释的论证含有真前提和假结论。

当然，谓词字母必须借助谓词解释，陈述字母需要陈述解释，而个体常项需要个体的名称或者短语表示。下面的解释证实了“板球”的无效性：

论域：动物
Cx = x 是一只熊
Sx = x 是一只爬行动物
Lx = x 是一只哺乳动物

任何熊或者是爬行动物，或者是哺乳动物，但是不可兼是二者。(T)
因此，有些熊是爬行动物。(F)

我们已经在上述陈述的右边给出了真值。

154 当使用这种方法时，必须要达到逻辑上与认知上的要求。逻辑上的第一个要求是，所选择的话语论域必须含有至少一个成员；第二个要求是，用来解释个体常项的名称必须涉及属于该话语论域中的个体。（另一方面，并不要求解释谓词以使得它们适用于论域中某个成员。）认识上的要求是，对于那些受益于解释的人们来讲，正在构建的被重新解释的陈述之真值是已知的。

通过这两个提示，从而使得解释更容易构建出来：①选择一个大家都了解的，能够划分为不同子类的论域。比如人（该类可按照宗教、政治、性别等标准再进行细分）、动物界、整数集合或者自然数集合（可分为偶数、奇数、大于 7 的数等）。②首先通过对出现的符号进行合理解释，以便得到假结论；然后对剩下符号进行适当解释，以便得到真前提。

作为该方法的最后一个例子，我们通过艾尔在《语言、真与逻辑》提出的事例来反驳该论证：[39]

> 具有事实内容的命题都不是必然的。因此，或者所有数学命题都缺乏必然性或者它们都缺乏事实内容。
>
> $(x)(Fx \rightarrow -Nx) \vdash (x)(Mx \rightarrow -Nx) \vee (x)(Mx \rightarrow -Fx)$

（论域：命题）这个解释的技巧如下：

> 论域：整数
>
> $Fx = x$ 是偶数
>
> $Nx = x$ 是奇数
>
> $Mx = x$ 是质数
>
> 没有偶数是奇数。　(T)
>
> 因此，或者没有质数是偶数，或者没有质数是奇数。　(F)

为什么这个结论为假？2 是一个偶素数，所以该结论的左析取肢为假，并且 3 是一个奇素数，所以该结论的右析取肢为假。如果析取的每个肢命题都是假的，则它为假。

这种解释方法是一种在符号逻辑的运用中被逻辑学家称为“逻辑类比反驳”的理论。贝斯在下面的对话中使用了逻辑类比反驳的方法：

> **阿诺德**　任何一个有资格进入纽约大学法学院的人，其法学院入学考试的 155
> 成绩超过 175 分。我高于 175 分，因此我有资格。

---

[39]（Harmondsworth，Middlesex：Penguin Books，Ltd.，1971），p. 97. 通过增加这个前提：如果连一个数学命题都是必然的，那么所有命题都是必然的，该论证就能变为有效论证。艾尔认为这个前提是理所当然的。

贝斯 哇！这就好比“任何猫都是哺乳动物；莱西是哺乳动物；因此莱西是猫”。

上述反驳成立的原因是，贝斯的论证与阿诺德的论证具有相同的逻辑结构，并且显然是无效的（因为它有真前提与假结论）。这种逻辑策略究竟是非形式的逻辑类比反驳好，还是在符号逻辑中朝着更严格发展方向，即解释的方法好呢？对那些缺乏形式逻辑训练的人来说，逻辑类比反驳的优点是具有说服力（比如陪审团成员）。而解释方法的优点是确保两个论证具有相同的逻辑形式。此外，它还有助于我们去构建反驳论证。当然，这两种方法不是不相容的。你可以运用解释的方法建构一个论证，然后对该论证进行逻辑类比的非形式反驳。

解释方法还可以证明两个陈述并非逻辑等值。通过这种解释，只需要证明任意一个陈述为真，而另一个为假。比如，现在证明下面两个陈述的非等值：

所有具有心脏的生物都有肾。 $(x)(Hx \rightarrow Kx)$

所有没有心脏的生物都没有肾。 $(x)(-Hx \rightarrow -Kx)$

（论域：生物）下面的解释充分证明了非等值：

论域：动物

$Hx = x$ 是蛇

$Kx = x$ 是爬行动物

所有蛇都是爬行动物。 (T)

所有蛇以外的动物都是非爬行动物。 (F)

第二句陈述是假的，比如短吻鳄就是蛇以外的爬行动物。

关于解释的方法，我们总结了两点：首先，它的辖域比谓词逻辑更广。它可以运用到命题逻辑或者符号逻辑的任何分支中。其次，如果不能想出一个反驳解释，那么与不能完成形式证明一样，并没有证明其有效性（或逻辑等值）。

156 在本节与之前两节中我们提出了有关评价符号化谓词论证的三种方法。下表中列出了三种方法之间的区别：

方　法	运用对象	证　明	要　求
证　明	所有有效论证	只有有效性	对方法有要求
命题类比	只有一些论证	有效性与无效性	对方法无要求
解　释	所有无效论证	只有无效性	对方法有要求

在下面两节中，我们将扩充谓词逻辑的辖域来引入关系论证（第 3.5 节）与同一性论证（第 3.6 节）。证明与解释的方法适用于上述论证的任意一种或者全部；而命题类比的方法则不行。

练习

1. 用解释的方法证明第 3.3 节练习 3 中每个论证的无效性。

练习 2 到练习 7 的说明：符号化每个论证。如果它是有效的，通过形式证明或者命题类比来证明。如果它是无效的，通过解释的方法来证明。

2. 下面这幅连环画中给出了如下论证： 157

《史前时代》　　J. 哈特

By permission of Johnny Hart and Creators Syndicate,Inc.

有些傻瓜会被 F 亲吻。M 不是傻瓜。因此，M 不会被 F 亲吻。

（Kx = x 将被 F 亲吻，m = 男性）

*3. 柏拉图的《斐多篇》中的一段对话：

苏格拉底　……请告诉我，什么东西能使我们的身体充满生命力？

西比斯　灵魂。

苏格拉底　一直是这样吗？

西比斯　当然！

苏格拉底　所以当灵魂占有身体，它总是给身体带来生命力？

西比斯　是的，它确实。[40]

由苏格拉底提出，并且西比斯也同意的是下面这个论证：

每个有生命力的身体都有灵魂。这证明了每个有灵魂的身体都有生命力。

（$Ax = x$ 有生命力，$Bx = x$ 是肉体，$Sx = x$ 有灵魂）

4. 下面奥列芬特卡通漫画中所描述的这位沉思的官员可能进行如下推理：

卡拉瑟斯，就那么多人？发出的指示是只有核心联邦雇员需要汇报工作，但是没有人露面！

只有必要的联邦雇员才汇报工作。没有联邦雇员汇报工作。因此，没有联邦雇员是必要的。

（论域：联邦雇员）第一个前提指的是“所有汇报工作的联邦雇员是必要的”。

---

〔40〕 Plato, “Phaedo”, in *The Last Days of Socrates*, trans. Hugh Tredennick (Baltimore: Penguin Books, 1989), p. 167.

5. 哈克·芬恩（Huck Finn）推理如下：

吉姆说蜜蜂不会蜇傻瓜；但我不信，因为我自己试过很多次，它们都 158
不蜇我。[41]

他的论证似乎是：

蜜蜂不会蜇我。我不是傻瓜。所以，并非蜜蜂不蜇傻瓜。

（论域：人；Sx = 蜜蜂会蜇 x，h = 哈克·芬恩，Ix = x 是傻瓜）第二个前提未提及。

6. 美国国税出版社中的一段话：

每位纳税者都有权申请至少约750美元的个人税务减免。除了常规的免税，任何一位65岁或者65岁以上的纳税者在纳税年最后一天有权申请第二项减免。任何一位盲人纳税者在纳税年最后一天也有权申请其他的减免。

因此，65岁或者65岁以上并且眼盲的纳税者除了常规免税以外还有权申请两项其他免税。[42]

（论域：纳税者；Rx = x 有权申请常规个人免税，Sx = x 是65岁或者65岁以上，Ax = x 有权因年龄申请一项其他免税，Bx = x 是盲人，Cx = x 有权因眼盲去申请一项其他免税）

7. 查尔斯·艾夫斯（Charles Ives）说： 159

我们喜欢美丽的而不喜欢丑陋的；因此，我们喜欢的是美丽的，而我们不喜欢的是丑陋的。[43]

采用“我们经验中的对象”作为论域，使用下面的符号：Lx = x 为我们所喜欢，Bx，Dx = x 为我们所不喜欢，Ux。在这段文字中，不喜欢

---

[41] Mark Twain, *Adventures of Huckleberry Finn* (Berkeley and Los Angeles: University of California Press, 1985), p. 55.

[42] *Fundamentals of Tax Preparation* (Department of the Treasury publication 796, revised July, 1977), p. 2 – 1.

[43] *Essays before a Sonata, the Majority, and Other Writings*, ed. Howard Boatwright (New York: W. W. Norton & Co., Inc., 1962), p. 77.

即厌恶。其他情况下，“不喜欢”包括中性态度以及厌恶。

8. 公式 F1 不能推衍出 F2，并且 F3 不能推衍出 F4。请用解释的方法证明这些结论。

(F1) $(x)(Ax \vee Bx)$

(F2) $(x)Ax \vee (x)Bx$

(F3) $(\exists x)Ax \& (\exists x)Bx$

(F4) $(\exists x)(Ax \& Bx)$

9. 用解释的方法证明下列每组陈述之间的非等值。

换位陈述

(a)	所有 A 是 B。	所有 B 是 A。
*(b)	有 A 不是 B。	有 B 不是 A。

对换陈述

(c)	有 A 是 B。	有非 B 是非 A。
(d)	没有 A 是 B。	没有非 B 是非 A。

10. （半挑战性习题）对第 3.3 节后面的习题用解释的方法证明论证的无效性。

(a) 练习 5

(b) 练习 7

(c) 练习 9

(d) 练习 10

11. （挑战性习题）法学入学考试指南的作者认为从陈述 1 到陈述 7 可以共同推衍出陈述 8。[44] 如果他是对的，请用形式证明的方法证明。如果他是错的，请用解释的方法反驳。

160 (1) 没有长曲棍球队的队员也是草地曲棍球队的队员。

(2) 所有马球队队员都是草地曲棍球队队员。

---

〔44〕 Karl Weber, *How to Prepare for the New Law School Admission Test* (New York: Harcourt Brace Jovanovich, Publishers, 1983), pp. 69, 70, 116.

（3）有些草地曲棍球队队员也是羽毛球队队员。

（4）没有长曲棍球队的队员也是羽毛球队队员。

（5）所有板球队队员或者是慢速垒球队队员，或者是长曲棍球队队员，但不会二者都是。

（6）有些板球队队员都同时是草地曲棍球队队员。

（7）所有羽毛球队队员都是马球队队员。

（8）有些板球队队员不是马球队的成员。

（论域：大学运动队队员）

12. 如果以下三个陈述中的任何一个可以推衍出另一个陈述，那么通过构建形式证明来说明。如果三个陈述中的任何一个不能推衍出另一个陈述，那么通过解释的方法来说明。

（S1）任何赞同露西的人是对的。

（S2）如果每个人都赞同露西，那么每个人是对的。

（S3）如果有人赞同露西，那么这些人是对的。

（论域：人；$Ax = x$ 赞同露西）这个练习题的灵感来自于一个花生日历的卡通片，露西沾沾自喜地说："如果每个人赞同我，那么他们都是对的。"

3.5 关　系

圣·汤姆斯·阿奎那（St. Thomas Aquinas）援引圣·奥古斯丁（St. Augustine）关于自杀和第五条戒律的部分内容如下：[45]

> ……奥古斯丁说道："你必须遵守这条戒律，不可杀人，指的是人。对其他人与自己都是如此。当某人自杀，除了这个人，没有人被杀。"[46]

---

〔45〕这里采用的是天主教与路德宗教义中的计数方式。犹太人与大多数新教徒人都算作戒律"六"。

〔46〕*Summa Theologica*（London：Blackfriars，1975），2a2ae，Question，article 5，p. 33. See Augustine，*The City of God*，bk. 1，chapter 20.

奥古斯丁的论证如下：

161 任何杀人者都违反了第五戒律。因此，任何自杀者违反了第五戒律。

我们可以符号化该论证如下（把其称之为“自杀”）：

$(x)(Kx \rightarrow Bx) \vdash (x)(Sx \rightarrow Bx)$

（论域：人；$Kx = x$ 杀了一个人，$Bx = x$ 违反了第五戒律，$Sx = x$ 自杀）尽管语言论证是有效的，但是符号化则不是。通过增加一个补充前提我们可以将该符号化变为有效论证：

自杀都算杀人。

$(x)(Sx \rightarrow Kx)$

关于“自杀”更深层的分析——其中之一将会揭示自杀与杀人之间的关系——能够不诉诸任何其他的前提来证明论证的有效性。关系逻辑作为本节的主要内容能够提供更深入的分析。〔47〕

接下来，我们将讨论在关系逻辑中如何对陈述进行符号化以及如何证明包含这些陈述的论证有效性和无效性。之后，再来检验奥古斯丁的论证。

符号化

本章目前所学的谓词是性质谓词。性质谓词表明了一个个体所具有的性质或者品质。性质谓词的事例包括“绿色”、“重罪犯”、“得痔疮”。性质谓词由后面跟着单个个体变项或常项的谓词字母来进行符号化。关系谓词表明了两个甚至更多的个体之间的关系。关系的事例包括“杀人”、“控告”、“高于”。关系谓词由后面跟着两个或者更多个体符号（变项或者常项）的谓词字母来进行符号化。二元关系（如“杀人”）由后面跟着两个个体符号（Kxy）的谓词字母来进行符号化，

162 三元关系逻辑（如“物物之间”）则由后面跟着三个个体符号（$Bxyz = x$ 在 y 与 z 之间）的谓词字母来进行符号化，以此类推。我们通过采

〔47〕 传统的逻辑不能处理关系陈述。查尔斯·皮尔斯与高特拉布·弗雷格率先成功地运用一种理论去分析关系陈述。

用下标“R”的方式来表示关系谓词。

下面是一些事例的符号化：

阿克塞尔爱$_R$布伦达。	Lab
有人爱布伦达。	(∃x) Lxb
布伦达爱每一个人。	(x) Lbx
布伦达与阿克塞尔有一个孩子$_R$。	(∃x) C$x$ba

（论域：人；Cxyz = x 是 y 与 z 所生的孩子）注意，按照惯例，“Lxy”是“x 爱 y”而非“y 爱 x”或“x 为 y 所爱”的符号化。由此可见，关系谓词字母后面的个体符号顺序是非常关键的，正如该例所示：

某人杀了$_R$艾迪斯。	(∃x) Kxe
艾迪斯杀了某人。	(∃x) Kex

这里字母的顺序决定了艾迪斯到底是受害者还是行凶者。

我们如何符号化S1？

（S1）某人杀了某人。

F2 不是 S1 的符号化，因为它是完全不同的陈述 S2 的符号化。

（F2）(∃x) Kxx

（S2）某人自杀。

F3X 是不可接受的，因为它不是适当的形式。

（F3X）(∃x)(∃x) Kxx

在第 3.1 节中，我们提出了每个变项必须在某个量词辖域之内的要求；现在需要再增加一个要求，即所使用的变项不能同时出现于两个量词的辖域中。F3X 违反了这个要求，S1 正确的符号化公式应为 F1，如下：

（F1）(∃x)(∃y) Kxy

不仅跟着关系谓词字母的个体符号的顺序非常关键，在许多事例中量词的顺序也很关键，下面这些符号化公式直观上更清楚些： 163

（S4）每个人都爱着$_R$某个人或其他人。

（F4）(x)(∃y) Lxy

（S5）有一个被每个人都爱着的人。

（F5）$(\exists y)(x)\ Lxy$

（论域：人）我们习惯在公式中第一个量词后面使用 x，而在第二个量词后面使用 y，等等；为了强调量词顺序的重要性，我们在符号化 S5 时打破了这个常规。F4 与 F5 之间的唯一区别是量词顺序，然而却表达完全不同的语句。（S4 与 S5 不是等值的，但 S5 能够推衍出 S4。）相邻量词的顺序非常关键，当且仅当，一个量词是全称量词而另一个是存在量词。在第 5.4 节中会进一步阐述有关量词顺序的内容。

请思考下面含义很模糊的语句 S6，它意味着 S7 或 S8。

（S6）某人爱每个人。

（S7）有一个爱每个人的人。

（F7）$(\exists x)(y)\ Lxy$

（S8）每个人为某人或其他人所爱。

（F8）$(x)(\exists y)\ Lyx$

一个非常有趣并且重要的事实是，在谓词逻辑中没有像 S6 那样模棱两可的公式。

陈述通常既包含性质谓词又包含关系谓词。下页的表格中列举了一些常用的陈述形式。在关系逻辑中，如同性质逻辑那样，[48]当一个公式中不止一个谓词在一个量词的辖域内时，要求组群符号标明每个量词的辖域。然而，当两个量词并排存在时（如同下表中第一个符号化公式所示），只需要一对量词辖域内的组群符号即可。这些符号化表明了，通常情况下，全称量词与蕴涵的配对以及存在量词与合取的配对在关系逻辑中也适用。当一个公式以几个量词开头，其后跟着一个
164 量词辖域的组群符号，可以对联结词及其最近的量词进行配对。

有些政客认识$_R$有些说客。	$(\exists x)(\exists y)(Px\ \&\ Ly\ \&\ Kxy)$
有一个认识所有说客的政客。	$(\exists x)[Px\ \&\ (y)(Ly \rightarrow Kxy)]$

〔48〕 这里的“关系逻辑”我们指的是包含关系谓词的谓词逻辑；而“性质逻辑”指的是只含有性质谓词（即一元谓词）的谓词逻辑。

续表

每个政客都认识一些或其他的说客。	$(x)[Px \rightarrow (\exists y)(Ly \,\&\, Kxy)]$
每个政客都认识每个说客。	$(x)(y)[(Px \,\&\, Ly) \rightarrow Kxy)]$ 或者 $(x)[Px \rightarrow (y)(Ly \rightarrow Kxy)]$
有一个不认识每个说客的政客。	$(\exists x)[Px \,\&\, -(y)(Ly \rightarrow Kxy)]$ 或者 $(\exists x)(\exists y)(Px \,\&\, Ly \,\&\, -Kxy)$
有一个不认识任何说客的政客。	$(\exists x)[Px \,\&\, (y)(Ly \rightarrow -Kxy)]$ 或者 $(\exists x)[Px \,\&\, -(\exists y)(Ly \,\&\, Kxy)]$
没有政客认识每个说客。	$(x)[Px \rightarrow -(y)(Ly \rightarrow Kxy)]$ 或者 $(x)[Px \rightarrow (\exists y)(Ly \,\&\, -Kxy)]$ 或者 $-(\exists x)[Px \,\&\, (y)(Ly \rightarrow Kxy)]$
没有政客认识任何说客。	$(x)(y)[(Px \,\&\, Ly) \rightarrow -Kxy)]$ 或者 $(x)[Px \rightarrow (y)(Ly \rightarrow -Kxy)]$ 或者 $-(\exists x)(\exists y)(Px \,\&\, Ly \,\&\, Kxy)$

若先符号化这些关系语句确实存在困难，我们可以转而按照下面步骤进行：

1. 有一个不认识$_R$任何说客的政客。
2. 有一个 x，使得 x 是一个政客并且 x 不认识任何说客。
3. $(\exists x)$ [Px & 对于任意 y，如果 y 是一个说客，那么 x 不认识 y]
4. $(\exists x)[Px \,\&\, (y)(Ly \rightarrow -Kxy)]$

同时，在后面的表格中也列出了一些不太常见的语句符号化。

现在我们能够在关系逻辑中符号化之前的“自杀”事例：

任何杀人$_R$者都违反了第五戒律。因此，任何自杀者违反了第五戒律。

165

(哥伦布) 没有人因任何事指责$_R$任何人。	$(x)(y)(z)\ -Axyz$ $Axyz = x$ 因 z 事指责 y
(弥尔顿) 走在最后的是彼列，在坠落的天使中，他是最荒淫无度的$_R$。	$Cb \,\&\, (x)\ -Lxb$ 论域：坠落的天使 $Cx = x$ 走在最后 $Lxy = x$ 比 y 更荒淫无度的

续表

(密歇根州最高法院的裁决)[49] 帮助他人自杀的行为是谋杀。	(x)(y)(Hxy → Mxy) Hxy = x 帮助 y 自杀 Mxy = x 谋杀 y
一个陈述与其否定$_R$有着相反的真值。	(x)(y)[N xy → (Tx ↔ −Ty)] 论域:陈述 Nxy = x 是 y 的否定式 Tx = x 为真
(社论)"哥伦比亚广播公司[50]因某事屈服$_R$于某人而花费每个营业日的部分时间。"	(x)[Dx → (∃y)(∃z) Kcyzx] Dx = x 是一个营业日 Kxyzw = x 在 w 日因 z 事屈服于 y[51]
(吉卜林)"那些捕$_R$蛇者会被蛇咬死。"	(x)[(∃y)(Sy & Kxy) → (∃y)(Sy & Kyx)]

(x)[(∃y) Kxy → Bx] ⊢ (x)(Kxx → Bx)

(论域:人)前提符号化中的左边组群符号(即左方括号)能置于存在量词之后吗?

(x)(∃y)(Kxy → Bx)

它是一个错误的符号化——表示的是一个完全不同的语句。这个错误符号化的两个特点使得我们质疑它的准确性:①该符号化使得存在量词与蕴涵配对,并且②没有必要把存在量词的辖域扩展到该公式的
166 (→Bx)中,因为(→Bx)没有量化(y)的变项。而通过该方式对这些陈述进行正确的符号化是不常见的。我们将会在第5.4节中进一步

〔49〕 *People v. Roberts*, 211 Mich. 187, 178 N. W. 690 (1920). In *People v. Kevorkian*, 447 Mich. 436, 527N. W. 2d 714 (1994),罗伯特因帮助他人自杀被判刑,且上诉被驳回。

〔50〕 *Newsweek*, April 23, 1973, p. 53.

〔51〕 变量根据字典条目习惯的编纂顺序进行书写(例如,xyzw)。如果没有提示,那么在符号化公式中跟在谓词字母后的变量按照相同的顺序进行排列。在符号化中跟在谓词字母后的变量之顺序是由符号化后语句的内容以及根据惯例该公式中第一个量词使用"x"等等所规定的。

讨论有关问题。

形式证明

由于“事例”定义的变化并不大，因此第 3.2 节所介绍的形式证明规则可以扩展到包含关系论证的证明中。而之所以定义发生变化是因为关系公式中常常包含不止一个量词。

一个量化的事例：通过去掉首个量词（以及它的量词辖域的组群符号），然后由相同的个体常项替换这个量词中所有剩下的变项而得到的公式。

通过 EO 规则或者 UO 规则或者之前介绍的 EI 规则所删除的量词必须是公式中的第一个符号，且公式剩余部分在该量词的辖域之中。通过对比，QE 规则可以运用到一个公式内部的量词中。

我们将提供几种关系证明的事例。首先，比奇科默钱币公司诉布斯凯特［Inc. v. Boskett, 166 N. J. Super. 442, 400 A. 2d 78 (App. Div. 1979)］案[52]事关一笔 1916 年买卖双方本都认为真实有效的价值 500 美金的硬币交易。但当买家比奇科默钱币公司发现硬币是仿制品，卖家布斯凯特拒绝收回硬币并且退款。买家随后将卖家告上法庭，但输了官司，接着再上诉。受理上诉的法官对原告说：“一般规则认为，这份契约是在共同事实错误的基础上签订的，买卖双方都可以不再予以理会。”

(*x*) (*y*) (*z*) [(C*xyz* & M*xyz*) → (R*yx* & R*zx*)], Cabc & Mabc ⊢ Rca

(C*xyz* = *x* 是 *y* 与 *z* 共同签订的合同，M*xyz* = *x* 包含 *y* 与 *z* 的共同事实错误，R*xy* = *x* 可以废除与 *y* 的协议，a = 购买硬币的合同，b = 布斯凯特，c = 比奇科默钱币公司）证明如下：

(1)　(*x*) (*y*) (*z*) [(C*xyz* & M*xyz*) → (R*yx* & R*zx*)]　A　167
(2)　Cabc & Mabc　A
(3)　(*y*) (*z*) [(Ca*yz* & Ma*yz*) → (R*y*a & R*z*a)]　1 UO
(4)　(*z*) [(Cab*z* & Mab*z*) → (Rba & R*z*a)]　3 UO
(5)　(Cabc & Mabc) → (Rba & Rca)]　4 UO

---

[52] Discussed in Rate A. Howell, John R. Alison, and N. T. Henley, *Business Law* (Chicago: The Dryden Press, 1982), p. 210.

(6)　(Rba & Rca)　　　5，2 →O

(7)　Rca　　　6 &O

在第 3 行到第 5 行中，我们应该十分谨慎选择要使用的事例常项，这需要考虑到第二个前提以及结论。如选用任何其他常项，证明过程将可能无法完成。

我们可以采用这种简化方法：当一个公式以两个或两个以上的连续全称量词开头时，采用 UO 规则，所有的量词只用一步就可以消除。假如在上面证明过程中采用该方法，就能消除证明中的两行（第 3 行与第 4 行）。然而，鉴于 EO 规则所受到的限制，只要任何事例的量词是存在量词，这种简化方法就不能使用。

几年前报纸报道了关于治愈了世界上最后一个天花患者，从而消灭了此类疾病的消息：

> 尽管搜寻其他天花患者的脚步不会停止，但实际上已没有任何可能发现其他天花患者。原因在于天花病毒的性质。
>
> 与小儿麻痹症、流感以及其他疾病病毒不同，天花病毒只能在人与人间传播。当这种传播链被打破，天花病毒将无法存活。正因如此，阿里被治愈以后且又没有其他传染源，所以这种病毒的传播链被彻底打破。[53]

论证如下：

> **任何感染天花的人都是被另一个天花病毒携带者传染的。没有人携带天花病毒。因此，没有人将会感染天花。**

$(x)\ [Cx \rightarrow (\exists y)\ (Hy \ \&\ Iyx)],\ (x)\ -Hx \vdash (x)\ -Cx$

（论域：人；$Cx = x$ 感染天花，$Hx = x$ 携带天花病毒，$Ixy = x$ 传染给 y）第二个前提与其结论也可以被符号化为存在量化的否定。

168 证明如下（在证明过程中，我们增加了一些说明）：

(1)　$(x)\ [Cx \rightarrow (\exists y)\ (Hy \ \&\ Iyx)]$　　　A

(2)　$(x)\ -Hx$　　　A

---

〔53〕 "Science Ends Years-long Search, Finds the Last Victim of Smallpox", *Miami News* (April 20, 1978). p. 2A.

(3)　– (*x*) – C*x*　PA
(4)　(∃*x*) – – C*x*　3 QE
(5)　– – Ca　4 EO

下一步我们应该运用 UO 规则，不过是对第 1 行使用还是对第 2 行使用呢？用在不同的地方，效果当然也不同。虽然知道对第 1 行事例为 a（为了和第 5 行建立联系），但不清楚该如何对第 2 行事例。另外，我们都希望能尽早使用 EO 规则来避免违反这条规则的限制，而第 1 行中的存在量化公式将不得不使用该规则。因此我们应该对第 1 行使用 UO 规则（而不是对第 2 行）。

(6)　Ca → (∃*y*) (H*y* & I*y*a)　1 UO
(7)　Ca　5 DN
(8)　(∃*y*) (H*y* & I*y*a)　6，7 →O

因为第 6 行不是一个存在量化公式，所以不能对第 6 行运用 EO 规则；而第 8 行则可以使用该规则，因为它是一个存在量化公式。注意我们不能对第 8 行事例为 a。

(9)　(Hb & Iba)　8 EO

现在我们知道将第 2 行事例为 b。（假如开始把第 2 行事例为 b，那就不能对第 8 行事例为 b。）接下来的证明过程就是老生常谈了：

(10)　– Hb　2 UO
(11)　Hb　9 &O
(12)　Hb & – Hb　11，10 &I
(13)　(*x*) – C*x*　3 – 12 – O

关系证明中最难的地方就是有关事例常项的选择。顺便说一下，使用了 UO 规则和 EO 规则的语句并不禁止对相同的量词事例两次（当然，是在不同的步骤中），有时为了完成整个证明，这种技巧偶尔会被运用。

关于"自杀"的证明方法并不常见，因为它需要将所有的量词都 169
事例为同一个常项。这种情况是有可能的，是由于整个证明过程只运用一次 EO 规则。

(1)　(*x*) [(∃*y*) K*xy* → B*x*]　A

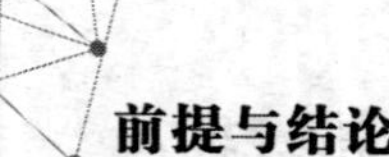

(2) $-(x)(Kxx \rightarrow Bx)$ PA

(3) $(\exists x)-(Kxx \rightarrow Bx)$ 2 QE

(4) $-(Kaa \rightarrow Ba)$ 3 EO

(5) $(\exists y)Kay \rightarrow Ba$ 1 UO

(6) $Kaa \ \& -Ba$ 4 AR

(7) Kaa 6 &O

(8) $(\exists y)Kay$ 7 EI

(9) Ba 5，8 →O

(10) $-Ba$ 6 &O

(11) $Ba \ \& -Ba$ 9，10 &I

(12) $(x)(Kxx \rightarrow Bx)$ 2–11–O

或许有人会翻阅之前关于“事例”的定义，以便确认第7行是第8行的一个存在量化的事例。

二元关系本身是具有性质的，四种重要的逻辑性质包括：对称性、非对称性、传递性与非传递性。它们分别定义如下：

关系R是对称的，当且仅当，x把R传给y，y也把R传给x。

对称关系的事例：与某人兄弟姐妹、与某人结婚、逻辑等值等。

关系R是非对称的，当且仅当，x把R传给y，而y没有把R传给x。

非对称关系的事例：比某人年龄大、成为母亲等。

关系R是传递的，当且仅当，x把R传给y并且y把R传给z，x把R传给z。

传递关系的事例：作为祖先，比某人高，推衍等。

关系R是非传递的，当且仅当，x把R传给y并且y把R传给z，而x没有把R传给z。

170 非传递关系的事例：成为父亲，[54]比某人高了两英寸，成为直接后承者等。

---

〔54〕 如《俄狄浦斯·雷克斯》中所示，“成为某人的父亲”是非传递的，但“成为某人的父母”则不是。

二元逻辑关系的四种性质符号化为：

对称性　$(x)(y)(Rxy \rightarrow Ryx)$

反对称性　$(x)(y)(Rxy \rightarrow -Ryx)$

传递性　$(x)(y)(z)[(Rxy \& Ryz) \rightarrow Rxz]$

反传递性　$(x)(y)(z)[(Rxy \& Ryz) \rightarrow -Rxz]$

有时，我们会增加一个公式当成补充前提以证明关系论证的有效性。[55]

例如：

安妮比本年长$_R$，且本比卡拉年长。因此安妮比卡拉年长。

$Oab \& Obc \vdash Oac$

为了使此符号化论证变为有效的论证，我们需要增加一个补充前提，即“比某人年长”的传递关系。

$(x)(y)(z)[(Oxy \& Oyz) \rightarrow Oxz]$

这个前提使得整个证明过程显得简单明了。

解释

在关系逻辑中，命题类比的方法并不适用，但解释的方法则可以。关键是我们必须要确保一元（即性质）谓词字母解释为性质谓词，而二元谓词字母解释为二元关系等。我们将用解释的方法证明一些论证的无效性。

一个有关“上帝存在”的宇宙哲学的论证简化版如下：

在这个可感世界上，每一件事情都有原因$_R$。因此，在这个可感的世 171
界上所有事情都有原因。

$(x)[Sx \rightarrow (\exists y)Cyx] \vdash (\exists x)(y)(Sy \rightarrow Cxy)$

（$Sx = x$ 是可感世界的一件事情）这是一个常见的谬误形式。在其最简单形式 $[(\exists x)(\exists y)Cyx \vdash (\exists y)(x)Cyx]$ 中，它被称作“非法的量词转换”；该过程涉及到这个存在量词从全称量词的右边移到其左边下面是关于上面所提到的宇宙哲学论证的反驳解释：

---

〔55〕 第 3.6 节课后练习 22 就是这样的一个论证。

论域：整数

$Sx = x$ 是正数

$Cxy = x$ 比 y 大

每个正整数都被某个正数超过。 (T)

因此，有一个比所有正整数都大的整数。 (F)

该结论为假是因为正数集是无穷大的，并且该结论所假设的“最大数”必须比自身要大（如果一个数是正整数，且它不能为负整数）。对这个关系论证，我们改进如下：

没有比自己大$_R$的整数。因此，并非有一个比所有整数都大的整数。

$(x)\ -Gxx \vdash -(\exists x)(y)\ Gxy$

（$Gxy = x$ 比 y 大）该论证将是本节课后练习 9 的内容。

生物学家斯坦福写道：

> 最容易理解的且最稳固的生物学定律之一是古时的一句拉丁语“Omne vivum ex vivo”——意思是“所有生命源自生命”，或者“生命仅起源于生命”。[56]

斯坦福这两句关于定律的陈述（称之为“S9”和“S10”）可符号化成 F9 和 F10。

(F9) $(x)\ [Lx \rightarrow (\exists y)\ (Cxy\ \&\ Ly)]$

172 (F10) $(x)\ [Lx \rightarrow (y)\ (Cxy \rightarrow Ly)]$

（$Lx = x$ 是有生命的，$Cxy = x$ 来自于 y）作者一定认为这两句话是等值的（因为他说了一个定律，而不是两个定律），但实际上这两句远不可能等值，因为二者不能互相推衍。在这里，我们可以证明 S9 不能推衍 S10，另一个证明将作为本节课后的练习。

论域：人

$Lx =$ 住在克利夫兰市

$Cxy = x$ 住在离 y 50 英里内的地方

---

〔56〕 *Man and the Living World*, 2nd ed.（New York：The Macmillan Company，1951），p. 18.

每个克利夫兰人都住在某些克利夫兰人50英里内的地方。（T）

因此，每个住在离一个克利夫兰人50英里内的人都是克利夫兰人的说法是真的。（F）

哲学家笛卡尔[57]改进了这个论证[58]以支持他的一个形而上学原则（上面论证的结论），并给出了以下推理：

没有不具有属性的物质

因此，每种属性属于某种物质。

$$-(\exists x)[Sx \mathbin{\&} (y)(Ay \to -Pxy)] \vdash (x)[Ax \to (\exists y)(Sy \mathbin{\&} Pyx)]$$

下面的解释可证明该论证的无效：

论域：人

$Sx = x$ 是男性

$Pxy = x$ 是 y 的孩子

$Ax = x$ 是女性

不存在没有母亲的男性（即每位男性都有母亲）。（T）

因此，每位女性都有儿子。（F）

这种解释的方法是需要技巧的，特别是在关系逻辑中。不过为一个复杂的关系论证找到无效的解释，就如同解决一个字谜游戏一样，会让人很有成就感。

练习 173

1. 根据提示，符号化以下陈述。

（a）（西雅图酋长）"所有事物都是相互联系$_R$的。"

*（b）（报纸）"没有人不喜欢$_R$卡里·格兰特。"（论域：人；$Lxy =$

---

〔57〕 累内·笛卡尔（René Descartes，1596～1650），现代哲学奠基人，同时也是一位重要的数学家（笛卡尔坐标）与科学家（笛卡尔密度计）。事实上，这么伟大的人都会犯这种错误，那么我们在犯相同错误的时候也就不用太过自责。

〔58〕 *The Philosophical Works of Descartes*, 2 vols., trans. Eliabeth S. Haldane and G. R. T. Ross (New York: Dover Publications, Inc., 1955), I, 240.

x 喜欢 y）

（c）（报纸）"不是每个人都爱$_R$约翰·特拉沃尔塔。"（论域：人；$Lxy=x$ 爱 y）

（d）（法庭判决）"不存在合同债务$_R$在吉姆·顿·鲍曼与（原文如此）任何人之间。"（论域：人）

（e）（歌名）"每个人都认为别人是傻瓜$_R$。"（论域：人；$Fxy=x$ 是 y 的一个傻瓜）

*（f）（加勒特·哈丁）"我们都是小偷的后代$_R$。"（论域：人；$Dxy=x$ 是 y 的后代）

（g）（偷听）"每个人都有古怪的亲戚$_R$。"[59]（论域：人；$Rxy=x$ 是 y 的亲戚）

（h）每个变项都在某些量词的辖域$_R$内。（$Sxy=x$ 辖域内包含 y）

（i）（谚语）"每支药膏中$_R$都有苍蝇（比喻任何事都有美中不足之处）。"（$Ox=x$ 是药膏内包含的东西）

*（j）有些日本人比任何一个美国人都富有$_R$。（论域：人；$Rxy=x$ 比 y 富有）

（k）（自然主义者）"大象与海牛有共同的祖先$_R$。"（论域：物种；$Axy=x$ 是 y 的祖先）

（l）（詹姆斯·赫里奥特）"没有人和奶牛一样强壮。"（$Lxy=x$ 至少和 y 一样强壮）

（m）没有人和奶牛一样强壮。（$Sxy=x$ 比 y 强壮）

*（n）（海盗谚语）"死人不会告密$_R$。"（$Sx=x$ 是一个故事，$Txy=x$ 告诉 y）

2. 用已给出的符号翻译下列公式：

论域：人

$Lxy=x$ 爱 y

$Hxy=x$ 恨 y

---

[59] 该语句也是前面性质符号化的一道练习题［参见第 3.1 节的练习题 1（b）］。两个符号化体现了在不同阶的谓词中，分析是如何进行的。

t = 特蕾莎修女

(a) (x) Lxx

*(b) (x) (y) Lxy

(c) (x) Ltx

(d) (x) $(\exists y)$ Lxy

(e) (x) $(\exists y)$ Lyx

*(f) $(\exists x)$ $(\exists y)$ (Lxy & Lyx)

(g) (x) (y) (Lxy → −Hxy) 174

(h) $(\exists x)$ $(\exists y)$ (Hxy & Lxy)

(i) $(\exists x)$ (y) (Lxy → Lyx)

*(j) (x) $(\exists y)$ (Lyx & Lxy)

(k) (x) [$(\exists y)$ Lyx & $(\exists y)$ Lxy]

(l) (x) [Lxx → $(\exists y)$ Lxy]

3. 根据提示，符号化以下陈述。

(a) 每篇哲学论文都是由一个未证明的假设开头$_{\mathrm{R}}$的。(Px = x 是一篇哲学论文，Ax = x 是一个未证明的假设)

*(b) 有人销毁$_{\mathrm{R}}$了所有的证据。(Px = x 是一个人，Ex = x 是一个证据)

(c) 每个桩上$_{\mathrm{R}}$都有一只海鸥。(Oxy = x 在 y 上)

(d) (小故事)"上帝接受$_{\mathrm{R}}$所有接受他的人。"(论域：人)

(e) (歌词)"去认识$_{\mathrm{R}}$，认识，认识你是去爱，爱，爱你。"(论域：人；s = 歌曲主题)

*(f) (口号)"朋友$_{\mathrm{R}}$是不会让$_{\mathrm{R}}$朋友醉驾的。"(Fxy = x 和 y 是朋友，Lxy = x 同意 y 开车，Dx = x 喝醉)

(g) (林肯)"没有一个人足够优秀$_{\mathrm{R}}$到在没经他人同意$_{\mathrm{R}}$的情况下就可以支配他人。"(论域：人；Gxy = x 足够优秀到支配 y，Cxy = x 同意被 y 支配)

(h) (洗涤剂广告)"没有能洗尽$_{\mathrm{R}}$所有污渍的洗涤剂。"(Gxy = x 洗净 y，Sx = x 是污垢)

(i) (歌词)"每个人都有爱上他人的时候。"(Px = x 是一个人，

Lxyz = x 在 z 时刻爱上 y)

(j)（欧文·罗宾斯）“不是每个人都喜欢$_{R}$我们所有的口味。”（Px = x 是一个人，Fx = x 是巴斯 - 罗宾斯的口味）

*(k)（报纸）“（男性）赛马骑师常常与高个女人结婚。”（Axy = x 与 y 结婚）

(l)（重型卡车上的标语）“如果你不能看见$_{R}$我的镜子（的任一个），那我也不能看见你。”（a = 你，Mx = x 是我的一个镜子，Sxy = x 能看见 y）

(m)（逻辑文献）“任何一个公式闭包的闭包$_{R}$是那个公式的闭包。”（论域：公式；Cxy = x 是 y 的一个闭包）

*(n)（法令）“任何一个非法聚赌$_{R}$输钱的人都有权$_{R}$起诉并从赢家那儿拿回赌资。”（Wxyz = x 在非法聚赌中将 y 输给了 z，Exyz = x 有权利起诉并将 y 从 z 处拿回）

175 4. 幽默作家山姆·莱文森说：[60]

> 全球每 10 秒有一个妇女生孩子。她必须被找到并被阻止。

这里的幽默取决于第一个模棱两可的陈述。用下面的字典符号化其可能的意思：Tx = x 是 10 秒的时长，Wx = x 是一名女性，Bxy = x 在 y 时间内生孩子。

5. 完成下列证明。每个假设都已给定。

(a)

(1)	(∃x)(∃y) Lxy	A
(2)		1 EO
(3)		2 EO
(4)		3 EI
(5)	(∃y)(∃x) Lxy	4 EI

*(b)

(1)	(x)(y) Lxy	A
(2)	-(y)(x) Lxy	PA
(3)	(∃y) -(x) Lxy	

[60] *Orlando Sentinel Tribune* (June 5, 1991), p. A2.

(4) $-(x)$ Lxa

(5) $(\exists x)$ $-$Lxa

(6) $-$Lba

(7) Lba

(8) Lba & $-$Lba

(9) (y) (x) Lxy

这个证明说明了当两个量词都是存在量词（论证 a），或都是全称量词（论证 b）时，量词顺序是无关紧要的。

练习 6 到练习 15 的说明：符号化每个论证并且构造一个证明来说明它的有效性。

6. 起诉状格式 9 中的推理可以被分析成如下关系论证：

> 任何人因过失$_{R}$驾驶一辆汽车撞上他人并造成伤害的，要对他人承担责任$_{R}$。被告因过失驾驶一辆汽车撞上原告造成伤害。因此，被告对原告承担赔偿责任。

（论域：人；Nxy = x 因过失驾驶一辆汽车撞上 y，Lxy = x 对 y 承担责任）

7. 在第 1.3 节中，我们将苏格拉底的论证分为两个演绎论证。下 176
面是第二个论证：

> 苏格拉底相信$_{R}$有超自然活动。苏格拉底已经证明$_{R}$超自然活动的存在蕴涵有神。相信一个主张并且证明其蕴涵另一个主张的人也相信第二个主张。因此，苏格拉底相信有神。

（Bxy = x 相信 y，a = 命题“有超自然活动”，Pxyz = x 证明 y 蕴涵 z，g = 命题“有神”）

8. 康涅狄格州儿童福利部门工作人员以虐待儿童为由，强行对一个母亲做了流产手术。因为她在孩子出生前几小时注射了毒品可卡因。于是这位母亲提起诉讼，声称她的权利被错误地终止［康涅狄格州瓦莱丽案（In re Valerie D.，223 Conn. 492，613 A. 2d 748（1992）］。在裁决本案过程中，州立最高法院对《康涅狄格基本法规》［Conn. Gen. Stat. §45a－717（f）（2）］进行解释，当出现以下情况时，允许父母的权利被强行终止：

> 由于家长监护行为的作为或者不作为，且考虑到孩子的健康，所以他被舍弃。

法院裁定支持这位母亲，提出胎儿并不是上述法律中所指的“孩子”，且这位母亲也暂时不能被称为“家长”，因为（在注射毒品时）她还不是一名家长。最高法院的推理如下：

> **认定对于某人的家长监护行为作为$_R$（或者不作为）都是有罪的，这个人必须是那个人的家长。一个人只能是自己孩子的家长$_R$。除非一个人在出生以后，他才能称为孩子。［在注射毒品时］瓦莱丽还没有出生。因此，这位母亲对瓦莱丽的家长监护行为的作为（或者不作为）都是无罪的。**

（$Cxy=x$ 对 y 的家长监护行为的作为（或者不作为）是有罪的，$B=x$ 已出生）

9. 下面这个论证被运用于本节中：

> **没有整数比自身更大$_R$。因此，并非有一个整数比所有整数都大。**

（论域：整数）

177 10.《提摩太后书》第二章第 13 首诗：

> 如果我们都不忠实，那么他坚守忠实，因为他不能否定自己。

（对我们来说）这首诗提到了下面这个关系论证：

> **人是忠实的，当且仅当，他们相信$_R$耶稣。我们所有的人都相信我们自己。所以，耶稣是忠实的。**

（论域：人；$Bxy=x$ 相信 y）

*11. 索尼娅·霍洛威和迈克尔·克雷斯已申请离婚，但是迈克尔在签署离婚协议当天因建筑事故离世。索尼娅认为他是在签署离婚协议前过世的，转而要求其离婚无效以使自己能得到他的劳工补偿抚恤金和人寿保险赔偿金。[61]她的推理如下：

---

〔61〕 “Widow or Divorcee? Court to Rule”, *Miami News* (April 6, 1981), p. 4A.

除非双方都活着，两个人才能离婚$_{R}$。迈克尔没有活着$_{C}$。所以，索尼娅与迈克尔不能离婚$_{C}$。

（论域：人；$Dxy = x$ 与 y 离婚，$Ax = x$ 活着）

12. 证明 S5 可以推衍出 S4。

（S4）每个人都爱着$_{R}$某人或其他人。
（S5）存在一个人为每个人所爱。

（论域：人；$Lxy = x$ 爱 y）

13. 在拉里·亚当斯为自己的强奸罪辩护而上诉成功的一系列论证中，有一个论证是基于专家的证词："一个被淋病患者强奸后的妇女不太可能不被传染淋病。"[62] 在涉嫌强奸时，亚当斯患有非常严重的淋病，但是受害者并没有感染淋病。实际上这是一个归纳论证（考虑到可能性），不过我们不需要太多的变形就能将其转换成如下演绎论证：

任何人被淋病患者强奸$_{R}$都会感染淋病。亚当斯是淋病患者，但是受害者没有感染。这证明了亚当斯没有强奸受害者。

（论域：人；$Rxy = x$ 强奸 y） 178

14. 当乔尼·卡森询问朱迪思·马丁（礼仪小姐）是否礼仪不只是常识，她回复是的。因为尽管各地的常识都大体一样，但礼仪在日本与美国就不同。她的论证形式化如下：

常识的一个要求是在任何一处都具有约束力$_{R}$。有些礼仪的要求在日本具有约束力，而在美国却没有约束力。因此，并非礼仪的每一个要求就是常识的要求。

（$Cx = x$ 是常识的一个要求，$Fxy = x$ 要求在 y 地具有约束力，$Ex = x$ 是礼仪的一个要求）

＊15. 下述文字摘自一份健康时事通讯：

"感谢上帝，我的小孩没有吸毒成瘾！"

---

〔62〕 *Adams v. State*, 417 So. 2d 826 (Fla. App. 1982).

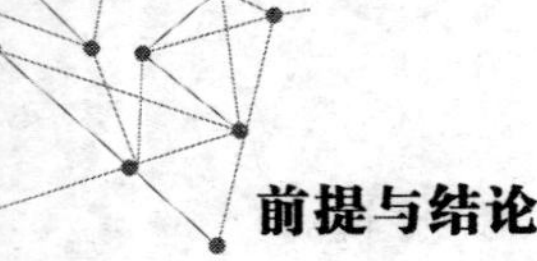

> 如果他酗酒，那么他就是吸毒成瘾。是时候我们不再自欺说［酒精］不是毒品。[63]

论证如下：

> 酒精是毒品。因此，任何人酗$_R$酒都吸毒成瘾。

练习 16 到练习 21 的说明：符号化每个论证并且用解释的方法来说明它的无效性。

16. 关于“上帝存在”的宇宙哲学论证包含在下面这个推理中：

> 每件偶然的事情有时并不存在$_R$。因此，有一个时刻没有偶然事件发生。

（$Exy = x$ 在 y 时刻存在）

*17. 无论谁自杀都违反了第五戒律。因此，无论谁杀$_R$了人也都违反了该条戒律。

（论域：人；$Kxy = x$ 杀了 y）

179 18. 每一思维都是大脑过程。没有东西会导致自身，因此，没有思维是由大脑过程所致。

（$Cxy = x$ 导致 y）

19. 对于任何一致的算术形式系统来讲，总存在某个算术的真理不是那个系统之定理$_R$。[64] 因此，存在某个算术的真理不是任何一致的算术形式系统的定理。

（$Sx = x$ 是一致的算术形式系统，$Ax = x$ 是一个算术真理，$Txy = x$ 是 y 的一个定理）

20. 证明 S10 不能推衍出 S9。

> （S9）所有生命源自生命。
>
> （F9）$(x)\ [Lx \rightarrow (\exists y)\ (Cxy \ \&\ Ly)]$

---

〔63〕 *Life Letter* (University of Miami Lifelines Program), November, 1981.

〔64〕 由库尔特·哥德尔建立。

（S10）生命仅起源于生命。

（F10）$(x)\ [Lx \to (y)\ (Cxy \to Ly)]$

＊21. 巴克利曾就“上帝存在”的命题从其哲学立场提出了以下论证：

> 每一意识观念都有某个原因$_{R}$。每个存在东西或者是精神，或者是观念。观念并不是任何东西的原因。这表明存在一个精神（上帝）是所有意识观念的原因。

（$Ax = x$ 是一个意义上理念）

22. （挑战性习题）根据提示，符号化以下陈述。

（a）（W. H. 奥登）“对于好人来说，如果他们养$_{R}$狗，那么肯定是好狗。”（$Px = x$ 是一个人，$Gx = x$ 是一个好人，$Kxy = x$ 养 y，$Dx = x$ 是一只狗）

（b）（治安官，来自报纸新闻）“除非他们在你家$_{R}$时，且除非对你构成迫在眉睫的危险$_{R}$才允许你开枪射击$_{R}$。”（$Hxy = x$ 在 y 家，$Sxy = x$ 被允许开枪射击 y，$Dxy = x$ 对 y 构成了一个迫在眉睫的危险）

（c）（哲学家）“不是被任何事物引起的$_{R}$事不是由我引起的。”（$Cxy = x$ 产生 y）

（d）（拉·罗什富科）“我们一直爱$_{R}$我们的崇拜者$_{R}$，然而对我们 180
所崇拜的人却不是一直爱着。”（论域：人；$Lxy = x$ 喜爱 y，$Axy = x$ 崇拜 y）

（e）（卡通动画对白）“邮递员也有邮递员。”（$Mxy = x$ 是 y 的送信员）

（f）（报纸）“婚姻只允许$_{R}$在男人与女人之间产生。”（$Pxy = x$ 被允许与 y 结婚）

（g）（谚语）“对当事人$_{R}$来说，任何为自己辩护的律师都是傻瓜。”（$Cxy = x$ 是 y 的当事人）

（h）（歌词）“每个人都恋着$_{R}$爱人。”（论域：人；$Lxy = x$ 爱 y）（不要用其他的谓词字母）

(i)（谚语）“没有冒险$_{R}$，没有收获$_{R}$。”（$Vxy = x$ 拿 y 冒险，$Gxy = x$ 得到 y）

(j)（电视广告）“每个至少拥有$_{R}$一成股份的人都有$_{R}$一个投资组合供选择。”（$Ax = x$ 是一个人，$Oxy = x$ 拥有 y，$Sx = x$ 是一成股份，$Hxy = x$ 有 y，$Px = x$ 是一个投资组合）

(k)（凯瑟琳·赫本）“如果你遵守$_{R}$所有的规则，那么你会失去$_{R}$所有的欢乐。”

(l)（联邦法律）“在任何密谋$_{R}$反抗国家的两人以上[65]的团伙中，至少有一人的行为$_{R}$影响着其他人参与密谋的，每人将被判罚款不超过 1 万美金或者不超过 5 年的监禁，或者两样并罚。”（$Cxyz = x$ 与 y 密谋 z 罪反抗国家，$Axy = x$ 行为影响 y）

(m)（马克·吐温）“每个人都有从未示任何人的阴暗$_{R}$面。”（$Px = x$ 是一个人，$Dxy = x$ 是 y 的阴暗面，$Sxyz = x$ 将 y 展现给 z）

(n)（安·兰德斯）“有些酒鬼只喝$_{R}$啤酒。”（$Ax = x$ 是一个酒鬼，$Dxy = x$ 喝 y，$Bx = x$ 是啤酒，$Cx = x$ 含有酒精成分）

(o)（埃利奥特·索伯）“只有你同意那个人的某些事情，你才可以合理地为他证明命题。”（$Cx = x$ 是一个人，$Dx = x$ 是一个命题，$Jxyz = x$ 对 z 合理地证明 y，$Bxy = x$ 相信 y）

(p)（法律决定[66]）“如果代理人与律师同时被一家单位起诉$_{R}$，那么存在利益$_{R}$冲突。”（$Ixy =$ y 以 x 的形式构成利益冲突，$Cxy = x$ 是 y 的法律代理人）

(q)（比尔·克林顿）“<u>美国</u>不会成为第一个重新开头核试验的国家。”（$Rxy = x$ 国家在 y 时间重新开头核试验，$Bxy = x$ 时间发生在 y 时间之前）

181 (r)（托马斯·杰弗森）“不阅读$_{R}$的人比只阅读报纸的人受教育的情况要更好$_{R}$。”（$Px = x$ 是一个人，$Rxy = x$ 阅读 y，$Bxy = x$ 比 y 有更好的受教育情况）

---

〔65〕 为了简单起见，可忽视“以上”这个词。

〔66〕 *United States v. McLain*, 823 F. 2d 1457, 1463 - 64 (11th Cir. 1987).

（s）（法官拜伦·R. 怀特[67]）“如果这个国家$_R$继续执行这些政策，那么可追溯到它先前的（高等教育隔离）体系，其继续具有种族隔离的影响，并且这样的政策缺乏健全的教育理由，很可能在实践中被淘汰，然而这个国家并没有完成其证明已废除了之前的教育体系的责任。”（$Ax = x$ 是一个政策，$Tx = x$ 是可追溯到先前的种族隔离的高等教育体系，$Jx = x$ 有良好的教育公平性，$Cx = x$ 在实践中被淘汰，$Bx = x$ 完成其证明已废除了之前种族隔离的高等教育体系的责任）

（t）并非全是黑人学校或者全是白人学校的教育体系是完整统一的。（$Axy = x$ 是 y 的一部分，$Bx = x$ 是黑人，$Wx = x$ 是白人，$Pxy = x$ 是 y 的学生，$Cx = x$ 是一所学校）

练习 23 到练习 26 的说明：符号化每个论证。如果它是有效的，请用形式证明的方法证明。如果它是无效的，请通过解释的方法来说明。

23.（半挑战性习题）在尹奎兹诉亚利桑那州官方英语［Yniguez v. Arizonans for Official English, 63 F. 3d 920, 935 (9th Cir. 1995)］案中，法官史蒂芬·莱因哈特认为一个人对语言的选择与一个人的说话内容同样受到第一修正案的保护。他写道：“语言就是说话，任何语言的规则就是说话的规则。”判定法官莱因哈特陈述的第二个合取肢是否能由第一个合取肢推出。使用下列符号字典：$Lx = x$ 是一门语言，$Sx = x$ 是说话，$Rxy = x$ 是 y 的规则。

24.（挑战性习题）每个共谋者都与县上的某些法官有业务往来。与任何共谋者有业务往来的县法官都会退出$_R$对这个人的审判。“和某人有业务往来”是一个对称关系。[68]说明了只要有至少一个共谋者，所有的县法官将退出这场审判。

（$Cx = x$ 是一个共谋者，$Bxy = x$ 与 y 有业务往来，$Jx = x$ 是一个县法官，$Wxy = x$ 将退出 y 的审判）

---

〔67〕 *United States v. Fordice*, 505 U. S. 717, 731 (1992).

〔68〕 意思是如果 x 与 y 有经济上的协议，那么 y 也与 x 有经济上的协议。

25.（挑战性习题）在佛罗里达州一所专为智障人士设立的机构中，一位病人（称他为“A”）把扫帚猛顶进另外一个病人的体内。官方同时怀
182 疑他也要为四年前的另一起类似的命案（谋杀B）负责。尽管有关部门追究了A此次谋杀案的责任，但是对于早先的命案，他们没有控告他，推理如下：

> （因佛罗里达州法律的局限性）除了一级谋杀案件外，任何已发生两年的案件都将不再追究。<u>谋杀</u> B的案件发生时间超过了两年。且弱智人士不会被控告一级谋杀（因为一个智障的人不具有形成作案动机的能力）。某人<u>A</u>是智障。因此，不会控告A谋杀B。[69]

（$Cxyz = x$ 因事件 z 被某人 y 控告，$Tx = x$ 发生的时间超过两年前，$Mx = x$ 是一级谋杀罪，$k =$ 谋杀B，$Rx = x$ 是智障人士，$a =$ 某人A）

26.（挑战性习题）在下面《妈妈》的漫画中，至少说明了以下论证之一：

> (a) 所有人的孩子$_R$都会激怒$_R$父母。所以，任何人，没有孩子激怒过他，他就等于没有孩子。
>
> (b) 所有人的孩子$_R$都会激怒$_R$父母。所以，任何人，虽然有孩子，但他的孩子没有激怒过他，他就等于没有孩子。

（论域：人；$Cxy = x$ 是 y 的孩子，$Axy = x$ 激怒 y）评价上述论证。

妈妈

By permission of Mel Lazarus and Creators Syndicate.

183 27.（挑战性习题）证明S1是从其推出标准矛盾的逻辑悖论。

> (S1) 有一名理发师，只给那些不给自己刮胡子的人刮胡子$_R$。

---

〔69〕 “Sunrise Youth Is Indicted in Fellow Patient's Death”, *Miami News* (March 16, 1972), p. 8A.

（论域：人）

3.6　同一性

穆罕默德·阿里宣称 S1，如下：

（S1）我是最伟大的［拳击手］。

在性质逻辑中我们可以用 F1A 符号化 S1：

（F1A）Ga

（Gx = x 是最伟大的拳击手，a = 穆罕默德·阿里）我们能在关系逻辑中用 F1X 符号化 S1 吗？

（F1X）（x）Bax

（论域：人；Bxy = x 是比 y 更好的拳击手）F1X 不符合要求，因为它推衍出谬论 S2（其不能被 S1 推衍出）。

（S2）穆罕默德·阿里是一个比穆罕默德·阿里更好的拳击手。

（F2）Baa

我们可以用下面的 F1Y 来避免出现这个问题：

（F1Y）（x）–Bxa

F1Y 成功避免了该问题，但又遇到了另一个阻碍。F1Y 和有其他拳击手的能力与阿里相媲美的内容相一致，但 S1 却与该内容的陈述不一致。

为了能够提供一个正确的关于 S1 的关系符号化，我们必须运用同一性关系：

（F1B）（x）（–Ixa → Bax）　184

（Ixy = x 与 y 是同一的）F1B 断言阿里比其他所有的拳击手都好。它不能推衍 S2，同样它也排除了出现同样好拳击手的情况。

符号化

同一性关系在逻辑中如此重要，以至于提出自己专门的符号，该符号用我们每人都非常熟悉的数学符号“＝”表示。与其他关系符号不同的是，同一性符号出现在个体常项之间或者变项之间（而不是之前）。同一性符号左右两边字母的顺序并不重要。下面是一些包含同一性的陈述符号化例子：

（S3）卢·阿尔辛多就是后来的卡里姆·阿卜杜·贾巴尔。

（F3）$a = j$

（S4）任何一个人在莎士比亚过世$_R$前过世都不是莎士比亚。

（F4）(x) $[Dxs \rightarrow -(x = s)]$

（论域：人；$Dxy = x$ 在 y 之前过世）我们可以将“$-(a = b)$”缩写为“$a \neq b$”，这样 F4 就可以被表达为 F4A：

（F4A）(x) $(Dxs \rightarrow x \neq s)$

因为“＝”（“≠”）是一个关系符号，而不是一个陈述联结词，因此我们不要求使用括号括住它。然而，有时为了让整个公式更容易读懂，我们也会用到括号。（F4 就是如此。）

我们已知至少有两种同一性关系，即质的同一性以及量的同一性。事物之间质的同一性成立，即它们具有相同的性质（或者品质）。两辆有着相同型号的引擎且其他装备相同的 1997 年产的红色敞篷车之间便是质的同一性。[70] 当 A 与 B 是同一个个体，个体 A 与个体 B 之间量的同一性成立。因为陈述 S5 与 S6 或者 S7 同义，所以它的内容很模糊。

185 （S5）汤姆的手枪与案件中所使用的武器是同一的。

（S6）汤姆的手枪和案件中所使用的武器完全一样。

（S7）汤姆的手枪就是案件中所使用的武器。

S6 是质的同一性陈述，而 S7 断言了量的同一性。下面的同一性符号表示量的同一性。S6 与 S7 可以被符号化为：

---

〔70〕严格地说，没有两个个体具有完全相同的性质（比如，一辆 GEO 车在车身某处有一个斑点，而其他车则没有），不过当它们共同具有相关的性质时，我们称其为质的同一。

（F6）Sgc

（F7）g = c

（$Sxy = x$ 与 y 共享所有它们具有的性质，g = 汤姆的手枪，c = 案件中所使用的武器）量的同一性陈述（例如 S3 或者 S7）为真，当且仅当出现于该陈述中的两个术语涉及同一个个体。

并不是所有含有“是”的陈述都是同一性陈述。S8 是同一性陈述；但 S9 不是。

（S8）阿尔辛多是贾巴尔。

（F8）a = j

（S9）阿尔辛多是很高。

（F9）Ta

（$Tx = x$ 是很高）我们称 S8 中的系词为“是同一性”，而 S9 中的则是“是谓词性”。下面这个标准可以用来识别同一性中的“是”：

> “是”（出现在一个给定的语句）是“同一性的是”，当且仅当，该语句的意义在“是”之后被插入“与之相同的个体”没有改变时才成立。

许多语句仅在同一性符号的帮助下能够充分地被符号化。下面的表格提供了若干示例。注意表格中关于奥利维拉·帕克的语句表达了两个断言：（a）奥利维拉参加了考试，以及（b）此外没有人参加考试。这就是语句本身符号化为合取式（或量化的双条件句）的原因。

形式证明

我们可以对包含同一性符号的“同一性逻辑”通过增加“引入”与“消去”规则来扩展其证明过程。同一性消去规则是经常使用的规则：

186

只有奥利维拉·帕克参加了最后的考试。	$Eo \,\&\, (x)(Ex \rightarrow x = o)$ 或者 $(x)(Ex \leftrightarrow x = o)$
尼克松与里根是仅有的两个超过 35 周岁但并没有资格成为 1992 年总统候选人的本土公民。	$-En \,\&\, -Er \,\&\, (x)[-Ex \rightarrow (x = n \vee x = r)]$ 或者 $(x)[-Ex \leftrightarrow (x = n \vee x = r)]$ 论域：超过 35 周岁的本土公民

续表

每个人都爱着$_R$某人。	$(x)(\exists y)(Lxy \ \& \ x \neq y)$ 论域：人
某人爱着$_R$其他所有的人。	$(\exists x)(y)(y \neq x \rightarrow Lxy)$ 论域：人
(沃尔特·怀特曼)“无论是谁贬低$_R$了他人都贬低了我。”[71]	$(x)[(\exists y)(Dxy \ \& \ x \neq y) \rightarrow Dxa]$ 论域：人；a = 怀特曼
只有一个上帝。	$(\exists x)[Gx \ \& \ (y)(Gy \rightarrow y = x)]$
最多只有一个魔鬼。	$(x)(y)[(Dx \ \& \ Dy) \rightarrow x = y]$
至少有两个法官被控告。	$(\exists x)(\exists y)(Ix \ \& \ Iy \ \& \ x \neq y)$ 论域：法官

同一性消去规则（=O）：从 a = b（或者 b = a）和 Fa 推出 Fb。

（令“Fa”表示任何一个包含一个或多个常项的公式，并且令“Fb”表示用另一个常项替换某个或者所有常项所得的公式。）标准的依赖假设原则可以运用于该规则中。

通过哲学家波桑吉特（Bosanquet）关于神父和贵族的故事来说明这条同一性消去规则：

> 神父对众人说“你知道吗，女士，我的第一个忏悔者是一个杀人犯”；这时邻居中的一个贵族走进房间，说道“你在这儿啊，神父先生！哎呀，女士，我就是神父的第一个忏悔者，而且我向你发誓我所忏悔的绝对令他震惊”！[72]

女士倒吸一口气。因为这段话得到下面的推理：

---

〔71〕 怀特曼的格言有两种可能的意思：①无论是谁贬低了某人，而不是贬低者贬低了怀特曼；②无论是谁贬低了某人，而不是怀特曼贬低了怀特曼。图表中的公式表达了第一种意思；而第二种意思符号化为：$(x)[(\exists y)(Dxy \ \& \ y \neq a) \rightarrow Dxa]$.

〔72〕 Bernard Bosanquet, *Implication and Linear Inference* (London: Macmillan and Co., Ltd., 1920), p. 26, n. 1. Bosanquet attributes the story to Thackeray.

神父的第一个忏悔者是一个杀人犯。这位贵族是神父的第一个忏悔 187
者。因此，这个贵族是一个杀人犯。

$Mp, n = p \vdash Mn$

（这是我们遇到的第一个符号化公式中不含有量词的谓词论证。）此论证的有效性可由以下很简便的过程来证明：

(1)	Mp	A
(2)	n = p	A
(3)	Mn	2，1 =O

由第1行推出了第3行，即由“n”替换了“p”。显而易见，此论证是有效的（并且推论规则也是可靠的）。如果（如第二个前提所说）这位贵族与神父的第一个忏悔者是同一个人，那么前者的所有特征肯定也是后者的，反之亦然。如果神父的第一个忏悔者具有成为一个杀人犯的性质，那么若他们是同一个人，该贵族也一定具有此性质。

根据法律论证的常见形式，个体A与个体B一定是有区别的（也就是说，非同一的）。因为总会出现一个人具有某些性质而另外一个人没有。下面就是一个典型的论证（其被引用，重新表述并且符号化）如下：

在精神病院工作了14年的丹尼尔因涉嫌强奸托马斯·伍兹而被捕，一位立法者说他没有犯罪。强奸案受害者指出她被一个黑人强奸。但是丹尼尔是个白人。[73]

强奸犯是黑人。丹尼尔不是黑人。因此，丹尼尔不是强奸犯。

$Br, -Bd \vdash d \neq r$

该证明过程运用了同一性消去规则：

(1)	Br	A
(2)	-Bd	A
(3)	d = r	PA
(4)	Bd	3，1 =O

〔73〕 “8000 Voted Kin in False Rape Case”, *Miami News* (April 17, 1974), p. 10A.

188 (5) Bd & -Bd 4，2 &I

(6) d≠r 3-5 -I〔74〕

我们还可以运用引入同一性公式的规则：

同一性引入规则（=I）：在一个证明中 a=a 可以随时被引入。

（令“a=a”表示任何一个由两个相同的个体常项出现于同一性符号两侧所组成的公式。）这条规则是可靠的，因为每个个体对于自身来说都是同一的。事实上，每个个体与其自身保持同一就是逻辑真。因此，在证明中通过这条规则引入一个公式是自由假设。

现在我们使用同一性引入规则来证明下面论证的有效性：

任何一个与该贵族同一的人是一个杀人犯。因此，这个贵族是一个杀人犯。

$(x)\ (x=\mathrm{n} \rightarrow \mathrm{M}x) \vdash \mathrm{Mn}$

1	(1)	$(x)\ (x=\mathrm{n} \rightarrow \mathrm{M}x)$	A
1	(2)	$\mathrm{n}=\mathrm{n} \rightarrow \mathrm{Mn}$	1 UO
	(3)	$\mathrm{n}=\mathrm{n}$	=I
1	(4)	Mn	2，3→O

在上述证明中，尽管不需要使用依赖假设列，但还是包含了该列。这样做是为了证明：使用同一性引入规则，对于任何公式列并没有产生影响。我们在运用同一性引入规则的这一步前面没有标明行数，原因是该公式（即 n=n）既不是假设也不是任何之前步骤的推论。

解释

现在，我们能够很容易使得解释的方法运用到同一性论证中。需要注意的是，这个同一性符号是逻辑符号（而不是描述性符号），并且在重新解释的过程中，它的含义不能有所改变。通过下面的两个论证，我们来阐述该方法：

〔74〕 注意“d≠r”仅仅是“-（d=r）”的缩写。这是我们能够使用否定引入规则推出它的原因。

阿尔不等同于鲍勃或强奸犯。因此，鲍勃不是强奸犯。 189

$-(a=b \vee a=r) \vdash b \neq r$

下面的解释说明了该论证的无效性：

论域：正整数

a = 1

b = 2

r = 偶素数

1 不等同于 2 或偶素数。　　　　　　　（T）

因此，2 不是偶素数。　　　　　　　　（F）

我们用解释法证明 S10 不能推衍 S11：

（S10）如果任何人能使乔治亚理工大学橄榄球队状况好转，佩帕·罗杰斯就一定能做到。

（F10）$(\exists x)\,Tx \rightarrow Tr$

（S11）只有佩帕·罗杰斯能使乔治亚理工大学橄榄球队状况好转——如果任何人能做到的话。

（F11）$(x)\,(Tx \rightarrow x = r)$

论域：人

$Tx = x$ 是男性

r = 凯文·科斯特纳

如果任何人是男性，凯文·科斯特纳就是男性。　　（T）

所以，只有凯文·科斯特纳是男性——如果任何人的确是男性的话。

（F）

如果加上本节关于同一性逻辑的内容，我们将在下面列出四个阶段的标准符号化逻辑：[75]

命题逻辑（第 2 章）

性质逻辑（第 3.1 节至第 3.4 节）

〔75〕还有其他的标准逻辑在本书中没有介绍，比如性质变项的引入等。不过，我们已经介绍的标准逻辑足以处理可能会遇到的大多数演绎法律推理了。

关系逻辑（第 3.5 节）

同一性逻辑（第 3.6 节）

190 随着每个阶段逻辑的发展，分析问题的程度也逐步深入。然而，对于给定的例子，这种程度有多深？我们的建议是，用最简单的方式来揭示推理的本质结构。请思考下面的论证，其符号化分析有四个层次：

弗兰是加利餐馆的唯一拥有者。所以，弗兰是某物的唯一拥有者。

（1） $A \vdash B$

（2） $Cg \vdash (\exists x)\ Cx$

（3） $Dfg \vdash (\exists x)\ Dfx$

（4） $(x)\ (Exg \leftrightarrow x = f) \vdash (\exists x)\ (y)\ (Eyx \leftrightarrow y = f)$

（Cx = 弗兰拥有 x 的唯一所有权，Dxy = x 拥有 y 的唯一所有权，Exy = x 拥有 y）

很明显，第一种符号化并不充分，而其他的符号化都能充分揭示该论证有效性所依赖的结构。因为第二种符号化简单，所以我们更倾向于它。注意，在其他论证语境中，以上的陈述可能要求更深层次的分析。

当我们促进逻辑系统发展的同时，也阐述了它是如何适用于法律论证的。为了二者兼顾，我们将重点放在法律适用上。例如在下节中，当法律原则适用某个案例时，就提出了另一种简化推理的方法。

练习

1. 根据提示符号来符号化以下陈述。

（a）（调查员克劳西屋）“查尔斯爵士与幽灵是一个人并且是相同的。”

*（b）阿尔·格尔与共和党人不是同一的。

（c）弗雷德只身一人住在伯恩斯大厦里。（论域：人；Lx = x 住在伯恩斯大厦里）

（d）（乔伊斯·基尔默）“只有上帝才能造树。”（Mx = x 能造树）

（e）（吉尼斯世界纪录）“世界上最古老的博物馆是艾许墨林博物

馆。”（论域：博物馆；$Oxy = x$ 比 y 更古老）

*（f）（橄榄球格言）“［在任何既定的礼拜天］任何 NFL 球队都能打败$_{\mathrm{R}}$任何其他的 NFL 球队。”（论域：NFL 球队；$Bxy = x$ 打败 y）

（g）（商店门口的标示）“我们相信上帝；除此以外，只有现金！” 191
（$Cx =$ 我们将给 x 提供信贷）

（h）（南加州居民联盟）“就像在这样一个小镇，每个人都是另一个人某个亲戚或者认识谁是谁。”（论域：居民联盟；$Rxy = x$ 是 y 的亲戚，$Kxy = x$ 知道 y 是谁）

（i）（萨莫埃尔·约翰逊）“没有一个友善且富有的人会强迫$_{\mathrm{R}}$别人喝酒。”（论域：人；$Gx = x$ 友善且富有；$Ixy = x$ 强迫 y 喝酒）

*（j）（约翰·科林斯·波斯蒂）“卡博特家族只与上帝对话$_{\mathrm{R}}$。”（$Cx = x$ 是卡博特家族的一员）

（k）一位总统被弹劾。（论域：总统）

（l）（乔尼·卡森）“没有人是一座孤岛——奥森·威尔斯除外。”（论域：人）

（m）（卡尔·布里顿）“在任何两个实数之间$_{\mathrm{R}}$都有另一个实数。”（论域：实数；$Bxyz = x$ 比 y 大且比 z 小）

2. 请使用这个“代码字典”将下列公式翻译成语句。

论域：人
$Lxy = x$ 爱 y
h = 利昂娜·赫尔姆斯利
t = 特蕾莎修女

（a）$h \neq t$

*（b）$(\exists x)(\exists y)(Lxy \,\&\, x \neq y)$

（c）$(\exists x)(y)(x \neq y \rightarrow Lxy)$

（d）$(x)(y)(x \neq y \rightarrow Lxy)$

（e）$(\exists x)(Ltx \,\&\, x \neq t)$

*（f）$(x)(x \neq t \rightarrow Ltx)$

(g) $(x)(Ltx \leftrightarrow x \neq t)$

(h) $(x)(y)[(x \neq y \ \& \ Lxy) \rightarrow Lxx]$

(i) $(x)(y)[(Lxx \ \& \ Lyy) \rightarrow x = y]$

*(j) $(\exists x)[Lxx \ \& \ (y)(Lyy \rightarrow y = x)]$

3. 完成下列论证。每个假设已给出。

(a)	(1)	Rab	A
	(2)	-Rcb	A
	(3)		PA
	(4)		3, 1 =O
	(5)		4, 2 &I
	(6)	a≠c	3-5 -I

*(b)	1	(1)	$-(x)(x = x)$	PA
	1	(2)	$(\exists x)(x \neq x)$	
	1	(3)	$a \neq a$	
192		(4)	$a = a$	
	1	(5)	$a = a \ \& \ a \neq a$	
		(6)	$(x)(x = x)$	

证明（b）判定了“$(x)(x = x)$”是一个由自由假设得到的逻辑真理。

练习 4 到练习 12 的说明：符号化下面每个论证并且构造其有效性的证明。

4. 罗素讲述了他与某人的一段对话，当谈到“谁不同意尤利乌斯·恺撒已死亡？问及原因时，此人回答道‘因为我就是尤利乌斯·恺撒’”[76]。也许这个人已经疯狂，但是他的推理却是有效的：

> 我并没有死亡。因此，尤利乌斯·恺撒也没有死亡——因为我就是尤

〔76〕 *The Autobiography of Bertrand Russell* (Boston: Little, Brown and Company, 1968), II, p. 202.

利乌斯·恺撒。

*5. 在电影《粉红豹系列：活宝》中，调查员德莱弗斯找“牙医”（实际上是调查员克劳西屋假扮的牙医）拔牙。在克劳西屋手术结束后，德莱弗斯对助手咆哮道：

他拔错了牙！只有一个人会拔错牙。那就是克劳西屋。杀了他！

德莱弗斯推理如下：

“牙医”拔错了牙。只有克劳西屋会这样。因此，“牙医”就是克劳西屋。

6. 哲学家摩尔推理如下：

……如果我的感觉材料[77]与我们彼此看见的表面是同一的，那他的［感觉材料］必须也是与之同一的。我的感觉材料是这样，因此，与表面同一仅存在于此表面与他的感觉材料是同一的条件下。……[78]

7. 针对感觉材料等同所看到的表面这种观点，莫尔用关于重像现 193
象的这个论证继续建构了他的情形：

重影a与b是不同的。因此，它们不能都与所看到的表面相同一。

8. 在《戴面纱的女士》这个故事中，阿加莎·克里斯蒂写道：

“穿错鞋了”，波洛迷迷糊糊地说道，此时我仍然晕乎得无法言语，“我从没有留意过你们英国人，一位女士，一位天生的，应该一直在意自己鞋子的女士。她可能穿着破旧的衣物，但是脚上肯定穿着一双漂亮的鞋子。现在，这位米利森特女士（即戴面纱的女士），穿着昂贵漂亮的衣服，却穿着如此廉价的鞋子。”[79]

波洛未提及的结论是：这位戴面纱的女士并不是真正的米利森特女士。

---

[77] 这里的“感觉材料”是一个哲学概念。一个感觉材料是个心智实体，它是感觉的直接对象。

[78] “A Defense of Common Sense”, in J. H. Muirhead (ed.), *Contemporary British Philosophy*, 2nd series (London: George Allen and Unwin, 1925), p. 220.

[79] “Poirot Investigates”, in *Triple Threat* (Binghamton, NY: Vail-Ballou Press, Inc., 1923), pp. 247-248.

如果加上“米利森特女士是一位女士”陈述为前提，以“英国女人”为论域，并使用下列符号进行论证：Lx，Sx = x 穿着好鞋，v，m。

*9. 在小朋友的《希腊神话读物》一书中，因格利·道莱尔与埃德加·帕琳·道莱尔描述了国王米诺斯发现代达罗斯藏在西西里国王的宫殿中：

> ……西西里国王藏匿了代达罗斯同时否认降服了他。狡猾的国王米诺斯将一个带有信息的海螺送到了宫殿中。信息中写道，如果任何人能用线穿过这个海螺，那么这个人将得到一袋金币作为奖励。西西里国王让代达罗斯来解决该问题。代达罗斯思考片刻后，将轻柔的绳子绑在一只蚂蚁身上，然后把蚂蚁放在海螺的一角，并在海螺的另一角放上一点点蜂蜜。蚂蚁循着蜂蜜的味道爬向了海螺的另一端，绳子穿过了整个海螺。当国王米诺斯看到了这一切，他立即要求代达罗斯出来投降。因为现在他有证据表明西西里往往藏匿着代达罗斯。除了代达罗斯，没有人能够用线穿过海螺。[80]

国王米诺斯的推理如下：

> **除了<u>代达罗斯</u>没有人能够用线穿过海螺。有人在西西里国王的宫殿中穿过了它。这证明代达罗斯就在宫殿中。**

（论域：人；Tx = x 能用线穿过海螺，Px = x 在宫殿中）

194 10. 新闻报道如下：

> 昨日，白金汉宫官员来到克拉伦斯公爵的府邸，女王伊丽莎白二世的伟大叔叔被怀疑就是 20 世纪幽灵般的冷血杀手开膛手杰克。
>
> 该官员查阅了皇室档案后说道，公爵没有办法杀害其中至少两名受害者，因为案件发生时他并不在伦敦。[81]

该论证形式化如下：

> **案件发生时开膛手<u>杰克</u>一定身处伦敦$_R$。<u>公爵</u>在某些案件发生时并不**

---

[80] *Book of Greek Myths* (Garden City, NY: Doubleday & Company, Inc., 1962), p. 154.

[81] “Ripper Royalty? Palace Says No”, *Miami News* (November 5, 1970), p. 3B.

在伦敦。因此，公爵不是开膛手杰克。

（Lxy = x 于 y 时间在伦敦，Mx = 在 x 时间发生“开膛”案件）

11. 根据下面的论证，一篇新闻报道预测了关于迈阿密警察局勒鲁瓦·史密斯的晋升前景：[82]

（根据市政委员会的命令）某个黑人将会被提升为陆军少校。（根据市局的规定）只有中尉及以上军衔的人才能被提升为陆军少校。史密斯是唯一一个军衔是中尉及以上的黑人。于是史密斯将会被提升为陆军少校。

（论域：迈阿密市警察局警官；Lx = x 军衔至少是中尉）

12. 当一名青少年申请结婚许可却被验出梅毒呈阳性时，通过下面的论证，一位卫生保健官员劝其供出与之发生性关系人员的名单：[83]

安妮得了梅毒。任何得了梅毒的人与某人发生性关系$_{R}$后某人也会得梅毒。因此，如果托尼（安妮的未婚夫）没有得梅毒，那么安妮肯定与除了托尼以外的人发生过性关系。

练习13到练习16的说明：符号化下面每个论证并且通过解释的方法证明其无效性。 195

13. 一份逻辑学手稿证明了下面是一个完全有效的论证：

指时针的发明者认为现实是无限的。阿那克萨哥拉却认为现实是思想。因此，阿那克萨哥拉不是指时针的发明者。

（Ux = x 认为现实是无限的，Mx = x 认为现实是思想）

*14. 每个检察官都轻视$_{R}$其他每个检察官。因此，每个检察官轻视每个检察官。

（论域：检察官）

---

[82] Bill Gjebre, “Rules Put Black officer in Line for Major”, *Miami News* (December 6, 1973), p. 6A.

[83] Al Volker, “Annie's Story: Typical Teenager Tries to Hide Shame”, *Miami News* (September 1, 1973), p. 13A.

15. 亚里士多德学派中的有些学者推理如下：

所有具有重量的物体都会努力趋向宇宙的中心。所有具有重量的物体都会努力趋向地球。这证明了地球就是宇宙的中心。

16. 在 1974 年，杰拉尔德·福特费尽心机寻找提名为副总统的机会时，在 ABC 频道“问题与答案”节目中，密歇根州参议员罗伯特·格里芬援引了下面的论证，否认其有资格成为该位置的候选人：

密歇根州没有一位共和党参议员成为可能的候选人（因为宪法不允许副总统与总统都来自同一个州）。我是密歇根州唯一的共和党参议员。因此，我是唯一不可能成为候选人的共和党参议员。

（论域：共和党参议员）

17. （挑战性习题）根据提示符号来符号化以下陈述。

（a）最高法庭有两位女法官。（论域：最高法院法官）

（b）（报纸）“只有加利福尼亚州、亚利桑那州以及马里兰州至今仍保存着毒气室。”（论域：州）

（c）（报纸广告）“泛美航空公司与危地马拉航空公司并不是仅有的执行从迈阿密飞往圣佩德罗苏拉航线的航空公司。”（论域：航线；$Fx = x$ 从迈阿密飞往圣佩德罗苏拉）

（d）在众多东南部的高校中，只有杜克大学的联邦政府资助研究成果比迈阿密大学多。（$Sx = x$ 是一所东南部的高校，$Rxy = x$ 的联邦政府资助研究成果比 y 多）

196 （e）（报纸）“罗森科维兹六胞胎中除了一个小孩，其他体重都增加了。”（论域：罗森科维兹六胞胎）

（f）（左右为难）“唯一好的上校，他（上校卡斯卡特）认为，是死的上校，当然除了他之外。”（论域：上校）

（g）（报纸）“如果有的话，最少有两名空中警官在飞机上。”（论域：飞机上的人）

（h）（杰弗里·亨特）“每个有着一个父亲$_R$的事物有并且只有一个父亲。”（$Fxy = x$ 是 y 的父亲）

（i）（新闻周刊）“［亨特］汤普森是两个在共和党候选人媒体巴

士上抽大麻的记者中的一个。”（论域：共和党候选人媒体巴士上的记者）

（j）（漫画）“给我找出一个只关心他自己的人，并且我将给你找一个没有人关心的人。”（论域：人；$Cxy = x$ 关心 y）

By permission of Johnny Hart and Creators Syndicate,Inc.

（k）（格言）“闪电永远不会两次袭击$_R$同一个地方。”（$Lx = x$ 是一道闪电，$Sxy = x$ 袭击 y）

（l）（因三岁女儿而恼怒的母亲）“如果宇宙中有一块黏糊糊的东西，那么艾米会毫不犹豫地踩上去。”（Ax = 艾米踩在 x 上）

（m）神父的第一个忏悔者是一个杀人犯。（a = 神父，$Cxyz = x$ 在 z 时间向 y 忏悔，$Bxy = x$ 在 y 之前发生）

（n）（小说的电台广告）“世界上最致命的$_R$刺客是一个女性，而且只有一个男人能阻止$_R$她。”（论域：人；$Dxy = x$ 是一个比 y 更致命的刺客，$Sxy = x$ 能阻止 y）

18.（挑战性习题）这是有关简明符号化的练习。至多使用下面给出的二元联结词在公式中出现的次数，对上述练习中的这些语句进行符号化：

1：（e）与（g）

2：（f），（h），与（l）

3：（a），（b），与（d）

二元联结词：&、∨、→、↔ 197

19.（挑战性习题）作为 S1 的符号化，学生提出了下面的公式（a）到公式（j）。（如果有的话）请在其中找出正确的符号化。对于每个错误的符号化，请用语句表达出来。

(S1) 一位哲学家教授$_R$了<u>亚历山大</u>并且他是希腊人。

(a) $(\exists x)(Px \,\&\, Txa \,\&\, Gx)$

(b) $(x)[(Px \,\&\, Txa) \rightarrow Gx]$

(c) $(\exists x)[Px \,\&\, Txa \,\&\, (y)(y = x) \,\&\, Gx]$

(d) $(x)(y)[(Px \,\&\, Txa \,\&\, Gx) \rightarrow x = y]$

(e) $(\exists x)[Px \,\&\, Txa \,\&\, (y)(y = x \rightarrow Gy)]$

(f) $(\exists x)\{(y)[(Py \,\&\, Tya) \rightarrow y = x] \,\&\, Gx\}$

(g) $(\exists x)\{(y)[(Py \,\&\, Tya) \leftrightarrow y = x] \,\&\, Gx\}$

(h) $(x)(\exists y)\{Py \,\&\, Tya \,\&\, [(Px \,\&\, Txa) \rightarrow y = x] \,\&\, Gy\}$

(i) $(\exists x)\{Px \,\&\, Txa \,\&\, (y)[(Py \,\&\, Tya) \rightarrow y = x] \,\&\, Gx\}$

(j) $(\exists x)\{Px \,\&\, Txa \,\&\, Gx \,\&\, (y)[(Py \,\&\, Tya \,\&\, Gy) \rightarrow y = x]\}$

(论域：人)

练习 20 到练习 22 的说明：符号化下面每个论证。如果它是有效的，那么通过形式证明来说明。如果它是无效的，那么通过解释的方法来说明。

20. (挑战性习题) 一个电视广告给出了下列三个命题 (其中，S2 表达得很直观)：

(S1) 货车中有能提供人体全部所需维他命的全麦谷类早餐。

(S2) 货车中<u>总共</u>仅有谷类早餐。

(S3) 总共仅有能提供人体全部所需维他命的全麦谷类早餐。

(论域：谷类早餐) 很明显，这里提出一个论证，但是目前还不清楚哪句陈述是结论。试用这些陈述组成一个含有两个前提的论证。

21. (挑战性习题) 本书第 1.3 节的练习 3 (h) 包含了下面的两个语句：

(歌词) “每个人都喜欢$_R$我的<u>小孩</u>，但是我的小孩除了我谁也不喜欢。”

<u>我</u>就是我的小孩。

证明第一句陈述能推衍出第二句。（论域：人）[84] 198

22. （挑战性习题）关于练习11中论证的深入分析：

> 某个黑人将提升为陆军少校。只有军衔是中尉的人或者级别高于$_{R}$（所有）中尉的人能提升为陆军少校。史密斯是唯一的黑人中尉。他是军衔最高的黑人官员。如果官员a比官员b的级别高，那么官员b的级别没有高于官员a。于是史密斯将被提升为陆军少校。

（论域：迈阿密市警察局全体警官）最后一个前提明确说明了“级别高于”关系中的一个逻辑性质（反对称性），它对证明该论证的有效性至关重要。

23. （特别挑战性习题）1995年橄榄球联赛即将结束时，发生在早餐饭桌上的对话如下：

> 霍华德：今年是西北队打俄亥俄州队吗？
>
> 卡门：不可能。西北队今年赢下了所有的比赛，而俄亥俄州队也赢了所有比赛，除了输给密歇根州队。

在第一种方法中，卡门的论证似乎很简单：

> 西北队打败$_{R}$了所有遇到$_{R}$的十强球队。俄亥俄州队打败了所有遇到的十强球队，除了输给了密歇根州队。因此，西北队不可能对阵俄亥俄州队。

用符号表示：

$$(x)\ [\ (Pnx \ \&\ Bx) \rightarrow Dnx]$$
$$(x)\ [\ (Pox \ \&\ Bx) \rightarrow (Dox \leftrightarrow x \neq m)]\ \&\ Pom \ \&\ Bm$$
$$\vdash -\ Pno$$

以这种方式符号化的论证是省略前提的方式；即省略了部分前提。其中之一是：俄亥俄州队与西北队是十强球队。如果找出其他未提及的前提，就必须添加它们到该论证中，使之转化为有效的论证，然后再证明该扩充论证的有效性。开头证明并且注意哪些其他的前提需要加进来以便完成证明，这个提示是为了确认所省略的前提。

[84] This example is from George Boolos.

199 ## 3.7 事例分析

对于一个具体情况或者案例，许多法律论证会运用一般原则（或者原则）；这些原则都是用全称语句（具有全称量化的符号化陈述）来表达的，而具体事实是用单称陈述表达。下面是一个典型的简单法律论证：

所有 A 是 B。	$(x)(Ax \rightarrow Bx)$
个体 i 是 A。	Ai
因此，i 是 B。	$\vdash$ Bi

如果我们用一个对个体 i 进行事例的陈述（通过使用 UO 规则）替换第一个全称前提，那么该论证结果可以用命题逻辑的方式表达出来：

	谓词逻辑符号化	命题逻辑符号化
如果个体 i 是 A，那么它是 B。	$Ai \rightarrow Bi$	$A \rightarrow B$
个体 i 是 A。	Ai	A
所以，i 是 B。	$\vdash$ Bi	$\vdash$ B

显然，这两个论证不是同一的，不过出于其他目的，第二个论证与上述原始论证一样更简单些。

再思考一下关于雅库斯诉美国政府［Yakus v. United Stαtes ，321 U. S. 414（1944）］案中的论证（第 3.2 节练习 2）。

> 一部授权给指定政府部门的法律，只有它不包含合理的标准时才是不合法行政权的授权。然而，紧急价格控制法案能够提供合理的标准。因此，紧急价格控制法案是一个有效立法权的授权。

$(x)(-Vx \rightarrow -Sx)$, Se $\vdash$ Ve

（论域：授权给指定政府部门的法律）现在，让我们对这个论证进行事例分析。运用前面所讨论的具体法律来替换第一个一般前提，论证如下：

> 紧急价格控制法案才是一个不合法行政权的授权，只有它不包含合理
> 200 的标准。然而，该法案能够提供合理标准，因此，它是一个有效立法权的

授权。

$$-V \rightarrow -S, S \vdash V$$

“雅库斯”中第一个公式属于谓词逻辑，不过事例后的公式将属于命题逻辑。我们通过去除一般性，从而使得整个过程更加简单。

对于“雅库斯”论证过程来说，简洁性的效果看起来还不是很明显，不过当整个论证变得复杂后（尤其当它们是关系论证时），简洁性带来的好处却是非常之大。思考下面的例子，关于阿塞尔蒂娜诉费伊酒店［Assltyne v. Fay Hotel，222 Minn. 91，23 N. W. 2d 357（1946）］案中的论证。这个例子说明了该旅馆的老板是否要为租客在火灾中损失的物品负责。该论证（通过改述符号化）如下：

一个小旅馆是不用为租客$_R$的财产负责$_R$的（只为客人的财产负责）。一个和旅馆签订了长期的特殊租住合同使之成为自己的家的人是租客。玛丽·阿塞尔蒂娜与费伊旅馆签订了长期的特殊租住合同使之成为自己的家。费伊旅馆是一个小旅馆。[85]因此，费伊旅馆是不用为阿塞尔蒂娜小姐的财产负责。

$(x)\ [Ix \rightarrow (y)\ (Byx \rightarrow -Lxy)]$

$(x)\ [Ix \rightarrow (y)\ (Syx \rightarrow Byx)]$

Saf

If

$\vdash -Lfa$

（$Lxy = x$ 为 y 的财产负责，$Bxy = x$ 是 y 的一个租客，$Sxy = x$ 与 y 签订了长期的特殊租住合同使之成为自己的家）这个论证包含了两个概括：一条关系到旅馆所有者的承担责任的规则，以及成为一个租客充分条件的陈述。对费伊旅馆以及阿塞尔蒂娜小姐的概括，我们分别进行事例分析。

如果玛丽·阿塞尔蒂娜小姐是费伊旅馆的一位租客，那么费伊旅馆不为她的财物损失承担任何责任。如果玛丽·阿塞尔蒂娜与费伊旅馆签订了

〔85〕 这个前提常常会被隐去，但是如果不加上此前提，该论证就不是形式化有效的。

> 长期的特殊租住合同使之成为自己的家，那么她就是这里的租客。玛丽·阿塞尔蒂娜的确这么做了。因此，费伊旅馆不用为玛丽·阿塞尔蒂娜的财产承担任何责任。
>
> B → –L, S → B, S ⊢ –L

201 事例后的论证比初始论证更加容易符号化以及评价，这也是该方法最关键的部分。

在我们的例子中，首先给出了一个谓词论证，然后阐述其如何被一个更简单的命题论证替换。在每个例子中，我们都给出了初始论证的谓词符号化，这样使得阐述更加清晰，但在实际应用中往往会跳过这一步。这是为了避免在谓词逻辑中进行符号化。

有些政府管理部门采用了事例原则来起草规定。比如，国内税收指令中一直使用“你”来替代更加宽泛的“每个人”。

事例分析方法与第3.3节所解释的命题类比方法在某些方面是一样的。二者都运用命题逻辑来处理包含一般化的论证，其明确的符号化将在谓词逻辑中使用。然而，这只是它们的相似部分。命题类比方法是用来评价符号化的谓词论证；事例分析方法则是避开谓词符号化。此外，这两种方法还有两点区别：①事例分析能适用于关系论证（比如“费伊旅馆”），而命题类比法则不行；②命题类比方法不适用于包含单数陈述的论证，而这些论证可以用事例分析来进行精确的分析。

练习

练习1到练习4的说明：通过其命题事例来替换每一个论证。使用所提供的符号将该事例符号化。请运用第2章的方法来评价符号化论证。

1. 在丽贾娜诉约旦［Regina v. Jordan，40 Crim. App. 152（1956）］案中，被告人刺伤了死者，而这名死者在治疗过程中由于一名医生粗心大意地为已被发现有过敏症状的他注射抗生素，而后其他医院的医生又给他注射了过量的静脉输液，从而导致了其死亡。于是法院推翻了被告人的谋杀罪名：

根据法律规定，我们同意接受死亡是由重伤导致的，并且在治疗重伤过程中医院可采取正常治疗方法。不过，这个案子中并不是正常的治疗方法。

法院的法律陈述如下：死亡因治疗重伤而采取治疗方法所致可被称为 202
因重伤导致死亡，当且仅当治疗方法是正常的。（R = 死者的死亡因治疗重伤而采取治疗方法所致，C = 死者的死亡可被称为因重伤导致死亡，N = 对死者使用的治疗方法是正常的）

*2. 在爱德华诉阿圭勒［Edwards v. Aguillard，482 U. S. 578（1987）］案中，最高法庭考虑到路易斯安那州《创世论法案》（1982 年实施）的合宪性。法官布伦南表达了下面的观点：

条款设立（宪法第一修正案）禁止任何“有关建立宗教机构”的法律。法院使用三个方面来判定这个立法是否适合设立条款。首先，立法必须是以长久为目的的。其次，法律中的核心部分或能产生重要影响部分既不能是推进也不能是抑制宗教的发展。最后，法律不能导致政府部门与宗教之间有过多的联系……如果不能满足这三个方面，那么政府行为违反了设立的条款。［482 U. S. at 582 – 583］

……

……显而易见，路易斯安那州这条法律最重要的目的就是大力发扬关于一个超自然的存在创造了人类的宗教观点。［Id. at 591］

……

……正因为《创世论法案》主要目的是赞同一个特定的宗教教义，所以该法案违反了设立的条款。［Id. at 594］

（C = 路易斯安那州《创世论法案》与宪法第一修正案中设立的条款一致，S = 路易斯安那州立法机关适用法律的重要目的是长期的，A = 法案的重要作用是推进宗教的发展，I = 法案的重要作用是抑制宗教的发展，E = 法案导致政府部门与宗教之间有过多的联系）

3. 奶奶要求 9 岁的小孩贝蒂·洛·里德去商店为其购买威士忌。店主库里·莱瑟斯因给未成年人卖酒而被起诉。在莱瑟斯诉俄克拉荷马州政府［Leathers v. State，63 Okla. Crim. 220，74 P. 2d 967，114 A. L. R. 114（1937）］案中，莱瑟斯被起诉有罪，法院判决如下：

……如果该未成年人告诉酒商，购买的酒是给另外一个人喝，这个人派自己过来买酒，并由其付钱，如此案。那么买卖关系就是发生在卖家与
203 成年人之间，而该未成年人除了作为送钱和酒的渠道，是不相关的。因此，店主不能因贩卖酒给未成年人而被判有罪。

……

根据事实证明，也是确凿地证明，她的奶奶生病了，并且给了她瓶子和到达买酒地点的说明，然后到被告处购买威士忌；而且她也立即告知被告是自己的奶奶派她买威士忌；之后同样立即交给了奶奶。按照法律规定，本买卖关系是在店主与奶奶之间而非店主和该未成年人之间进行……

该判决……被推翻。

（I＝贝蒂·洛·里德告知了库里·莱瑟斯是她奶奶让自己来购买威士忌给奶奶的，P＝贝蒂·洛·里德为让她来的奶奶购买威士忌，S＝莱瑟斯将威士忌卖给了贝蒂·洛·里德的奶奶，G＝莱瑟斯因贩卖酒给未成年人而有罪）

4. 裁判员詹姆斯·拜恩在爱荷华州立大学队与普渡大学队之间的球赛快结束时吹了犯规哨。结果普渡大学队利用罚球机会在这十强赛中赢了爱德华州立大学队。有些爱德华队球迷赛后指责裁判拜恩的吹罚，声称这个吹罚是错误的。一个专业体育用品鹰眼买卖的商店所有者（吉利斯皮斯）将拜恩告上了法庭。爱德华州立法院审理了拜恩诉吉利斯皮斯［Bain v. Gillispie，357 N. W. 2d 47（1984）］案，并裁决吉利斯皮斯的问题是否有诉由。[86]法官斯内尔的观点如下（内容做了一些简短的删除）：

……吉利斯皮斯……必须是维持诉由的直接受益方，而不仅仅是附带受益人。

直接受益方是指赠与受益方或债权受益方。关于它们本身是拜恩、十强运动协会还是爱德华州立大学的债权受益方，吉利斯皮斯没有做任何声明。［关于成为赠与受益方的］调查表明不管契约双方如何约定，第三方都可以获得在法庭上强制执行的一份收益。非常明显，拜恩可能所做的承

〔86〕 The case is discussed in Henry R. Cheeseman, *Business Law* (Upper Saddle River, NJ: Prentice Hall, 1992), pp. 284 – 285.

诺的目的不是向吉利斯皮斯提供一份收益。同样的，十强联盟也不存在对吉利斯皮斯承担任何责任比如他们可能是赠与受益方。如果在拜恩与十强联盟之间存在一份协议，吉利斯皮斯最多是被认作附带受益人且不能维持诉由。因此，在审判中没有真正的问题，这可能导致吉利斯皮斯在补救的合同理论下获得判决。

……关于这个问题法庭作出支持拜恩的判决是肯定的。

(A = 吉利斯皮斯是拜恩、十强运动协会或爱德华州立大学的直接受益 204
方，G = 在审判中这是真正的问题，D = 吉利斯皮斯是拜恩、十强运动协会或爱德华州立大学的赠与受益方，C = 吉利斯皮斯是拜恩、十强运动协会或爱德华州立大学的债权受益方，I = 拜恩、十强运动协会或爱德华州立大学意图吉利斯皮斯在庭上获得强制性的收益)

练习5到练习6的说明：(a) 在每一个练习中，法律规则将会阐述。运用所提供的代码字典在谓词逻辑中符号化该规则。(b) 假定该规则适用于一个关于琼斯死亡，而史密斯负有责任的案例中。对史密斯责任的论证运用所提供的字典，通过“事例分析”的方法进行分析。(c) 运用第2章的一些方法来评价该符号化论证。

5. 出自科克的案例（1644）：

如果行为是非法的，那么这就是谋杀。就像A在B的公园中盗射一只鹿，不巧将一个躲在灌木丛中的小男孩杀害，这是谋杀。因为，这个行为是非法的，尽管A并无任何伤害小孩的意图，甚至不认识他。不过如果是公园的所有者B在自己的地方射杀了自己所养的鹿，然后没有任何其他原因杀害了一个小孩，这是由意外造成的杀人行为，而不是重罪。

所以如果一个人射杀了树上的任何野生鸟类，在此之后并非故意错手杀了一个人，这是不幸的事故：因为射杀任何野生鸟类并不是非法的。不过如果他射击一只鸡，或者一只被他人驯服的鸟类，然而不幸误杀了他人，这就是谋杀，因为该行为是非法的。

关于（a）的字典：

Sxy = x 被 y 因要射击动物而误伤

Kxy = x 杀了 y

Hx = x 是人

Mxy = x 因谋杀 y 而有罪

Ux = x 是非法的

关于（b）的字典：

S = 史密斯射击一只动物

K = 史密斯射杀了琼斯

M = 史密斯因谋杀而有罪

U = 史密斯的射击是非法的

205 *6. 出自《福斯特的刑法》（1762）第 258 ~259 页：

> 意外杀人：在这个描述中，造成死亡的行为必须合法：因为如果一个行为是非法的，我的意思是如果它是不法的，那么这个案件将意味着是重罪，或者谋杀或者过失杀人，随着情况可能会改变它的性质。如果是在重罪的意图下进行，这将是谋杀。然而只想擅自进入，就是过失杀人：然而，我承认，科克勋爵似乎不这样认为。
>
> （比如）A 射击家禽 B，然而意外地杀死了一个人；如果他的目的是偷家禽——这是必须收集的信息，由于重罪的意图将是谋杀；但是如果没有任何这方面意图，那么仅仅是过失杀人。

关于（a）的字典：使用前面练习中的 Sxy、Kxy、Hx、Mxy 和 Ux，再加上：Fx = x 是重罪的，Axy = x 由于 y 而犯了过失杀人罪。在（b）中符号化事例的论证说明了史密斯过失杀人罪。简化法律规则，省略无关的条款。关于（b）的字典：使用前面练习中的 S、K 和 U，并加上：F = 史密斯的射击是重罪的，A = 史密斯由于杀害琼斯而判过失杀人罪。

7. 下面各段文字均出自黑尔爵士的《皇冠的请求》[87] 中关于一个法律规则的阐述。（从 a 到 d）在谓词逻辑中符号化这些规则。（e）假设规则（a）适用该论证，这个论证是为了证明史密斯杀人罪。运用你自己的字典通过事例分析来符号化这个论证。同样，（f）中使用规则（b）证明史密斯不犯有杀人罪。（g）使用规则（c）来证明史密斯因

---

〔87〕 The works of Sir Matthew Hale（1609 – 1676）were first published in 1736.

琼斯死于坏疽而犯有杀人罪。(h) 使用规则 (d) 表示史密斯促使琼斯死于艾滋病而犯有杀人罪。

如果一个人给他人一击，只是也许，其实本身并不是如此致命，经过精心治疗也许能够痊愈，然而若这人在某年某日死于这个伤口，这就是杀人[88]的行为或者谋杀，就如同这个案子中所提及的，于是这点已经永远成为规定。 206

但如果伤口或者伤害并不致命，而是对当事人使用含有毒素的药膏或者药品导致其死亡。假如它可以清晰地显示，是药品，而不是伤口本身使其死亡，看起来这并不是杀人行为，但是之后必须要清楚地证明它。

但如果一个人的伤口，本身并不致命，不管是因为有用的治疗，或者因为疏忽的治疗，伤口转变为坏疽或者是发烧，这个坏疽或者发烧是其死亡的直接原因，给死者一击或者造成伤口，这仍然是谋杀或过失杀人，而对于伤口本身来说，不是死亡的直接原因。然而若伤口是间接原因，则发烧或者坏疽就是他死亡的直接原因，而伤口只是造成坏疽或者发烧的原因。因此这就是结果的原因。

如果一个人得了某种疾病，这种天生的疾病将使其在半年内死亡，此时他人对他造成了伤口或者伤害，通过剧烈刺激并引起了他的疾病，从而加速了其死亡，这种加速死亡的行为是杀人或者谋杀，如本案中所发生的。对于他来说，并不是死于这个伤口或者伤害，而是因伤害而造成疾病的加速，并且这样一种性质的罪犯不会归罪于自己的错误。这些都是我从睿智的罗尔大法官那听闻并学习到的。

[88] 这里，黑尔用“杀人”包含了过失杀人以及谋杀。他并没有考虑正当杀人的可能性，比如在自卫的情况下。

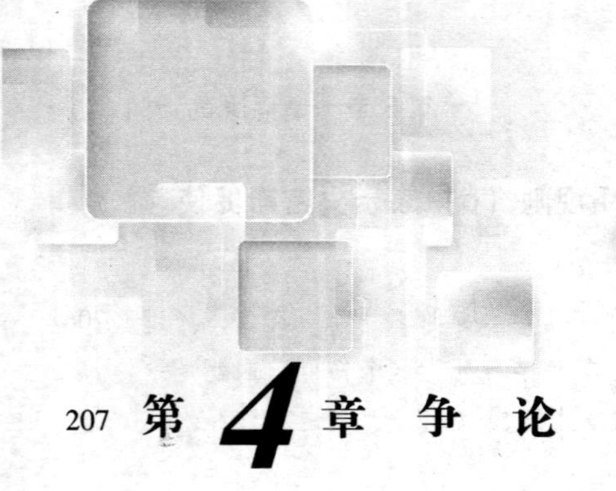

207 第4章 争论

最后两章所讨论的符号体系，提供了很多方法来阐明律师在处理案件中所用的概念、结构和程序。但是在法律上，正如生活的很多其他方面，仅仅有效地呈现我方案例是不够的，你必须还要回应对方提出的异议。对于一个问题形式化的陈述，包括正反两方面，以及对彼此的回应，这被逻辑学家约定俗成地称为“争论”。在这一章中，我们将着手进行争论的案例实战，看它们如何在法律案例中发挥作用，尤其是在诉讼阶段。

4.1 什么是争论

数年前，当美国圣公会在波士顿——一个天主教很盛行的城市，签订其通用公约时，《波士顿先驱报》刊登了一则漫画：一个身着黑色套装、带着教士领的男人，正和一家人在公园里漫步。两个男孩见状，一个男孩对另一个说：“他不可能是神父，你看他有那么多的孩子。”我们暂且将说话的这个男孩称作“汤姆”，他的小伙伴称作“杰瑞”。想必，杰瑞是这么推理的：

208 所有身着黑色套装、带着教士领的男人都是天主教牧师。

所有的天主教牧师都应被称为“神父”。

这个男人身着黑色套装，带着教士领。

所以，他该被称为“神父”。

它是个有效的论证，可以符号化如下：

$(x)\ (Bx \rightarrow Px)$

$(x)\ (Px \rightarrow Cx)$

Bm

$\vdash Cm$

（$Bx = x$ 指一个身着黑色套装、带着教士领的男人，$Px = x$ 指天主教牧师，$Cx = x$ 指应被称为“神父”，$m =$ 这个男人）

汤姆很明显是这么推理的：

> 只有天主教牧师才被称作“神父”。
>
> 天主教牧师不能有家庭。
>
> 这个男人有家庭。
>
> 所以，他不该被称为“神父”。

同样，这也是一个有效的论证：

$(x)\ (Cx \rightarrow Px)$

$(x)\ (Px \rightarrow -Fx)$

Fm

$\vdash -Cm$

（$Fx = x$ 有家庭）

显然，这两个论证的结论不可能同时为真，其中一个必然为假。但是，正如我们所看到的，在一个有效论证中，不可能其所有的前提都为真，而结论为假。既然这两个论证均有效，且结论中有一个为假，则论证中至少有一个前提为假。所以，如果两个男孩中的一个要证明另一个是错误的，那么仅提出他自己的论证是不够的。他还应对他的小伙伴的至少一个前提提出异议，来推翻对方的论证。这是关于争论的典型案例。《兰登书屋大词典》（*The Random House Dictionary*）定义“争论”为：

> 一项由论证的支持者与其反对者之间就论题展开的争论所构成的学术活动。

上述案例争论的论点是： 209

> 这个男人应该被称为“神父”。

杰瑞是这个观点的支持者，而汤姆则驳斥该观点。和其他非逻辑学家一样，律师们也许会将这段对话看成是一次“论证”。但是逻辑学家们更倾向于将“争论”这个术语定义为：为一个结论寻找支持它的前提。本书将采用逻辑学家的专业术语，将支持任一方的个人陈述称为“论证”，将一整套的观点陈述称为“争论”。

4.2 否　认

实施争论的第一条原则就是，对当事人来说，仅仅提出自己的论证是不够的。他们还必须回答对方提出的论证。正如我们在第 1.1 节中提到的，形式或内容是我们衡量论证有效与否的标准。在一场争论中，一方想要反驳一个论证，或者断言它的形式无效，或者否认一个或更多的前提。（当然，形式和内容你都可以考虑。）内容的缺点比形式的缺点更常见，所以在争论中经常对内容进行否认。在漫画中，汤姆大概将采取这个方法，否认了“所有身着黑色套装、带着教士领的男人都是天主教牧师”这个前提。在本节中我们将着重探讨“否认”。

在争论的语境中，否认一个命题意味着拒绝接受它，那么双方就无法达成共识。注意，你可以在不证明它的对立面真实与否情况下否认一个命题。“否认”不能和“反驳”混淆。反驳一个命题就是去证明它为假，换言之，指出它的虚假之处。汤姆可以这样反驳杰瑞所提出的第一个前提：

有些身着黑色套装、带着教士领的男人是圣公会牧师。所有的圣公会牧师都不是天主教牧师。所以，不是所有身着黑色套装、带着教士领的男人是天主教牧师。

$(\exists x)(Bx \ \&\ Ex)$

$(x)(Ex \rightarrow -Px)$

$\vdash -(x)(Bx \rightarrow Px)$

（$Ex = x$ 是一个圣公会牧师）然而汤姆若要反驳杰瑞的前提，他也许仅仅需要否认那个前提，他可能会这么说：

我否认所有身着黑色套装、带着教士领的男人都是天主教牧师。

现在将这个否认符号化如下： 210

$N: (x)\ (Bx \rightarrow Px)$

（“N”代表拉丁文“Nego”，意为“否认”）

你不否认，则视为承认。举个例子，我们暂且假设汤姆认可杰瑞的“所有的天主教牧师都应被叫做‘神父’”这个前提。我们将这个认可符号化为：

$C: (x)\ (Px \rightarrow Cx)$

（“C”代表拉丁文“Concedo”，意为“承认”）

承认某些前提，即在特定语境下默认该前提为真，无需证明。就像否认一样，承认某些前提不过是有助于为特定的争论建立一个共同的基础。实际上，我们知道有些天主教牧师更喜欢被叫作“神学家”或者“阁下”，还有一些喜欢被称呼“教名”。但我们暂且假设，那些身为天主教牧师却不希望被称作“神父”的人，已经被两个男孩排除在争论之外。

双方各自提出自己的论证，然而并不能结束这场争论。在进一步探讨了第4.1节中两方的论证，并且汤姆又反驳了杰瑞的一个前提后，那么杰瑞则反驳汤姆论证中的一个前提进行反击。他可以指出，有些圣公会的牧师也被称为“神父”。

$\underline{N: (x)\ (Cx \rightarrow Px)}$

$(\exists x)\ (Ex\ \&\ Cx)$

$(x)\ (Ex \rightarrow -Px)$

$\vdash -(x)\ (Cx \rightarrow Px)$

或者，如果他是“安格鲁－天主教派”的追随者，而那个教派认为圣公会的牧师也属于天主教（虽然不是罗马天主教）牧师，他就可以否认汤姆对他第一个前提的反驳中的第二个前提了。

$N: (x)\ (Ex \rightarrow -Px)$

211 ## 练习

要求：在下列案例中，符号化其论证，但不包含括号中的内容。然后通过否认前面论证的前提来证明后面的论证和前面的论证是矛盾的。

1. 根据沃尔什—希利（Walsh-Healy）法案，在恩迪科特·约翰逊公司诉帕金斯［Endicott Johnson Corp. v. Perkins，317 U. S. 501（1943）］案中，要求政府承包商支付的薪水不低于特定的最低工资标准。劳工部长要求出示恩迪科特·约翰逊的工资条，来证实已支付薪水是否符合标准。以下是执行传唤的法庭诉讼记录：

（a）劳工部长声称她有理由[1]相信恩迪科特·约翰逊是一个政府承包商，所以她有权利去调查其所付薪水是否满足最低标准。她还声称她能要求出示任何一个与该问题有关人的工资记录。

（b）恩迪科特·约翰逊争论道，劳工部长只能要求出示在她管辖权范围内的雇员的工资记录，并且她只对政府承包商有管辖权。既然恩迪科特·约翰逊不是政府承包商，那么她就没有权利要求出示他的工资记录。

（c）最高法院认为如果劳工部长有理由相信一个雇主是政府承包商，且她有对其的管辖权，那么她有权要求出示他的工资记录。（在服从司法审查条件下，她可以裁决这个雇主是否为政府承包商，以及该雇主是否支付达到最低标准的薪水。当然，如果雇主已经支付了符合标准的薪水，他是否为政府承包商则只是学术上的问题。）

*2. 在斯帕诺诉佩里尼公司［Spano v. Perini Corp.，25 N. Y. 2d 11，250 N. E. 2d 31（1969）］案中，被告实施了与房屋地下通道有关的爆破活

［1］谓语解释，如“Rx = 劳工部长有理由相信 x 是一个政府承包商”，会在第六章中讨论。

动，并破坏了125米外的原告车库。现在没有任何迹象表明此行为是出于过失。法院宣称：

> 本上诉的原则性问题在于，在没有表明爆破者是过失的情况下，因附近房产爆破而持续蒙受财产损失的该人是否可以采取措施来避免破坏行为。

初级法院对这个问题给予了否认回答，并宣布对被告的判决。上诉庭则对这个问题给予了肯定回答，因此撤销了初级法院的判决。符号化（a）原告的论证，（b）被告（包括初级法院）的答复，和（c）上诉庭的立场。请使用如下字母表示：B＝原告因被告在附近房屋的爆破活动造成财产损失，D＝原告可以采取措施来避免被告带来的破坏，N＝原告指出被告属过失。 212

3. 在富勒诉普赖斯［Fuller v. Preis, 35 N. Y. 2d 425, 322 N. E. 2d 263 (1974)］案中，原告的被继承人在一场因被告人的过失导致的汽车事故中受伤。由于这次受伤导致其自杀。为了保障遗产的利益，原告就非正常的死亡提起诉讼。

（a）被告人论证称，死者的自杀行为构成了死亡的间接原因，排除己方的责任。

（b）法院认为因精神错乱诱发的自杀行为并不构成间接原因，尤其在本案中死者有表现出精神错乱的迹象。

4. 在美国政府诉乔·格拉索公司［United States v. Joe Grasso & son, Inc., 380 F. 2d 749 (5th Cir. 1967)］案中，格拉索起诉要求恢复就业税。格拉索拥有7艘小船，每艘船由一个船长操控，通常还有两个水手。就业税基于格拉索不是其雇主的立场进行估价。

（a）政府企图根据《美国联邦民事诉讼规则》第14条规则（F. R. C. P. 14）把船长纳入此案，作为第三方被告。鉴于如果格拉索不是雇主，则船长即为雇主。

（b）但是法院保留了第三种可能性，即水手们并不是任何人的雇员。根据第14条规则，自引入第三方索赔权利，取决于被告的责任和第三方被告提出的作为一个“或彼或此命题”（即

一个或另一个必须如此），这样一种可能性排除了第三方的控诉。

请使用如下字母表示：G = 格拉索是雇主，C = 船长们是雇主，T = 船长们可能成为第三方被告，P = 水手们有可能不是任何人的雇员。

5. 在王阳盛诉麦格拉斯［Wong Yang Sung v. McGrath，339 U. S. 33（1950）］案中，问题在于王某被驱逐出境的程序是否恰当。《行政程序法案》的第5条规定，任何诉讼程序应办理特定手续，即"依照法令，应给予举行听证会的机会，之后作出裁决，并记录在案"。事实上，在给予举行听证会的机会之后，即作出裁决，记录在案，而原定的手续并没有履行。

（a）政府主张，既然在驱逐出境的案例中没有法令要求有记录在案的裁决，那么《行政程序法案》的第5条规定并不适用。

（b）最高法院认为，《行政程序法案》的第5条"依照法令"，包

213 含了任何案例，只要这个案例经过了委员会的听证，并且有记录在案的裁决。每一个驱逐出境的案例都是这样的案例。

请将"行政裁决"做泛化理解，并且使用如下字母表示：Sx = 有些法令要求 x 在给予举行听证会的机会之后才被记录在案，Dx = x 指驱逐出境中的一项裁决，Ax = 《行政程序法案》的第5条规定适用于 x，a = 指王某被驱逐出境案的裁决，Cx = 委员会要求 x 在给予举行听证会的机会之后被记录在案。

＊6. 在丽贾娜诉查普曼［Regina v. Chapman，（1958）3 ALL E. R. 143（C. A.）］案中，查普曼被指控违反一项法令，将一个未满18岁的未婚女孩带离其父母家，并具有可能会使她和一个或多个男人发生非法性交的意图。（意图的问题很复杂，我们将在第六章详细探讨，此处暂且忽略这部分内容。）

（a）控方认为，查普曼的确将未婚女孩带离其父母家，并且这个女孩未满18岁，他已经使得该女孩发生了非法性交。

（b）查普曼辩解道，除非有法令（特定例外不在讨论范围内）明文禁止，没有法令显示性交是不合法的（即使不道德）。没

有法令禁止一个男性和一个年满16周岁的女性，比如此案例中的女孩，发生性行为。所以，查普曼和那个女孩之间的性行为并没有违法。

（c）法庭认为，在此法令中“非法”二字包括所有非婚姻性交（无论是否被法令禁止）。

请使用如下字母表示：对于论证（a）：$Gx = x$ 是一个未满18岁的未婚女孩，$Txy = x$ 将 y 带离其父母家，$Axy = x$ 是指 y 和男人发生性交行为，$Ux = x$ 是非法的，$Cxy = x$ 导致 y 行为发生，$Lx = x$ 有犯罪倾向，g = 本案涉及的女孩，c = Chapman。对于论证（b）：$Bxyz = x$ 是指 y 和 z 之间的性交行为，$Sx = x$ 是被某法令禁止的，Ux，$Mx = x$ 指男性，$Fx = x$ 指女性，$Ox = x$ 年满16周岁，a = 本案讨论中c和g性交行为。对于论证（c）：$Bxyz$，$Wxy = x$ 和 y 为婚姻状态，Ux，a，c，g如上表示。

7. （挑战性习题）在美国政府诉佛罗里达东海岸［United States v. Florida East Coast Ry.，410 U. S. 224（1973）］案中，美国政府州际商务委员会为铁路部门制定了一条规定，依照法令，这个规定的制定需召开“听证会”。本案例中的问题就是ICC（美国政府州际商务委员会）是否允许铁路部门为自己口头辩护。

（a）铁路部门认为，除非有事情可听，否则不该有听证会，而如果没有口头陈述，那可听的事情就不会存在。现在如果每个包含听证会的过程都有口头表述，那么任何时候对听证会适用的法令都需要口头陈述。所以，任何情况下要求听证会的法令都需要口头表述。

（b）法院出示《行政程序法》第553（c）条的第一句，即允许 214
规则制定“有或没有机会做口头陈述”作为回应。但是第553（c）条适用于第553（b）条提出注意的任何情况，而且第553（b）条在一些适用的法令需要听证会的情况下提出了注意。所以，有部分情况适用的法令需要听证会，但是不需要口头陈述。

（c）法庭还指出《行政程序法》第557（d）条涉及的某些规则

制定过程不需要口头陈述。但是仅仅受制于第 557（d）条的规则制定过程是因为第 553（c）条的最后一句而受制于第 557 条的。并且除非适用的法令需要听证会，那一条才使得规则制定过程受制于第 557 条。因此某些情况下适用的法令需要听证会，但不需要口头陈述。

请将“规则制定过程”作为一个论域，并且使用如下字母表示：$Hx = x$ 指听证会，$Lx = x$ 指听到某些事情，$Ox = x$ 指口头陈述，$Sx =$ 指适用的法令需要听证会的过程 x，$Rx =$ 需要口头陈述的过程 x，$Cx = x$ 是指受制于《行政程序法》第 553（c）条的第 1 句，$Nx = x$ 是指受制于《行政程序法》第 553（b）条的注意需求，$Mx = x$ 是指规则制定过程，$Dx = x$ 指受制于《行政程序法》第 557（d）条，$Ax = x$ 是指因为第 553（c）条的最后一句受制于《行政程序法》第 557 条。

4.3 诉　讼

正如本书之前所提到的（第 1.1 节），起诉（以及其他不仅是否认的诉讼）是一种省略三段论（enthymeme）的形式，或者是缺少前提的论证。这些缺少的前提通常是法律命题，而在诉讼阶段，实际上陈述的前提几乎都是事实。在英美法系中，否认一个上诉中的通常没有被表达的法律前提和否认事实前提的程序是不一样的。研究《民事诉讼法》的人也许对该程序很熟悉，但是我们需要将它们和争论的规则联系起来，下面就此展开讨论。

让我们假设你的当事人正在打算进行如下起诉：

> 某天，被告出现在原告常出入的公共场合，打着一条如此丑陋的领带，导致原告精神痛苦。
>
> 因此，原告请求判决 1 万美元的精神损害赔偿。

215 你应当立刻意识到，你的当事人被指控侵权行为是不成立的。依照《美国联邦民事诉讼规则》中的民事诉讼程序，鉴于提出批准免除控诉的要求失败，就应该根据该规则第 12（b）(6）条提出动议（mo-

tion）去驳回指控。在旧的程序法体系下，你也可以提出抗辩来达到目的。如此一来，即使起诉书上的都是真实的，原告也无法从你的当事人那里得到任何赔偿，而这就是你的作用所在。

现将这些争议以逻辑争论的形式写出来。那么，原告推理如下：

> 任何一个人打着如此丑陋的领带出现在另一人经常出入的公共场合，导致他人精神痛苦，应该对其负责。被告打着如此丑陋的领带出现在原告经常出入的公共场合，导致原告精神痛苦。所以，被告应对原告负责。

第一个前提——没有出现在诉辩状中的——一般为法律命题。你可以用标准的逻辑研究方法去证明或反驳它。毋庸置疑，你很容易来反驳它。这正是第12（b）（6）条动议的用武之地。你正在否认你的对手论证的前提之一，即没有提及的法律命题。

这为我们引出了如下原则：

> **抗辩，即第12（b）(6）条请求，是一种对诉讼进行裁判的请求或其他类似的请求，构成了对陈述出来或未陈述出来法律前提的否认，对抗诉讼正是建立在此基础之上的。**

为了适用这个原则，我们必须从补充诉讼中缺少的前提开始。然后，如果它们是法律前提，我们则可运用恰当的程序来否认。

在诉讼中，否认事实前提比较直截了当。但是我们仍然需要注意一些要点，其中之一就是“否定孕育规则”（Negative Pregnant Rule），当它运用在民事诉讼过程时，会导致很多混乱。根据这个规则，对于某个命题字面上的否认将被认为是承认这个命题的全部或部分。正如评论家所说，否认伴随着承认。例如：

> 被告否认他签署并递交了诉状。

可能承认，他或者签署诉状或者递交诉状。或者

> 被告否认他用0.38口径左轮手枪射击原告。 216

可能承认，他用其他型号的枪射击她。

通过逻辑学习可以帮助我们理解“否认孕育规则”。一般来说，对一个复杂陈述的否认，并不是对其组成部分的孤立否认。比如，S1

及其组成部分 S2、S3：

（S1）被告签署并递交了诉状。

（S2）被告签署了诉状。

（S3）被告递交了诉状。

对 S1 的否认，并不是否认 S2（或 S3）。原因很明显：即使 S1 为假，S2 可以为真。（被告可能只签署了诉状，然而没有递交。）根据没有被否认即为承认的原则，如果否认 S1 而不是 S2，那么 S2 将被认定为真。在这个案例中，最强的否认应该是否认 S2 或 S3 为真，即为：

N：(S2 ∨ S3)

为厘清左轮手枪案例中所犯的错误，我们必须进一步探究否认，斟酌原告关于正在被否认指控的阐述。原告也许会有好的理由，说被告用的是其他型号的枪（或弓或箭来完成犯罪）。她对凶器做了具体描述，只是为了使事实清楚或达到修辞的效果。仅仅调查一个无关紧要的问题，即行凶用的是什么凶器，被告将无法把案件递交到调查法庭。除非他对实质问题展开争论，即最终其是否射击了原告，否则他将会败诉。所以，唯一可接受的否认就是其否认射击原告。该指控的正确回答是：

被告用 0.38 口径左轮手枪射击原告。

应该为：

被告否认他用 0.38 口径左轮手枪或任何其他凶器射击原告。

如此一来，原告提出的具体例子被否认了，同时也否认了任何其他可能被提及的情况。

217 将这些要点写成符号形式，我们得到了如下规则：

1. 一个合取形式的主张（A & B）必须以析取形式进行否认［N：(A ∨ B)］。

2. 对一个单称主张（Fa）来说，如果有一个可能支持着同一结论的具有相同形式的不同主张（Fb）［比如在论证 (x)（Fx → P），Fa ⊢ P 中］，那么它必须被具体否认，而且要用存在量化形式｛N：[Fa ∨ (∃x)

Fx]，而不是 N：Fa} 加以否认。

注意这些并不是逻辑或法律争论的一般规则，它们只是适用于这些特殊争论形式的法律规则而已。

另一个这样的规则是针对论辩性否认的规则，比如《美国联邦民事诉讼规则》关于过失的起诉状之格式9（the allegation in Federal Rule Form 9）。

> 1936年6月1日，在马萨诸塞州波士顿市波利斯顿大街的公路上，被告驾驶的一辆汽车因过失撞上正横穿该公路的原告。

它不能被恰当地否认为如下诉讼：

> 被告终其一生都在他的出生地——密苏里州的独立城，从未去过马萨诸塞州的波士顿。

一个主张必须被明确地否认。从主张的否认推出陈述是不可行的。这就是为什么上面的第二条规则要求‘N：Fa’被具体地辩护，即使它是根据‘N：(∃x) Fx’得出，也必须被辩护。

对于一项指控，如果你保持沉默，也有与之相适用的法律规则。在刑事诉讼中，保持沉默即认定为否认。而在民事诉讼中，保持沉默即认定为承认。

就逻辑而言，你可以否认任何你不愿意承认的事情，但在诉讼中，法律和伦理的规则都要考虑。比如，根据《美国联邦民事诉讼规则》第8（b）条规定，如果当事人缺乏必要的知识或信息，不能确认对方当事人主张真实，则应当陈述此种情况，该陈述具有否认的效力。但是该规则第11条规定所有的否认必须有好的理由来支持，并且不能被延迟打断。否认那些明知你的对手可以证明的东西，将违反规则第11条，这样做唯一的目的就是造成延迟。

在民事案例中，否认一些你清楚的事实，而你认为你的对手却无法证明它，法律伦理学的学生讨论过这种做法是否可以接受。另一方 218
面，在刑事案件中，拒不服罪也没有道德上的异议，即使你知道自己

确实犯罪了。这是因为没有义务帮助国家给你定罪。[2]

关于另一种类型的争论是民事案例中诉讼程序上的简易判决，我们发现《美国联邦民事诉讼规则》不允许一方在没有反驳另一方的前提的情况下否认它们。

本规则第56（e）条规定：

> 当简易判决的申请被提出并按本条规定被证明时，对方当事人不能仅仅依赖诉答文书中的单纯主张或对方当事人请求的否认，而对方当事人的答辩……提出具体事实表明存在需要开庭审理的真正的争点。

现在来总结我们关于诉讼的探讨，争论的规则如下：

> **1. 如果你的对手提出一个论证，你必须回应它。**
>
> **2. 如果你不能证明该论述是无效的，那么你必须否认（或反驳）对方论证中的一个或一个以上前提。**
>
> **3. 如果你不否认一个前提，则视为承认。**

在争论的规则之外，还有法律和道德的规则来解决这些问题，比如否认某些事项是否合法，如果你否认它，就必须进一步反驳它，以及保持沉默的意义何在，等等。

练习

1. 否认以下各项指控，并且符号化各项指控及其否认。

(a) 6月10日，在东门购物中心的停车场内，被告偷了原告的劳力士手表 。

*(b) 被告不小心在时速30公里的路段，开到了每小时65公里。

(c) 被告欠原告500美元，这是在一次七张牌梭哈非法游戏中被告从原告那里赢来的钱数。

219 (d) 由于原告生于1980年4月3日，1996年2月17日，原告签署合同的时候，未满16周岁。（假设合同签署日期的正确性

〔2〕 Model Rules of Professional Conduct, Rule 3.1.

不存在争议）

(e) 被告和一个跟原告素不相识的人，一起殴打了原告的脸部、手臂以及头部，导致原告重伤。（注意殴打和受伤符号化时要分别标注）

*(f) 原告是在玩被告生产的滑梯时由于疏忽导致受伤。（假设被告没有预料到原告会在玩滑梯时受伤，因此，被告可以宣称自己不知情，根据《美国联邦民事诉讼规则》第8条第2款，否认声明等效于否认。）

说明：在下列案例中，符号化你要回应的论证，并按照本章节介绍的原则符号化你的回应，以及用语言表述你的回应。

2. 你代理了某家管理运营码头的公司，该公司的领导层还想经营电影院，并为此租借了一幢楼。为了阻止这种租借行为，于是该债权人提出了控诉，理由是你的当事人租借大楼是越权行为（这是一种超越合同权限的行为）。你的建议是建立在法条“任何公司行为都不因它是越权行为而变得无效”之上的。参见711金斯高速公路公司诉FIM船舶维修服务有限公司［711Kings Highway Corp. v. F. I. M.'s Marine R. S. Inc., 273 N. Y. S. 2d 299 (Sup. 1966)］案。

*3. 你的当事人因为一个关于支付合理的律师费用合同而被起诉，如果原告一定要上诉的话。起诉书称合理的律师费应该是2000美元。而你坚持认为不超过500美元才是合理的。参见温弗特加州公司诉谷纳特银行［Wingfoot California Homes Co. v. Valley Nat. Bank, 80 Ariz. 133, 294 P. 2d 370 (1956)］案。

4. 你的当事人因为在特定区域伐木而被起诉。这个特定区域为“黑田”(Blackacre)。根据起诉书，这块地属于原告。你的当事人指出，原告对于这块土地是违法占有。参见德纳姆诉库德巴克［Denham v. Cuddeback, 210 Or. 485, 311 P. 2d 1014 (1957)］案。

5. 你代理的保险公司因为一个火险单而被起诉。起诉书宣称，已投保的所有的财产都在火灾中被毁。但是你的客户调查员，确信不是所有的财产都被焚毁，那些很值钱的物件被原告藏了起来。参见科诺

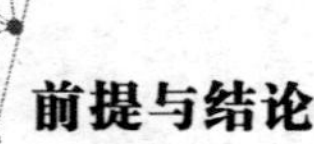

诉凤凰保险公司［Curnow v. Phoenix Ins. Co.，46 S. C. 79，24 S. E. 74（1896）］案。

6. 你的当事人被起诉，要求赔偿 1050 美元，原告宣称这是买入 300 蒲式耳篮子以及送货上门的费用。你的当事人称他们每只篮子的实际容量只有预计的 7/8，并且每个篮子最多值两美元。参见马歇尔
220 公司诉迪克森［Marshall Mfg. Co. v. Dickerson，55 Okla. 188，155 Pac. 224（1916）］案。

＊7. 你在一个关于本票的诉讼中代表被告。起诉书称，去年 9 月 3 日在爱荷华州菲尔菲尔德，你的当事人支付并递送给原告一张 5000 美元的本票。但是你的当事人称本票是伪造的。参见斯宾塞诉特尼公司［Spencer v. Turney & Co.，5 Okla. 683，49 Pac. 1012（1897）］案。请使用下面的字母表示一种解决方案：

Nx = x 是一张本票，$Exyzw$ = x 为了方便 z 在 w 地支付 y，$Dxyzw$ = x 从 w 地将 y 递送给 z，$Oxyz$ = x 欠 y 在 z 承诺的金额，i = 这个法律文件，f = 爱荷华州菲尔菲尔德

8. 你代表一家医院，该医院被死在手术台上之人的继承人起诉。起诉书称，由于该医院员工在治疗中的疏忽，导致原告的被继承人死亡，它是发生在这些员工雇佣期间的行为。一些被医院雇佣的护士和实习生也参与了这次手术，但是你辩称，假如有谁存在疏忽，只能是麻醉师或他的助手，而他们都不是医院的正式员工。假定你对此案例的诉讼有充分证据，并且否认参与手术的人是疏忽的。参见维林格尔诉慈爱天主教医疗中心［Willinger v. Mercy Catholic Medical Center，241 Pa. Super. 456，362 A. 2d 280（1976）］案。使用下面的字母表示一种解决方案：

Exy = x 是 y 的在雇佣期间的员工，Nxy = x 对 y 的疏忽行为或者遗漏行为，Dxy = x 导致了 y 的死亡，Lxy = x 应对 y 和 y 的继承人负责，h = 医院，d = 原告的被继承人

4.4 辨 别

一个做装修、安装百叶窗（Venetian blinds）和其他窗帘生意的人开着一辆卡车，车上写着：

> 盲人驾此车。

人们注意到这名司机是“盲人”，就像在保险业工作的人是保险人，但他并不是看不见的盲人，而是一位百叶窗商人（blind man）。他也许是想通过吸引人们的注意力，误以为真的是盲人在开车，从而为他的生意做宣传。令人吃惊的是，该路人首先推理如下：

> (S1)“盲人”驾车是很危险的 221
>
> (S2) 这个人是“盲人”并且他正在开车。
>
> (S3) 因此，他的行为很危险。

这看似是一个有效的论证。深究一步，这似乎是前提为真，而结论为假（假设“盲人”驾驶正常）。但逻辑学家会指出，在有效论证中有真前提和假结论，这是不可能的。该例也不例外。它利用了“blind man”这个词的含混性。如果这个词在两个前提中都表示“失明的人”，那么第二个前提（S2）则为假。然而如果这个词在两个前提中都表示“窗帘商人”，那么第一个前提（S1）则为假。在两种情况中，论证有效，但是有一个前提为假，那么得出假的结论也就不足为奇。还有第三种情况，即这个词在第一个前提中表示“失明的人”，在第二个前提中表示“窗帘商人”，如此一来，两个前提都为真，但是论证无效。因为两个前提无法联系在一起推出结论。没有办法使得该论证同时形式有效和具有两个真前提。

这样的分析，在传统逻辑学中被称为辨别某个论证的前提（或一个前提和一个结论）。逻辑学家们这样表达：

> 我辨别 S1：
>
> (S1A) 我承认，当一个盲人（a blind man），换言之，失明的人，驾驶汽车时，他的行为很危险。

(S1B) 我否认，当一个窗帘商人（a blind man），换言之，做窗帘生意的人，驾驶汽车时，他的行为很危险。

我辨别 S2：

(S2A) 我承认，这个男人是一个窗帘商人（a blind man），换言之，做窗帘生意的人，他正驾驶汽车。

(S2B) 我否认，这个男人是一个盲人（a blind man），换言之，失明的人，他正驾驶汽车。

注意对于“blind man”这个表达式的解释不同，使得 S1 为真（SlA），而 S2 为假（S2B），反之亦然。有些人之所以接受 S1 是因为他事实上的理解为 S1A，有些人之所以接受 S2 是因为他事实上的理解为 S2A。另一方面，若不接受 S1B 或 S2B 其中的任何一个，结论（S3）就无法成立。所以，辨别策略对于该论证提供了一个非常有效的方法。

在绝大多数情况下，辨别某个命题中含混的术语就足矣；而有时候，为了清晰明确，我们需要辨别双方的陈述。另有一捷径：有时，我们只需要表达被否认的那个陈述的版本（且为未被承认版）。

222 现将这个过程写成符号形式，原始的论证符号化如下：

$(x)\ [\ (Bx \ \&\ Tx) \rightarrow Dx]$

$Bm \ \&\ Tm$

$\vdash Dm$

(Bx = x 是 blind man，Tx = x 驾驶汽车，Dx = x 行为危险，m = 这个男人）我们的辨别策略是建立在事实基础上的，这个事实就是表达式‘blind man’可能存在两种含义。我们通过给谓词字母‘B’添加下标来表示这两种含义。

B_1x = x 是一个盲人，换言之，失明的人

B_2x = x 是一个窗帘商人，换言之，做窗帘生意的人

那么，用“D”表示辨别（Distinguo），同样地用“C”表示承认（Concedo），“N”表示否认（Nego），整个过程可以表达如下：

D：$(x)\ [\ (Bx \ \&\ Tx) \rightarrow Dx]$

C：$(x)\ [\ (B_1x \ \&\ Tx) \rightarrow Dx]$

$N: (x)\ [(B_2x \ \&\ Tx) \rightarrow Dx]$

现在让我们把这种方法运用到另一个论证中。这是古希腊一则经典的谜语：

我们从市场上买来生肉。

从市场上买来什么，我们吃什么。

所以，我们吃生肉。

该论证可以符号化如下：

$(\exists x)\ (Mx \ \&\ Bx \ \&\ Rx)$

$(x)\ (Bx \rightarrow Ex)$

$\vdash (\exists x)\ (Mx \ \&\ Rx \ \&\ Ex)$

（Mx = x 是肉，Bx = 我们在市场上买 x，Rx = x 是生的，Ex = 我们吃 x）

很明显，这个论证是错误的。即使肉买来时是生的，它也不会一直保持这个状态。我们吃肉之前是要烹饪的。要将这一点写成符号化术语，我们必须辨别上述论证中第一个前提和结论，通过引入一个参考来解释谓词‘Rx’：

R_1x = 当 x 买来时是生的 223

R_2x = 当 x 被吃时是生的

$D: (\exists x)\ (Mx \ \&\ Bx \ \&\ Rx)$

$C: (\exists x)\ (Mx \ \&\ Bx \ \&\ R_1x)$

$N: (\exists x)\ (Mx \ \&\ Bx \ \&\ R_2x)$

$D: \vdash (\exists x)\ (Mx \ \&\ Rx \ \&\ Ex)$

$C: \vdash (\exists x)\ (Mx \ \&\ R_1x \ \&\ Ex)$

$N: \vdash (\exists x)\ (Mx \ \&\ R_2x \ \&\ Ex)$

在以上两个例子中，我们辨别了陈述，而不是否认它们，因为不能否认它们。它们都可以用某种方式解释，使之为真。但是有时我们辨别一个陈述而不是否认它，不是因为它能够为真，而是因为，虽然它为假，但显然不能否认。我们的辨别策略通过揭示有争议的陈述如何为假可以深化争论。思考如下对话：

萨姆：查理有一辆了不起的车。他开了 800 英里，都没有中途停下加汽油。

苏西：哦，这没什么了不起。这是一辆柴油汽车。

如果查理开的是一辆柴油汽车，他没停下加汽油就没什么了不起，因为柴油汽车不用汽油。我们无法得知查理的柴油汽车在 800 英里的路程中要加多少次柴油。

在以上对话中，萨姆是这样推理的：

$$(x)\ [\ (Mx\ \&\ -Gx) \rightarrow Rx]$$
$$Mc\ \&\ -Gc$$
$$\vdash Rc$$

（论域：汽车；$Mx = x$ 开了 800 英里，$Gx = x$ 停下来加汽油，$Rx = x$ 是了不起的，$c =$ 查理的汽车）。

我们知道萨姆的第一个前提为假。如果这个汽车不烧汽油，那行驶 800 英里不加汽油就没什么了不起的。苏西可以轻易否认萨姆的前提：

$$N: (x)\ [\ (Mx\ \&\ -Gx) \rightarrow Rx]$$

然而，如果她这么做，就可能无法深入讨论，因为萨姆不能理解为什
224 么她要否认一个看上去很明确的陈述，即一辆汽车行驶了 800 英里不
加汽油是了不起的。相反地，她辨别该陈述，承认它是燃汽油的车为真，而否认它是其他的车为真。

$$D: (x)\ [\ (Mx\ \&\ -Gx) \rightarrow Rx]$$
$$C: (x)\ [\ (Mx\ \&\ Bx\ \&\ -Gx) \rightarrow Rx]$$
$$N: (x)\ [\ (Mx\ \&\ -Bx\ \&\ -Gx) \rightarrow Rx]$$

（$Bx = x$ 烧汽油）

注意在“盲人”和“生肉”的例子中，被辨别的前提中某个词项有多重含义，下标有注明，由此加以区别。但是在“柴油汽车”的例子中，我们将其他的词项引入被辨析前提中，同时将该词项的否定引入前提中，由此辨别。

在第二种辨别方式的例子中，运用了传统术语学。它出现在喜剧

《没病找病》中，这部剧由法国著名剧作家莫里哀写于1673年。[3] 在剧中，安吉丽（Angélique）试图摆脱与托马斯（Thomas）的婚约。安吉丽的父亲患有忧郁症，想要一个做医生的女婿，于是选中了托马斯这个沉闷而迂腐的年轻医学生。安吉丽抱着她可以不和他结婚的侥幸，让托马斯考虑一段时间然后做出关于婚约的答复。而托马斯想要一个即刻的承诺。

安吉丽 一桩双方都满意的婚姻，将会进行得很顺利，而不被拖延。所以，多一点耐心。如果你爱我，先生，你应该期待我所期待的一切。

托马斯 的确，小姐，但应保留我作为爱人的权益。

安吉丽 但是，爱最大的标志，就是服从所爱之人的意愿。

托马斯 这是需要辨别的，小姐。承认，不属于被爱的人拥有的任何事；就是否认，属于被爱的人拥有的任何事。

很多时候，公共政策的重要议题也是通过辨别的方式来处理的。这里有一个例子：在（美国）国家劳资关系委员会诉赫斯特出版公司［N. L. R. B. v. Hearst Publications, Inc., 322 U. S. 111（1944）］案中的问题是特定的卖报者是否为他们所销售报纸的"雇员"，如果是，则有权根据《国家劳动关系法案》集体协议工资。报社方面争论说，卖报者不是雇员，而是"独立的承包人"，因为报社实际上对他们的工作很少控制。但是法庭指出，他们不过是那种需要联邦法律提供保护的工 225
人。报社根据普通法案件的主要处理规则，即让雇主对雇员的疏忽行为负责。在本案中，法庭认为这些判例并无益于解释该案例中的法令：

> 除非将普通法适用并且看作是具有专门地位的法律，否则，在不考虑立法目的的情况下，就经济事实问题而言，这些案件中特殊工作人员易受"法律被设计用来消灭"邪恶思想的影响，以及在特殊情况下，该法律所提供的补救措施是适合用来阻止他们或者治愈他们的有害影响的，这些不可能不相关。(322 U. S. at 127)

我们将报纸的论证形式化如下：

---

[3] *Le Malade Imaginaire*, Act Ⅱ, Scene 6 (our translation).

$$(x)(Bx \rightarrow Ex), (x)(Vx \rightarrow -Ex) \vdash (x)(Vx \rightarrow -Bx)$$

($Bx = x$ 有权获得集体协议工资，$Ex = x$ 是一个雇员，$Vx = x$ 是一名卖报者)

法庭的反驳如下：

D：$(x)(Bx \rightarrow Ex)$

C：$(x)(Bx \rightarrow E_1x)$

N：$(x)(Bx \rightarrow E_2x)$

D：$(x)(Vx \rightarrow -Ex)$

C：$(x)(Vx \rightarrow -E_2x)$

N：$(x)(Vx \rightarrow -E_1x)$

($E_1x = x$ 是一个雇员，满足本案所涉及法规的含义；$E_2x = x$ 是一个雇员，满足普通法的含义）法庭的辨别反驳了报纸的论证，因为对词项“雇员”的每一种解释，使得前提中都有一个被推翻。这个辨别影响到一个重要决策，即国会在几年后修正了《国家劳动关系法案》，从“雇员”的定义中排除了任何“具有独立承包商地位”的人［参见 29 U. S. C. §152（3）］。显然，这里提出的分析方法并不能解决所涉及的某个特定案例中的任何政策问题，但是它可以帮助我们找出问题所在。

226 **练习**

练习 1－6 的要求：符号化初始论证（a）及其回应（b），对每个回应符号化时，请用记号“D:”、“C:”和“N:”标注出来。

1.（a）在查尔斯·亚当斯（Charles Addams）漫画中，打电话的男人似乎在推理，既然他被允许打一个电话，并且正在打电话，他的行为则处于权利范围内。（b）而桌子旁的警察否认他被允许打一个可憎的电话。

当我说允许你打一个电话时，我并不意味着你可以打另一个可憎的电话。

Drawing by Charles Addams,©1974/The New Yorker Magazine,Inc.

*2. 在奥卡拉汉诉帕克［O'Callahan v. Parker，395 U. S. 258（1969）］案中，军事法庭判决一名军人在休假期间犯强奸罪。（a）政府认为军事法庭的司法权应扩大到所有涉及军事人员的案例。（b）但 227
是该法庭认为在服役期的案例才归军事法庭管辖。

3. 在著名的帕斯格拉芙案例中，帕斯格拉芙诉长岛火车站［Palsgraf v. Long Island R. R.，248 N. Y. 339，162 N. E. 99（1928）］，帕斯格拉芙是被告的一名雇员，当把乘客塞进火车时，不小心挤掉了该乘客的一个包裹。包裹中有烟花，于是引发了爆炸，掀翻站台另一边的磅秤。磅秤倒下时砸伤了原告。（a）原告认为，既然她受伤是由

被告雇员工作中的疏忽行为造成的，那么被告应该对她负责。(b) 但是，法庭认为除非过失与寻求补偿的人是有关的，否则过失行为并不能导致承担责任。请想出一个解决办法并使用如下字母表示：

> A*xy* = *x* 是 *y* 的雇员在工作期间的一个行为，I*xy* = *x* 导致了 *y* 受伤，N*x* = *x* 出于过失，L*xy* = *x* 要对 *y* 负责，r = 铁路，p = 原告，T*xy* = *x* 的过失行为与 *y* 有关

4. 在帕克诉摩托艇销售公司 [Parker v. Motor Boat Sales, Inc., 314 U. S. 244 (1941)] 案中，根据《联邦码头和港口工人赔偿法案》，在美国的适航水道中雇员受伤，州法律如果不能提供实质性的赔偿的话，那么国家可以提供赔偿。在南太平洋公司诉詹森 [Southern Pac. Co. v. Jensen, 244 U. S. 205 (1917)] 案中就存在这种情形。(a) 雇主认为詹森案应该被驳回，事实上，几乎没有案例显示，在美国的适航水道中受伤的雇员并没有得到州法律提供的实质性的赔偿。因此，《联邦码头和港口工人赔偿法案》没有用武之地。(b) 但是法庭认为，所谓的参考《宪法》是指在制定法律时要依据《宪法》来解释。所以，在《联邦码头和港口工人赔偿法案》中宪法参考的解释必须和詹森案一致，即使这个案例与对宪法的现行理解相悖。

5. 纳什维尔和奥氏的铁路公司诉戴维斯 [Nashville & K. R. R. v. Davis, 78 S. W. 1050 (Tenn. 1902)] 案：

> 威尔克斯 (WILKES, J.) 这是一起针对铁路公司的火车撞死价值 1.50 美元的三只鹅的伤害事件。鹅的主人住在离铁路 1 英里远的地方，而鹅是放养的，于是它们走到了一个靠近公共路口的铁道上。铁路管理员吹了哨子，并且为火车经过也鸣了笛，但是没有证据显示，他为鹅响铃或者敲响警钟让其走开。鹅是否知晓为它们吹口哨已经无从再现。我们认为没有证据说明此案中存在鲁莽或普通法系上的过失。唯一的问题是，鹅是动物还是法律意义上的障碍物。一旦动物或障碍物出现在铁道上时，应该
> 228 鸣警铃，踩刹车，用一切可能的方式来使火车停下来，防止事故发生。很显然这个条款出台的目的，不仅是保护铁道上的动物，更是保护乘客和火车的员工免于事故和伤害。如果火车驶过的话，鹅似乎不是那种可以导致火车出轨的障碍物。鹅是有生命的动物，并且在最广义的理解上也是动

物；但我们认为法令并没有规定，火车要因为避让禽类，比如鹅、鸡、鸭、鸽子、金丝雀，或者其他为观赏或盈利目的而养殖的禽类而停下。禽类有翅膀可以迅速移动来躲避危险，并且假定它们会采取行动（这是一个足可作有力证据的推定，在鹅的案例中，那些鹅也许是不愿屈尊挪驾，哪怕那样可以躲过飞驰的火车）。但是，标准还是应该划分出来，我们持有这样的观点，即鹅是一种适合划定标准的禽类。我们不是意在说明，在鲁莽和普通法体系上的过失行为的案例中，不存在对杀死鹅、鸡、鸭或其他家禽的补偿，因为上述案例中没有提供相关说明。当蛇、青蛙和蚯蚓出现在铁道上的时候，某种意义上，它是障碍物；但是法令没有考虑周全：碰到诸如此类的障碍物时，火车是否应该停下来，从而造成乘客被延误。

我们认为，下级法庭在给原告判决的时候存在错误，这个判决现已被推翻。此案是在没有陪审团听审的情况下审理的，诉讼被驳回，由原告承担费用。

对于原告论证请想出一个解决方案，并使用如下字母表示：

A = 一个动物出现在铁道上，S = 工作人员试图拦停火车，V = 铁路方违反了法令，L = 铁路方应承担责任

为了方便法庭的辨析，在前面提到的字母表示中增加 A_1 和 A_2。

*6. 符号化前面所提到的安吉丽和托马斯（参见 P. 224）之间的争论。假定在安吉丽的论证中，未说明的结论是如果托马斯爱她，他将会顺从她的意愿，花费更多的时间来答复她。

7.（挑战性习题）下面是哈佛法学院的阿兰·德尔绍维茨（Alan Dershowitz）教授著作《肆无忌惮》（*Chutzpah*）中的摘录。[4] 他提到了一个他不完全认同的论证，即所有种族特定的反歧视行动计划都是令人反感的，因为它们恰是以种族为借口来呼吁歧视。(a) 符号化该论证并且证明贾敏·德尔绍维茨（Jamin Dershowitz）是如何反驳它的。(b) 在贾敏上述观点的基础上，符号化该论证，证明鉴于美国社会种族主义的影响，种族特定的反歧视行动计划是必要的。(c) 德 229

〔4〕（Boston: Little Brown, 1991）, pp. 78－79. 我们非常感谢能够得到德肖维茨教授的许可使用这个摘录。

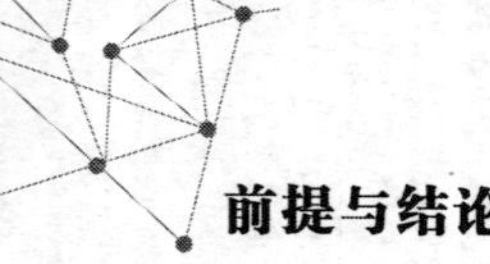

尔绍维茨教授则坚持认为，根据上述论证某些计划是必要的，仍是站不住脚的。将他对贾敏的回应进行符号化。

反歧视行动的问题大大加剧了犹太人和黑人社区的种族间的紧张局面。虽然对无论何种类型的反歧视行动，犹太族都比任何其他的白人种族更为踊跃。当然，许多犹太人回想起“限额”“多样化”“自决”这些用在他们身上的字眼时，对特定类型的反歧视行动计划仍谨小慎微，尤其是对那些针对犹太民族的歧视行为。这是完全可以理解的，参照历史，一些人跃进太快，批判反歧视行动问题时没有把犹太人区分出来对待，他们应该将这一点考虑进来。的确，在反歧视行动的问题上，把犹太人从其他白人种族中区分出来，进行特别批判，这件事本身就微妙地体现了反犹太主义，尤其是考虑到犹太人更加支持种族特定反歧视行动。

在过去的几年中，我一直在和我的小儿子贾敏辩论这些问题。我的儿子，刚从耶鲁法学院毕业，是各种类型反歧视行动计划的坚定支持者。他和我一样，不喜欢那些只关注种族、给出身富裕的黑人子弟过分支持的人。但是他正准备对申请人的种族给予相当的重视，毕竟，或明或暗，种族经常是被歧视的要素。

他的论证，某种程度上说服了我，即考虑到美国独特的种族主义历史和持续至今的影响，给某些没有受到歧视的黑人其他的好处比冒险不给一些受到歧视的黑人好处更为妥善。他也说服了我，以白人为主的民族对黑人种族施加的种族驱动的歧视，和他们对其他白人种族（在平等的基础上）施加的以积极的努力消解过去歧视的歧视，这两者是截然不同的。被歧视的人都毫无疑问会受到伤害，无论黑人还是白人。但作为次级种族的个体和作为民族平等的仁慈典范，受到由来已久的制度的影响和其伤害的严重程度，是无法相提并论的。正如奥利弗·温德尔·霍姆斯（Oliver Wendell Holmes）所说：“即使是一条狗，也明白被绊倒和被踢倒的区别。”

从和我儿子贾敏的辩论中，我了解到很多观点，但是我仍坚持认为，任何像哈佛大学所做的平权行动都是没有意义的：即通过“地理分布”和“校友偏好”（例如，校友的后代和亲属享有优先权），将相对固定的录取指标留给白人学生、有英国血统的人和新教徒，同时，通过大量削减给犹太人、天主教徒和亚裔美国人的录取名额来保证黑人的配额。我和贾敏一致认同，
230 所有的申请人都应该承担起寻求公平的反歧视行动计划的“重任”，而不是将其一股脑压在哈佛歧视的现时受害者身上。平心而论，如果这个重担必须不

成比例地由某些人承担，那么历史上受益于哈佛偏见的人，理应多承担一些责任，努力追求平等，这样才稍显公平。

4.5　积极抗辩

在巴伯诉文森特·弗里曼［Barber v. Vincent，Freeman 531，89 Eng. Rep. 397（C. P. 1680）］案中，原告提出，他之前卖给被告一匹马的行为具有准合同效力。被告申辩道，他在交易时没有达到法定年龄。原告回应道，出售马的时候充分考虑到了它是作为被告出行方便的必需品。被告随后提出异议，争论道“一个未成年人只能购买必需品，比如肉、饮料、衣服、住宿、教育”。法庭驳回了被告的异议，并对原告作出裁定。

我们将这个案例中的争论写成逻辑的形式，以符号代替语言叙述，括号中是没有阐明的前提。

论证 I－原告

1. ［任何一个买主都要付给卖方钱。］	$(x)(y)(z)(Bxyz \rightarrow Pxzy)$
2. 被告从原告那里买了一匹马。	Bdhp
3. 所以被告应该付给原告一匹马的钱。	$\vdash$Pdph

（$Bxyz$ = x 从 z 那里买了 y，$Pxyz$ = x 必须为 z 支付 y）

论证 II－被告

4. ［未成年人买东西不需要付钱。］	$(x)(y)(z)[(Bxyz \,\&\, Mx) \rightarrow -Pxzy]$
5. 被告从原告那里买马的时候还是一个未成年人。	Bdhp & Md
6. 所以，他不需要付给原告钱。	$\vdash -$Pdph

对于论证 I 的回应

7. 对第 1 行的辨析：	D：$(x)(y)(z)(Bxyz \rightarrow Pxzy)$　231
7A. 任何非未成年人买东西都必须付给卖方钱——承认	C：$(x)(y)(z)[(Bxyz \,\&\, -Mx) \rightarrow Pxzy]$

7B. 任何未成年人买东西都必须付给卖方钱——否认　　N：$(x)(y)(z)[(Bxyz \& Mx) \rightarrow Pxzy]$

论证 III－原告

---

8. [未成年人购买必需品必须付钱给卖家。]　　$(x)(y)(z)[(Bxyz \& Mx \& Ny) \rightarrow Pxzy]$

9. 原告称，虽然被告当时是未成年人，但是他买的这匹马属于必需品。　　$Bdhp \& Md \& Nh$

10. 所以，被告必须付给原告钱。　　$\vdash Pdph$

对于论证 II 的回应

11. 对第 4 行的辨析：　　D：$(x)(y)(z)[(Bxyz \& Mx) \rightarrow -Pxzy]$

11A. 未成年人不需要为其购买的非必需品付钱——承认　　C：$(x)(y)(z)[(Bxyz \& Mx \& -Ny) \rightarrow -Pxzy]$

11B. 未成年人不需要为其购买的必需品付钱——否认　　N：$(x)(y)(z)[(Bxyz \& Mx \& Ny) \rightarrow -Pxzy]$

对于论证 III 的回应—被告

[注意：被告提出的异议并不是一个新的论证。它只是攻击原告最后一个论证（论据 III）中未说明的法律前提（第 8 行）。]

12. 对第 8 行的辨析：　　D：$(x)(y)(z)[(Bxyz \& Mx \& Ny) \rightarrow Pxzy]$

12A. 对于肉、饮料、衣服、住宿、教育之类的必需品——承认　　C：$(x)(y)(z)[(Bxyz \& Mx \& N_1y) \rightarrow Pxzy]$

12B. 对于交通方面的必需品——否认　　N：$(x)(y)(z)[(Bxyz \& Mx \& N_2y) \rightarrow Pxzy]$

（$N_1x = x$ 是肉、饮料、衣服、住宿、教育之类的必需品，$N_2x = x$ 是交通方面的必需品）

---

232 注意第 12 行提到的辨析，同之前讲到的“盲人”和“生肉”的例子一样，是建立在解释的基础上的，而不是一味否认有歧义的前提。被告不是否认“未成年人应为所买的必需品付钱”这句话，而是否认了第

8 行中的“必需品”这个词项包括了交通方面的需要。我们可以很清晰地看到，它是通过下标符号化进行辨别而不是借助其他的谓词。此外，跟“柴油机车”例子里面的一样，第 7 行和第 11 行中的辨析相当于否认了有歧义的前提。假如未成年人买什么都不要钱，就不存在任何人买东西都要钱的情况。相似的，假如未成年人必须为必需品买单，就不存在他们买什么都不要钱的情况。所以被告为什么要辨析第 1 行而不是否认它呢？或者说原告为什么要辨析第 4 行而不是否认它呢？这是由法律所要求的。

从上述讨论中我们得出，一种否认法律前提的方法是如第 1 行和第 4 行所示的提出异议或者相应请求。动议的提出需要满足一个条件：法律中没有动议所指向的原则。但是如果你声称第 1 行或第 4 行中未提到的这样的原则，以此来说服对方，法律是不允许的。事实上，这两种原则也存在例外；如果你想从例外中得到益处，那么你必须进行诉讼并且证明在其范围之内。根据《联邦民事诉讼法》第 8（c）条之规定，一些请求必须以如下方式作出：它被称为“积极抗辩”。其他的请求是由历史和先例决定的，甚至是基于常识的。大意就是说，一些例外情况是非常隐蔽的，以至于其被错误地引用而没有察觉。

现在，我们总结关于陈述辨别的规则如下：

1. 在以下任何一种情况出现时，一个陈述应该被辨别，而不是简单的否认：

(a) 该陈述可以有多种解释，并且至少存在一种为真。（“盲人”的例子和巴伯案例中的第 12 行关于被告人的陈述）；

(b) 虽然该陈述为真，除非有另一种情况被提出，否则该陈述将具有误导性（“生肉”的案例）；或者

(c) 它是法律或者常识要求特别提出的例外（“柴油机车”的案例和巴伯案例中的第 7 行和第 11 行）。

2. 通过辨别一个或者一个以上陈述，来回应一个论证的步骤如下：

(a) 辨别该论证中的陈述，可以通过揭示其所包含的某个含混意思的词项（例如“盲人”的案例）或者具体化某个其他的条件 233
（例如“必需品”）。

(b1) 如果有两个前提都要辨别，那么根据一种解释否认一个前提，再

根据另一种解释否认另一个前提。你就推翻了该论证的结论。

(b2) 如果一个前提和该结论需要辨别，根据其中之一的解释就可以将两者都否认。

练习

要求：以下案例中包括积极抗辩，积极抗辩的回避（the avoidance of an affirmative defense）或者两者都有。在上述巴伯诉文森特案例中，当事人引入一个积极抗辩或者回避时，必须用包含前提和结论的完整论证来支持。要引入那个论证的法律前提，一方必须辨别之前另一方提出的论证中未阐明的法律前提。所以，处理这些案例的方法不同于前面第 4.4 节中后面的练习题。在这些案例中，我们辨别前提是为了证明，当事人所依赖的前提不能证明该案例。而我们没有必要证明自己的案例。引起这个区别的原因在于法律规则，比如《美国联邦民事诉讼规则》第 8（c）条，而不是逻辑规则。陈述和符号化下面的每一个案例中支持或者回避积极抗辩的论证，并且证明如何辨别之前论证中的法律前提，从而支持本论证的法律前提。

1. 原告以非法监禁的罪名起诉被告，因为他违背她的意愿对她实施扣留。被告是一家百货商店的保安，他注意到原告，并有理由怀疑她实施了偷窃。于是他扣留了她，直到查清她带出商店的所有东西都已付款。参见邦科夫斯基诉阿兰的百货公司［Bonkowski v. Arlan's Dept. Store, 12 Mich. App. 88, 162 N. W. 2d 347 (1968)］案。

＊2. 在一场风暴中，原告将帆船拴在被告的码头上，而被告割断了固定的绳索，导致帆船损坏，并且原告也受了伤。参见普鲁夫诉普特南［Ploof v. Putnam, 81 Vt. 471, 71 Atl. 188 (1908)］案。[5]

---

〔5〕 对于没有学过《侵权法》的学生，我们列出以下适用的法律原则：①行为人应对故意行为导致的伤害承担法律责任。②财产的拥有者可以采取适当措施来防止他人进入和停留在自属领地。③因紧急避险，某人可以进入或停留在他人领地。②是①的例外情况，而③是②的例外情况。这两点必须明确地被提出来。

3. 原告是一个棒球比赛的观众，被一个犯规的球砸中而受伤。他 234
以没有为看台设置防护物的过失为由起诉被告，也就是场地的主人。而被告宣称原告是懂棒球比赛规则的，可以推测，他意识到了违规球的危险而依然选择坐在没有围栏的看台观看比赛。参见卡瓦塔诉西雅图棒球俱乐部［Kavafian v. Seattle Baseball Club Ass'n，105 Wash. 215，181 Pac. 679（1919）］案。

4. 原告是一个庭审的目击证人，被告是一名律师。被告对原告的品格作虚假陈述，试图使她的证言失效。她以诽谤罪起诉被告，但是被告称他有绝对特权，因为他的陈述是与庭审中有争议的事务相关的。参见欧文诉艾舍斯特［Irwin v. Ashurst，158 Ore. 61，74 P. 2d 1127（1938）］案。

5. 原告因一张由被告购买汽车所支付的本票而起诉被告。被告称他是在卖家欺骗性的误导下而买的汽车。原告称他是“正当持票人”。[6]

＊6. 原告声称被告不小心撞倒了他，被告已经履行相关合约，但被告声称该合约是在其受到欺诈的情况下签订的。

7. 原告因被告设计的前端装货机意外受伤而起诉被告。原告在这次事故后发现了原设计被更改。于是他认为，根据《美国联邦民事诉讼规则》第26（b）（1）条之规定，这个信息是要求被发现的，因为它将构成可采证据，或者它可以导致可采证据的发现。但是被告声称，这样的信息是有保密特权的。参见林德伯格诉通用汽车公司［Lindberger v. General Motors Corp.，56 F. R. D. 433（W. D. Wis. 1972）］案。

---

〔6〕 到期拥有者是指持有票据或者其他法律文件的人，出于诚意且具备合法对价。他或她不受辩护所支配，如欺诈。

235 # 第 5 章 陷阱与怪论

在本章中，我们将讨论在法律材料中运用命题逻辑和谓词逻辑可能会出现的问题。其中有些问题（指陷阱类的问题）是由分析材料的复杂性导致的，而另一些问题（指怪论类的问题）是由标准逻辑的局限性导致的。在第一节中我们将讨论当符号化成文法或其他法规时可能会产生的问题。

5.1 必要条件与充分条件

在第 2.2 节中，我们注意到一个条件命题的前件是后件的充分条件，而后件是前件的必要条件。这一点可以广泛运用于全称量化条件句中。比如在 S1 中，不法行为是构成犯罪的充分条件且后者是前者的必要条件。

（S1）所有的不法行为都是犯罪行为。

（F1）$(x)(Mx \rightarrow Cx)$

236 你应该知道，如果前件为析取（如 S2），那么每个析取肢（包括整个析取）都可作为一个充分条件；如果后件为合取（如 S3），那么每个合取肢（包括整个合取）都可作为一个必要条件。

（S2）如果史密斯夫人是国会女议员或是参议员的话，她的年龄应该在 24 岁以上。

（F2）$(C \vee S) \rightarrow O$

（S3）所有美国总统的年龄都不低于 35 岁且出生于美国本土。

(F3) $(x)\ [Px \rightarrow (Lx \ \&\ Nx)]$

由S2可知，史密斯夫人是国会女议员为她年龄超过24岁的充分条件。根据S3，年龄超过35岁是成为美国总统的必要条件。另一方面，当一个前件是合取，每个合取肢只是充分条件的一部分而它本身不能作为充分条件。同样地，析取中的单个析取肢不能作为必要条件。

在双条件句及其量化句中，其前件和后件互为必要充分条件。比方说在S4中，律师身份是在法庭上拥有当事人代理权的必要充分条件（反之亦然）。

(S4) 所有且只有律师在法庭上有资格代表当事人。

(F4) $(x)\ (Lx \leftrightarrow Rx)$

当我们符号化一般法律陈述时，需考虑所表述的条件是充分的、必要的还是充分必要的。

现在举例说明此问题，下面是《美国法典》第42篇第402条（社会保障法的一部分），如下：

每个人都应当享受养老保险金……，如果他：

(1) 是一个全保险者 [参见此法典第414 (a) 条]

(2) 年满62周岁，且

(3) 已递交了养老保险金的申请材料，或在达到退休年龄当月的一个月前已通过了领取残疾保险金的资格审核。(参见此法典第416 (l) 条)

该法律条款的符号化看起来很简单：

$(x)\ \{[Ix \ \&\ Ax \ \&\ (Fx \vee Dx)] \rightarrow Bx\}$

$Ix = x$ 是一个全保险者 237

$Ax = x$ 年满62周岁

$Fx = x$ 已递交了养老保险金的申请材料

$Dx = x$ 在达到退休年龄当月的一个月前已通过了领取残疾保险金的资格审核

$Bx = x$ 有资格领取养老保险金

假定我们有一个委托人叫查理，年满61周岁且是一个全保险者，想咨询

如果他现在申请养老保险金是否具有资格。任何称职的律师都会告诉他，由于其年龄尚未到法定的62周岁而不能获得享受养老金的资格。

对于查理的建议，可以符号化如下（沿用上述的标记）：

$-Ac \vdash -Bc$

（c＝查理）显而易见，这是一个省略三段论。如果用第402条符号化中的前提将其补充完整，我们会发现该论证仍然无效。此论证所犯的谬误是“否定前件”，我们在第2.3节中已经讨论过这个问题。

从不同角度去解释第402条都会犯这个错误。从逻辑学家的角度去看，第402条符号化中的前提是享受养老金的充分条件，这是依照其字面意思去解读。但是当我们作为律师运用第402条时，它是享受养老金的必要条件。我们都心知肚明，除非某人通过法律途径申领，否则政府不会主动付钱。因为他若想享受公共福利就必须要证明自己的法律权利，基于申诉的目的，当事人引据的充分条件都是必要条件。因此，除非查理可以提出另一个享受养老金的理由（事实上没有），否则必须将上述第402条符号化中的蕴涵改为等值再来评估查理的申诉。

此程序所依据的逻辑原则是：

如果A是B的唯一充分条件，那么A也是B的必要条件。[1]

（此条原则的有效性见本章节末练习14）因此，当给定的符号化中其
238 前件是后件的唯一充分条件，你可以将蕴涵改为等值。诚然，双条件句公式断言的主张多于原句，但其主张皆为真（如果你是对的，那么此条件即为唯一充分条件）。

现实中还有很多类似的情况，即法律规定在字面上只作为充分条件但可能是必要条件和充分条件。比如刑法中对于刑事责任几种充分条件的规定，由于被告有权知晓其被指控的理由，故当检控方选择了其中一个充分条件作为刑事起诉的依据时，此条件是该具体案件中定

---

〔1〕实际上，B总是有另外的充分条件，例如，A的任何充分条件。所以，该原则的一个更适当的陈述应为：如果A是B的充分条件并且B的每一个充分条件也是A的充分条件，那么A是B的必要条件。

罪的唯一充分条件，因此也成为定罪的必要条件。[2]其他的法律规则也具有类似的特点，当人们依据相关的法律规则向法院或行政机构请求救济时，条件属性就会发生这样的转换。因为原告承担提出索赔的证明责任，所以基于此目的，原告提出的充分条件自然就成了重要的必要条件。

我们从字面上判断：只表述成充分条件亦为必要条件所依据的另一个原则是格言“有其一不能有其他”——包含一个事物的同时将排除另一个事物。例如，我们能够把这条原则适用于《美国联邦民事诉讼规则》第37（d）条，它规定如果“当事人或当事人的高级管理人员、董事或替代当事人作证的人”没有答复某些发现的要求将会被实施制裁。此款规定通常解释为当事人的高级管理人员、董事或替代当事人作证的人，和当事人一样，无需传票就应答复这些要求，而当事人的其他雇员，不是当事人的高级管理人员、董事或替代当事人作证的人，除非在收到传票的情况下，否则无需答复。也就是说，此款规定中对提及对象的列举蕴涵了对其他对象的排除。因此，《美国联邦民事诉讼规则》第37（d）条之部分规则可写为：

$$(x)\ [\ (Px \lor Ox \lor Dx \lor Mx) \rightarrow Rx]$$

$Px = x$ 是当事人
$Ox = x$ 是当事人的高级管理人员
$Dx = x$ 是当事人的董事
$Mx = x$ 是替代当事人作证的人
$Rx =$ 在没有传票的情况下，x 必须答复某些发现的要求

但其被解释为：

$$(x)\ [\ (Px \lor Ox \lor Dx \lor Mx) \leftrightarrow Rx]$$

当然，“有其一不能有其他”不是一个逻辑原则而是法律解释的 239
原则，这是鉴于法律材料大多数都是采取详尽枚举的方式。这时我们

〔2〕 当然，被告为了无罪释放是不必在没有必要条件的情况下进行。因为对被告的起诉检控方具有证明责任，无罪释放所需要的就是破坏这个充分条件之断言。我们已于第四章讨论了这种方法。

需借助下面的逻辑原则：

> **如果一个条件集的每个条件都是 X 的充分条件且该集合是穷尽的，那么它们的析取是 X 的必要条件。**〔3〕
>
> **如果一个条件集的每个条件都是 X 的必要条件且该集合是穷尽的，那么它们的合取是 X 的充分条件。**〔4〕

由于不是所有的枚举都是穷尽的，所以“有其一不能有其他”不能适用于所有的枚举。法庭常常需要判断适用于特定案件的此原则所表现的是政治意图还是法律意图。比方说在汉弗莱执行官诉美国政府［Humphrey's Executor v. United States, 295 U.S. 602 (1935)］案中，法院判决面临的问题是：

> 《联邦贸易委员会法》第1条“总统可以任期内低效、失职、渎职为由罢免任何委员”之规定制约和限制了总统以除指定一个或一个以上原因之外而罢免任何委员的权力。

基于对立法史和政策的考虑，法庭对此问题做出了肯定回答。

练习

1. 请运用命题逻辑符号化下列简略的陈述。

(a) A 和 B 每一个都是 C 的充分条件。

*(b) A 和 B 共同构成 C 的充分条件。

(c) A 和 B 每一个都是 C 的必要条件。

---

〔3〕 该原则一个更加充分的陈述为：如果一个条件集的每个条件都是 X 的充分条件且 X 的每一个充分条件也是该集合中由这些条件组成的析取的充分条件，那么该集合中由这些条件组成的析取是 X 的必要条件。

〔4〕 该原则一个更加充分的陈述为：如果一个条件集的每个条件都是 X 的必要条件且 X 的每一个必要条件也是该集合中由这些条件组成的合取的必要条件，那么该集合中由这些条件组成的合取是 X 的充分条件。相比其他原则，关于该原则的例子更难找到，不过还是有一些例子。比如，根据《职业行为模范规则》第1.8（f）条规定：只有在满足了三个条件的情况下，否则律师不得代表当事人接受除了当事人以外任何人的补偿。这条法规通常解释为：如果满足条件，那么律师被允许得到补偿。

(d) A 和 B 共同构成 C 的必要条件。

(e) C 是 A 的充分条件，也是 B 的充分条件。 240

*(f) C 是 A 的必要条件，也是 B 的必要条件。

这些陈述中哪些是逻辑等值?

2. 请指出下列陈述中的假陈述。(提示：先将其符号化)

(a) 如果 A 是 C 的充分条件，那么 A 和 B 的合取也是 C 的充分条件。

*(b) 如果 A 是 C 的充分条件，那么 A 和 B 的析取也是 C 的充分条件。

(c) 如果 A 是 C 的必要条件，那么 A 和 B 的合取也是 C 的必要条件。

(d) 如果 A 是 C 的必要条件，那么 A 和 B 的析取也是 C 的必要条件。

3. 请回顾一下第 9～10 页引述的和在第 2.7 节练习 5 中分析的众议院司法委员会的案例。国会议员麦克洛里的动议（练习中 S1 所表述的）是会议延期的充分条件，假设这是会议延期的唯一充分条件。根据此假设，考虑动议中提议的改写问题。此假设会改变练习 5 中从问题（a）到（d）的答案吗?

*4. 一则简短的新闻报道，如下：[5]

> ……本周一，最高法院首次确认关于限制国会议员连任次数措施的合宪性。这个判例案件来自阿肯色州，1992 年，一项宪法修正案在该州通过，禁止将从政 12 年并担任国会议员 6 年的美国参议员的名字印在投票纸上。
>
> ……
>
> 预计明年所决议的最高法院的判例，将聚焦阿肯色州的任期限制修正案是否违反了联邦宪法第 1 条。
>
> 第 1 条列举了国会议员的必备条件。众议院议员必须年满 25 周岁并且成为美国公民 7 年以上。参议院议员必须年满 30 周岁并且成为美国公民 9 年以上。参议院和众议院的议员必须均为其被选举州的居民。

---

[5] "High Court to Determine if Term Limits Are Legal", *Asheville* (*NC*) *Citizen-Times* (June 21, 1994), p. 3A. The article was prepared by Knight-Ridder. The decision of the Arkansas Supreme Court was affirmed in *U. S. Term Limits*, *Inc.* v. Thornton, 115 S. Ct. 1842 (U. S. 1995).

……

根据最高法院出台的政策，阿肯色州根据宪法对已有规定的年龄、国籍、住所要求加以了新的限制。

“对国会议员的任期限制很有可能是由年龄引起的”，阿肯色州的陪审法官罗伯特·布朗（Robert L. Brown）写道。

241 “但是要推行这样一项改革，必须要通过相应的宪法修正案，并获得3/4以上州的批准。”

但是持不同意见的州法官认为，《宪法》第1条旨在规定最低条件而不是唯一条件。……

《宪法》第1条的第二部分规定了众议院议员的条件，第三部分规定了参议院议员的条件。这些条款形式上类似，所以我们着重研究前者：

任何未满25周岁以及成为美国公民未满7年的人不得担任众议院议员。选举时，不是选举州居民的人也不能担任众议院议员。

（a）符号化该段文字，并将它作为阿肯色州最高法院的主要观点。“人”作为论域，采用以下符号表示：Ex = x具备成为众议员的条件，Ax = x年满25岁，Cx = x成为美国公民7年以上，Ix = x是其被选举州的居民。（b）符号化上述内容，并将它作为陪审法官的不同意见。（c）运用“必要条件”和“充分条件”的概念来辨析这两种观点的分歧。

练习5和练习6是关于《美国联邦民事诉讼规则》第23条，下面是该规则的第（a）款和第（b）款的部分内容：

第23条　集团诉讼

第（a）款　集团诉讼的先决条件。只有满足下列条件时，集团中的一个或者一个以上成员可以作为集团全体成员的代表起诉或应诉：①集团人数众多，以至于全体成员的合并在实际上是不可能的；②该集团有共同的法律或事实问题；③代表当事人的请求或抗辩是集团中有代表性的请求或抗辩；④代表当事人能公正和充分地维护集团成员的利益。

第（b）款　可继续进行的集团诉讼。如果一个诉讼已经具备本条第

(a) 款中的先决条件，同时另外有以下条件，则该诉讼可以作为集团诉讼继续进行：

① 由集团成员个别提起诉讼或者应诉可能会产生如下风险：

(A) 由于对集团的各个成员作出相互矛盾或不一致的判决，可能会对与集团对立当事人判定不同的行为标准；或者

(B) 对集团个别成员的判决会在实际上处分非判决当事人的其他集 242
体成员的利益，或者在实质上损害或者妨碍他们保护自己利益的能力；或者

② 集团的对方当事人基于一般适用于整个集团的理由而作为或者不行为，从而将集团视为整体作出相应的终局性的禁止令救济或相当的宣告性的救济；或者

③ 法院判断认定，集团成员的共同的法律上或事实上的问题，相对于仅影响个别成员的问题占优势地位，并且集团诉讼对纠纷作出公正和有效的裁判优于可用的其他方法。

5. 请运用下面列出的字母符号化该内容。对 (b) 给出两个符号化：首先给出字面意思的符号化，然后根据“有其一不能有其他”的原则给出更强的符号化。

Mx = x 可能被维持为一个集团诉讼

A1x = x 遵从第 23 (a) 条的条件①

A2x = x 符合第 23 (a) 条的条件②等

B1x = x 符合第 23 (b) 条的条件①等

6. 指出下列 (i) 到 (vii) 的每组组合是否可以构成维持集团诉讼的必要条件或充分条件，或二者兼得，或二者都不是。依据“有其一不能有其他”的原则，灵活运用分支 (b) 的强解释。

i. (a)(3)和(b)(3)

ii. (a)(1)或(a)(2)

iii. (a)(1)或(a)(2)或(b)(3)

iv. (a)(1)和(a)(2)和(b)(1)和(b)(2)

v. (b)(1)或(b)(2)或(b)(3)

vi. (a)(1)和(a)(2)和(a)(3)和(a)(4)和(b)(2)

vii. (a)(1)和(a)(2)和(a)(3)和(a)(4)，和要么(b)(1)或(b)(2)

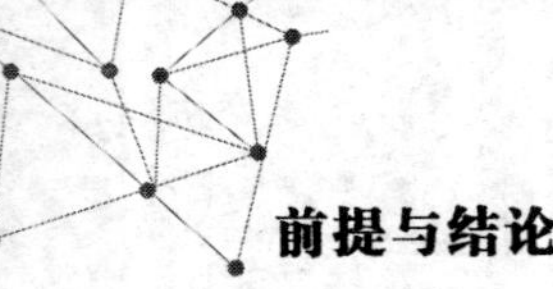

或(b)(3)

练习7到12的说明：每个练习题中都包含一个律师认为有效的或至少似真的论证，符号化该论证。(在第3.7节中用实例进行解释的分析方法可能会运用到某些练习题中。) 运用第二、三章中介绍的技巧证明符号化该论证的无效性。然后，依据下面给出的其中一条原则，你可以选择增加一个前提或者强化现有前提使该符号化论证有效。证明该扩张的论证形式有效性。原则：

243 P1. 有其一不能有其他。

P2. 一个人若想限制另一个人的人身自由，他或她必须指出赋予其行为合法性的具体法律原则。

7. 在萨默塞特案［20 Howell's State Trials I (1772)］中，曼斯菲尔德法官认为，因为英国没有具体的允许奴隶制的法律原则，隶属于牙买加种植园的奴隶萨默塞特在英国境内，其人身自由不受其主人的约束。

*8. 《美国联邦民事诉讼规则》第25 (a) 条之规定“当请求并没有因当事人死亡而消灭时，法院可以命令适格当事人替代之”。于是如果请求由于当事人的死亡而消灭，那么没有替代者是正当的。

9. 在丽贾娜诉杰克逊［Regina v. Jackson, (1891) I Q. B. 671 (C. A.)］案中，一名已婚妇女没有任何充分理由就离开了她的丈夫，于是她的丈夫强行把她带回家直至法院发出人身保护令释放了她。法庭认为，虽然她有与其丈夫一起生活的法定义务，但法律并没有赋予其丈夫限制其人身自由的权利。

10. 在坎菲尔德诉托拜恩斯［Canfield v. Tobias, 21 Cal. 349 (1863)］案中，起诉书称有债务，并且还说用诈骗方式非法的获得了债务的解除。答辩状提出了免除债务的利益，但没有对指控的诈骗行为做出回应。原告提出对诈骗行为的指控是允许的，因为除非在答辩状中被否认，否则根据法律的规定，任何起诉中的实质性指控都是允许的。但法庭认为，对诈骗行为的指控不属于实质性的（因为它属于诉讼的后一个阶段），因此，这一指控不被允许。

11. 《美国联邦民事诉讼规则》第 26（b）(1）条规定：“如果被要求发现的信息很可能在开庭审理中采纳为证据，但不得以该信息在开庭审理中不被采纳为证据作为提出异议的理由。”于是信息既不是可采的也不是被要求发现的信息很可能在开庭审理中采纳为证据不是可发现的。补充一个前提：如果信息是不可采的，并且它的不可采性是被要求发现的信息提出异议的理由，那么该信息不是可发现的。

＊12. 《美国法典》第 5 篇第 553（c）条［5 U. S. C §553（c）］之《联邦行政程序法》规定：“法律规定必须根据行政听证后的记录制定的规则，适用本编第 556 条和第 557 条的规定……”在美国政府 244
诉佛罗里达东海岸铁路案［410 U. S. 224（1973）］中，第 556 条不适用于在没有记录制定规章下的规则制定流程。

13. （挑战性习题）《美国法典》第 42 篇第 1981 条（42 U. S. C §1981）中一条联邦法规的部分内容如下：

> 所有人……在各州和地区都享有同等制定履行合约、上诉、集会、作证的权利，以及与白种公民相当的受到法律诉讼保障的人身财产安全的权利，并负有受罚、受刑、交罚金、缴税、申请执照、服从每种形式的强征的义务。

在 1976 年麦当劳诉圣达菲路运输公司［McDonald v. Santa Fe Trail Transp. Co.，427 U. S. 273（1976）］案中，最高法院意识到如果仅从字面上解读这条法规，在白人的待遇低于黑人时，并不能给予白人任何救济，但是考虑到宪法及对于种族平等的历史承诺，此款法规可以有更宽泛的解释，即也保障白人的权益。符号化这两种解释。提示：法律中的“所有人”和“白种公民”是有重叠的。但是法律赋予白种公民享有白种公民的权利是一种同义反复。当符号化时可以将“所有人”改为“所有非白人的人”来避免同义反复。

14. （挑战性习题）我们在本书中第 242 页中给出了这样的原则：

> 如果 A 是 B 的唯一充分条件，那么 A 也是 B 的必要条件。

通过下面该论证的有效性来证明上述原则为真：

Sab & (x)($Sxb \rightarrow Sxa$)	A 是 B 的唯一充分条件。[6]
(x)(y)[$Sxy \leftrightarrow (Ox \rightarrow Oy)$]	‘充分条件’的定义。
(x)(y)[$Nxy \leftrightarrow (Oy \rightarrow Ox)$]	‘必要条件’的定义。
$\vdash$ Nab	A 是 B 的必要条件。

(论域：可能的情况；$Sxy = x$ 是 y 的充分条件，a = 可能情况 A，b = 可能情况 B，$Ox = x$ 得到，$Nxy = x$ 是 y 的必要条件)

5.2 有问题的全称陈述

245 下列五个命题看上去令人迷惑不解：

只有 A 是 B。

除了 A，其他都不是 B。

仅有 A 是 B。

除了 B，所有的 A 都是 C。

所有 A 和 B 都是 C。

只有 A 是 B。请看下面的例子：

(S1) 只有男性能加入全国橄榄球联盟。

很明显这是全称陈述，因此它等同于 S2 或 S3，但是对应哪个呢？

(S2) 所有的男性都可加入全国橄榄球联盟。 (x)($Mx \rightarrow Nx$)

(S3) 所有加入全国橄榄球联盟的人都是男性。 (x)($Nx \rightarrow Mx$)

因为 S1 是真的，而 S2 是假的，故这两个陈述不可能等值，于是 S1 的等值陈述是 S3。请注意 S1 与 S3 具有相同的内容 S4：

(S4) 没有非男性加入全国橄榄球联盟。(x)($-Mx \rightarrow -Nx$)

“只有”语句中的主语是单数还是复数在逻辑上会带来不同。请看下面的例子：

---

〔6〕 一个更加充分的陈述：A 是 B 的一个充分条件并且 B 的每一个充分条件也是 A 的充分条件。

只有男性参加了这场考试。 $(x)\ (Ex \rightarrow Mx)$

只有奥利弗参加了这场考试。$Eo\ \&\ (x)(Ex \rightarrow x = o)$ 或 $(x)(Ex \leftrightarrow x = o)$

第一句表达了一个断言，第二句表达了两个断言。

除了 A，其他都不是 B。下句与 S1 表达的是相同意思，因此也与 S3 等值。

除了男性，其他人都不能加入全国橄榄球联盟。 246

“只有”与“除了…其他都非”是同义的。当这两个表达式被标准量词“所有”替代时，该陈述中的主语与谓语必须互换。

仅有 A 是 B。务必要注意区分“只有”和“仅有”，比方说下列 S5 与 S6 表达的并不是同一个意思：

（S5）我仅有的车子就是日本跑车。

（S6）我拥有的车子只有日本跑车。

S5（而不是 S6）等值于：

所有我拥有的车子都是日本跑车。$(x)\ (Ox \rightarrow Jx)$

虽然“只有”与“所有”并不等值，但是“仅有”与“所有这些”常常可以互换。基于上述“只有 A 是 B”的陈述，我们可推出 S6 等值于一个骇人的谎言：

所有的日本跑车都是我的车。$(x)\ (Jx \rightarrow Ox)$

除了 B，所有 A 都是 C。请看下面 S7 的“例外式”表达：

（S7）除了指导员，全体教职工都可享受退休金。

S7 的表达有些模棱两可，它既包含 S8 的含义，也常常包含 S9 的含义。

（S8）所有不是指导员的教职工享受退休金。$(x)\ [\ (Fx\ \&\ -Ix) \rightarrow Bx]$

（S9）没有是指导员的教职工享受退休金。 $(x)\ [\ (Fx\ \&\ Ix) \rightarrow -Bx]$

如果你认为 S7 同时表达了以上两层含义，那么它等值于 S10。

（S10）教职工享受退休金当且仅当他们不是指导员。 $(x)\ [Fx \rightarrow (Bx \leftrightarrow -Ix)]$ 247

在将含有“除了”的语句符号化之前，必须弄清其含义。要注意的是，当“除了”后面的词项是单独的时，该语句可以表达两个断言：

> 除了史密斯，所有教职工都是终身任职的。$(x)\ [(Fx \ \&\ x \neq s) \rightarrow Tx]\ \&\ -Ts$ 或 $(x)\ [Fx \rightarrow (Tx \leftrightarrow x \neq s)]$

所有 A 和 B 都是 C。请看 S11：

> （S11）所有的丰田汽车和本田汽车都是日本汽车。

此句符号化为 F11，而非 F12。

> （F11）$(x)\ [(Tx \vee Hx) \rightarrow Jx]$
> （F12）$(x)\ [(Tx \ \&\ Hx) \rightarrow Jx]$

（论域：汽车）F12 完全不同于下面的陈述 S12。

> （S12）每个既是丰田、也是本田的汽车都是日本的。

除非丰田公司和本田公司合并为一家合资企业，否则 S12 的主语对应的类将为空集。相反的，S11 的主语所对应的类是一个很大的类——包括了所有丰田汽车和本田汽车。如你所料，S11 与 S11A 等值，并且 F11 与 F11A 也在逻辑上等值。

> （S11A）所有的丰田汽车都是日本汽车并且所有的本田汽车都是日本汽车。

> （F11A）$(x)\ (Tx \rightarrow Jx)\ \&\ (x)\ (Hx \rightarrow Jx)$

令人惊讶的是，含有析取联结词的公式 F11 却应该对应含有“并且”的 S11，但是如果我们把谓语表达得更明确（“是一辆丰田汽车”，“是一辆本田汽车”和“是一辆日本汽车”），那么“并且”就要让步于“或者”。

> 任何一辆车是丰田，或者是本田都是日本汽车。

248 我们总结如下：

只有 A 是 B 除了 A，其他都不是 B } = 所有 B 是 A	$(x)\ (Bx \rightarrow Ax)$

续表

只有个体 a 是 B	$(x)\ (Bx \leftrightarrow x = a)$
仅有 A 是 B　　　=所有 A 是 B	$(x)\ (Ax \rightarrow Bx)$
除了 B，所有 A 都是 C	$(x)\ [\ (Ax \,\&\, -Cx) \rightarrow Bx]$ 或 $(x)\ [Ax \rightarrow (Cx \leftrightarrow -Bx)]$
除了个体 B，所有 A 都是 C	$(x)\ [Ax \rightarrow (Cx \leftrightarrow x \neq b)]$
所有 A 和 B 都是 C	$(x)\ [\ (Ax \vee Bx) \rightarrow Cx]$

所有 A 都不是 B。下面陈述 S13 是含糊的，其意思可能是 S14，也可能是 S15。

(S13) 所有事件都不是由原因所致的。

(S14) 没有事件是由原因所致的。　$(x)\ (Ex \rightarrow -Cx)$

(S15) 并非所有事件都是由原因所致的。　$-\ (x)\ (Ex \rightarrow Cx)$

S13 的含义可能会随着其语境或语调（如果是口语表达的话）的不同而发生改变。相比含糊的 S13，S14 与 S15 的含义则较为明确。

定义：定义结合了两个断言。比方说，定义 S16 能够推衍出 S17 与 S18。

(S16)"父亲"指的是"父母中的男性"。

(S17) 所有的父亲都是父母中的男性。　$(x)\ [Fx \rightarrow (Mx \,\&\, Px)]$

(S18) 所有的父母中的男性都是父亲。　$(x)\ [\ (Mx \,\&\, Px) \rightarrow Fx]$

定义可以被精确地符号化为量化的双条件句。于是，S16 符号化为 F16。

(F16) $(x)\ [Fx \leftrightarrow (Mx \,\&\, Px)]$

严格说来，F16 虽然也表达了 S19（S19 是从 S16 中推出的），但是 S19 并不太等值于 S16。

(S19) 所有且只有父亲是父母中的男性。 249

S16 与 S19 的区别在于前者说明（或规定）一个词的意思，后者却没有。不过此差异与我们的目的不相干，故可忽略不计。

定义真：有些陈述依其定义是真的，还有些命题为真是因为陈述的是现实世界中的事实。请看下面的陈述 S20 和 S21。

（S20）所有的父亲都是男的。 $(x)(Fx \rightarrow Mx)$

（S21）所有人的年龄都不到 200 岁。 $(x)(Hx \rightarrow Lx)$

S20 不是一个定义（如果是的话，它将是一个很可怕的定义），但是由于它是从定义 S16 中推出的，故它是一个定义真；S21 不是定义真而是一个描述真。判断 S20 为真只需翻阅字典，但是要判断 S21 为真，不仅要求查看字典，还要了解语言之外的世界。S20 必然为真，但 S21 只是暂且为真。虽然这两个陈述有如此明显的差异，但是可以运用相同的方式把它们符号化。

单称形式全称：有时我们会在一个语句中使用不定冠词和单称主项来表达一般断言：

一条鲸鱼是一头哺乳动物。 $(x)(Wx \rightarrow Mx)$

一个在长身体的男孩要吃菠菜。 $(x)[(Gx \ \& \ Bx) \rightarrow Nx]$

然而，此类语句并非一直都是全称：

一个演员当选总统。 $(\exists x)(Ax \ \& \ Px)$

在起草法案过程中常常采取将全称写成单称形式的方法：

《美国联邦证据规则》第 201（c）条

无论被请求与否，法庭可以引用司法认知。 $(x)(Cx \rightarrow Nx)$

250 **《模范刑法典》第 1.06 条**

对谋杀的起诉可以随时开始。 $(x)(Mx \rightarrow Cx)$ 或

$(x)[Mx \rightarrow (y) \ Cxy]$

（$Mx = x$ 是一项对谋杀案的检控，$Cx = x$ 可随时开始，$Cxy = x$ 可在 y 时开始）

无量词的陈述：许多带复数主项的陈述缺乏量词词项（如："所有"、"大多数"、"有些"）。这里给出一些例子：

知更鸟很闹人。

知更鸟在问荆树上。

游客买明信片。

香烟诱发癌症。

这一类的命题往往有多种意思。比如第一个句子的意思可能是下列的任意一种：

所有的知更鸟都很闹人。 $(x)(Mx \rightarrow Rx)$

知更鸟通常很闹人。 A

大多数知更鸟都很闹人。 B

很多知更鸟都很闹人。 C

有些知更鸟很闹人。 $(\exists x)(Mx \,\&\, Rx)$

要想判断这句话到底是什么意思，我们需要结合此句以口头形式或书面形式出现时的语境，可能的话，还需了解发表该断言的人的看法及态度（如果我们认识他们的话）。需要注意的是，上列中只有第一个和最后一个解释可以用谓词逻辑处理。如果我们需要符号化其他几个陈述时，就必须回到命题逻辑或是采用更弱一些的符号化‘$(\exists x)(Mx \,\&\, Rx)$’。

在分析语句“知更鸟在问荆树上”时，我们会很自然地选择S22，而不是如S23的一种错误解释。

(S22) 有些知更鸟在问荆树上。

(S23) 所有的知更鸟在问荆树上。

除非另有特殊原因，否则我们假定说话的人（或作者）是想表达一个事实。

我们如何分析“游客买明信片”这个意思含糊的语句呢？它与下列哪句意思最接近呢？

所有的游客都买明信片。 $(x)(Tx \rightarrow Px)$ 251

游客通常买明信片。 A

大多数游客买明信片。 B

有些游客买明信片。 $(\exists x)(Tx \,\&\, Px)$

如果我们假定断言“游客买明信片”的那个人说的是实话，那么这四个可能的重述中第一个为假，故可将其排除。余下的命题皆为真，但是最后一个命题要弱于第二个与第三个。P“弱于”Q 指的是 Q 推衍 P，而 P 不能推衍 Q。对于一般规则而言，我们应该采用最强的似真解释使得人们认为它为真。（更准确来说，当处理某人的前提时，应该采取这个策略以公平对待改进的论证。）需注意当我们选择第二个或第三个解释时，就不能运用谓词逻辑了。在某个有争论的语境中，较弱的那个（非符号化的）可能就足已。此论证语境如下：

游客买明信片。	$(\exists x)(Tx \,\&\, Px)$
因此，有人买明信片。	$\vdash (\exists x)\, Px$

论域：人

$Tx = x$ 是游客

$Px = x$ 买明信片

陈述所依附的论证语境会影响我们对于其符号的选择。

我们可以将 S24 解释为 S25 吗？

（S24）香烟导致癌症。

（S25）所有的香烟都导致癌症。　　$(x)(Ax \rightarrow Bx)$

S25 意味着每一支香烟导致癌症；我们知道这是假的。比方说，一只没有点燃的香烟不会导致癌症，再者说，吸烟导致癌症也是一种累积的结果。既然 S24 是真的，而假的 S25 肯定不是令人满意的重述了。下面还有 S24 的两种似真重述：

所有的香烟都是致癌的。

所有经常吸烟的人会增加得癌症的概率。

我们都知道‘致癌的’意味着“有能力诱发癌症”。

252 **规范陈述：**一个规范陈述是陈述情形应该是什么，而不是描述情形是什么。一个规范陈述可能涉及道德及其合法性，或者纯粹是谨慎起见（“你应该一年换一次发动机冷却液”）。此类陈述的符号化可能会产生一些问题。如果想把 S26 的辖域扩展成全称，则需将其视为规范陈述并重述为 S27，而不是将其视为描述陈述并改写为 S28。我们会选择 S27，因为 S28 显然是假的。

(S26) 天主教徒在周日参加弥撒。

(S27) 所有的天主教徒应该在周日参加弥撒。 $(x)(Cx \rightarrow Ox)$

(S28) 所有的天主教徒在周日参加弥撒。

($Ox = x$ 应该在周日参加弥撒) S26 的另一个合理的规范性陈述是:

所有的天主教徒被要求遵循天主教规，在周日参加弥撒。$(x)(Cx \rightarrow Rx)$

($Rx = x$ 被要求遵循天主教规，在周日参加弥撒) 在第六章和附录一中我们将进一步讨论对规范陈述的分析。

立法陈述: 在立法中出现的陈述如 S29 和 S30，旨在具体表现法律的制定而非事实的描述，就某些方面而言，相较于描述陈述，它们更像规范陈述及其定义。然而，它们能在我们的系统中符号化，准确来说，表述法律内容的陈述能被符号化。

(S29) 所有出生在美国或加入美国国籍并受其管辖的人，因此均为美国公民及其所居住州的公民。(《美国宪法》第十四条修正案)

S29 可以符号化如下:

$(x)\{[(Bx \vee Nx) \& Jx] \rightarrow (Ux \& Sx)\}$

论域: 人

$Bx = x$ 是出生在美国的人

$Nx = x$ 是加入美国国籍的人

$Jx = x$ 是受美国管辖的人

$Ux = x$ 是美国的公民

$Sx = x$ 是他们居住州的公民 253

需要注意的是，在对立法陈述进行符号化时要避免歪曲它们的原意。鉴于此，以 S30 为例做出下面说明。

(S30) 对犯 B 类轻罪的人不得判处 6 个月以上的监禁。[7]

$(x)(Gx \rightarrow Ix)$

---

[7] 在《模范刑法典》中使用“可能被判处监禁”这样的语言。

（论域：人；$Gx = x$ 所犯罪属 B 类轻罪，$Ix =$ 对 x 不得判处 6 个月以上的监禁）假设有个人叫山姆，他同时犯下了 B 类轻罪（所谓的扰乱社会治安行为）和抢劫罪，他因 B 类轻罪被判 4 个月监禁，因抢劫罪被判 5 年监禁。山姆的情况改变了原来的符号化，因为他符合谓词‘G’但不符合‘I’。即使如此，山姆案与 S30 并不冲突——这使得原符号化更不合适了。S30 的实质主语应限定为特定的违法行为，故在符号化中量词的辖域应该是违法行为，而不是人。

（S30A）所有 B 类轻罪的罪犯所受到的处罚不超过 6 个月的监禁。

$(x)(Bx \rightarrow Sx)$

（论域：违法行为；$Bx = x$ 是 B 类轻罪的罪犯，$Sx = x$ 所受到的处罚不超过 6 个月的监禁）

练习

1. 请符号化下列陈述。

(a)（谚语）“迟疑者必失良机。”（论域：人）

(b)（利昂娜·赫尔姆斯利）“只有少数人（即中产阶级）需缴税。”（论域：人；$Mx = x$ 是中产阶级）

(c)（在一场比赛失败后，鲍比·包尔顿谈及他的球队时说）“软弱的人必被钉在板凳。”（论域：FSU 足球运动员）

254 (d)（逻辑手稿）“（遗憾的是）所有的推理都不是有效的，人们有时会进行无效推理。”（$Rx = x$ 是一个推理，对括弧里的内容不用进行符号化。）

(e)（路克 12∶48，金·詹姆斯版）“……一个人得到的越多，将会付出更多……”（论域：人）

*(f)（塞缪尔·约翰逊）“除了窘迫的人（即穷人），没有人漫步巴黎。”（论域：巴黎人；$Px = x$ 是穷人）

(g)（哲学考试）“自杀只能在昏迷中的人中才能被证成。”（论域：人；$Jx = x$ 在自杀中被证成。）

(h)（史蒂夫·斯普瑞尔）“当我受训时，我没有从所有的四分卫中脱颖而出，后来经我指导的四分卫没有一个成功的。”

(i) (最高法院裁决) 在公立学校的毕业典礼上，祈祷和祈求赐福的仪式都是违宪的。($Ix = x$ 是公立学校的毕业典礼上进行的乞灵，$Bx = x$ 是公立学校的毕业典礼上进行的祈求赐福的仪式)

*(j) 验尸官是唯一出诊的医生。

(k) (殖民地威廉斯堡内，路铁·达格的墓碑上写着) “没人知道她，但人人爱她。” (论域：人；$Kx = x$ 知道路铁，$Lx = x$ 爱路铁)

(l) (字典) “精子：雄配子。”

(m) 法官是人。

*(n) 法官与说客共进早餐。

(o) 美国元帅享有法定补贴。

(p) 一个美国元帅在抢劫案中受伤。

(q) 学生们要做序列号为奇数的练习题，除了“挑战性习题”。(论域：练习题；$Rx =$ 学生要做练习题 x)

*(r) (乔治·艾伦) “被喝倒彩的仅有主场球队。” ($Tx = x$ 是一支足球队，$Bxy = x$ 在 y 时被喝倒彩，$Hxy = x$ 在 y 时踢主场)

(s) (尤利乌斯·凯撒谈及高卢人) “除了在公共集会中，没有人可以谈论政治。” ($Gx = x$ 是高卢人，$Dxy = x$ 在 y 时被允许谈论政治，$Axy = x$ 是在 y 时的公共集会)

(t) (尼奥·考沃德) “[只有] 疯狗和英国人会在大中午烈日高照的时候出门。”

(u) (休谟) “……除了傻子或者疯子，没有人会自称对经验的权威有异议……”

*(v) (标语) “除了导盲犬，宠物禁止进入沙滩。” ($Bx = x$ 允许进入沙滩)

(w) (税务指令) “……有人替你准备纳税申报表而不收取费用，
你不应该在纳税申报表上签字。” (论域：人；$Pxy = x$ 准备 y 255
的纳税申报表，$Cxy = x$ 向 y 收取纳税申报表费用，$Sxy = x$ 可

以签 y 的纳税申报表）

（x）（塞缪尔·约翰逊）“要不是为了钱，除了笨蛋，没人会写作。”（$Px = x$ 是一个人，$Wxyz = x$ 写 y 为了 z，$Mx = x$ 是为了赚钱）

（y）（书本广告语）“销售点遍布全球，除了传统英国市场（不过还包括加拿大）。”（论域：国家；$Sx = x$ 内有此书的销售点，$Bx = x$ 是一个传统的英国市场，$c =$ 加拿大）

2. 符号化下列规则和法令。

（a）（《爱丽丝梦游仙境》）“［……国王从他的书中读规则第 42 条。］所有的人超过 1 英里高就要离开法庭。”（论域：人；$Mx = x$ 超过 1 英里高，$Rx = x$ 被要求离开法庭）

（b）（爱荷华州的规定）在州际公路停车是不合法的，除了紧急情况外。（$Sx = x$ 是一种停在爱荷华州高速公路的行为，$Ex = x$ 是对于紧急情况采取的行为，$Ix = x$ 是不合法的）

（c）（纽约海滩上签名，国家法令）“游泳只允许一个救生员值班。”（论域：国有的海滩在纽约；$Mx =$ 在 x 被允许游泳，$Rx =$ 在 x，一个救生员值班）

（d）（复印机指示牌）“除非所有的订书钉和论文夹子被去掉，否则不能复印。”（$Sx = x$ 有订书钉，$Px = x$ 有论文夹子，$Cx =$ 允许复印 x）

（e）（《美国联邦证据规则》第 607 条）规定：“关于证人的诚信问题，任何一方当事人，包括传唤该证人作证的当事人，都可以提出质疑。”（$Axy = x$ 可以质疑 y 的诚信）

*（f）［《司法行为准则》第 3（B）(3）条］规定：“法官在审判时必须要求他人遵守法庭秩序和对法官保持礼貌。”（$Oxy = x$ 要求 y 遵守法庭秩序，$Dxy = x$ 要求 y 保持礼貌，$Pxy =$ 在 y 面前 x 是一个审判）

（g）（《美国联邦行政程序法》第 704 条）规定：“法律规定可受司法复审的机关行为和在法院不能得到其他充分补救的机关的最终判定的行为应受司法复审。”［论域：机关行为；$Ax =$

对于 x 在法院存在充分补救（包括司法复审）]

(h) [《美国联邦行政程序法》第556（b）条] 规定："主持接收证据的应是：

(1) 机关；

(2) 机关的一个或几个成员；

(3) 根据本编第3105条规定任命的一个或几个行政法官。"

($Pxy = x$ 应主持 y，$Ex = x$ 是接收证据的程序，a = 机关，$Mxy = x$ 是包含 y 的机关成员，Ax = 根据《美国联邦行政程序法》第3105条，x 是任命的一个行政法官）

(i)（《教会法典》第1090条第1款）规定："某人为了与一个特 256
定的人结婚，杀了那个人的配偶，或自己的配偶，那么该婚姻是无效的。"（论域：人；$Kxyz = x$ 杀了 y 为了和 z 结婚，$Sxy = x$ 是 y 的配偶，$Vxy = x$ 与 y 结婚时有效的）

*(j)（《教会法典》第1090条第2款）规定："如果双方的身体上或精神上的行为引起他们配偶的死亡，该婚姻也是无效的。"（论域：人；Vxy，$Pxyz = x$ 和 y 在一起由于身体上的行为引起 z 的死亡，$Mxyz = x$ 和 y 在一起由于精神上的行为引起 z 的死亡，Sxy）

*3. 下面这篇报道来自《尚未完全解放的时代》:[8]

今日，迈阿密老虎湾政治俱乐部以180:96的投票结果，维持了禁止女性加入的政策。仅有女性记者可以参加该俱乐部的午宴。

报道中写的内容为S1，但却意图表达S2。而S3是S1的另一层意思。符号化下列陈述：

(S1) 只有女性记者允许参加俱乐部的午宴。

(S2) 所有女性中，只有记者允许参加俱乐部的午宴。

(S3) 所有记者中，只有女性允许参加俱乐部的午宴。

4. 佛罗里达州的驾照考试中有一道多项选择题，是关于下面这个

---

[8] "Tiger Bay Votes against Women", *Miami News* (January 4, 1972), p. 1A.

标志的：

257 该考试主要判定下面的答案是正确的：

只准在左车道左转，相邻车道既可左转也可直走。[9]

这个答案是自相矛盾的，出题者将 S1 和 S2 混淆了。

（S1）只准在左车道左转。

（S2）在左车道只准左转。

请符号化 S1 和 S2。（论域：在有此标志的交叉口转弯；Lx = x 是左转，Px = x 是允许的，Mx = x 是在左车道上做出的选择）

5. 请看一个为人熟知的格言，"天助自助者"。这条格言有以下三种解释：

（S1）上帝帮助所有帮助自己的人。

（S2）上帝只帮助自助者。

（S3）上帝帮助所有并只有自助者。

符号化每一种解释，论域为"人"，适用下列符号：Gx = 上帝帮助 x，

---

〔9〕 John Keasler, "Driver's License Exam: No Passing Without Failure", *Miami News* (November 23, 1971), p. 8B. Keasler spotted the error.

$Sx=x$ 是自助者。

6. 报纸箱上有以下说明："使用任何硬币组合（共计50朗），但不要使用便士。"(a) 请用一个句子阐述上述说明，并运用下列字母符号化该句：论域：硬币组合；$Tx=x$ 共计50朗，$Px=x$ 包含便士，$Ux=x$ 可能被使用。(b) 请符号化你的句子。

*7. 阿肯色州的高速公路休息站内贴有以下标语S1：

（S1）休息站内禁止拉客、售货或闲逛。

此条标语与S2所要警告的内容是一样的：

（S2）休息站内禁止拉客、售货和闲逛。

我们能够运用符号化的方法来解释S1和S2，虽然使用不同的联结词， 258
但它们仍然等值。请使用析取来符号化S1，使用合取来符号化S2。要是符号化都正确，它们在逻辑上应该是等值的。（论域：休息站内进行的活动；$Ox=x$ 是拉客行为，$Ex=x$ 是售货行为）

8. （半挑战性习题）在丰田和本田的例子中，我们说F11和F11A在逻辑上是等值公式。请通过构造两个形式证明来证明其等值。

（F11）$(x)[(Tx \vee Hx) \rightarrow Jx]$

（F11A）$(x)(Tx \rightarrow Jx) \& (x)(Hx \rightarrow Jx)$

9. （半挑战性习题）请看下面这个陈述（由斯彭斯·卡尔森提出）：

如果人类有某些权利，……那么非人类动物也应享有这些权利。[10]

(a) 这个陈述之所以看上去模棱两可，是因为它缺乏量词词项（"所有"和"有些"）来管辖"人类"和"非人类动物"。通过不同的量词词项组合，请列出由此产生的四个不同陈述并且符号化。请使用下列符号：$Hx=x$ 是人类，$Ax=x$ 是动物，$Pxy=x$ 包含 y，$Rx=x$ 是一项权利。(b) 基于同样的理由，下面这个相关陈述的含义也是模棱两可的：

---

〔10〕"Animals Are Victims of Vast Human-Regulated System of Slavery", *Los Angeles Times* (April 22, 1987).

非人类动物也享有人类享有的权利。

通过不同的量词词项组合，请列出由此产生的四个不同陈述并且符号化。请使用相同的符号字典表示。

10.（挑战性习题）下面是选自《美国宪法》第五修正案中的一段内容，如下：

> 无论任何人，除非根据大陪审团的陈述或起诉书，否则不受死罪或其他重罪的审判，但发生在陆军或海军中，或发生在战时或出现公共危险时服役的民兵的案件除外…

正如我们所见，第一章的表述是模棱两可的。“发生在战时或出现公共
259 危险时”对应的是“服役的民兵”还是“陆军或海军，或服役的民兵”？（a）请使用下面的字母对两种解释符号化：

Px = x 是一个人
Axy = x 将受到 y 的审判
Cx = x 是死罪或其他重罪
Ixy = 鉴于 y，大陪审团提出[11]或起诉了 x
Fx = x 是陆、海军的军人
Mx = x 是服役中的民兵
Wx = x 发生在战时或出现公共危险时

（b）结合下面的信息，我们可以从哪种解释中推出‘ – Aab’？

Pa
Cb
– Wb
– Iab

5.3 实质蕴涵怪论

当约翰·麦肯罗在澳大利亚参加网球锦标赛时，对球场的环境很

---

[11] 大陪审团的陈述是由陪审员根据个人知识而不是检察官提出的证据提出的。它们不再适用于联邦体系。

不满意。他和工作人员大吵之后，指着一个光头的工作人员说："你给我听着，如果球场环境好的话，你头上就能长出头发。"[12]这个陈述显然构成了下列论证中的一个前提，而听的人会预期加上另一个前提，并得出结论：

> 如果这个球场环境好，那么该工作人员长头发。
> 该工作人员没有头发。
> 因此，该球场环境不好。

当然，麦肯罗提出的这个论证，不是为了证明自己对球场环境的不满，而是以侮辱性的话来反映球场环境很差。不过，这却是一个逆分离规则的有效论证。

$$C \to H,\ -H \vdash -C$$

麦肯罗话中的"如果"准确对应上式中的符号"→"。至少在这 260
个特殊的情况下，对麦肯罗而言，他表述中的"如果 A 真，那么 B 真"并不是为了表明 A 与 B 之间有任何因果关系甚或任何证据关系；这只是表示"当 B 为假时，A 不可能为真"。(除了"$A \to B$"，这个断言还能符号化为"$-(A \& -B)$"；当然，两个公式都等值于"$-A \vee B$"。) 因此，如果前件为假或者如果后件为真，那么该条件陈述为真。而不管该陈述中的前件后件有多么风马牛不相及或者它们看起来彼此多么别扭。

在这种方式下，运用"如果"可以使得下列论证有效：

> 简·克雷蒂安是加拿大总理。
> 所以，如果月亮是新鲜乳酪做的，那么简·克雷蒂安就是加拿大总理。

> 月亮不是新鲜乳酪做的。
> 所以，如果月亮是新鲜乳酪做的，那么简·克雷蒂安就是美国总统。

这些论证中的第一个符号化为"$A \vdash B \to A$"，第二个符号化为"$-A \vdash A \to B$"。根据我们对蕴涵的定义，这两个形式都是有效的。

---

[12] *Chicago Tribune* (November 30, 1985), p. 2C.

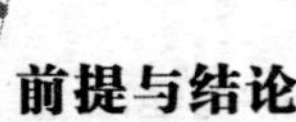

但是若我们采用相同的方式定义“如果”，正如麦肯罗话中暗含抱怨球场环境的那种，有时会得到很别扭的结果。

简·克雷蒂安是加拿大总理。因此，如果他不是加拿大总理，他就是加拿大总理。

简·克雷蒂安不是美国总统。因此，如果他是美国总统，他就不是美国总统。

阿尔·戈尔没有两个妻子。因此，如果他有两个妻子，他是个一夫一妻论者。

阿尔·戈尔是个一夫一妻论者。因此，如果他有两个妻子，他是个一夫一妻论者。

按照通常理解，这些论证将被认为是无效的；即它们可能被认为具有真前提和假结论。因为，大多数情况下，当人们说“如果 A，那么 B”，他们想的并非 A 真而 B 假。他们往往会认为是前件后件之间有因果关系或解释关系。通常情况下，在条件句所断言的陈述之间的关系，
261 相较于真值函数的关系，更接近于是一种证据关系。

所以，通常理解的“如果”与其对应符号“→”的定义并不完全相同。标准逻辑提出了关于真值函数的定义，因为真值函数不仅证明一些有用的推论规则，如蕴涵引入，蕴涵以及连锁论证，而且可以通过真值表来评价所使用的符号论证。但是获得这种便利的同时，我们将付出的代价是，一个在常理上说不通的条件句很可能在符号体系下为真。

逻辑学家将这类问题称为实质蕴涵怪论（the paradox of material implication）。[13] 大部分情况下，这类问题可以被忽视，但是在把逻辑运用于法律话语中时，我们必须重视它。很多法律陈述可以很容易地形式化为条件句是其前件的条件句或否定的条件句。但这两种形式很可能产生怪论。还有很多具有“好像（as if）”这样的结构或其表述的条件与事实相反的陈述也会产生问题。因为在这些情况下，怪论是固有的。

---

〔13〕 有些逻辑学家区别了两种蕴涵：实质与形式。我们对词项“蕴涵”与“推衍”（参见边码第 28 页的注释 3）也做了相同的区别。

1. 条件句是其前件的条件句。许多法律陈述采用这种形式"（A → B）→ C"。例如：

（S1）如果我给史密斯法官 1000 美元，则他判我胜诉，那么他是一个贪污的法官。

（S2）如果哈罗德出狱后，将做一名守法的公民，那么他应该被释放。

（S3）如果一项公共事业获批后，则为公众带来便利并且满足公众需求，那么它应该获得批准。

运用 UO 规则可以将上列命题符号化为全称量化"（x）［（Ax → Bx）→ Cx］"。

（S1A）任何如果我给他或她 1000 美元，将判我胜诉的法官都是贪污的法官。

同样，可以用此方式对 S2 和 S3 进行改写。

问题是，根据我们对"→"的定义，下列论证是有效的：

$$(A \rightarrow B) \rightarrow C,\ -A \vdash C$$
$$(A \rightarrow B) \rightarrow C,\ B \vdash C$$

由于第二个前提推衍第一个前提的前件，所以这些符号化论证都是有 262
效的。虽然这些符号化的论证有效，它们却有荒谬的语言解释。

如果我给史密斯法官 1000 美元，则他判我胜诉，那么他是一个贪污的法官。我没有给他 1000 美元。因此，他是一个贪污的法官。

即使史密斯法官是因为我的案件陈述很有说服力而判我胜诉，不管我是否对他行贿，你都能"得出"史密斯法官是贪官的结论。类似地，从 S2 的例子以及哈罗德仍在监狱的事实，可以"得出"哈罗德应该被释放的结论，从 S3 的例子以及那项公共事业没有获批的事实，你能够"证明"它应该获批。依照此法，相应的全称陈述可以运用于这些"证明"中，即所有的法官都是贪污的，监狱中每个人都应被释放，所有尚未获批的公共事业都应获得批准。

2. 条件句的否定。"－（A→B）"形式下的陈述与相应的量化产生了类似的问题。《美国标准公司法》（the Model Business Corporation

Act)[14]第 41 条规定：如果一项与董事有利害关系的交易获得正式批准或者对公司是公平的，那就不能因有利害关系董事参与了这项交易的投票而认定它为无效或可撤销的。这个立法取缔了之前在司法裁决中实施的一项法规，即任何时候，有利害关系的董事参与了这项交易的投票都可认定该项交易是无效或可撤销的。这条旧法规可以表述并用符号表示为：

（S4）如果有利害关系的董事参与了这项交易的投票，那么任何一项交易都是无效或可撤销的。

（F4）$(x)\ (Px \rightarrow Vx)$

（论域：交易；Px = 有利害关系的董事参与了对 x 的投票，$Vx = x$ 是无效的或可撤销的）照此，在某些案件中废除上述旧法规的《美国标准公司法》第 41 条可表述并符号化为：

（S5）任何一项获得正式批准或公平的交易，并非如果有利害关系董事参与了这项交易的投票，那么认定它是无效或可撤销的。

（F5）$(x)\ [(Rx \vee Fx) \rightarrow -(Px \rightarrow Vx)]$

263 （$Rx = x$ 是获得正式批准的，$Fx = x$ 是公平的）F4 不会带来任何问题，问题是根据“→”的定义，从 F5 将导致荒谬的结论。如我们所知，“A→B”等值于“－（A & －B）”，而“－（A→B）”等值于“A & －B”。因此，我们可以从 F5 中推出：

（F6）$(x)\ [(Rx \vee Fx) \rightarrow (Px\ \&\ -Vx)]$

将其用语言表述为：

（S6）任何一项交易获得正式批准或者对公司是公平的，那么，有利害关系董事参与了这项交易的投票，且此交易既不是无效的也不是可撤销的。

这个陈述如此荒谬，所以我们不必考虑它。但是通过标准逻辑推理，

---

〔14〕相较于《美国标准公司法》的修订版，原版的该法律规定太复杂而不在这里引用。

从 F5 可以得出一些其他的法规，虽然它们不是什么好的法规，但是看上去没有那么明显的荒谬，故学生常常受其蒙骗：

（F7）（x）（$Fx \rightarrow -Vx$）

（S7）如果一项交易是对公司公平的，没有任何交易是无效的或可撤销的。

（F8）（x）（$Rx \rightarrow -Vx$）

（S8）如果一项交易获得正式批准，没有任何交易是无效的或可撤销的。

著名的格洛布毛纺公司案［1918 年格洛布羊毛公司诉尤蒂卡煤气电力公司案；Globe Woolen Co. v. Utica Gas & Electric Co., 224 N. Y. 483. 121 N. E. 378（1918）］结案于《美国标准公司法》出台之前。法庭判被告向原告以极低价格供电的合同无效。在合同履行期间，原告公司的主要股东、时任首席执行官的人同时也是被告公司董事会成员。他主持了被告公司的董事委员会会议，其他成员相信他可以在此项交易中使他们获益，然而，此项交易实际上与他们利益无关，但他们都对此交易投了赞成票。如果《美国标准公司法》已施行的话，这项交易具备了第 41 条中规定的需获得正式批准的条件。

当问到《美国标准公司法》是否可能改变格洛布毛纺公司案的判决结果，学习公司法的学生将会作肯定回答。如果根据第 41 条法规推理出来的 F8 和 S8，学生的回答显然是对的，而且，假如法规是恰当地以 F5 和 S5 的形式陈述出来，F8 和 S8 便可顺理成章地从中推出。但是事实上，学生们错了。《美国标准公司法》并不会改变此案的判决，因为第 41 条中没有提及主导权的问题。在这个案子中，可能不再仅是一位董事参与投票，而是占主导地位的董事发起投票去认定交易的有效与否。

由此推出，S5 和 F5 显然不能恰当地表述和符号化第 41 条法规。264
在其他一些案件里，法规以条件句的形式表述出来，也会出现同上例一样的问题。当我们将提出的法规表述为量化条件句时，不会遇到什么问题，但是当我们陈述这条法规的否认，运用相同条件句否定的量化形式时，就产生了问题。例如，《美国联邦民事诉讼规则》第 21 条

规定“当事人的不当联合不构成法庭驳回诉讼的理由”。该法条是普通法中“当事人的不当联合构成法庭驳回诉讼的理由”的否定。该普通法法规可表述为：

（S9）如果当事人是不当联合，任何一起诉讼都将被驳回。

（F9）(x)（$Mx \rightarrow Dx$）

（论域：诉讼；$Mx = x$ 的当事人是不当联合的，$Dx = x$ 被驳回）但是该规则第 21 条不能陈述为：

（S10）任何一起诉讼，并非如果当事人是不当联合，那么该诉讼将被驳回。

（F10）(x) – （$Mx \rightarrow Dx$）[15]

因为从 F10 中，我们将推出所有诉讼都有不当联合的当事人，并且没有诉讼被驳回。

3. 与事实相反的条件。许多如遗嘱、合同、法规以及判例法等法律处置，都要处理这样一种情形，即有些事情好像是这样，而事实上并非如此。举个例子来说：

（S11）我的遗嘱执行人具有我健在时自己所拥有的投资我资产的相同权力。

S11 看起来可以符号化为：

（F11）(x) [（$Ai \rightarrow Pxi$）$\rightarrow Pxe$]

（$Ax = x$ 活着并有行为能力，$Pxy = x$ 是 y 拥有的财产处置权，i = 我，e = 我的遗嘱执行人）还有一些法律处置，即使它们的表述中没有包含
265 “好像（as if）”，也可以这种方式理解。例如：

（S12）黑人与白人拥有同等的权利。

和

[15] 注意该规则第 21 条等值于“有些当事人不当联合的诉讼没有被驳回”，所以并不能充分表达 S9 的否认（即如“并非如果当事人是不当联合，任何一起诉讼都将被驳回”）。普通法适用于每一起诉讼，同样该规则第 21 条也是如此。

(S13) 一部正确适用的行政规章具有成文法效果。

实际上，意味着：

(S12A) 每个黑人都应该享有假如他或她是白人时享有的每一项权利。

(F12A) $(x)(y)(z)[(Wx \rightarrow Rxyz) \rightarrow (Bx \rightarrow Rxyz)]$

($Wx = x$ 是白人，$Rxyz = x$ 拥有在 z 情况下 y 的权利，$Bx = x$ 是黑人)

(S13A) 每部正确适用的行政规章都具有如果其为成文法一样所具有的每一个效果。

(F13A) $(x)(y)[(Sx \rightarrow Exy) \rightarrow (Ax \rightarrow Exy)]$

($Ax = x$ 为一部正确适用的行政规章，$Sx = x$ 是一部成文法，$Exy = x$ 具有效果 y)

根据我们对“→”的定义又再次得到了荒谬的结论。从 F11 和“$-Ai$”（我的遗嘱生效了，那么‘$-Ai$’为真），可以推出“$(x)Pxe$”——我的遗嘱执行人有无限制权力。同样的，从 F12A 与比尔·科斯比是黑人（因此不是白人）的事实可以推出一个公式，公式表述成语言，即在任何情况下，比尔·科斯比具有做任何事情的权利，从 F13A 和没有行政规章是成文法的简单事实，你可以推出一个公式，即任何行政规章应被赋予任何效果。

可能你已经注意到，在讨论与事实相反的条件之后，我们引用的例子有所转变。在本书中其他部分的所有条件陈述形式都是“如果怎么样（条件陈述事实），那么怎么样”，而在这里我们列举的条件陈述形式为“假如怎么样（条件是虚拟的），那么可能怎么样”；即我们所举的例子的表述方式从陈述语气转变为虚拟语气。逻辑学家将其称为
“虚拟的”或“反事实的”条件句，并认为它们很容易导致实质蕴涵 266
怪论，因为它们表明前件为假的假定。[16] 由此，我们按照大多数逻辑学家的建议，不再将具有“→”的反事实条件句进行符号化。

---

[16] 更准确地说，诸如一个语句表明其前件所表达的条件并没有得到，而在陈述语气中表达的陈述其条件可能为假。

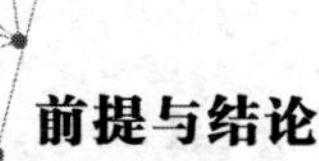

有些逻辑学家对标准逻辑作了进一步修改，希望可以消除实质蕴涵怪论，但这些修改却不能得到普遍的认同。[17]我们的做法是保留标准逻辑的同时（包括“→”的真值函数定义）还提供其他几种方法，在用符号表示那些可能会引起麻烦的条件句之前，将它们重新表述。我们将尽可能地避免公式中出现条件句是其前件的条件句或者条件句的否定以及拒绝用蕴涵表示反事实条件句。在此过程中，我们需要更多地了解那些法律论证中所表达出来的意思。学习逻辑会让我们意识到“如果（if）”这个词的意思并不如我们想象中的那么精确。下面，列出三种避免实质蕴涵怪论的方法：

1. 用关系谓词取代条件句。在许多情况下，我们运用“如果（if）”意味着事情更加具体化。例如，当我们说“如果羊长了很厚的毛，这个冬天将会很冷”，意思是说羊身上厚厚的毛构成了这个冬天会很冷的证据。当我们说“如果你出门不带围巾，将会感冒”，意思是说不带围巾出门会导致感冒。当我们说“如果三角形两边相等，它为等腰三角形”，意思是说三角形两边相等是等腰三角形的定义。

因此，可以用简化的方法表达我们真正的意思，从而取代“如果”，这样就能避免实质蕴涵引起的很多问题。例如，S1 可以重新表述为：

（S14）如果史密斯法官因接受了我的 1000 美元而判我胜诉，那么他是一个贪污的法官。[18]

（F14）$(\exists x)(Gx \,\&\, Dxs) \to Cs$

（$Gx = x$ 是接受我的 1000 美元，$Dxy = x$ 导致 y 判我胜诉，s = 史密斯法官，$Cx = x$ 贪污），同样的，S1A 可以陈述为：

267 （S14A）任何因接受我的 1000 美元而判我胜诉的法官，是贪污的

---

〔17〕 两个最好的为大家熟知的系统是由斯托尔内克（Robert Stalnaker）与刘易斯（David Lewis）提出的。See Stalnaker's “A Theory of Conditionals” and Lewis's “Counterfactuals and Comparative Possibility”, which are reprinted in William Harper et al (eds.), *Ifs* (Dordrecht: D. Reidel Publishing Company, 1981).

〔18〕 在 S14 中仍然有一个“如果”，不过它不会引发问题。而 S1 却引发问题，因为其前件本身是一个条件句。另一方面，S14 中的前件是一个简单陈述。

法官。

(F14A) $(x)\ [\ (\exists y)\ (Gy\ \&\ Jx\ \&\ Dyx) \rightarrow Cx]$

($Jx = x$ 是一个法官）这种方法可以处理很多前件是条件句的情况，但并非所有情况。比方说运用关系谓词来取代 S2 和 S3 中的"如果"，就比 S1 难许多。

这个方法用于条件句的否定非常有效。事实上，《美国标准公司法》第 41 条的制定者就应用了此方法，撇开包含了条件句否定的 S5 不说，他们明确表示了，当有利害关系的董事参与了投票，一项已获正式批准或公平的交易不是无效或可撤销的。

(F15) $(x)\ (y)\ \{\ [Tx\ \&\ (Rx \vee Fx)\ \&\ Py] \rightarrow -Vyx\}$

($Tx = x$ 为一项交易，$Px = x$ 是有利害关系的董事参与投票的行为，$Vxy = x$ 认定 y 是无效或可撤销的）同样的，《美国联邦民事诉讼规则》第 21 条的制定者没有采取 S10 的表述方式，而是说当事人的不当联合不构成诉讼被驳回的理由。

(F16) $(x)\ (y)\ [\ (Ax\ \&\ My) \rightarrow -Gyx]$

($Ax = x$ 是一起诉讼，$Mx = x$ 是当事人的不当联合，$Gxy = x$ 构成 y 被驳回的理由）

然而有时候，我们需要比 F15 与 F16 所提出的更加详细符号化。举例来说，F16 的反面——《美国联邦民事诉讼规则》第 21 条出台前的规则，即当事人的不当联合构成诉讼被驳回的理由。基于此规则，可能的论证如下：

(S17) 当事人的不当联合构成诉讼被驳回的理由

(S18) 这起诉讼当事人是不当联合。因此，它构成了诉讼被驳回的理由。

如果你试着用 F16 中相同的符号来符号化 S17，你会发现不能符号化该论证的其余部分。而且，在 S17 的符号化中没有任何谓词能用来表示 S18 的符号化。在 S18 中不得不运用'Ma'这类的符号（$Mx = x$ 的当事人是不当联合的，a = 这起诉讼）。所以说，在这两个前提之中没有共同的谓词，因此它们也不能得出结论。

问题是，S17 中‘当事人的不当联合’采取的符号化主格表达是个体常项，而 S18 的‘不当联合’采取的符号化形容词表达是谓词（a predicate）。在符号化的过程中失去了两种表达之间的联系。为了顺利
268 地符号化该论证，所以我们将不得不对两个前提进行重新表述，使得两个前提中都出现关于不当联合的谓词表示。具体工作如下：

（S17A）如果这起诉讼的当事人之间存在不当联合，那么不当联合构成驳回此案的理由。

（S18A）这起诉讼的当事人之间存在不当联合。因此，这是构成驳回诉讼的理由。

基于这样的表述，该论证可转换为下列有效的符号化：

（F17A）$(x)(y)(Mxy \rightarrow Gxy)$

（F18A）$(\exists x)\ Mxa$

$\vdash (\exists x)\ Gxa$

（$Mxy = x$ 是诉讼 y 当事人不当联合，$a =$ 这起诉讼）因为我们可能需要 F17A 的符号来充分表达被《美国联邦民事诉讼规则》第 21 条废除的规则，所以也要用同样的符号表达第 21 条规则：

$(x)(y)(Mxy \rightarrow -Gxy)$

同样，比起 F15 我们更愿意用下列符号化表述《美国标准公司法》第 41 条：

（F15A）$(x)(y)\{[Tx \,\&\, (Rx \vee Fx)] \rightarrow (Pyx \rightarrow -Vyx)\}$

（$Tx = x$ 是一项交易，$Rx = x$ 被正式批准，$Fx = x$ 是公平的，$Pxy = x$ 是有利害关系的董事参与 y 的投票行为，$Vxy = x$ 认定 y 为无效或可撤销的）

2. 用谓词隐藏条件句。在法律处置中，“如果”从句并非必须分开而经由它们得出结论。例如基于 S11 中的论证：

（S11）我的遗嘱执行人具有我健在时自己所拥有的投资我资产的相同权力。如果我健在，我有权将我的资产投资在康索里德童车股票上。因此，我的遗嘱执行人有权将我的资产投资在康索里德童车股票上。

该论证的符号化如下：

(F11A) $(x)(Px \to Ex)$
Pc
$\vdash Ec$

($Px = x$ 是如果我健在，我所拥有的权力；Ex = 我的遗嘱执行人拥有的权力；c = 将我的资产投资在康索里德童车股票上的权力）一旦我们用 F11A 替代了 F11，那就意味着不再需要运用"→"来符号化反事实条件句，因此就避免引入实质蕴涵怪论。

这个方法对许多反事实条件句非常有帮助，当然对其他情况也颇为有效。例如，一种将《美国标准公司法》第 41 条符号化的方法为：

$(x)[(Rx \lor Fx) \to -Vx]$

（论域：交易；$Rx = x$ 获得正式批准，$Fx = x$ 是公平的，Vx = 如果有利害关系董事参与交易 x 的投票，交易 x 被认定为无效或可撤销的）虽然这种符号化是可接受的，但是我们更倾向于前面的表述（F15 和 F15A），因为 F15 和 F15A 能更清晰地说明为什么第 41 条不能改变格洛布毛纺公司案的判决结果。将格洛布毛纺公司案适用的法规表述为'$(x)\ Vdx$'（d = 由有利害关系的董事掌握控制权），并与 F15 进行对比，其中差异就不言自明了。

虽然这个方法在 S11 中有效，但它并不适用于所有反事实的条件句。例如：黑人与白人享有同等的权利。假定苏西是黑人，并且如果她是白人，她将享有上詹姆士·麦迪森学校一年级的权利。那么，我们可以顺利进行下面的论证：

> 如果任何权利是苏西若为白人将具有的权利，那么苏西就拥有那项权利。苏西若为白人就具有上詹姆士·麦迪森学校一年级的权利。因此，苏西也具有上詹姆士·麦迪森学校一年级的权利。

如果把反事实条件隐含在其中一个谓词中，就能有效地将其符号化为：

$(x)(Wx \to Rx)$
Wf
$\vdash Rf$

（$Wx = x$ 是苏西若为白人享有的权利，$Rx = x$ 是苏西享有的权利，f = 上詹姆士 · 麦迪森学校一年级的权利）这个论证固然很好，但是我们如何知道如果苏西是白人的话，她就具有上詹姆士 · 麦迪森学校一年级的权利？因为除了种族外，获得入学资格还需具有其他的一系列资格，而苏西恰恰都具有这些资格呢？为了弄清楚这一点，在上述论证中我们需要找到某种方法从反事实的条件句中取出“W”。

> 如果任何权利是具有非种族资格的白人所具有的权利，那么，若苏西具有那些资格，则她就具有那项权利。这有一系列非种族资格，这样拥有它们的每一个白人具有上詹姆斯 · 麦迪森小学一年级的权利，并且苏西具有那些资格。因此，苏西就具有上詹姆斯 · 麦迪森小学一年级的权利。

3. 全称量化。在刚刚讨论的论证中，我们将断言——如果苏西是白人就会享有上詹姆斯 · 麦迪森小学一年级的权利——转换为另一个断言——具有苏西的非种族资格的任何白人具有那项权利。[19] 这样的话，这个断言就能用一个全称量化（在存在量化内）表示，整个论证可用符号表示为：

270 $(x)(y)\{(z)[(Wz \,\&\, Pzx) \rightarrow Rzy] \rightarrow (Psx \rightarrow Rsy)\}$

$(\exists x)\{(y)[(Wy \,\&\, Pyx) \rightarrow Ryf] \,\&\, Psx\}$

$\vdash Rsf$

（$Wx = x$ 是白人，$Pxy = x$ 具有一系列非种族的资格 y，$Rxy = x$ 具有权利 y，s = 苏西，f = 上詹姆斯 · 麦迪森小学一年级的权利）

最后一个例子是 1947 年梅瑞尔诉联邦农业保险［Federal Crop Insurance Crop. v. Merrill, 332 U. S. 380（1947）］案，原告是一个农民，从被告，即一家国企购买了农业保险。原告或者代理人在买卖保险的时候都不知情，有关行政法规规定已经禁止被告将原告农作物所属类别纳入保险范围。当原告的农作物损毁后，向被告索赔时，被告便以有关行政规章的规定作为拒赔的理由。下级法院将此案视同为私人保险公司的代理人违反本公司的规定售出保险的情况。因为在这种情况
271 下，私人保险公司往往难免其责，所以法庭判被告败诉，但最高院撤

---

〔19〕 如果不存在这样的白人，那么将会有更多的困难，参见本章第 5 节的内容。

销了原有判决。最高院指出，被告不是私人保险公司而是国有企业，并且作为国企，其行为必须以法律规定作为准绳。如果成文法规定被告禁止将此类农作物纳入保险范围，那么应该没有问题。既然一部正确适用的行政规章具有成文法的效果，那就仍然应当毫无问题。

为了符号化这个论证，首先需要处理第一个前提——正确适用的行政规章具有成文法效果。之前用两种陈述 S13 和 S13A 表述过这个前提。较之 S13A，S13 形式简单，用全称量化表示则更加容易。但在表示之前，必须弄清楚这个前提到底什么意思。当我们说真正采用的行政规章具有成文法效果时，意思指的是什么？我们无法很好地表明，每项规章都有任何成文法所具有的每一效果，例如《公共援助管理手册》就不具备《统一商法典》的效果。我们也无法表明，某个行政规章具有某个成文法效果，即便如此，也不会包含太多有用信息。但可以表明的是，所有规章都有所有成文法所具有的每一个效果。在梅里尔案中，那或许起作用，因为所有成文法（至少能想到的所有成文法）的确有约束人们是否了解它们的效果。（对法律无知并不是借口（Ignorantia legis neminem excusat））然而，在大多情况下，因为我们考虑的是某些而不是所有成文法的效果，所以这种解释就说不通了。

因此，在所有情况中，唯一有效的含义就是 S13A 中所表述的那样，即每部正确适用的行政规章都具如果其为成文法一样所具有的效果。但若采取那种形式，为了避免实质蕴涵的怪论，我们就不能用全称量化的方法对它进行符号化。所以在此例中，最好的做法就是将条件句隐含在谓词中：

$$(x)(y)[(Ax \mathbin{\&} Sxy) \rightarrow Hxy]$$

（$Ax = x$ 是一部行政规章；Sxy = 如果 x 是成文法，那么它将具有效果 y；$Hxy = x$ 具有效果 y）

练习

练习 1 至 9 的说明：用符号表示下列陈述，要避免实质蕴涵的怪论。也就是说，避免符号化那些涉及条件句的否定，前件是条件句的

条件句，以及带蕴涵的反事实条件句。

272 1. 一个不雇佣黑人的雇主违反了《民权法》。

*2. 与16岁以上的女孩发生性行为不是违法的，这是不对的。(参见第4.2节练习6)

3. 如果承认公司存在会导致不公正，那就可以揭穿[20]公司的面纱。

4. 如果一份工作的要求违反了某个求职者的宗教信仰，那么，就算他或她拒绝了这份工作，也不会失去失业救济金。[参见舍伯特诉弗纳案；Sherbert v. Verner, 374 U.S. 399 (1963)]

5. 工作要求违反联盟规则的事实不会导致求职者在拒绝之后失去失业救济金。[参见诺曼诉爱达荷州就业保障机构案；Norman v. Emp. Sec. Agency, 83 Idaho 1, 356 P. 2d 913 (1960)]

*6. 推定婚姻[21]中的无辜一方具有如果该婚姻有效另一方（他或她）所具有财产的相同权利。

7. (挑战性习题) 下面是《美国联邦民事诉讼规则》第15(b)条的规定，请用符号表述下划线标出的部分：

第(b)款 为与证据相一致而进行的修改。<u>争点虽然未在诉答文书中提出，但由于当事人以明示的或默许的同意而被审理时，这些争点的所有方面应被视为诉答文书中已经提出过的争点。</u>为了使争点与证据相一致或为了提出争点的必要而对诉答文书的修改，任何当事人可以随时申请，即使作出判决之后仍可以提出申请。但不作上述修改并不影响对这些争点的审判结果。<u>如果在开庭审理过程中，以争点未在诉答文书中提出为由对证据提出异议时，法院可准许修改诉答文书。如果诉答文书的修改有利于阐明诉讼的实体问题，并且提出异议的当事人未能说服法院，认定对与该</u>

[20] 即责任公司的交易可以直接强加于参与的个人。

[21] 推定婚姻是一种无效婚姻，至少一方当事人没有意识到无效——作为其中的一方，并不知道另一方已经结婚。如果该案例存在一位真正的配偶，那么该陈述将需要某个量化。

争点不符的证据的自认将不利于该当事人维护实体上的请求和抗辩，则法院应随时[22]允许修改。法院可以允许作出一次延期审理的决定，以便异议的当事人能够对抗这些证据。

8.（挑战性习题）下面是《美国联邦民事诉讼规则》第19（a）条的规定，请用符号表述：

第（a）款　可能被合并的人。一个人作为传唤令状受送达的对象，
并且其合并不会使法院丧失对该诉讼标的的管辖权时，在下列情况下，应 273
作为该诉讼的当事人合并：①在他缺席的情况下，已参加诉讼的当事人之间不能得到完全的救济；②该人请求与该诉讼标的有利害关系，并且在他缺席的情况下处理诉讼可能出现如下情况：（i）实际上会削弱或妨碍他保护其利益的能力；（ii）将给已参加诉讼的当事人中的任何人留下承担蒙受双重、多重实体风险或者其所主张的权利的理由不一致的责任的可能性。

9.（挑战性习题）下面选自《标准失业保险金法案》中的条款，请用符号表述：

（5）失业保险金不得拒绝任何在以下情形中拒绝接受新工作的条件合格的失业者：

（A）如果这项工作是由于罢工、封闭工厂和其他劳动争议而导致的空缺；

（B）如果与本地区类似的工作在工资、工作时间或其他条件方面相差很大；

（C）如果把个人加入某一公司工会或退出某些劳工组织作为就业条件。

5.4　量词辖域

在第3.5节中，我们选择F1A作为S1的符号化，那么F1B或者F2是否也是正确的符号化呢？

（S1）杀了人的人都违反了第五戒条。

[22] 在你的符号化中，“随时”可以忽略不计。

(F1A)（x）[（∃y）Kxy → Bx]

(F1B)（x）（y）(Kxy → Bx)

(F2)（x）（∃y）(Kxy → Bx)

（论域：人）答案是（可能会令人惊讶）：F1B 是 S1 正确的符号化，而 F2 是不正确的。在本章节中，我们将解释其中缘由，通过理解这个问题可以提高你的符号化技巧。

记住下列等式，然后我们开始讨论：

(A)（∃x）Fx → P　等值于　(B)（x）(Fx → P)

(C)（x）Fx → P　等值于　(D)（∃x）(Fx → P)

274 公式 A 与 B 有两点不同：①一个公式有存在量词而另一个公式用的是全称量词；②一个公式的量词辖域[23]是条件句的前件，而另一个公式的量词辖域为整个条件句即“Fx→P”[24]。公式 C 与 D 的差异同上。

A 与 B 的等值是由下面两个证明构成：

(1)（∃x）Fx → P	A	1
(2) -（x）(Fx → P)	PA	2
(3)（∃x）-（Fx → P)	2 QE	2
(4) -（Fa → P)	3 EO	1
(5) Fa & -P	4 AR	1，3
(6) Fa	5 &O	1
(7)（∃x）Fx	6 EI	
(8) P	1，7 →O	
(9) -P	5 &O	
(10) P& -P	8，9&I	
(11)（x）(Fx→P)	2 - 10 - O	

(1)（x）(Fx → P)	A
(2)（∃x）Fx	PA
(3) Fa	2 EO
(4) Fa → P	1 UO
(5) P	4，3→O
(6)（∃x）Fx → P	2 -5→I

---

〔23〕 回想一下量词的辖域是由量词、量词辖域组群符号以及组群符号内的所有符号组成。也要记住，省略量词辖域中的组群符号不会导致陈述模糊性的情况下，它们常常可以忽略。当量词辖域内只有一个谓词，它们可以省略，例如公式 A 与 C。并且，当两个量词是相邻的，第一个量词辖域中的组群符号可以省略，例如公式 F1B 与 F2。

〔24〕 在本节中，为了方便起见，把公式中的一部分，如“Fx→P”作为条件句。严格地讲，它们根本不是陈述，因为其含有未被量化的变项。

（C 与 D 的等值证明为本章节末练习题 3、8）

注意：A、B 中的任何一个与 C、D 中任何一个都不等值。我们可以通过下面的解释来说明 A 与 C 不等值：

（A）（∃x）Fx → P，（C）（x）Fx → P

论域：人

Fx = x 是未婚的

P = 没有丈夫

（A）如果有人是未婚的，那么没有丈夫。　　（F）

（C）如果每个人是未婚的，那么没有丈夫。　　（T）

如果我们把涉及相同变项的存在量词和全称量词称为“对应词” 275
时，那么总结以上分析，可得出：

> **当一个量词的辖域从条件句的前件扩展到整个条件句时，我们必须用它的对应量词替换它来保持等值。**

我们可以将这个原则应用于本章节开头的公式中：

(F1A) $(x)[\underline{(\exists y)}Kxy \rightarrow Bx]$

(F1B) $(x)\underline{(y)}(Kxy \rightarrow Bx)$

(F2) $(x)\underline{(\exists y)}(Kxy \rightarrow Bx)$

F1A 中量词 y 的辖域为［（∃y）Kxy］，在 F1B、F2 中被扩展到整个条件句。（为了起到强调作用，公式中的量词已用下划线标出。）F1B 与 F1A 等值，因为 F1A 中的存在量词在 F1B 中是由其对应词（一个全称量词 y）替换的。F2 与 F1A 不等值，因为量词 y 在 F2 中依然为存在量词。因为 F1A 是 S1 正确的符号化，其等值式 F1B 也是正确的，而非等值式 F2 是不可接受的。关于 F1A 与 F1B 两个公式的等值，转换为文字表述就一目了然：

（S1A）任何人杀死了某个人就违反了第五戒条。

（S1B）任何人杀死了任何一个人就违反了第五戒条。

公式 F2 是下面陈述的符号化：

（S2）对每个人而言，必有某个人被第一个违反第五戒条的人所杀。

要注意的是，S2 从 S1A（及 S1B）中推出，而不是由其他的方法推出。如果第五戒条只是禁止自杀，S2 就为真，但 S1A 和 S1B 就为假。

S3 的符号化提出了一个相关的问题。S3 可符号化为 F3A 或与之在逻辑上等值的 F3B，而不是逻辑上不等值的 F4。量词 y 的辖域在 F3B 及 F4 中皆有扩展，但是只有在 F3B 中，原有量词替换成其对应词。

276 (S3) 任何爱$_R$每个人的人是圣人。

(F3A) $(x)[\underline{(y)}Lxy \rightarrow Sx]$

(F3B) $(x)\underline{(\exists y)}(Lxy \rightarrow Sx)$

(F4) $(x)\underline{(y)}(Lxy \rightarrow Sx)$

（论域：人）

S3B 是 F3B 的文字表述：

> (S3B) 对于每个人，有这样的人使得，如果第一个人爱第二个人，那么第一个人是圣人。

既然 F3A 与 F3B 等值，那么其陈述 S3 与 S3B 也应该等值，但是它们是吗？如果 S3B 中的"如果"具有第5.3 节中所讨论的狭义解释（"如果 p 则 q"仅表示"或者非 p 或者 q"），那么 S3B 与 S3 是等值的——正如下面系列陈述所展示的：

> (S3B) 对于每个人，有这样的人使得，如果第一个人爱第二个人，那么第一个人是圣人。对于每个人，有这样的人使得，或者第一个人不爱第二个人或者第一个人是圣人。对于每个人，或者有这样的人第一个人不爱他或者第一个人是圣人。每个人或者不爱每一个人或者否则是圣人。
>
> (S3) 任何爱每个人的人是圣人。

（这五个语句的等值证明是本章节的练习 6 和 7）另一方面，如果我们加强 S3B 中"如果"的含义，它与 S3 的等值即不成立。

为了将 S3B 与 S5 区别开来，把其符号化为 F5：

> (S5) 对于每个人，如果有第二个人为第一个人爱着，那么第一个人是圣人。

$(F5)\ (x)\ [(\exists y)\ Lxy \rightarrow Sx]$

S5 要求满足圣人的条件是每个人完全爱任何人。[25] 相较而言，S5 认定 277
圣人的条件比 S3 和 S3B 的要求更高。

另外还有一些例子可以说明符号化中量词辖域的重要性。在下面例子中，每个语句都会列出两个公式，它们的量词辖域不同，但互为逻辑等值，并都是该句正确的符号化。你应该用其对应词替换这些公式中的任何量词，否则得到的都是错误符号化。

(电视新闻连播)“如果陪审团判任何官员有罪，那么将判劳伦斯·鲍威尔有罪。”(论域：受审官员)

$(\exists x)\ Cx \rightarrow Cp$

$(x)\ (Cx \rightarrow Cp)$

(沙皇尼古拉斯二世)“只要还有一个敌人在俄国境内，我就不会议和。”(P = 尼古拉斯议和，Ex = x 是尼古拉斯的敌人，Rx = x 在俄国境内)

$(\exists x)\ (Ex\ \&\ Rx) \rightarrow -P$

$(x)\ [(Ex\ \&\ Rx) \rightarrow -P]$

抱着婴儿的任何人都是坐着的。(论域：人)

$(x)\ [(\exists y)\ (Iy\ \&\ Hxy) \rightarrow Sx]$

$(x)\ (y)\ [(Iy\ \&\ Hxy) \rightarrow Sx]$

如果每个人来帮忙，我们就能完成这项工作。(论域：人；D = 我们就能完成这项工作)

$(x)\ Hx \rightarrow D$

$(\exists x)\ (Hx \rightarrow D)$

(海报口号)“只要有人还受压迫，就没有人是自由的。”(论域：人)

$(x)\ [(\exists y)\ (y \neq x\ \&\ Oy) \rightarrow -Fx]$

$(x)\ (y)\ [(y \neq x\ \&\ Oy) \rightarrow -Fx]$

(民谣) 任何一个第七子的第七子能够治愈。(Sxy = x 是 y 的第七子)

---

[25] 任何陈述符号化为 F4。

$(x)[(\exists y)(\exists z)(Sxy \ \& \ Syz) \rightarrow Hx]$

$(x)(y)(z)[(Sxy \ \& \ Syz) \rightarrow Hx]$

令人奇怪的是，当量词辖域从一个条件句的后件（而不是前件）
278 扩展到整个条件句时，我们以上讨论的等值形式就不能运用了。[26]考虑下面公式 E 到公式 H：

(E) $P \rightarrow (\exists x) Fx$　　等值于　　(F) $(\exists x)(P \rightarrow Fx)$

(G) $P \rightarrow (x) Fx$　　等值于　　(H) $(x)(P \rightarrow Fx)$

总结如下：

当量词辖域从一个条件句的后件扩展到整个条件句时，量词必须一致来保持等值。

为了说明这一原则，在本书下一页的框中举出一些例子，并列出它们等值的正确符号化。

当一个公式具有量化前件和量化后件时，将会有一些等值的符号化。我们通过符号化法官法兰克福的一个陈述进行具体说明。

如果一个人被允许为自己判定什么是法律，那么每个人都可以。

$(\exists x) Dx \rightarrow (y) Dy$

$(x)[Dx \rightarrow (y) Dy]$　（扩展前件量词的辖域）

$(y)[(\exists x) Dx \rightarrow Dy]$　（扩展后件量词的辖域）

$(x)(y)(Dx \rightarrow Dy)$　（扩展前、后件量词的辖域）

---

〔26〕 如何解释前件辖域与后件辖域的不对称？如果一个量词把析取肢作为其辖域，那么该量词的辖域可以扩展到整个析取，该公式的内容并没有改变。请看下面的公式。每一列表中的公式都是等值的，因此每一列表中顶部与底部的公式都是等值的。左手列表是关于前件量词辖域的扩展；而右手列表是关于后件量词辖域的扩展。值得注意的是，在左手列表中从第二个公式到第三个公式，量词发生了转换，而在右手列表没有这样的转换。

$(x) Ax \rightarrow (y) By$	$(x) Ax \rightarrow (y) By$
$-(x) Ax \vee (y) By$	$-(x) Ax \vee (y) By$
$(\exists x) Ax \vee (y) By$	
$(\exists x)[(Ax \vee (y) By]$	$(y)[-(x) Ax \vee (y) By]$
$(\exists x)[Ax \rightarrow (y) By]$	$(y)[(x) Ax \rightarrow By]$

（论域：人；$Dx=x$ 允许为 x 判定什么是法律）

我们也应该注意的是，当一个量词的辖域从合取肢（析取肢）扩展到整个合取（析取）时，量词不用改变。下面每组水平线上的公式都是逻辑等值的：

$(x)\ Fx \,\&\, P$，$(x)\ (Fx \,\&\, P)$	$P \,\&\, (x)\ Fx$，$(x)\ (P \,\&\, Fx)$	279
$(\exists x)\ Fx \,\&\, P$，$(\exists x)\ (Fx \,\&\, P)$	$P \,\&\, (\exists x)\ Fx$，$(\exists x)\ (P \,\&\, Fx)$	
$(x)\ Fx \vee P$，$(x)\ (Fx \vee P)$	$P \vee (x)\ Fx$，$(x)\ (P \vee Fx)$	
$(\exists x)\ Fx \vee P$，$(\exists x)\ (Fx \vee P)$	$P \vee (\exists x)\ Fx$，$(\exists x)\ (P \vee Fx)$	

当我们重写公式时，通过本节基本公式的学习，可以把内嵌量词放置于公式的前面。这种转换使得证明的结构更加简明清晰。

如果投降，我们都将死亡。

（论域：党组成员；$S=$ 我们投降）

$$S \rightarrow (x)\ Px$$
$$(x)\ (S \rightarrow Px)$$

无论谁自杀都杀了$_R$某人。（论域：人）

$$(x)\ [Kxx \rightarrow (\exists y)\ Kxy]$$
$$(x)\ (\exists y)\ (Kxx \rightarrow Kxy)$$

每个政治家了解$_R$一些说客或者其他人。

$$(x)\ [Px \rightarrow (\exists y)\ (Ly \,\&\, Kxy)]$$
$$(x)\ (\exists y)\ [Px \rightarrow (Ly \,\&\, Kxy)]$$

每个政治家了解$_R$每一位说客。

$$(x)\ [Px \rightarrow (y)\ (Ly \rightarrow Kxy)]$$
$$(x)\ (y)\ [Px \rightarrow (Ly \rightarrow Kxy)]$$

除非搜查被某个地方法官批准$_R$，它才为合法的。（$Axy=x$ 批准 y）

$$(x)\ \{Sx \rightarrow [Lx \rightarrow (y)\ (My \,\&\, Ayx)]\}$$
$$(x)\ \{Sx \rightarrow (y)\ [Lx \rightarrow (My \,\&\, Ayx)]\}$$
$$(x)\ (y)\ \{Sx \rightarrow [Lx \rightarrow (My \,\&\, Ayx)]\}$$

在做此章节的练习题时，要记住的一个要求是，当我们运用公式中的变项时，不能使该变项在两个量词的辖域内出现。F6 到 F6C 满足此项要求，但 F7 到 F9 没有，所以后面三个不是合式公式。根据我们讨论的那些基本公式，F6 到 F6C 是等值公式。

(F6) $(x)\ Fx \rightarrow (x)\ Gx$

合式公式	非合式公式
(F6A) $(\exists x)\ [Fx \rightarrow (y)\ Gy]$	(F7) $(\exists x)\ [Fx \rightarrow (x)\ Gx]$
(F6B) $(x)\ [(y)\ Fy \rightarrow Gx]$	(F8) $(x)\ [(x)\ Fx \rightarrow Gx]$
(F6C) $(\exists x)\ (y)\ (Fx \rightarrow Gy)$	(F9) $(\exists x)\ (x)\ (Fx \rightarrow Gx)$

280 同时也要牢记这样的要求，公式中每一个变项都必须在运用该变项的某个量词辖域之内。如果你在 F10 中缩小量词 y 的辖域，就会得到公式 F11 或 F12，但是它们的变项 y 却在 y 量词辖域之外，所以这样的形式并不合适。

(F10) $(x)\ (y)\ (Fy \rightarrow Gxy)$

(F11) $(x)\ [Fy \rightarrow (y)\ Gxy]$ （非合式公式）

(F12) $(x)\ [(\exists y)\ Fy \rightarrow Gxy]$ （非合式公式）

在第 3.1 节中，我们介绍了一个关于符号表示的“经验法则”：全称量词对应蕴涵，存在量词对应合取。在第 3.5 节中，对于关系公式改进了原有的“经验法则”：当一个公式开头是几个量词且后面带有一个量词辖域的组群符号，那么对应的内容应在联结词和与之最近的量词中。但是当量词辖域扩展后就不符合这条规则了，前面的公式 F3B 以及本节中的其他几个公式都是如此。

要是想把一个量词置于公式前，就应该将其放在公式前已有量词的右边。违反这条规则可能会改变该公式的内容。以“自杀”语句为例：

语句：	无论谁自杀都杀了$_R$某人。
初始符号化：	$(x)[Kxx \rightarrow \underline{(\exists y)}Kxy]$
正确转换：	$(x)\underline{(\exists y)}(Kxx \rightarrow Kxy)$
不正确转换：	$\underline{(\exists y)}(x)(Kxx \rightarrow Kxy)$

不正确转换与初始符号化并不等值，它转换为陈述后看起来很奇怪，即“存在一个人被所有自杀者杀了”。

当量词的顺序被改变，它们的辖域也随之改变。例如，在前文的正确转换中，全称量词处于存在量词辖域之外；而在错误转换中，全称量词处于存在量词辖域之内。有些情况下，这种辖域的不同会使得相同公式的内容不同，还有些情况则不会。实际上有如下三种情况，在这三种情况下，两个邻近量词的顺序是不重要的：

	例子：
(1) 两个量词都是全称量词，	$(x)(y)\,Rxy$ 和 $(y)(x)\,Rxy$ 是等值的　281
(2) 两个量词都是存在量词，以及	$(\exists x)(\exists y)\,Rxy$ 和 $(\exists y)(\exists x)\,Rxy$ 是等值的
(3) 两个量词变项没有出现在相同关系的谓词中。	$(x)(\exists y)(Fx \rightarrow Gy)$ 和 $(\exists y)(x)(Fx \rightarrow Gy)$ 是等值的

相反地，如果一个量词是全称量词，而另一个量词是存在量词，并且两个量词的变项至少有一次出现在同一关系谓词中，邻近量词的顺序就很重要了。在此情况下，如果颠倒了量词的顺序，你肯定改变了公式的内容。考虑下面的例子：

(S13) 每一个反垄断案都由某联邦法官审理$_{R}$。

(F13A) $(x)\,[Ax \rightarrow \underline{(\exists y)}\,(Jy \,\&\, Hyx)]$

(F13B) $(x)\,\underline{(\exists y)}\,[Ax \rightarrow (Jy \,\&\, Hyx)]$　（正确转换）

(F14) $\underline{(\exists y)}\,(x)\,[Ax \rightarrow (Jy \,\&\, Hyx)]$　（不正确转换）

($Hxy = x$ 审理 y) F13A 是 S13 的初始符号化，F13B 与之等值。F14 与 F13B 唯一的区别在于量词的顺序不同，而 F14 与 F13A 或者 F13B 不等值，并且不能表示 S13 的意思。再举一个例子：

(S15) 存在一个联邦法官审理了所有反垄断案。

(F15A) $(\exists x)\,[Jx \,\&\, (y)\,(Ay \rightarrow Hxy)]$

(F15B) $(\exists x)\,(y)\,[Jx \,\&\, (Ay \rightarrow Hxy)]$　（正确转换）

(F16) $(y)\,(\exists x)\,[Jx \,\&\, (Ay \rightarrow Hxy)]$　（不正确转换）

F15A 和 F15B，而不是 F16，都是 S15 合适的符号化。

你可能会认为，虽然 F14 不能表达 S13 的意思，但是它表达了 S15 的意思；然而实际上，F14 也不能表达 S15 的意思。在 F14 中没有推衍出任何联邦法官的存在，但在 S15（和 F15A、F15B）中却推衍出联邦法官的存在。F14 对应于下面的陈述：

(S14) 如果存在任何的反垄断案，那么存在一个联邦法官来审理它们。

282 S14 与 S13、S15 的内容都不同。同样地，因为其具有不同的存在推衍，F16 也不能表达 S13 的意思。下一节中，我们将更详细地说明存在推衍的问题。

练习

1. 请运用不同的量词辖域给出下列每个语句四种等值的符号化。

(a) 如果有人赞同露西，那么有人是对的。

*(b) 如果有人赞同露西，那么每个人是对的。

(c) 如果每个人赞同露西，那么有人是对的。

(d) 如果每个人赞同露西，那么每个人是对的。

(论域：人；$Ax = x$ 赞同露西)

2. 下列语句是关于前面的练习，请运用不同的量词辖域给出两种等值的符号化。

(a) 如果任何人可以扭转佐治亚理工学院的足球比赛，佩珀·罗杰就能做到。(论域：人；$Tx = x$ 可以扭转佐治亚理工学院的足球比赛)

*(b) 所有的变项都在某个量词的辖域$_R$内。($Sxy = x$ 在 y 辖域内)

(c) 生命只来源于$_R$生命。

(d) 任何人被一个患有淋病的人强奸$_R$都会感染此病。（论域：人；$Rxy = x$ 强奸 y）

(e) (詹姆士·赫里奥特) “没有人和牛一样强壮$_R$。” ($Sxy = x$ 比

y 强壮）

＊（f） 任何对酒精上瘾$_{R}$的人对毒品也上瘾。

3. 通过形式证明，说明公式 D 推衍出公式 C。

（C）$(x)\ Fx \rightarrow P$　　　　（D）$(\exists x)\ (Fx \rightarrow P)$

4.（a） 构造两个形式证明以证明公式 E 与 F 等值。

（E）$P \rightarrow (\exists x)\ Fx$　　　　（F）$(\exists x)\ (P \rightarrow Fx)$

＊（b） 构造两个形式证明以证明公式 G 与 H 等值。

（G）$P \rightarrow (x)\ Fx$　　　　（H）$(x)\ (P \rightarrow Fx)$

（c） 通过解释的方法证明公式 E 与 G 不等值。 283

＊ 5. 耶西·麦克拉里格言，“任何地方不公平就是每一处都不公平”，下列四个公式都是此句的正确符号化：

（F1）$(\exists x)\ Ix \rightarrow (x)\ Ix$
（F2）$(x)\ [(\exists y)\ Iy \rightarrow Ix]$
（F3）$(x)\ [Ix \rightarrow (y)\ Iy]$
（F4）$(x)\ (y)\ (Ix \rightarrow Iy)$

（$Ix = x$ 地区存在不公平） 为了说明四个公式在逻辑上的等值，请证明前三个公式依次推衍下一个公式，并且 F4 推衍 F1。[27]

6. 在前面，我们断言下列五个语句是等值的（假定 S3B 中的“如果” 采用狭义解释）：

（S3B） 对于每个人，有这样的人使得，如果第一个人爱$_{R}$第二个人，那么第一个人是圣人。

（S3C） 对于每个人，有这样的人使得，或者第一个人不爱第二个人或者第一个人是圣人。

（S3D） 对于每个人，或者有这样的人第一个人不爱他或者第一个人是圣人。

---

〔27〕 由于推衍是传递的，这四个证明说明了该集合中的每个语句都能推衍出其他任何一个语句，因此该集合中每个语句与其他任何一个语句是逻辑等值的。

(S3E) 每个人或者不爱每一个人或者否则是圣人。

(S3A) 任何一个爱着每个人的人是圣人。

将上述语句转换为符号化以证明它们的等值，通过证明前四个语句依次推出下一个语句。请将每个例子转换为字面表达的符号化。

7. (半挑战性习题) 证明 S3A 可以推衍出 S3B (参见之前练习)。这样就完成了练习 6 中五个陈述的逻辑等值的证明。

8. (挑战性习题) 通过形式证明说明公式 C 推衍出公式 D。尝试在 11 行 (或更少行) 内完成。

(C) $(x)\ Fx \rightarrow P$　　(D) $(\exists x)(Fx \rightarrow P)$

284 9. (挑战性习题) 请将下列语句 (这些语句是关于之前章节中的例子或练习) 转换为所有量词在公式前面的符号化。

(a) 每个人都爱着$_R$一个情人。(论域：人；Lxy)

(b) (社论) 哥伦比亚广播公司会花掉每个工作日的部分时间来就某事而屈从于$_R$某人。($Dx = x$ 是一个工作日，$Kxyzw = x$ 在 w 日关于 z 屈从于 y)

(c) (泰迪·罗斯福) “除非我们将这个国家改造成适宜所有人居住的地方，否则它不是一个所有人适宜居住的地方。” (论域：美国人；$Gx =$ 美国是适宜 x 居住的地方)

(d) (谚语) “没有冒险$_R$，没有收获$_R$。” ($Vxy = x$ 为 y 冒险；$Gxy = x$ 收获 y)

(e) (吉卜林) “那些杀$_R$蛇者被蛇杀。”

(f) 任何人，即便有孩子，但他的孩子没有惹恼过他，他就等于没有孩子。(论域：人；$Cxy = x$ 是 y 的孩子，$Axy = x$ 惹恼 y)

(g) (法律判决) 如果当事人及其代理人被同一个检控官起诉$_R$，那么存在利益$_R$冲突。($Ixy = x$ 作为 y 的法庭代表会有利益冲突，$Cxy = x$ 是 y 的法律当事人)

10. (挑战性习题) 证明下列两个断言。

(a) 前面我们断言下列两个公式是等值的：

$(x)\ (\exists y)\ (Fx \rightarrow Gy)$

$(\exists y)\ (x)\ (Fx \rightarrow Gy)$

我们并不担心第二个公式可以推衍出第一个，因为该证明没有难度。而由第一个公式推衍出第二个的证明具有难度。

（b）在前面，我们断言 F14 是 S14 的符号化。为检验这个断言，请证明 F14 与 F14A（S14 字面表达的符号化）是等值的。

（F14）$(\exists y)\ (x)\ [Ax \rightarrow (Jy\ \&\ Hyx)]$

（S14）如果存在任何的反垄断案，那么存在一个联邦法官来审理它们。

（F14A）$(\exists x)\ Ax \rightarrow (\exists y)\ [Jy\ \&\ (x)\ (Ax \rightarrow Hyx)]$

11.（超级挑战性习题）F1 是 S1 的正确符号化，那 F2（与 F1 只在第二个量词辖域上有所不同）也是 S1 的正确符号化吗？要回答此问题，请判定这两个公式是否逻辑等值。

（S1）当且仅当被告学生偿还$_{R}$所有的欺骗$_{R}$所得财物时，他们有资格进入预审分配方案。

（F1）$(x)\ (Ix \rightarrow \{Ex \leftrightarrow (y)\ [(My\ \&\ Fxy) \rightarrow Rxy]\})$ 285

（F2）$(x)\ (y)\ (Ix \rightarrow \{Ex \leftrightarrow [(My\ \&\ Fxy) \rightarrow Rxy]\})$

（Ix = x 是一位被告学生，Fxy = x 通过欺骗所得财物 y）

12.（超级挑战性习题）符号化下面的论证并评价其是否有效：[28]

任何一个州允许$_{R}$某些人进行一种特殊游戏$_{R}$，必须无任何限制地允许任何一个印第安部落进行这种游戏。佛罗里达州是一个州，并且允许一些人进行纸牌游戏。塞米诺语族是一个印第安部落。因此，佛罗里达州必须允许塞米诺语印第安部落无限制地进行纸牌游戏。

（$Gxyz$ = x 是一种由 z 进行的、类型为 y 的游戏，Pxy = x 确实允许 y，Mxy = x 必须允许 y，Lx = 存在对 x 的赌博限制）

5.5 存在预设

考虑下面的论证：

---

〔28〕 See "Seminoles May Offer Poker Games", *Miami Herald* (August 7, 1993), p. 5B.

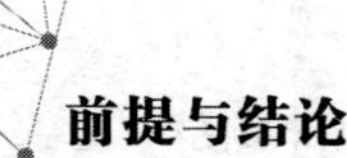

我们没有有效的枪支管理法。	$-(\exists x)\ Gx$
因此，任何有效的枪支管理法都干涉了美国公民的自由。	$\vdash (x)\ (Gx \rightarrow Ix)$

（$Gx = x$ 是有效的枪支管理法，$Ix = x$ 干涉了美国公民的自由）语言论证显得有些牵强，但其符号化可以证明是有效的：

(1)	$-(\exists x)\ Gx$	A
(2)	$-(x)\ (Gx \rightarrow Ix)$	PA
(3)	$(x)\ -Gx$	1 QE
(4)	$(\exists x)\ -(Gx \rightarrow Ix)$	2 QE
(5)	$-(Ga \rightarrow Ia)$	4 EO
(6)	$Ga\ \&\ -Ia$	5 AR
(7)	Ga	6 &O
(8)	$-Ga$	3 UO
(9)	$Ga\ \&\ -Ga$	7，8 &I
(10)	$(x)\ (Gx \rightarrow Ix)$	2－9－O

286 令人奇怪的是，下面的论证其符号化也是有效的：

我们没有有效的枪支管理法。	$-(\exists x)\ Gx$
因此，任何有效的枪支管理法都加强了美国公民的自由。	$\vdash (x)\ (Gx \rightarrow Sx)$

（$Sx = x$ 加强了美国公民的自由）这两个前提相同的论证看上去有些牵强，而且结论（明显）相互冲突，但是其符号化后都是有效的；因此这是一个怪论。这种情况让人想起第 5.3 节中讨论的实质蕴涵怪论。的确，这种怪论隐藏很深，上述证明过程中的第 5 步到第 7 步的推导就是这种怪论的一种形式（$-G \vdash G \rightarrow I$）"反过来成立"。[29]

(5)	$-(Ga \rightarrow Ia)$	4 EO
……		
(7)	Ga	6 &O

---

〔29〕"$-A$"推衍出"B"，当且仅当，"$-B$"推衍出"A"。

然而，比实质蕴涵怪论更为重要的是，接下来我们要讨论涉及“存在预设”的概念。

我们给出这一专业词项的定义：

> 一个一般主项 - 谓项语句具有存在预设，当且仅当它推衍出其主项类有成员存在。

这里的主项类仅指对应于语法中句子主语的一类事物。举几个例子：

> （S1）有些路德教徒是共和党人。
>
> （S2）没有路德教徒是犹太人。

在标准谓词逻辑中，这两个语句可以精确地理解如下：

> （S1A）存在至少一个路德教徒是共和党人。
>
> （S2A）不存在一个路德教徒是犹太人。

很清楚的是，陈述 S1A 推出 S3，而不是陈述 S2A。 287

> （S3）存在至少一个路德教徒。

因此，S1A 具有存在预设，而 S2A 却没有。因为 S1 与 S1A 在标准逻辑中意思相同，所以 S1 也具有存在预设；由于 S2 与 S2A 的意思相同，所以 S2 被认为没有存在预设。

上面判断了 S1 具有存在预设而 S2 没有是基于我们的直觉。想像在一个世界里并不存在路德教徒（可能因为瘟疫或宗教分支的大改革）。在那样的情况下，我们将认为 S1B 为假，而 S2B 是真的。

> （S1B）有些共和党人是路德教徒。
>
> （S2B）没有犹太人是路德教徒。

显然，S1B 和 S1 意思相同，S2 和 S2B 意思也相同。所以，在这样的世界中，S1 是假的，而 S2 是真的。我们认为 S2 在那个例子中为真，从而证明其不具有存在预设。同样地，我们认为 S1 在那个假设世界中为假，从而说明其具有存在预设。

很多人觉得逻辑学家的观点是反直觉的，即他们认为全称陈述没有存在预设。然而，有些主项类为空集的全称陈述，我们将认为它们是真的。比方说：“每个移动的物体在不再受到外力的作用时，会一直

沿着直线移动下去。”

需注意的是，没有存在预设的陈述不可能推衍出具有存在预设的陈述。比方说，正如逻辑学家举例解释 S4 和 S5 时，S4 不可能推衍出 S5。

（S4）所有路德教徒都是新教教徒。

（S5）有些路德教徒是新教教徒。

（S6）存在路德教徒。

下列论证说明了 S4 不可能推衍出 S5 的原因：

> 如果第一个陈述推衍出第二个陈述，那么它也必须推衍出由第二个陈述所推衍的任何陈述。S5 推衍出 S6，而 S4 没有推衍出 S6，因此，S4 不能推衍出 S5。

更通俗地说，一个有效论证的结论不能超出前提所包含的内容。因 S5 可推衍出路德教徒的存在，所以 S5 超出了 S4 的范围。因此，将 S4 作为前提，S5 作为结论的论证不是有效的。

289 对于这个无效论证，我们重新来构造一个有效证明还是很有意义的。

所有的路德教徒都是新教教徒。	$(x)(Lx \rightarrow Px)$
所以，有些路德教徒是新教教徒。	$\vdash (\exists x)(Lx \ \& \ Px)$

很清楚，由 EI 规则推出结论的证明是不可能的，因为 EI 规则的前提是合取（如“La & Pa”），而且你不能从一个条件句（如“La → Pa”）推出合取。在证明中运用否定消去策略也不会有好转。

不过加上一个简单的存在断言，就能使此论证变得有效：“存在路德教徒”。这个扩充以后的论证有效性证明就非常容易构造了。

所有的路德教徒都是新教教徒。	$(x)(Lx \rightarrow Px)$
存在路德教徒。	$(\exists x)(Lx)$
所以，有些路德教徒是新教教徒。	$\vdash (\exists x)(Lx \ \& \ Px)$

(1)	$(x)(Lx \rightarrow Px)$	A	
(2)	$(\exists x)(Lx)$	A	{存在假设}
(3)	La	2EO	

(4)	La → Pa	1UO
(5)	Pa	4，3→O
(6)	La & Pa	3，5&I
(7)	(∃*x*)(L*x* & P*x*)	6EI

通过符号化，从标准逻辑的观点看，S4 不具有存在预设。公式“(*x*)(L*x* → P*x*)”意思是“对于任何人，如果他是路德教徒，那么他是新教教徒”。我们说标准逻辑给全称陈述一个“假设的”解释，而不是一个“直言的”解释。

任何一个公式是合取的存在量化，则该公式具有存在预设；任何一个公式是条件句的全称量化，则该公式没有存在预设。如果一个论证的结论具有存在预设，但其所有前提都没有，那么此论证必是无效的。举例说明：

> 所有美国附属岛屿在参议院中没有代表。所有美国附属岛屿受到美国法律的管辖。因此，有些美国领土虽受到法律管辖，但是在参议院中没有代表。

通过加上一个存在假设："美国存在附属岛屿"，使得此论证有效。 289

逻辑学家认为不仅所有的全称陈述没有存在预设，而且被主项类为空集的任何陈述推衍出的这种陈述的真也没有。根据下面的简略证明，就可以很清楚地了解到此中原因。

(S7) 不存在鬼。	−(∃*x*) G*x*	等值于：
	(*x*) −G*x*	推衍出：
	(*x*)(−G*x* ∨ M*x*)	等值于：
(S8) 所有的鬼都是数学家。	(*x*)(G*x* → M*x*)	

当你明白了 S8 可以重新表述为下面这样，就不会奇怪 S7 为什么可以推衍出 S8：

> 不存在不是数学家的鬼。　　−(∃*x*)(G*x* & −M*x*)

我们称一个主项类为空集的全称陈述为“无意义的真”。

如果认为 S7 推衍出 S8 只不过是符号系统导致的怪论，那你就错了。下列论证没有使用符号化，但得到了同样的结果：

考虑下面四个陈述：

（S4）所有路德教徒都是新教教徒。

（S9）有些路德教徒不是新教教徒。

（S6）存在路德教徒。

（S10）不存在路德教徒。

这份列表中前两个陈述相互否定，并且后两个陈述也是如此。如果第一个陈述推衍出第二个陈述，那么第二个陈述的否定可以推衍出第一个陈述的否定。S9 可推衍出 S6，所以 S10 可推衍出 S4，证明完毕。

我们现在需要解释本节开头的那个自相矛盾的论证。如果对该论证的结论进行假设解释（正如逻辑学家理解的那样），即不存在不干涉美国公民自由的有效枪支管理法，那么从其前提中可以清楚地推出
290 其结论的主项类为空集。另一方面，如果对该结论进行直言解释，那么其符号化不是该论证的充分表达。无论哪种情况下，该怪论都可以得到解决。

但是这种解决方法却产生一个很重要的问题。关于有效控枪立法，要是关于它我们能说的支持或不支持的每件事都为真，那么在颁布它之前如何论证呢？[30]答案就是我们能在假设世界以及现实世界中运用我们的逻辑。[31]请看下面两个陈述：

（S11）所有独角兽的额头上都有角。

（S12）所有巴彻斯特神职人员的额头上都有角。

独角兽是神话中的马，其额头上长有角。巴彻斯特是特洛普特小说中所虚构的大教堂。在现实世界中并没有独角兽，所以当在假设解释下时，S11 为真。同样地，现实中没有巴彻斯特教堂，故也没有那座教堂的神职人员。于是，现实世界里，S12（假设解释下）如 S11 一样

〔30〕 那是我们能借助全称陈述说的关于它的每件事。在颁布之前，我们借助存在陈述说的每件事当然为假。

〔31〕 或者从更专业的角度考虑，除了现实世界，我们还可以采用某个世界中存在的对象类作为话语论域。

为真。

另一方面，在神话世界里存在着额头上有角的独角兽，在特洛普特小说中也存在着巴彻斯特教堂，教堂里的神职人员就像生活在维多利亚时代里的那些人一样。所以在神话世界中，S11 为真（甚至在直言解释下），然而在特洛普特小说里，S12 却为假（小说里存在没有角的巴彻斯特神职人员）。同样的道理，在某个可能的立法世界中，关于这部或那部法律的陈述或真或假。于是，当讨论有效的枪支管理法或者任何其他我们想要制定的法律时，就要构建这样的世界。

到目前为止，我们都在讨论一般主项－谓项陈述的存在预设，包括存在与全称的。我们认为这样一个陈述具有存在预设，当且仅当它推衍出该主项类有成员存在，我们也从标准逻辑角度证明了为什么存在陈述具有预设而全称陈述没有。接下来还需要讨论单称主项－谓项陈述（如‘比尔·克林顿是民主党人’），对于此类陈述，我们将“存在预设”定义为：

> **一个单称主项－谓项陈述具有存在预设，当且仅当它推衍出其语法主语所命名的个体存在。**

在标准谓词逻辑中，所有的单称陈述都有存在预设。例如，基于标准 291
逻辑，F13 推衍出 F14，因此，我们的逻辑同样也是 S13 推衍出 S14。[32]

（S13）比尔·克林顿是民主党人。　　　　（F13）Dc

（S14）比尔·克林顿存在。　　　　　　　（F14）（$\exists x$）（$x = c$）

事实上，根据标准逻辑，每个公式都推衍出 F14，因为 F14 在逻辑上为真，正如下面证明所示：

[　]（1）　　$c = c$　　　　　　=I

[　]（2）　　（$\exists x$）（$x = c$）　　1EI

〔32〕 在与罗素的一次著名的交流中，斯特劳森论证道，单称陈述不具有存在预设。简言之，他的观点是：S13 与 S14 之间不是推衍，而是一种更弱的“预设”关系。S13 预设 S14 的意思为只有 S14 为真，S13 才具有真值。See Strawson's “On Referring”, *Mind*, LIX（1950）, pp. 320 –44.

依赖假设列的空括弧使我们注意到，该证明中的每一行是假设自由的，这是逻辑真的标志。

在这儿又出现一个怪论，即 S14 显然不是逻辑真，但其符号化后却逻辑上为真。当我们考虑 S15 时，此怪论就显得更加突出。

(S15) 圣诞老人不存在。　　(F15) $-(\exists x)(x=s)$

如果 S15 为真，那么其符号化 F15 甚至不是一个合法的公式。但当 S15 为假时，F15 是合法的，从逻辑上讲却是有矛盾的。这个奇怪的结果就需要进一步解释。

我们应考虑到标准逻辑中设定了两个（且仅有两个[33]）存在预设：

(1) 所选择的话语论域中至少有一个成员。

(2) 每个个体常项（即小写字母）应为该话语论域中的某个成员。[34]

292 （两种预设都在第 3.4 节关于解释方法的讨论中有注解。）由 F16 和 F17 的逻辑真揭示了第一个预设，由 F14 和 F18 的逻辑真揭示了第二个预设。

(F16) $(\exists x)(Fx \vee -Fx)$

(F17) $(\exists x)(x=x)$

(F14) $(\exists x)(x=c)$

(F18) $Dc \rightarrow (\exists x)Dx$

如果我们的话语论域为“地球人”，那么一个支持标准逻辑并且否认圣诞老人存在的逻辑学家必会认定 F15 不是一个合法的公式。这种约束会妨碍逻辑学家用标准逻辑进行有关不存在个体的推理吗？例如，我们难道就不可以将本书中的逻辑系统运用于下列论证吗？

圣诞老人喜欢每个人。所以，有些人喜欢圣诞老人。

我们有两种方法来处理上述问题，第一种正如论证有效的枪支管理法

---

〔33〕 特别需要注意的是，标准逻辑并没有预设所运用的每个谓词都适用于话语论域中的某个成员。

〔34〕 存在非标准逻辑（比如“自由逻辑”）不具有这些存在预设。

那样，可以将我们置于一个圣诞老人存在的世界（比方说圣诞传说的世界）。

第二种则是采用第 3.3 节中介绍的方法。[35]我们可以将‘圣诞老人’这个名字纳入谓词中（‘$Sx = x$ 是［等同于］圣诞老人’），然后将圣诞老人的这一单称陈述推广为全称陈述。运用此方法，该论证可符号化为：

$$(x)\ [Sx \rightarrow (y)\ Lxy]\ \vdash (x)\ [Sx \rightarrow (\exists y)\ Lyx]$$

这个方法还解决了之前我们提到的问题，即 S14 有一个逻辑真的符号化。F14’也随之相应改变。

(S14) 比尔·克林顿存在。

(F14’) $(\exists x)\ Cx$

（$Cx = x$ 是比尔·克林顿）

练习 293

练习 1～4 的说明：下面每个论证不是有效的，仅仅因为其前提没有存在预设而结论具有存在预设。(a) 用解释证明无效。(b) 运用一元单谓词存在前提使该论证变为有效。(c) 通过证明或命题类比，证明扩充后的论证有效性。

1. 所有摩托车头盔法都体现了家长式作风但却是合理的。因此，不是所有体现家长式作风的法律都是不合理的。

（论域：法律）

2. 鸟类学家克努特·施密特·尼尔森写道：[36]

> 针对把……［气腔骨］视为是飞行所必要的，蝙蝠提供了最佳论证。它们……并没……有气腔骨，但它们仍是卓越的飞行者。

---

[35] This device was described by W. V. Quine in "On What There Is", *Review of Metaphysics*, 2 (1948).

[36] "How Birds Breathe", *Scientific American* (December, 1971), p. 74.

他的论证如下：

没有蝙蝠有气腔骨。所有的蝙蝠都是飞行类动物。这证明气腔骨不是飞行所必要的。

（论域：脊椎动物）

3. 伯特兰·罗素的论证如下：[37]

所有人都是邪恶的。没有邪恶的事物会属于上帝的一部分。因此，［泛神论］世界万物都是上帝的一部分这一论题是假的。

4. 一位哲学家在迈阿密大学演讲时运用了下面的论证：

所有的物理事件都可用纯物理术语解释。没有第六感事件可用纯物理术语解释。每个第六感事件都是精神事件。这证明了有些精神事件不是物理事件。

294 （论域：事件；$Tx = x$ 可用纯物理术语解释）至少可以说，关键的存在假设是有争议的。

5. 我们给出了下列论证的两个符号化：

圣诞老人喜欢每个人。
有些人喜欢圣诞老人。

(a) $(x)\ Lsx \vdash (\exists x)\ Lxs$
(b) $(x)\ [Sx \rightarrow (y)\ Lxy] \vdash (x)\ [Sx \rightarrow (\exists y)\ Lyx]$

（论域：圣诞节传说中的人物；s = 圣诞老人，$Sx = x$ 是圣诞老人）试证明每个符号化的有效性。

*6. 第5.2节中练习6的说明：‘使用任何硬币组合（共计50朗），不要使用便士’。(a) 请把“硬币组合”作为该论域并运用下列字母：Tx = x 共计50朗，Px = x 包含便士，Ux = x 可能被使用，对这些陈述符号化。(b) 通过给出两者都为真的解释以证明这两个公式不是逻辑矛盾。(c) 给出一个真的存在陈述，使得公式集有矛盾。(d) 从扩充

[37] *Religion and Science* (New York: Henry Holt and Company, Inc., 1935), pp. 193 – 94.

后的公式集中推出一个标准矛盾。

7.（半挑战性习题）我们断言，在逻辑系统中下列公式均为逻辑真。在没有假设的情况下，请推出下列公式以证明此断言。

（F16）$(\exists x)(Fx \vee -Fx)$

（F17）$(\exists x)(x = x)$

（F18）$Dc \rightarrow (\exists x) Dx$

试着用四步（或少于四步）证明 F16，用两步证明 F17。

8.（挑战性习题）在第 5.2 节中，我们指出“所有事件都不是由原因所致的”。意思可为 S14 或者 S15。显然 S15 不能推衍出 S14，但是 S14 可以推衍出 S15 吗?

（S14）没有事件是由原因所致的。

（S15）并非所有事件都是由原因所致的。

我们如 F14A 和 F15A，符号化这些陈述那样，或者以“事件”为论域时，正如 F14B 和 F15B。

（F14A）$(x)(Ex \rightarrow -Cx)$

（F15A）$-(x)(Ex \rightarrow Cx)$ 295

（F14B）$(x) -Cx$

（F15B）$-(x) Cx$

（a）通过一个证明或者解释来判定 F14A 是否可以推衍出 F15A。（b）F14B 和 F15B 相同吗？（c）如果你得到不一致的结论，是否可以解释？

9.（挑战性习题）《美国联邦民事诉讼规则》第 8（d）条规定如下：

> 对必须回答的诉答文书中的事实主张……在应答诉答文书中如果没有加以否认，即视为自认。

阿曼达是你的律师事务所的一名合伙人，担任一个客户的代表人，其对联合饰品公司的服务进行了投诉。该规则第 12（a）条规定被告应在收到服务投诉的 20 天内给予回复。然而 20 天已过去，被告仍没有回复。阿曼达知道她可以依据第 55 条规定请求违约裁决，但由于种种

原因，她选择了依据第 56 条进行简易判决。她的论证如下：

> 没有任何在控告中提出的事实在应答诉答文书中加以否认。在控告中提出的任何事实没有在应答诉答文书中加以否认，即视为自认。如果控告中的所有事实都是自认，我方当事人有资格申请简易判决［依据第 56 条］。因此，我方当事人有资格申请简易判决。

请解释阿曼达的错误推理。提示：关注第一个前提。

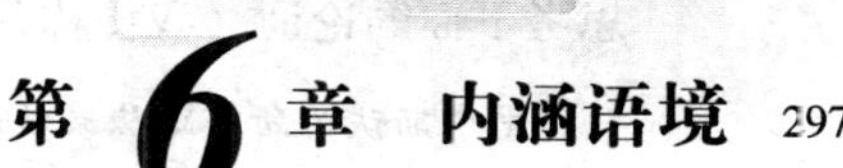

第6章 内涵语境 297

在联邦诉道格尼斯［Commonwealth v. Duchnicz, 42 Pa. Co. 651 (1914)］案中，涉及一名男子（道格尼斯）与一名女子（名为“某人”）发生性关系，这名女子以为该男子是她的丈夫（名为“某人”），直到他正要离开她的卧室时才发现他的真实身份。[1]法院根据“强奸”的传统定义——未经妇女同意与其发生性关系，认为由于某人同意发生性关系故强奸没有发生。在本案中并没有区别这个“同意”是源于错误的身份。

在这个生活环境过于拥挤、昏暗的时代，像道格尼斯这样的案例往往比我们预期的还要多。[2]大部分的案例中作案者都能侥幸逃脱惩罚，这是因为法院在是否经过妇女的同意上无法找到合理的解决方法。而在一个爱尔兰的案例——丽贾娜诉迪伊［R. v. Dee, 15 Cox C. C. 579 (1884)］案中，法院认为夫妻间的性行为与非夫妻间的性行为是完全不同的，因此判定被告有罪。[3]除此之外，似乎没有其他的法院会用 298
这种方式进行处理。显然，我们既可以觉得某人同意了，也可以认为她没有同意，然而怎么去解释这些想法呢？于是本章提出通过将需要的概念来阐明该问题及相关的法律难题。当我们理解了这些概念，将会重新考虑上述问题。

---

〔1〕 涉及假扮冒充的强奸案的审查，参见 Anno.，91A. L. 2d 591，§§5，8.

〔2〕 甚至现在，这样的案例有时候也可能发生。See “37-year-old Mistakes Attacker for Boyfriend”, *South Bend Tribune* (September 18, 1994), p. A18.

〔3〕 这个理由不适用于附注 2 的案件，即受害者错误认为被她的男友袭击。

6.1　外延语境与内涵语境

思考下面的论证（我们称其为“史密斯的观点”）：

史密斯认为所有路德教徒都是新教教徒。

琼斯是一个路德教徒。

所以，史密斯认为琼斯是一个新教教徒。

它很有可能前提为真而结论为假（史密斯可能不认识琼斯或者他可能会误认为琼斯是天主教徒）；所以该论证无效。但令人费解的是，我们似乎能为这个无效论证提出有效的符号化：

$(x)\ (Lx \rightarrow Bx)$

Lj

$\vdash Bj$

（Lx = x 是一个路德教徒，Bx = 史密斯认为 x 是一个新教教徒，j = 琼斯）一个无效的论证不会具有有效的符号化；很明显一定是哪里出错了。

为了解决这个问题，我们需要区分表达的含义（或意义）与其指称（即所指什么）。例如，词语“汽车停放计时器”的含义是一种类似“机动车计时的投币式收费装置”，该短语的指称是所有这种装置的一类。逻辑学家把表达的含义称为其内涵，把这个表达的指称称为其外延。

要注意，通过一些方法是可以区别“内涵”和“外延”这两个概念的。如果你拆毁一个汽车停放计时器，那就改变了汽车停放计时器这类装置的大小，因此改变了词组“汽车停放计时器”的外延，但是你没有改变它的内涵（含义）。通过增加具体规定，对于一般的语词可以扩大其内涵而减小其外延；比如，如果让词项“坏的”修饰“汽车停放计时器”，那么你在这个短语的含义上就增加一个新的元素，却缩小了该短语的对象范围即它的外延。要是两个词项具有相同的内涵，那么他们肯定也有相同的外延。另一方面，外延相同的两个术语很可
299 能内涵不同，例如，“希拉里 · 罗德姆 · 克林顿的丈夫”和“1992 年

当选美国总统的人”。

一般表达的外延（例如“汽车停放计时器”）是一个类，而单独词项的外延（“比尔·克林顿”、“现任美国总统”）是该词项所指称的个体。我们称一般表达和单独词项为“实体”词项。

当你用另一个有相同外延的实体词项来替换该实体词项，而并没有改变这个语句的真值时，那么嵌入到语句中的实体词项就在外延语境中。请看下面的例子：

（S1）50 大于 48。

词项“50”与“美国州的数量”具有相同的外延，因为它们都涉及相同的数字（即 49 的下一位数）。虽然这两个词项的外延相同，但是它们内涵（含义）不同。即使“50”和“美国州的数量”内涵不同，我们仍然能在 S1 中将其互换且不会改变该语句的真值。事实上，只要所有替换词项的外延等于“50”，S1 都将仍为真（例如“印第安纳州参议院的议员人数”）。我们总结如下：S1 为“50”提供了一个外延语境。

当你用另一个有相同外延的实体词项来替换该实体词项，改变了这个语句的真值时，那么嵌入到语句中的实体词项就在非外延语境或内涵语境中。思考下面的例子：

（S2）50 一定大于 48。

（S3）美国州的数量一定大于 48。

当 S2 为真时，S3 不为真。（美国州的数量超过 48 是一个依情况而定的事实而非必然。）通过交换外延相等的词项，可以从真陈述 S2 得出假陈述 S3。因此 S2 为“50”提供了一个内涵语境。

在本书中提到的标准逻辑是一个外延的（而非内涵的）逻辑；其规则允许用其他外延相同的表达来替换句中词项，而不考虑它们的内涵。[4] 不过当这种逻辑的运用涉及内涵语境的语句时就必须多加留心。

---

〔4〕 一些逻辑学家建议改进内涵逻辑来处理诸如“史密斯的观点”所表现出的问题，也就是在内涵逻辑中允许词项的替换。参见，例如 Edward N. Zalta, *Intensional Logic and the Metaphysics of Intensionality*（Cambridge, MA: MIT Press, 1988）. 我们将采取另一种不同的方法；我们将在标准的外延逻辑中解决这些问题。

300 特别是，由于在内涵语境中，用另一个有相同外延的词项来替换该词项，能够改变这个陈述的真值，我们就必须谨慎地不要对任何这类陈述进行符号化，即通过谓词逻辑规则（UO、EO、=O、EI）使得其公式允许这样的替换。那么如何避免犯错误呢？最好的方法就是给谓词符号指派含义：因为它们是公式的组成部分。但是，在内涵语境中，我们不应该对后面跟着个体常项或变项的谓词符号下定义，否则通过合法替换所构成的公式很有可能面临篡改的危险。

这就是“史密斯的观点”论证符号化错误的原因。现在用下面的字典给谓词“B”指派一个含义 B*x* = 史密斯认为 *x* 是一个新教教徒。通过思考“史密斯的观点”论证的结论，我们可以说明该解释所产生的问题：

（S4）史密斯认为琼斯是一个新教教徒。

假设我们判定 S4 为真。每个星期天，在教堂，史密斯都会看见琼斯，所以他知道琼斯是一个新教教徒。但是史密斯并不知道（除了琼斯自己，其他任何人都不知道）琼斯是来偷鲁里坦尼亚王国皇冠宝石的贼。“琼斯”和“偷鲁里坦尼亚王国皇冠宝石的贼”具有相同的外延。然而，并非史密斯相信偷鲁里坦尼亚王国皇冠宝石的这个贼是个新教教徒；他并不知道贼是谁。于是在 S4 中用外延相同的另一个词项来代替“琼斯”，从而改变了 S4 的真值。因此，“琼斯”在 S4 的内涵语境中，并且“*x*”也把内涵语境的含义指派给“B*x*”。正是“史密斯的观点”符号化中的第一个前提和结论运用了不被允许含义的指派，所以导致了该论证无效却具有有效的符号化。

在标准逻辑中，这个论证的第一个前提能够完全符号化吗？是的，它能够用下面任何一种方式符号化：

命题符号化：

（F5A）B　　（B = 史密斯认为所有路德教徒都是新教教徒）

性质谓词符号化：

（F5B）Bs　　（B*x* = *x* 认为路德教徒都是新教教徒，s = 史密斯）

关系谓词符号化：

（F5C）Bsp　　（B*xy* = *x* 认为 *y*，p = 命题“所有路德教徒都是新教教徒”）

符号化 F5A 是没有问题的，因为它不涉及变项。（一般说来，由于命 301
题逻辑的符号化没有涉及变项，在这个逻辑分支上，内涵词项可以自由运用。）F5B 同样正确，因为在解释中赋予谓词“B”的变项未处于“认为”所构造的内涵语境中。简单地说，在“*x* 认为 *y*”这个不完整的句子中，“*x*”在外延语境中而“*y*”在内涵语境中。现在重新考虑“史密斯的观点”中的第一个前提：

（S5）史密斯认为所有路德教徒都是新教教徒。

“史密斯”这个名字的外延是史密斯，所以当你用一个外延的等值词项来替换“史密斯”（如“史密斯夫人的丈夫”或“史密斯车库的主人”），这个新词项也将表示同一个个体。S5 和替换后的陈述将具有相同的真值。F5C 提出了 S5 第三个可接受的符号化。如果把“认为”视为人和“命题”[5]之间的关系，我们就能把 S5 的内涵成分转换为单独词项“所有路德教徒都是新教教徒这样一个命题”。这三个可接受的符号化都具有一个共同特点：他们用单个符号（F5A 中陈述字母，F5B 中谓词字母，F5C 中个体常项）表示某个表达式用来概括 S5 中出现的内涵要素。这种表达是为了避免可能出现在内涵语境中实体词项的非法替换。

我们可以认为 S5 是一个假全称。尽管它和全称陈述同样包含了“所有”，但是刚刚已证明了其不能符号化为全称公式。当然也有假存在陈述，看上去好像能用存在量词的公式符号化它们，但是，实际上却不能。请看下面的例子：

（S6）哈维需要一双鞋。

在这个例子中，“需要”，产生了一个内涵语境。例如，假设鞋子都有翼尖。下列的陈述仍有可能为假：

---

〔5〕 在前面几章中，我们认为，术语“命题”和“陈述”是可互换的。一个命题这样定义：其（大致）是一个陈述性的语句。然而，俄罗斯人和巴西人可以有相同的观点或者有相同的主张（例如吸烟引发癌症），却用不同的句子（不同的语言）表达这个观点或者主张。这一章我们将用“命题”来表示我们说出的陈述。该巴西人和俄罗斯人运用两个陈述句来表达一个命题。

（S6A）哈维需要一双有翼尖的鞋。

302 因此，我们不能用 F6X 符号化 S6。

（F6X）（∃x）（Sx & Nx）

（Sx = x 是一双鞋，Nx = 哈维需要 x）要是这是 S6 合适的符号化，我们就能用一个陈述“所有鞋子都有翼尖”的符号化公式与其对应。

（x）（Sx → Wx）

（Wx = x 有翼尖）由此推出声称表示 S6A 的公式，我们已说过该公式不为真：

（∃x）（Sx & Nx）
（x）（Sx → Wx）
⊢（∃x）（Sx & Wx & Nx）

我们给谓词符号“N”指派了一个含义，即“N”涉及“哈维需要”所产生内涵语境中的一个变项，这就是无效论证具有有效符号化的原因。

识别假存在陈述的另一种方法是，通过分析，你会发现假存在与其符号化不具有相同的外延推衍。即使如 S6 断言“哈维需要一双鞋”，也并不是如 F6X 所说“有一双他需要的鞋”。镇上可能有十几家鞋店，每家店里也许有 3 ~4 双鞋满足他的要求。此外，假如在世界上没有鞋子，S6 仍为真而 F6X 为假。

6.2 识别内涵语境

前面已经表明，我们必须谨慎对待产生内涵语境的表达。但是如何识别这些麻烦的表达呢？它们中的大多数所包含的词项，属于下述表格中所示的四类词项中的一类，并且通过例子的相似之处也能识别它们。这里有两点必须要说明：第一，表格中所列的词项并不总是产生内涵语境；第二，有些词项（如刚才讨论的“需要”）产生了内涵语境但是不属于这四类词项中的任何一类。

303

模态词项	道义词项	心理与认知词项	间接话语词项
一　定	应当的	相　信	据　说
必然的	必须的	知　道	断　言
可能的	允许的	希　望	提　供
不可能的	禁止的	担　心	证　明

通过引入“陈述算子”的概念，就可以更清楚地识别内涵语境。通过“陈述算子”，对于含有空白的表达，当陈述语句填补了这些空白时就会形成另一个陈述语句。我们当然侧重于最简单的情况：含有一个空白的陈述算子。请看下面的例子：

它必然是这样的……

法律要求……

琼斯认为……

地方检察官断言……

用一个语句（例如“史密斯买了一辆凯迪拉克轿车”）来填补这些算子的空白就得到了另一个语句。例如：

它必然是这样的，史密斯买了一辆凯迪拉克轿车。

法律要求史密斯买了一辆凯迪拉克轿车。

琼斯认为史密斯买（要买）一辆凯迪拉克轿车。

地方检察官断言史密斯买（买了）一辆凯迪拉克轿车。

陈述算子通常会产生内涵语境。[6]因此，当我们符号化一个含有陈述算子的语句时，必须警惕其所产生的内涵语境。

这四类词项很可能出现于陈述算子中，所以“陈述算子”的概念有助于统一上述四类词项。但是通常情况下，陈述算子并不明显，甚至不易察觉。例如，下面一对语句中的第一句就并未明显涉及陈述算子，然而它在逻辑上等值于明显涉及陈述算子的第二个语句。

---

〔6〕 在第二章探讨的陈述算子（或联结词）（“并非”“而且”等）是例外的情况；它们没有产生内涵语境。也因此它们才可能引发一个外延逻辑。

304 50 必然大于 48。

它必然是这样的，50 大于 48。

这两个语句都产生了内涵语境。

上述的一些词项（尤其是心理词项）也可能出现于这样的语句——既没有包含明确的也没有包含潜存的陈述算子。考虑下面的语句：

A	B
史密斯知道布朗是有罪的。 史密斯担心布朗是有罪的。 史密斯痛恨（这一事实）布朗是有罪的。	史密斯知道布朗。 史密斯担心布朗。 史密斯痛恨布朗。

“A”列中的语句包含了陈述算子并涉及内涵语境；而“B”列中的语句没有包含陈述算子且只涉及外延语境。现在以词项“知道”为例，我们来仔细分析上述情况。考虑下面两个含有该词项的不完整的表达：

弗雷德知道……（Fred knows that...）

弗雷德知道……（Fred knows...）

第一个表达是一个陈述算子。我们用其他语句来填补其空白从而产生了另外的语句，如下面的例子所示：

弗雷德知道布朗是一个药剂师。

弗雷德知道杀害弗雷德妻子的男人是一个药剂师。

即使“布朗”和“杀害弗雷德妻子的男人”这两个表达指称相同的个体，但是两个语句可能具有不同的真值。因此，第一个表达（Fred knows that...）产生了内涵语境。

第二个表达中的空白（Fred knows...）能够用表示个体的词项来填补；当该表达具有这种含义时，它是一个谓词而不是陈述算子。如果用单独词项来填补该空白，就生成了一个语句，例如：

弗雷德知道布朗。

弗雷德知道杀害弗雷德妻子的男人。

“布朗”和“杀害弗雷德妻子的男人”这两个表达表示相同的个体， 305
则两个语句必然具有相同真值。（注意第二个语句并没有声称弗雷德知道杀害他妻子的凶手身份，只是说这个凶手是他所熟悉的人。）因此，第二个表达产生了外延语境。

我们再强调一遍，有些含有“知道”的表达产生了外延语境，而另一些含有“知道”的表达则产生内涵语境。后者涉及陈述算子。现在应该很清楚为什么 S1 能够符号化为 F1，而 S2 符号化为 F2X 却是不正确的。

（S1）弗雷德知道布朗。

（F1）Kfb

（Kxy = x 知道 y，f = 弗雷德，b = 布朗）

（S2）弗雷德知道布朗是一个药剂师。

（F2X）Kfb

（Kxy = x 知道 y 是一个药剂师，f = 弗雷德，b = 布朗）

因为指派给谓语“K”的含义把变项“y”置于“知道”产生的内涵语境中，所以 F2X 是不可接受的。相应地，个体常项“b”也出现在 F2X 的内涵语境中。另一方面，F2 没有涉及这个错误并且是可接受的符号化。

（F2）Kf

（Kx = x 知道布朗是一个药剂师，f = 弗雷德）

有时某种言语表达的语句令人无法判定其是否产生了内涵语境，因为你不知道它到底是什么意思。考虑下面的陈述：

（S3）地方检察官打算起诉这个抢劫国家银行的人。

S3 断言一种关系（“打算起诉”）在两个人（地方检察官和抢劫者）之间成立，或者声称另一种不同的关系（“打算使命题为真”）在人（地方检察官）与命题（即地方检察官起诉这个抢劫国家银行的人）之间成立？S3 是关于两个人（由打算起诉的关系联系），还是关于人与命题（由打算使命题为真的关系联系）的陈述？这个动词“打算”
是关系谓词（打算起诉）的一部分，还是如上所述的陈述算子（打算 306

使命题为真）的一部分？由 S3 可得出以下两种表达方式：

（S3A）地方检察官打算起诉这个抢劫国家银行的人。

（S3B）地方检察官打算使命题“地方检察官起诉这个抢劫国家银行的人”为真。

现在让我们假定银行抢劫者正好是州长唯一的私生子，而地方检察官并不知道这一事实。因此，用一个表达“州长唯一的私生子”来替换“抢劫了国家银行的人”不会改变 S3A 的真值，但是同样的替换却会改变 S3B 的真值。（起诉州长的儿子可能不是地方检察官的本意。）于是，我们总结出该表达“抢劫国家银行这个人”分别出现在 S3A 的外延语境中和 S3B 的内涵语境中。

区分两种陈述即关于事情的陈述和关于陈述的陈述，对于我们将会很有用。[7]关于事情的陈述是把性质归于个体（而不是另一个陈述）或断言一种关系在两个或者两个以上个体之间成立。例如：

希拉里·罗德汉姆·克林顿是一个律师。

希拉里·罗德汉姆·克林顿是比尔·克林顿的配偶。

关于陈述的陈述是把性质归于陈述（或者命题）或断言一种关系在两个或者两个以上陈述（或者命题）之间成立，例如：

陈述“希拉里·罗德汉姆·克林顿是一个律师”为真。

希拉里·罗德汉姆·克林顿是一个律师是真的。

然而上述语句中，只有第一句明确提到了陈述，这对构成陈述非常有意义（因为“真”是陈述的性质）。关于陈述的这一类陈述，让我们包含将个体与陈述关联起来的混合陈述。根据这个术语，我们可以说 S3A 是一个关于事情的陈述（并且对 S3 提出关于事情的解释），S3B 是一个关于陈述的陈述（对 S3 提出关于陈述的理解）。

307 如果我们对 S3 给出关于事情的解释，就可以用 F3A 符号化它；而

〔7〕 它源自中世纪逻辑学家把必然性（或者可能性）归于事情（或拥有某种性质的事物）和归于命题之间的区别。

如果我们对 S3 给出关于陈述的解释，就可以用 F3B 符号化它。

(F3A) Pdr　($Pxy = x$ 打算起诉 y，d = 地方检察官，r = 抢劫者)

(F3B) Idp　($Ixy = x$ 打算使 y 为真，d = 地方检察官，p = 命题“地方检察官起诉这个抢劫国家银行的人”)

当然，在一些有争议的语境中，使用 S3A 和 S3B 的非关系的符号化就足够了：

(F3A') Pd　($Px = x$ 打算起诉抢劫者，d = 地方检察官) [关于事情]

(F3A") Pr　(Px = 地方检察官打算起诉 x，r = 抢劫者) [关于事情]

(F3B') Pd　($Px = x$ 打算使命题“地方检察官起诉这个抢劫国家银行的人”为真) [关于陈述]

请注意因为 F3B' 是连接人和命题（即使这个表达指派的命题隐藏在性质谓词中），所以它是关于陈述的符号化。

当我们考虑对于陈述的解释时，必须要牢记，一个命题总有一个真值并且应该用一个完全独立的术语来表达。下面两个例句中，只有第一句可以表达命题：

地方检察官起诉这个抢劫国家银行的人

x 起诉这个抢劫国家银行的人

第二个短语是不完全的，所以不能表达命题。由于一些事例为真而另一些为假，[8]因此该短语没有自己的真值。于是在上述 F3B' 中对谓词“P”的解释是错误的：

$Px = x$ 打算使命题“x 起诉这个抢劫国家银行的人”为真

当我们对法律规则给出对陈述的解释时，为了确保独立术语能恰当地 308
表达命题，常常用具体案例形式而不是作为一般原则来陈述它。

对一个可以理解为关于事情的，也可以理解为关于陈述的语句进行符号化之前，必须先判定哪种解释能更好地表达该语句。

现在，陈述 S4 提出了另一个例子：

---

〔8〕 很明显，如果一个短语有异议，那么包含它的表达也将有异议，因为它使得一个变项在内涵语境中。

（S4）格林相信哲学系所有终身成员都有博士学位。

我们该将S4理解为断言了一个给定类（终身的哲学家）的每个成员，格林支持某个关系（“相信一个人，他或她有博士学位”），还是表明了对于一个判定命题（即哲学系所有终身成员都有博士学位）格林支持这种相信的关系？换句话说，我们是用关于事情的解释（S4A）还是用关于陈述的解释（S4B）来理解S4？

（S4A）格林相信每一个哲学系的终身成员都有博士学位。

（S4B）格林相信（命题）哲学系的所有终身成员都有博士学位。

请注意S4A和S4B在逻辑上是不同的陈述。例如，S4A——而非S4B——推衍出S5。

（S5）如果格雷是哲学系的终身成员，那么格林相信格雷有博士学位。

正如我们所预料的，S4A和S4B也具有不同的符号化：

（F4A）$(x)(Px \rightarrow Hgx)$　（$Px = x$ 是哲学系的成员，$Hxy = x$ 相信 y 有博士学位，$g =$ 格林）

（F4B）Bga　（$Bxy = x$ 相信 y，$g =$ 格林，$a =$ 命题“哲学系的所有终身成员都有博士学位”）

我们如何断定S4的哪种解释（由此所对应的哪个符号化）更令人满
309 意？当然，最好的方法就是为了澄清S4去咨询提出S4的本人。但如果这行不通，就必须判断该陈述的本意。由S4中提出的语境以及格林观点的基础（假如知道提出S4的这个人）都是相关的信息。例如，假如哲学系的所有成员都是格林的朋友，并且格林听说每个人都有博士学位，则S4A是正确的理解。另一方面，倘若格林的观点是源自没有博士学位的任何人就不享受终身制的哲学系政策，则S4B是正确的。

在缺乏任何证据的情况下，保守的选择就是将之理解为关于陈述的解释，因为它会避免生成一些无效的推理，例如S5，或者导致类似

"史密斯的观点"这样的论证。[9]

在本章开头，我们讨论了这个冒名顶替强奸案的难题，解决它的关键在于，把同意（或不同意）看作同意使一个命题为真：

（S6）某人同意使命题"某人与某人发生性关系"为真。

（S7）某人同意使命题"某人与道格尼斯发生性关系"为真。

S6 为真，而 S7 为假。该案中采用的"强奸"定义也应该解释成关于陈述的。因此，我们认为上面讨论的陈述是关于陈述的陈述，这里不考虑"强奸"的一般定义，而是把该定义运用到本案中所涉及负责人的结果：

道格尼斯强奸某人当且仅当他与某人发生性关系时，而她没有同意使命题"某人与道格尼斯发生性关系"为真。

这个陈述结合了 S7 的否定，以及"道格尼斯同某人发生性关系"为真推衍出那场强奸的发生。

请注意，下面关于 S7 的论证是有缺点的——它很可能是道格尼斯提出的。

某人同意使命题"某人与在她床上的男人发生性关系"为真。在某 310
人床上的男人是道格尼斯。因此，某人同意使命题"某人与道格尼斯发生性关系"为真。

只有运用谓词"某人同意使命题'某人与 x 发生性关系'为真"时，这个论据似乎才有一个有效的符号化。但是，因为该谓词想用一个不完整的短语（"命题'某人与 x 发生性关系'"）来表达命题，所以它

---

〔9〕 有些逻辑学家和哲学家（包括我们中的一些）对含有如"打算起诉"（或"相信有博士学位"）等概念的语句是关于事情的解释的说法存在质疑。他们认为，在"x 打算起诉 y"的断言中，我们预先假定了以某种确定方式描述 y（例如"抢劫国家银行的人"或"州长唯一的私生子"）。根据这种观点就不存在诸如"打算起诉"这样的关系在两个人之间成立。律师也许比哲学家更愿意对涉及意图或者其他的精神状态用关于事情的解释，原因是他们习惯于把这样的状态作为法律目的的"事实"。像鲍恩在一条著名的格言中就提到："一个人的思想状态和他的消化状态是差不多的。"埃杰顿诉菲茨莫里斯案［Edgerton v. Fitzmaurice, 29 L. R. Ch. Div. 459, 483 (1884)］。有些哲学家可能已经发现该断言（至少）是有争议的。

是不当的。

练习

下列每个论证似乎都有缺点；而这些缺点是由内涵语言产生的。修改该论据就是为了消除这些缺点。在某些例子中，我们要求大幅修改该论证的内容。

1. 你可以从字典中得知一个收集蝴蝶的人是鳞翅昆虫学家。乔治收集蝴蝶。所以，你可以从字典中得知乔治是一个鳞翅昆虫学家。

*2. 海军陆战队正在寻求一些好士兵。山姆、查理和威利是一些好士兵。所以，海军陆战队正在寻求山姆、查理和威利。

3. 萨曼莎害怕老鼠。这个动物是只老鼠。所以，萨曼莎害怕这个动物。

4. 帕特·布坎南讨厌共产党人。娜塔莎是共产党人。所以，帕特·布坎南讨厌娜塔莎。

5. 史密斯知道布朗是一个信差。布朗是史密斯妻子的情人。所以，史密斯知道自己妻子的情人是一个信差。

*6. 欧·布莱恩相信所有爱尔兰小孩都要学习盖尔语。莫林是一个爱尔兰小孩。所以，欧·布莱恩相信莫林应该学习盖尔语。

7. 布朗打算投资庞氏公司。庞氏公司是一个商业诈欺集团。所以，布朗打算投资一个商业诈欺集团。

8. 路易斯·莱恩知道克拉克·肯特是一个温文尔雅的记者。克拉克·肯特是一个超人。所以，路易斯·莱恩知道超人是一个温文尔雅的记者。

311

6.3 例子和策略

到目前为止，在本章中我们想要说明如何识别内涵语境，以及识别出它们之后怎么避免其所造成的麻烦。现在我们列举一些会产生这些麻烦的论证。

鞋

哈维需要一双新鞋。

哈维买不起一双新鞋。

因此，哈维需要一些他买不起的东西。

这个论证的第一个前提和结论是伪存在的。因为不存在唯一一双特定的满足哈维需要的鞋，没有一双新鞋正好是哈维所需要的鞋。第二个前提是一个真正的全称。实际上它的情况是，如果任何东西是一双新鞋，那么哈维买不起。在符号化这个显然有效的论证之前，我们必须重申上面两个伪存在，并将其转化为所能找到的、与其最相近的真存在。该例子重述如下：

哈维的一个需求将被满足，仅当哈维拥有一双新鞋。

任一双新鞋都是哈维买不起的东西。

因此，哈维的一个需求将被满足，仅当哈维有一些东西他买不起。

它的有效符号化如下：

$$(\exists x)\ \{\mathrm{N}x\mathrm{h}\ \&\ [\mathrm{F}x \rightarrow (\exists y)\ (\mathrm{S}y\ \&\ \mathrm{Hh}y)]\}$$

$$(x)\ (\mathrm{S}x \rightarrow -\mathrm{Ah}x)$$

$$\vdash (\exists x)\ \{\mathrm{N}x\mathrm{h}\ \&\ [\mathrm{F}x \rightarrow (\exists y)\ (\mathrm{Hh}y\ \&\ -\mathrm{Ah}y)]\}$$

（$\mathrm{N}xy = x$ 需要 y，$\mathrm{F}x = x$ 被满足，$\mathrm{S}x = x$ 是一双新鞋，$\mathrm{A}xy = x$ 买得起 y，$\mathrm{H}xy = x$ 有 y，$\mathrm{h} =$ 哈维）

请注意，我们将伪存在转化为真存在的策略包括两个步骤。首先，通过基本的词项“需要”找到陈述算子，我们把“哈维需要一双新鞋”改为“哈维需要的情况是他拥有一双新鞋”。然后，把陈述算子改为一个条件陈述的前件：“……需要的情况是……”改为“……有一个需求将被满足，仅当……。”

俘 虏 312

日内瓦公约禁止枪毙俘虏。

山姆是一个俘虏。

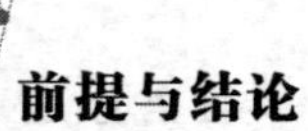

所以，日内瓦公约禁止枪毙山姆。

任何学过国际法的学生都知道这个论证的第一个前提为真。假设第二个前提也为真，但是结论会是什么呢？如果考虑到日内瓦公约的法律效力，那么结论为真并且该论证有效。然而，如果该结论断言日内瓦公约包括了具体规定山姆不被枪毙的语言，那么该结论显然为假。按照这个解释，因为前提为真而结论为假，所以该论证是无效的。

第二种无效的解释使得“禁止”成为一个间接话语的词项，而不是一个法律效力的描述。因为用包含所有在押俘虏的名单替换这个语词改变了前提的真值，因此该词项对在第一个前提中的“俘虏”一词产生了内涵语境。其结果是，它把前提变成一个伪全称。它不能符号化为：

$$(x)\ (Px \rightarrow Gx)$$

（$Px = x$ 是一个俘虏，$Gx =$ 日内瓦公约包括了具体规定枪毙 x 是禁止的用语）对“G”指派的含义产生了一个不被允许的内涵语境。

通常，“法律效力”与“间接话语”解释之间的歧义并不产生问题，并且它们的意图也十分明显。即使存在问题，我们也应该有办法解决。现在就有一些可供选择的方法。下面是最常用的一种：

任何人枪毙一个俘虏都违反了日内瓦公约。
山姆是一个俘虏。
因此，任何人枪毙山姆都违反了日内瓦公约。

$$(x)\ (y)\ [\ (Px\ \&\ Syx)\ \rightarrow Vy],\ Ps \vdash (x)\ (Sxs \rightarrow Vx)$$

（论域：人，$Px = x$ 是一个俘虏，$Sxy = x$ 枪毙 y，$Vx = x$ 违反了日内瓦公约，$s =$ 山姆）

在我们构思这个重述时，把第一个可能的伪全称前提转换成真全称。转换的关键是，用“违反”代替“禁止”。“日内瓦公约禁止枪毙 x”这样的解释产生了内涵语境，而“x 违反了日内瓦公约”却不会产生内涵语境。

313 **公　告**

这条公告必须在这个郡的综合性报纸上发布。

《环球日报》和《守卫者》是这个郡的唯一综合性报纸。

因此，这条公告必须在《环球日报》和《守卫者》上发布。

这个论证似乎是有效的，但在肯定它之前，我们必须用另一个相似的论证（可称其为“恶棍论证一”）与之相比较：

这条公告必须在这个郡的综合性报纸上发布。

这个郡的唯一综合性报纸为恶棍所拥有。

因此，这条公告必须在恶棍所拥有的报纸上发布。

“恶棍论证一”好像很可疑，因为（基于一种自然理解）它旨在说明关于在恶棍所拥有的报纸上发布该公告的某种法律必然性。相比之下，下面的论证（“恶棍论证二”）似乎更加直截了当：

这条公告将会在这个郡的综合性报纸上发布。

这个郡的唯一综合性报纸为恶棍所拥有。

因此，这条公告将会在恶棍所拥有的报纸上发布。

上述两个论证唯一的区别是，在“恶棍论证一”用“必须”的地方，“恶棍论证二”却用词项“将”。“必须”产生了内涵语境，而“将”却没有。

“公告”的符号化如下：

$(\exists x)(Nx \,\&\, Px)$

$(x)[Nx \leftrightarrow (x = g \vee x = a)]$

$\vdash Pg \vee Pa$

（$Nx = x$ 是这个郡的综合性报纸，Px = 这条公告必须在 x 上发布，g =《环球日报》，a =《守卫者》）该符号化论证肯定是有效的，但是指派给谓词“P”的这个解释把一个变项置于由词组“必须在……上发布”所产生的内涵语境中。除此难题之外，该符号化还有第二个问题：符号化的结论对应的是S2，而非S1。

（S1）这条公告必须在《环球日报》或者《守卫者》上发布。 314

（S2）或者这条公告必须在《环球日报》上发表或者它必须在《守卫者》上发布。

但是，该论证的结论是S1，而非S2。此外，S2为假（即使该论证的前提都为真）并不是说这条公告必须要在《环球日报》上发布，因为它也可以在《守卫者》上发布；因此，左边的析取肢为假。根据类似的推理可知，右边的析取肢也为假。既然两个析取肢都为假，所以 S2 本身为假。

通过删除指派给谓词“P”的必然性概念，就能够避免这些问题；相反地，我们可以给谓词“P”指派下面的外延解释：

Px = 这条公告将在 x 上发布

这个“修补”却产生了另一个问题：现在该符号化的结论对应的是 S4，而不是 S3。

（S3）这条公告必须在《环球日报》或者《守卫者》上发布。

（S4）这条公告将在《环球日报》或者《守卫者》上发布。

S4 断言了该公告将发布。它似乎歪曲了该论证的目的——并不是强调发布的预言，而是要明确法律要求的实际后果。因此，根据规则（称其为“R”），对这个论证进行修改。这样，我们就能将论证中的道义陈述改为条件陈述。在“公告”的第一个前提和结论基础上增加短语“只有……才遵守规则 R”（以及用“是”代替“必须”），就能得到在我们的外延逻辑中可以处理的论证。

只有这条公告在这个郡的综合性报纸上发布才遵守规则 R。

《环球日报》和《守卫者》是这个郡的唯一综合性报纸。

因此，只有这条公告在《环球日报》或《守卫者》上发布才遵守规则 R。

$C \rightarrow (\exists x)(Nx \ \& \ Px)$

$(x)[Nx \leftrightarrow (x = g \lor x = a)]$

$\vdash C \rightarrow (Pg \lor Pa)$

（C = 遵守规则 R，Nx = x 是这个郡的综合性报纸，Px = 这条公告在 x
315 上发布）在这个公式化中，没有谓词以把单独词项置于内涵语境中这样的方式来定义。该符号化的论证有效性确保了这个重述论证的有效性。

现在，应该如何表达原先“公告”的公式化呢？——因为它在标准逻辑中不能很清楚地被表达。当我们说这条公告“必须”发布时，对很多事情都觉得理所当然。我们希望当事人明白并不是说要是他们不发布就会被枪毙；也不是说要是他们不发布就是不道德的。我们的意思是，如果他们不发布就没有遵守这个规则，并且倘若没有遵守这个规则将会产生他们不喜欢的后果。在我们把这个论证化为逻辑形式之前，必须先明确其含义。这样有助于律师研究逻辑的原因之一，就是它能使说话人更加细致地表达其真实想法。

郡鉴定人

论证 A

（S5）修订法第 8501 条使得只有拥有鉴定人执照的本郡居民才有资格担任郡鉴定人。

（S6）所有拥有鉴定人执照的本郡居民都是白人男性。

（S7）因此，修订法第 8501 条使得只有白人男性有资格担任郡鉴定人。

论证 B

（S7）修订法第 8501 条使得只有白人男性有资格担任郡鉴定人。

（S8）一条法规使得只有白人男性有资格担任职位是违反宪法的。

（S9）因此，修订法第 8501 条是违反宪法的。

论证 A 的结论作为论证 B 的第一个前提出现。

乍一看，这两个论证似乎都有效。但是，这条法规强加了一条合法的、无种族歧视资格的要求来获得郡鉴定人之职，虽然它没有违反宪法，而有可能碰巧遇到这种情况：在一个特定的少数种族中没有人符合郡鉴定人的要求。因此，不得不怀疑这两个论证至少有一个是错的。我们的怀疑是有根据的；“郡鉴定人”的第一个问题就是含糊性，即语句 S5，S7 以及 S8 都是模棱两可；而其含糊性是由词项“使得”所造成的。通过对 S7 的两个重述，我们来阐明这个含糊的词项：

修改法第 8501 条具体规定只有白人男性有资格担任郡鉴定人。

所有符合修订法第 8501 条所设担任郡鉴定人资格标准的人（事实 316
上）都是白人男性。

让我们改写这两个论证，用清楚（且为真）的内容来代替含糊的部分。（替代内容的陈述用“A”标示。）

论证 A'

（S5A）修订法第 8501 条具体规定只有拥有鉴定人执照的本郡居民有

资格担任郡鉴定人。

（S6）所有拥有鉴定人执照的本郡居民都是白人男性。

（S7A）因此，所有符合修订法第 8501 条所设担任郡鉴定人资格标准的人（事实上）都是白人男性。

论证 B’

（S7A）所有符合修订法第 8501 条所设担任郡鉴定人资格标准的人（事实上）都是白人男性。

（S8A）一条法规使得只有白人男性有资格担任职位是违反宪法的。

（S9）因此，修订法第 8501 条是违反宪法的。

论证 A’ 显然是有效的；其符号化如下：

$(x)\ (Cx \rightarrow Lx)$

$(x)\ (Lx \rightarrow Wx)$

$\vdash (x)\ (Cx \rightarrow Wx)$

（$Cx = x$ 符合修订法第 8501 条所设担任郡鉴定人的资格标准，$Lx = x$ 是拥有鉴定人执照的本郡居民，$Wx = x$ 是白人男性）

论证 B’ 看上去显然无效。在论证 B’ 中，前提 S7A 和 S8A 根本
317 没有联系却可以互相支持推出 S9。因为“具体规定”产生了一个内涵语境，所以，如果运用谓词（如“具体规定 x 有资格担任 y”）符号化该论证将会是一个错误。下面的句子仍然可能（大概）具有不同的真值，即使“有执照的鉴定人”和“白人男性鉴定人”有相同的外延。

第 8501 条具体规定只有有执照的鉴定人有资格担任 P。

第 8501 条具体规定只有白人男性鉴定人有资格担任 P。

我们不得不勉强接受下面论证 B’ 的符号化：

$(x)\ (Cx \rightarrow Wx)$

$(x)\ (Sx \rightarrow Ux)$

$\vdash Ua$

（$Cx = x$ 符合修订法第 8501 条所设担任郡鉴定人的资格标准，$Wx = x$ 是一个白人男性，$Sx = x$ 是一条法规使得只有白人男性有资格担任职位，$Ux = x$ 是违反宪法的，a = 修订法第 8501 条）不出我们所料，符

号化的论证 B’是无效的。

练习

1. 思考下面关于身心二元论的论证：

我绝对肯定我的<u>心灵</u>是存在的。

我不能绝对肯定我的<u>身体</u>是存在的。

因此，我的心灵和身体不是同一的。

这个论证是否能按如下方式正确地符号化？请解释原因。

$$\mathrm{Cim},\ -\mathrm{Cib} \vdash \mathrm{m} \neq \mathrm{b}$$

（i = 我，m = 我的心灵，$\mathrm{C}xy = x$ 绝对肯定 y 是存在的，b = 我的身体）

请按照说明进行下面每个练习，从而避免符号化时产生意向性的问题。

*2. 有关迈阿密大学艺术与科学学院学生的数学分级要求的简化版： 318

除非因实习可以免除，否则所有学生都必须参加 MTH101，并在 MTH102 和 MTH103 之间任选其一。

重构这个学术规定使得其符号化避免内涵性问题，并且符号化该重构。

3. 小学校规如下：

任何缺课的学生重返学校都必须带来一张家长写的假条。

重构这个校规并符号化该重构。

4. 符号化下面论证：

美国总务管理局将给法官卡伯里的办公室提供任何她所需要的。法官卡伯里的办公室需要一张桌子。因此，美国总务管理局将给法官卡伯里提供一张桌子。

5. 《国家劳动关系法》禁止雇主因工会活动解雇员工。[10]一个工

---

〔10〕 这条法规被作为一个量化条件句陈述。但是上述第 5.1 节中解释过，当它是唯一的理由向雇主索赔提供补偿时，雇主有权将其视为量化双条件句。

会会议决定，哈里斯将通过向老板扔奶油蛋糕，以此表达员工对工作条件的不满。他这样做了并遭到解雇。符号化他的论证——解雇违反该法案，以及其雇主的论证——解雇不违反该法案。

6.（挑战性习题）著名的米克诺滕氏条例规定，如果被告的精神状态使他并不清楚其所作所为是错误的，那么由于患有精神病，他是无罪的。洛伦佐因勒死了格温多琳而受到审判。他知道勒死格温多琳是错误的，但是由于他的精神状态问题，他认为她是一只鸡。符号化基于精神病的这些支持和反对他无罪的论证。提示：把每个论证都看作关于陈述的陈述。

319 6.4 意图、风险与犯罪未遂[11]

通过了解哪种解决方法与在外延语境中关于事情的陈述有关，以及哪种解决方法与在内涵语境中关于陈述的陈述有关，就可以澄清一些典型的法律难题。虽然这种了解不会告诉我们哪种方法是对的，但是有助于弄清楚这两种论证。

现在来看一段对话，当然它不属于法律领域，但它提出了在我们心中与法律所面临的同样的问题。

> **妻子** 你的领带上有一个污点。
> **丈夫** 谢谢，我去换一条。
> **妻子** 为什么你要戴一条有污点的领带？
> **丈夫** 我不是故意的。
> **妻子** 不是故意的你怎么戴上领带？

对话中妻子指责她的丈夫对服装的疏忽，说他故意戴一条有污点的领带。他通过否认来为自己辩护。她所肯定的与他所否定的是同一个语句：

> （S1）丈夫故意戴一条有污点的领带。

---

〔11〕犯罪未遂是指带有犯罪目的意图并且已经着手实行犯罪，而最终犯罪行为没有完成。参见《美国模范刑法典》第5条。

但是，他们指派给该语句的含义却完全不同。妻子指派的含义可用关于事情的陈述表达：

（S1A）丈夫打算戴某条领带，该领带上有一个污点。

丈夫指派的含义需要用关于陈述的表达：

（S1B）丈夫打算的这种情况是他戴一条有一个污点的领带。

当然，妻子肯定 S1A 是对的，丈夫否定 S1B 也是对的。

当我们符号化 S1A 和 S1B 之后，其区别就显而易见了。妻子的陈 320
述即 S1A，符号化如下：

（F1A）$(\exists x)(Nx \,\&\, Phx \,\&\, Sx)$

（$Nx = x$ 是一条领带，$Pxy = x$ 打算戴上 y，h = 丈夫，$Sx = x$ 上有一个污点）丈夫的陈述即 S1B，符号化如下：

（F1B）Ihp

（$Ixy = x$ 打算使命题为真，h = 丈夫，p = 命题“丈夫戴一条有一个污点的领带”）注意 F1X 不是 S1B 可允许的符号化：

（F1X）Phs

（$Pxy = x$ 打算的这种情况是丈夫戴 y，h = 丈夫，s = 某一条领带有一个污点）这个解释使得变项“y”在内涵语境中。假定丈夫只有一条有一个污点的领带，并且是一条佩斯利花纹的领带。那么该词项“有一个污点的领带”和“佩斯利花纹的领带”具有相同外延。但是，因为丈夫打算的这种情况是他戴一条佩斯利花纹的领带，而并不是打算的这种情况是他戴一条有一个污点的领带，所以在 F1X 的解释中用其中一个代替另一个会改变该句的真值。

现在，运用此方法来分析一个著名的案例——人民诉贾菲案［People v. Jaffe，185 N. Y. 497，78 N. E. 169（1906）］。在该案中，某小偷在偷商品时被抓住，并被警察要求协助抓捕被告——警察认为此人是一个销赃者。因此，经过店主允许，小偷留下商品，并将其当做是他偷来的商品提供给被告。当被告想买下商品时，即以收购赃物的名义而被起诉。但是法院认为该商品的使用是经过店主允许，其不再是赃物，所以被告不能被判有罪。即使他成功做了打算要做的事，他也没有犯任何罪。因此，打算要做的事不能算做试图犯罪。

完成收购赃物的犯罪包括三个组成部分：财物是偷的，被告知道财物是偷来的，被告买下财物。其符号化如下：

$$(\exists x)(Sx \ \& \ Adx \ \& \ Bdx) \rightarrow Rd$$

321 （$Sx = x$ 是偷的，$Axy = x$ 知道 y 是偷的，d = 被告，$Bxy = x$ 买下 y，$Rx = x$ 因收购赃物而有罪）属于谓词“A”的解释必须是关于事情的才合法；它并不意味着“x 知道 y 是偷来的”。我们必须清楚，试图收购赃物包括所有相同的组成成分，除了被告并不是实际上买下财物而是试图要买。注意对这条法律的理解，虽然由被告提出且被法院接受，但它仍然要求有关于事情的解释。其符号化如下：

（F2）$(\exists x)(Sx \ \& \ Adx \ \& \ Pdx) \rightarrow Gd$

［$Pxy = x$ 试图购买 y（或者 x 试图进行 y 的收购），$Gx = x$ 因试图收购赃物而有罪］

法院所驳回的起诉涉及关于陈述的解释：

（S3）如果被告试图使它是这种情况：被告知道有些东西是偷来的并且被告试图购买，那么被告因试图收购赃物而有罪。

（F3）$Hdp \rightarrow Gd$〔12〕

（$Hxy = x$ 试图使 y 为真，p = 命题“有些东西是偷来的，而被告知道它是偷来的并且被告购买它”）

当然，需要运用更多的逻辑知识来判定这条法律中的哪些解释是正确的。然而，事实是该起诉案不会分析得比 F3 更透彻，我们有理由怀疑该法院审判会受其影响。该法院尚算公正地制定了刑事责任规则，但该规则不能分解成若干元素使其能够在外延语境中陈述出来。

《美国模范刑法典》的起草者（§5.01）想在 F2 与 F3 之间占据

〔12〕这个命题涉及关于陈述的陈述，其被符号化时通常隐藏在谓词中，而不是常项中。例如，S3 可以简化为“$Hd \rightarrow Gd$”。（$Hx = x$ 试图使它是这种情况——“有些东西是偷来的，而被告知道是偷来的并且被告购买它”）

一个中间地带。他们假定一个人试图犯罪的充分条件是：

> 如果伴随情形正如他相信它们会那样，他就有目的地从事了会构成犯罪的行为。

按照这个说法，试图收购赃物的犯罪具有两个组成成分，它们都能用 322
于关于事情的陈述。[13]首先，一个人必须相信某一物体是偷来的财物。其次，一个人必须从事一项被认为是购买该物体的交易（在贾菲案中，没有真正的购买行为是因为冒充卖方的人无权出售商品）。由这两个组成部分所建立的责任规则，符号化如下：

（F4）（$\exists x$）（Bdx & Pdx）→ Gd

（Bxy = x 认为 y 是偷来的财物，Pxy = x 从事一项 x 认为是购买 y 的交易）[14]根据这个规则，贾菲将是有罪的。

另一种对试图做不可能的事负刑事责任的经典情形是，扒手把手伸到一个空钱包里被逮住了。即便钱包里没有什么试图要偷的东西，这类扒手常常会被认为犯有试图行窃罪。在这种案子中，不能用关于事情的罪行陈述。因为并不存在扒手试图行窃的具体事物。的确，即使口袋不是空的，我们也不能指出扒手试图行窃的事物，除非他或她预先知道口袋里物品的清单。而另一方面，关于陈述的罪行陈述则是完全可能的。实际上，扒手试图使它是这种情况，即他或她从受害人的口袋里偷了东西。此规则可以符号化如下：

（F5）Adp → Gd

（Axy = x 试图使 y 为真，p = 命题“被告偷了受害人口袋里的物品”，Gx = x 因试图偷窃有罪）注意下面替换的符号化：

（F5X）Adc → Gd

（Axy = x 试图去偷 y，c = 受害人口袋里的物品）它和 F1X 由于相同的原因是不允许的。因为用物品清单替换“受害人口袋里的物品”会改

---

〔13〕 这个争论忽视了法典第 223.6 条，其规定一个“相信其物品大概是偷来的”人收购财物是有罪的，该罪行本身有罪，与试图犯罪无关。

〔14〕 在前面脚注 9 中描述的这两种典型解释受到持怀疑态度的逻辑学家的质疑。

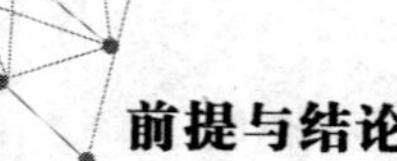

变这个陈述句的真值。[15]

323 当然，F5 和 F3 具有相同的形式，而该规则在贾菲案中却被法院驳回。很明显，比起贾菲案，这个理由在本案中更有说服力。因为它不存在其他的似真选择。如果不接受该规则的这种形式，那么偷窃未遂的扒手，或者甚至是偷窃未遂的盗贼，除非在他们打算偷窃之前完全清楚想偷什么，否则他们将不会被认为犯有任何罪。参见克拉克诉田纳西州政府案［Clarke v. State, 86 Tenn. 511, 8 S. W. 145（1888）］。

在侵权法的某个领域中所提出的问题与这些刑法问题具有某些相似之处。比如，近因领域中“结果在风险内”的那部分领域。下面是一个假设案例以其经典形式所提出的问题：沃尔多让卡尔文——一个6岁孩子，玩一个手榴弹。卡尔文不小心把它掉到自己的脚上并砸断了脚趾。根据我们所熟悉的侵权法规则，如果手榴弹爆炸并伤害到卡尔文，沃尔多将承担责任。他的行为对卡尔文造成不合理的伤害风险，并且这个伤害风险随时有可能发生。不过，手榴弹砸断脚趾的风险概率不大于一个槌球、一架玩具卡车、一本厚连环画，或者一瓶姜汁汽水砸断脚趾的风险。

适用于本案的规则认为，如果被告对原告产生了不合理的伤害风险，并且伤害发生，那么被告承担责任。问题在于所发生的伤害是否一定是具有风险的。在手榴弹案中，被告可以运用该规则的关于事情的解释来论证：

> （S6）如果被告的行为对原告产生了不合理的一定伤害发生的风险，并且该伤害也发生了，那么被告承担责任。

S6 符号化如下：

$$(F6)\ (x)\ [\ (\exists y)\ (Hy\ \&\ Rxy\ \&\ Cxy)\ \rightarrow Lx]$$

（$Hx = x$ 对原告是一种伤害，$Rxy = x$ 的行为产生了不合理的 y 的发生风险，$Cx = x$ 的行为产生了 y 的发生，$Lx = x$ 承担责任）[16]根据 S6（和

〔15〕 同时，如果口袋是空的，那么该公式将会被标准逻辑的存在预设禁止。

〔16〕 我们利用变项来表示原告，就能得到一个更详细的符号化。不过我们是为了解释说明才使用这个简化版本。

F6）提出的解释，因为没有单一的伤害会既使原告受到侵犯又使被告产生了不合理风险，所以被告不承担责任。

同时，在手榴弹案中，原告将不得不运用该规则关于陈述的解释来论证：

> （S7）如果被告的行为产生了不合理的风险情况——原告受到伤害，并且也导致了这种情况——原告受到伤害，那么被告承担责任。

符号化为： 324

（F7）$(x)\ [\ (Rxp\ \&\ Cxp) \rightarrow Lx]$

（Rxy = x 的行为产生了使 y 为真的不合理的风险，p = 命题“原告受到伤害”，Cx = x 的行为使 y 为真，Lx = x 承担责任）正如对 F1B、F3、以及 F5 所做的工作，我们用一个常项来指派在 S7 中陈述算子所管辖的命题。然而在其他案例中我们则不能这样分析所讨论的命题。

在著名的波莱米斯案［Polemis case，（1921）3 K. B. 560（C. A. ）］中，洛德·斯克鲁顿采用了一个相当于 S7 的规则，而在沃顿·芒德案中，枢密院采用的是 S6 的规则。英国和美国的权威学者更倾向于支持沃顿·芒德案，而非波莱米斯案。但是对于我们而言，需要注意的，不是 S6 是否是比 S7 更好的法律规则，而是它们在逻辑形式上的区别。因为在刑事案件中，这些区别并不会表明哪个规则更好，但它有助于了解在论证中人们运用哪一个规则。

练习

下面的练习涉及“意图”以及“信念”“知识”和“声明”等概念。请阐述关于这些概念的法规、定义和原则的替换解释。这些练习答案涉及关于事情的和关于陈述的解释的区别。

1.《印第安纳州法典》第 35－44－3－4（a）(3）条规定任何人犯了 D 类重罪，如果：

> 改变、损坏或删除了任何记录、文件，或意图阻止其产生或用于任何正式诉讼或调查的东西。

虽然负责执行这些法律的当局没有采取任何通知，但基德联合公司却参与了一系列认为违反州和联邦反垄断法的交易。该公司执行总裁的文件中有一封信，如果在调查过程中曝光将会使她非常尴尬。因此她打算销毁这封信。上述法规可以用两种不同方式理解：一种是关于事情的，另一种是关于陈述的。

325 (a) 通过对执行总裁预期行为的适用法律作两种不同的符号化，来解释其含糊性。关于事情的解释，请运用下面的符号表示：

> $Ox = x$ 是正式诉讼或调查，$Axy = x$ 销毁 y，意图阻止 y 产生或用于 z，$c =$ 执行总裁，$l =$ 一封信，$Dx = x$ 犯了 D 类重罪

关于陈述的解释，请运用下面的符号表示：

> 如上所述的符号：c，l，Dx
>
> $Bxy = x$ 销毁了 y，$Ixy = x$ 意图使命题 y 为真，$a =$ 命题“这封信将不会产生或用于任何正式诉讼或调查”

(b) 运用哪一种解释使得该执行总裁的行为是重罪?

(c) 为什么运用另一种解释重罪不成立?

*2. 普通法定义的盗窃罪是以长期占有为目的夺取他人财物的行为。该定义可用两种方式来理解（关于事情的和关于陈述的）。

在乔的车道上，山姆开走了一辆汽车，他误以为车是自己的，但是实际上车是属于乔的。乔打算起诉山姆，但是检察官解释称法院将不予受理这类案件。(a) 符号化适用于该案的普通法所定义盗窃罪的两种不同解释：乔希望检察官运用一种解释，而检察官（有理由）认为，法院将适用另一种解释。(b) 根据后者的解释，为什么山姆是无罪的。

> (乔的解释) $Lx =$ 考虑本案中 x 犯盗窃罪，$s =$ 山姆，$c =$ 此案中的汽车，$Bxy = x$ 属于 y，$j =$ 乔，$Txy = x$ 占有 y，$Dxyz = x$ 意图长期占有 z 的 y
>
> (检察官的解释) 如上所述的符号：Lx、s、Txy、Bxy、c
>
> $Ixy = x$ 打算使命题 y 为真，$a =$ 命题“此案的车主将长期占有该车”

3. 在第 4.2 节练习 6 中描述的是丽贾娜诉查普曼（Regina v. Chapman）案。请回忆查普曼被判有罪：因他将一个未满 18 岁的女

孩带离其父母家，并具有与她发生性行为的意图。他论证道，因为没有法规规定这是一项罪行，所以他意图与她发生性行为不是非法的。法院驳回了该论证。查普曼又提出了一个不同的论证，如下： 326

> 查普曼违反了该法规，当且仅当他将女孩带离她家并意图与其发生性行为。然而，查普曼并无此意图。因此，他没有违反该法规。

上述论证的第一个前提可用关于陈述的和关于事情的两种解释来理解。（查普曼的论证要求用前者解释。）用这些字典符号化第一个前提的两种解释：

> （关于陈述的解释）$Vx = x$ 违反了该法规，$c =$ 查普曼，$Txy = x$ 将 y 带离 y 的家，$g =$ 该女孩，$Ixy = x$ 意图使命题 y 为真，$a =$ 命题“查普曼与该女孩发生性行为”
>
> （关于事情的解释）如上所述的符号：Vx、c、Txy、g
> $Sxy = x$ 意图与 y 发生性行为，$Uxy = x$ 与 y 发生性行为是非法的

4. 在斯克鲁斯诉美国政府［Screws v. United States，321 U. S. 91 (1945)］案中，被告警察被判故意侵犯受宪法保护的公民权利。他们辩称，因为判其罪的法规非常模糊，所以它是违反宪法的。只有研究宪法的学者知道什么权利应该受到宪法保护，而在缺乏最高法院直接相关的决定时，甚至连学者也无法确切知道什么权利受到宪法保护。但是，法院认为该法规应该解释为要求剥夺某人宪法权利的明确意图，并且这样的解释才是符合宪法的。注意，被告对于该法规的无效解释是关于事情的，而法院的有效解释是关于陈述的。符号化这两种解释。

说明：在练习 5 中，符号化由检察官（“皇家”）提出且被审判法院接受适用的法律解释，以及上诉法院采用的解释。在练习 6 中，符号化多数人采用的解释以及持有异议的人采用的解释。每个案子都有关于事情的和关于陈述的两种解释。请用条件陈述的形式表达你的答案，并且其后件为“被告有罪”。忽略所有与具体案例无关的法令或法律规则。

5. 丽贾娜诉史密斯（大卫）案〔［REGINA v. SMITH (DAVID)，

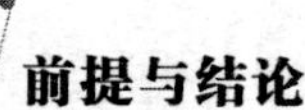

[1974] 2 Q. B. 354, 58 Cr. App. 320 (C. A.)]

327 詹姆士…… [T] 上诉人，大卫·雷蒙德·史密斯因违反了1971年的《刑事损害法》第11（1）条被判刑事伤害罪成立。他提出上诉反对在法律问题上的该判定……

上诉提到的法律问题是以这种方式产生的。1970年上诉人是共济会的E. 16. 路一层公寓209的房客。该出租屋有一个温室。上诉人与他同住的哥哥为了使用音响设备在温室里安装了电线。另外，经过房东的允许，他们还修筑了房顶和石棉墙板并铺设了地板。毫无疑问，房顶、墙板和地板都是公寓的一部分，在法律上所有权属于房东。1972年上诉人告知房东他要退房，并希望房东允许上诉人的哥哥续租。1972年9月18日，房东通知上诉人不能续租给他的哥哥。第二天，上诉人毁坏了房顶、墙板和地板。根据上诉人及其哥哥所说，他们这样做是为了拿走电线。但是其对出租屋的毁坏造成损失130英镑。当警察审问时，上诉人说："喂，我凭什么不能砸碎我自己的物品？房顶啊等都是我修筑的，所以我要是想拆这也是我的事。"……

上诉人的辩护是，他的确认为其损坏的东西属于他个人的财物，而且他认为其有权损坏自己的财物，因此，对于其损坏行为他具有一个合法理由。在其总结的过程中，助理法官如下指示陪审团：

> 现在，为了定罪，被告被指控毁坏或损坏他人财物，但却"没有合法的理由"，并且有一件事你们要多加留意，陪审团的各位，因为你们一直在此听审……被告（自己）从来没想过，你们也许很自然地认为他（自己）从来没想过，给房子的添加物品并不是（他）自己的财物……据说，由于他的坚信及其诚实，所以他具有合法理由，并且的确认为他毁坏的财物是倘若他想毁坏，那么他有权毁坏。但是，陪审团的各位，作为一个法律问题，我必须提示你们，你们必须接受我的提示，被告大卫·史密斯认为他有权去做他做过的事，而根据该法案的含义他并没有合法的理由。因此，陪审团的各位，这是一个借口，甚至看上去是一个合理的借口，但是，陪审团的各位，因为，法律上他没有权利去做他做过的事，所以它不是一个合法理由……

上诉人争辩道，这是一个法律误导，而该误导使得他的整个辩护被陪审团错误地撤回。

> 1971 年的《刑事损害法》第 1 条规定如下：（1）一个人意图毁坏或损坏任何此类财物，或者关于任何这类财物将被毁坏或损坏不顾后果，虽然他有合法的理由去毁坏或损坏属于他人的财物，但其行为也将是一种犯罪。
>
> 该犯罪构成要件包括意图或不顾后果以及缺乏法律理由…… 328
>
> 有人主张，上诉人对自己财产实施损毁行为的诚实信念虽然错误，但根据第一条第一款其被控有罪提供了辩护。这个论证中（是）被指控的罪行包括该行为造成损坏或破坏，以及犯罪意图的成分。犯罪意图的成分涉及犯罪行为的所有情况。违法的犯罪行为是造成损坏或毁坏“属于他人的财物”，因此，犯罪意图的成分必须涉及“属于他人的财物”。不管认为被告诚实的想法是否正当，被告认为该财物属于被告人就否定了犯罪意图的成分……
>
> 格伯先生（皇家律师）承认当犯罪意图的成分扩展到“属于他人的财物”，该论证是强有力的。但他认为，第 1 条产生了法定罪行，并且对于罪行中的心智因素仅与导致损坏或毁坏财物行为相关的构建而言是开放的。事实上，如果损坏或毁坏的是他人财物，即使被告不是意图或刻意去损坏他人财物，那么该罪行也应成立……
>
> 如果本案助理法官的提示正确，那么根据 1971 年法案第 1（1）条该罪行涉及到朝着令人吃惊的方向有着相当大的扩展。这是否如此，取决于该条款之构建。在构建本法案第 1（1）条时我们毫不怀疑犯罪行为是“损坏或毁坏任何属于他人财产的行为”。并且要排除描述“财产”的“属于他人”这一语词也是不可能的。在运用犯罪意图的普通原则时，其意图与粗心大意以及缺乏犯罪构成所必需的合法理由均参照属于他人的财产。因此，在我们的判断中，如果一个人诚实但错误地相信属于他人的财产属于这个人自己，且这个人损毁或导致损毁属于他人的财产，并且假定该信念是真诚的，那么考虑它是否是可证成的信念就不相干了，于是根据本条款这个人没犯任何罪行。
>
> 所以，我们认定陪审团得到的提示是一个根本上的法律误导。其后果是陪审团忽视了能够为该指控进行辩护的事实就定了罪。
>
> 由于这些原因，11 月 5 日论证的结论是我们允许上诉并且要求该判决被撤销。

*6. 美国政府诉国际矿产化学公司案 [UNITED STATES v. INTERNATIONAL MINERALS & CHEM. CORP. 402 U. S. 558 (1971)]

法官道格拉斯先生传达了法院的意见。

指控资料如下，被告在洲际贸易中运送硫酸和氟硅酸，并"故意不出示要求分类上述腐蚀性液体的运输文件，违反了《美国联邦法规》第49篇第173章第427部分。"

329 《美国法典》第18篇第834（a）条授权洲际商务委员会对"腐蚀性液体""制定安全运输法规"。《美国法典》第18篇第834（f）条规定任何人"故意违反该法规"都应处以罚款或拘禁。

根据第834（a）条的授权，颁布该法规的监管机构引用了部分内容如下：

> 在本章中，为受管制的任何危险品提供运输的每位承运人都要在运输单上写清楚本章第172.5条规定的运输名称以及本章第172.4条规定的归类……

州地方法院裁定，该信息不承载"知道违背了"规定，因此，不予考虑……

在此……并未施加严格或绝对的责任；具备装运危险材料的知识是必需的。唯一且具体的问题是，是否该法规的"知识"也是必需的。因为在这个狭窄的领域，"犯罪意图"的问题被提出来；并且被告对《美国法典》第18篇第834（f）条规定，任何人"故意违反任何这类法规"应处以罚款等产生严重的影响……

……我们……想不出什么理由"规章"这个语词不应当被构建为针对具体行为或遗漏违背该法案的简写名称。所以，该法案并不意味着该规则的一个例外，即对法律的无知不是理由，并且该法案是完全符合立法历史的。[法院省略了关于立法历史的讨论。] ……

对法律的无知不是辩护理由的原则适用于该法律是否为一条法令或正式颁布并发布的法规……我们拒绝把对国会的态度归为一种不准确观点：该法案要求对该法律的知识以及事实提供证明，并试图借助保住"明知故犯"这个词来认同那个解释。我们断定1960年修正案贫乏的立法历史使得国会违背了一般规则以及根据本法案在定罪之前国会要求具备事实与相关法律知识的结论是没有根据的……

但在这里，……涉及危险或有害的设备或产品或者有害废料时，违反该法规的概率极大，因为任何人都知道如果他藏匿或贩卖它们必然被推定为知道该法规。

正好相反。

法官斯图尔特先生，法官哈伦先生以及法官布伦南先生持有异议。

本案引起了涉及刑法道德基础的重大问题。不论是否假定为“犯罪意图”问题、“故意”问题、“刑事责任”问题或者“明知故犯”问题，无意识地施以刑事处罚长期以来使公平司法陷入麻烦之中。……但是这里并没有涉及这一刑法学的根本问题，因为很明显，国会使得只有知道违反了该法规的人有罪。该法律明确规定了联邦法院是如何裁决的，立法历史证 330
实了什么……

……面对此处提出的确切问题，其他联邦法院认为该法令正如它所说——“故意违反任何这类法规”这个词不偏不倚地表示“故意违反任何这类法规”。在圣约翰斯堡货运有限公司诉美国政府政府［ST. Johnsbury Trucking Co. v. United States，220 F. 2d 393（C. A. 1 1955)］案中，……首席法官马格鲁德在圣约翰斯堡案中提出赞成意见，他是这样说的：“……如果一条法令规定“故意”销售劣质牛奶是犯罪行为，则倘若被告知道他卖的是劣质牛奶，即使他不知道有这项刑法存在，而此刑法关于对法律的无知不是理由的原则是历史悠久的，那么他也是有罪的。但是如《美国法典》第 18 篇第 835 条规定，任何人故意违反洲际商务委员会法规都属于犯罪，似乎是除非一个人知道法令条款，并且知道他所做的违反该法规，他才是故意违反该法规……”

7.（挑战性习题）在马修 15:3－6 和马克 7:9－12 中，耶稣谴责某些拉比的教导，如果某人告诉其父母，用来赡养他们的一切东西都属于各耳板——即所有东西都奉献给了圣殿——那么他就没有义务去赡养他们。再者，为了实现这个结果，他实际上不用失去任何财物。除了把赡养其父母的财物奉献给圣殿之外，他没有再向圣殿奉献任何其他的东西，而如此奉献的东西不应该是其赡养父母的东西。（据说）因此他的财物不能用来赡养其父母，但该结果也没有蕴涵他的任何财物都属于各耳板。很明显，拉比对这个结果很不满意，但却无法反驳如下推理：

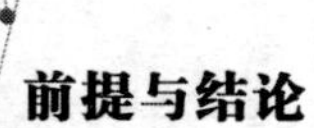

拥有者所说的一切都属于各耳板，这属于各耳板。

属于各耳板的财物不是用来赡养父母的财物。

乔说其所有用来赡养父母的财物都属于各耳板。

因此，他的财物没有用来赡养其父母。

（a）我们试图符号化拉比的论证并试图使其有效，但是该符号化是错误的，请指出错在哪里？

$$(x)(Sx \rightarrow Cx),\ (x)(Cx \rightarrow -Ax),\ (x)(Ax \rightarrow Sx)\ \vdash -(\exists x)Ax$$

（论域：乔的财物；Sx = 乔说 x 属于各耳板，$Cx = x$ 属于各耳板，Ax = x 可以用来赡养乔的父母）（b）第二个符号化与第一个的不同之处在
331 于 S 的解释：Sx = 乔说 x 属于各耳板。第二个符号化错在哪里？（c）这个具有合法解释的论证存在有效的符号化吗？如果有，那么请表达出来。

8.（挑战性习题）哈佛大学法学院亨利·哈特教授是联邦司法领域中最出色的学者之一，但有时上课他讲得太深奥，学生都听不懂。虽然学生们对上联邦法院的课程感到自豪，但是，他们经常把这个一星期有 3 天要在 12:00 上的课戏称为“正午的黑暗”。下面是他用来考验学生智慧的假设，如下：

在某天的下午 3:00，琼斯企图谋杀他人。他的辩护理由是他有不在场证据：在那段时间，其正在教堂祷告。所以，他声称联邦法院应该撤销对其的审判。根据他在案发时间所做的事情，控方试图惩罚他。而在案发时间其所做的事情是在教堂祷告。因此，控方因为他在教堂祷告而试图惩罚他。但是在教堂祷告而受惩罚违反了《第一修订案》。对于控方为了寻求惩罚而违反《第一修订案》的案件联邦法院可不受理。因此，该案可不受理。

符号化琼斯的推理并说明该推理错在哪里？

第7章 结 语 333

7.1 类比法律推理与演绎法律推理

人们常说，至少在英美普通法体系，法律推理一般被认为是类比推理而非演绎推理。有时我们也会被问到在本书中提到的系统如何涉及类比推理（顺便说一下，许多法学家称其为“逻辑”）。

我们认为，答案在于类比推理的本质是“同样情况同等对待”原则的一种应用。如果当前的案件 A 类似于之前的案件 B，那么适用于 B 的原则也应当适用于 A（该原则无论是完全适用还是稍作修改）。现在对于一个特例运用一条原则就相当于从该原则和一些关于案件事实的陈述推出关于该实例的陈述。这里有一个例子。迈尔斯诉美国政府 [Myers v. United States, 272 U. S. 52 (1926)] 案中涉及一位在其 4 年任期期满之前被总统（未经参议院同意）解雇的邮政局长。适用的法令规定了，经过参议院的同意，总统可以任命邮政局长 4 年任期，并且得到参议院的同意也能解雇他们。这位前任邮政局长为了他的欠付工资向法院提起了诉讼。最高法院驳回了他的诉讼请求，理由是参议院同意解雇的这个法令是违宪的。

几年以后，该总统解雇了联邦贸易委员会的一名成员。像邮政局 334
长一样，这些成员的任命也需要经过参议院的同意。但是与涉及的邮政局长不同的是，除了玩忽职守，该适用法规没有规定解雇他们的条款。在汉弗莱遗嘱执行人诉美国政府 [Humphrey's Executar v. United States, 295 U. S. 602 (1935)] 案中，最高法院认为所谓的解雇并不是

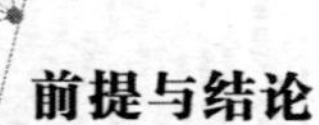

有效的。在本案的论证中，相关行政部门坚持认为，根据迈尔斯案，在参议院的同意下由总统任命的任何官员都是可以自由免职的。根据宪法，国会不能限制免除这种官员职位的权力。然而，在迈尔斯案中法院限制了官员履行纯粹的行政职能。所以，它并不适用于诸如联邦贸易委员会的官员，这些官员也有制定规则以及执行裁判职能的权力。因此，除非根据其部门制定的成文法，否则这些官员不能被免职。

我们把上述行政部门提出的“迈尔斯规则”陈述如下：

> 在参议院的同意下，总统可以自由解雇由他任命的任何官员。

该规则可以符号化如下：

$$(x)\ (Ax \rightarrow Dx)$$

（Ax = 在参议院的同意下，x 被总统任命；Dx = x 可以被总统自由解雇）显然，该行政部门极力主张下面演绎论证（符号化）的可接受性：

$$(x)\ (Ax \rightarrow Dx)$$
$$Ah$$
$$\vdash Dh$$

（h = 汉弗莱委员）他们声称在迈尔斯判决中找到了法律规则。但是该规则却被最高法院陈述如下：

> 在参议院建议总统履行纯粹的行政职能下，他可以自由解雇由他任命的任何官员。

$$(x)\ [\ (Ax\ \&\ Ex) \rightarrow Dx]$$

（Ex = x 履行纯粹的行政职能）最高法院反对由该行政部门提出的论证，认为该规则的前件缺少了汉弗莱委员（“履行纯粹的行政职能”）的陈述。

335 注意，由行政部门提出的规则及法院也同样采取的规则与迈尔斯案的判决是一致的。下面任何一个论证都支持该判决：

$$(x)\ (Ax \rightarrow Dx)$$
$$Am$$

$\vdash$ Dm

$(x)\ [\ (Ax\ \&\ Ex) \rightarrow Dx]$

Am & Em

$\vdash$ Dm

这种情况类似于科学哲学家所熟悉的称之为“理论未确定性”的情形。给定任何一组材料，总会有几个可能的理论与这些材料相容。[1]针对科学理论的这种本质，在法律上我们称其为“规则未确定性”。在一个给定的案件中，对于任何法律事实，至少会有一些规则或者原则适用于它们，并用来支持法院作出判决。因此，除非该法院在其决定中声称该规则的运用具有很大的明确性，否则关于该法庭适用规则的具体内容会有争论的余地。[2]

现在我们重新回到本节开始讨论的观点，即法律推理是类比推理而不是演绎推理。针对该观点有以下事实支持：①法院识别类似案件的过程很可能没有演绎。②当先例案件已被确认时，法院决定适用该案件规则的过程也不会是演绎的。（规则在部分程度上是基于法院在判决先例案件时实际上所说的，但更大程度上是基于法院在决定即时案件时认为它是应该如何判决的。）反对（法律推理是类比推理，因此不是演绎推理）的人忽略了这种情况，当法院运用该规则时，认为该规则适用于本案或者它不适用于本案。该法院要么支持演绎要么反对演绎。虽然演绎并没有彻底探讨法律推理，但它是其中不可回避的要素，因为每当要将原则适用于事实时都会使用演绎。而本书的主要目的就是阐明法律原则运用到案件时所采用的推理结构。[3]

〔1〕 事实上，这种可能的理论在数量上是无限的。

〔2〕 许多法律理论家将会更深入地研究，但是也不可能制定出如此具体的规则，为了给其内容的分歧不留余地。所以，经常需要规则的解释。

〔3〕 对于法律推理的讨论，学者们详细解释了演绎、归纳与类比推理如何相互联系。参见 Scott Brewer，“Exemplary Reasoning：Semantics，Pragmatics，and the Rational Force of Legal Argument by Analogy”，*Harv. L. Rev.* CIX（1996），923.

336 附录一　道义逻辑[1]

道义逻辑是“必须的”（或者“应当的”）、“允许的”和“禁止的”的逻辑表达式。[2]这些表达式出现在道德话语以及法律话语中；显然，我们这里的重点是后者。我们采取以下缩写符号：

O = 这是法律上必须的（应当的）[3]

P = 这是法律上允许的

F = 这是法律上禁止的

（为了简洁，通常去掉“法律上”这个量词）

在某些道义逻辑中，道义表达式仅与陈述有关；而在其他道义逻辑中，它们不仅与陈述，还和陈述的组成部分有关。我们将前者称为“道义命题逻辑”，后者称为“道义谓词逻辑”。这里介绍的系统是命

---

〔1〕道义逻辑通常被法律逻辑学家视为一种工具。因此，为了保证理论的完整性，我们引入道义逻辑。但是将其放在附录中是基于以下给出的理由：我们认为道义逻辑——或者，至少是标准道义逻辑——在法律推理的分析过程中效用有限。

〔2〕第一个切实可行的道义逻辑体系是由赖特（von Wright）《道义逻辑》（1951）第1页至第15页中提出的。对于道义逻辑的研究，可以参见 Dagfinn Føllesdal and Risto Hilpinen, “Deontic Logic: An Introduction,” in Hilpinen (ed.), *Deontic Logic: Introductory and Systematic Readings* (Dordrecht: D. Reidel Publishing Company, 1971, 1981), pp. 1 – 35.

〔3〕法律道义逻辑的支持者认为可以指派给短语“这是法律上必需的”唯一的意义。然而，许多法学理论家否认这样的表达具有唯一的意义，甚至除非有其他信息补充，比如谁有权利来强制实施这个要求，或者不做必需的事会有什么后果，否则它具有任何意义。这些理论学家（他们之中有一个是本书的作者之一）本质上对分析法律论证运用道义逻辑的可能性提出了质疑。

题逻辑。

思考下面的例句： 337

> 候选人必须依法公布他们的竞选捐款。

在道义逻辑中，可以符号化如下：

OC

（C = 候选人公布他们的竞选捐款）一个道义公式是规范性的或者管制性的语句，通过对描述陈述的符号化来判定一个道义算子。道义算子（O，P以及F）总能和陈述字母区别开，因为这些操作算子直接依附于陈述字母（或者表示陈述的更复杂些的公式），而陈述字母通过陈述联结词仅和其他陈述字母相联系。

尽管我们提出的系统是一个道义命题逻辑，但是如果道义算子只与表示陈述的公式有联系，我们就允许谓词公式在其中出现。例如，下面的第一个公式被允许出现在道义命题逻辑中，而第二个公式则不被允许。

O（∃x）Ax　　［“（∃x）Ax”表示一个陈述］
（∃x）OAx　　［“Ax”不表示一个陈述］

（决定一个公式在逻辑系统中是否合式的规则将在附录二中介绍。）道义算子的辖域通过组群符号展示出来（在需要的地方）——就像使用否定一样。

这三个道义算子可以完全地互相定义：

道义定义（DD）				
OA	=	–P–A	=	F–A
O–A	=	–PA	=	FA
–OA	=	P–A	=	–F–A
–O–A	=	PA	=	–FA

这组定义中的第2行与我们的直觉正好一致，即如果某件事情必须不能做，那么做了就是不允许的（反之亦然），如果某件事情是不允许的，它就是禁止的（反之亦然）。其他几行有着相似的直觉解释支持。

338 道义命题逻辑有一些不等价的系统，但是其中一个系统被视为标准系统；我们称之为“SDL”（“标准道义逻辑”的英文字母缩写）。SDL 包含下面三个原则，我们将 SDL 加入到现有的逻辑系统中，通过采用如上的道义定义（称为“DD”）和以下四种推论规则：

道义原则	相关推论规则	
1. 由必须的所推衍出来的也都是必须的。	义务消去（OO）	从OA（在一个证明中）推出A（在一个道义子证明中）。
	义务引入（OI）	从 A（在一个道义子证明中）推出OA（在一个证明中）假如 A 不依赖于子证明中的临时假设。
2. 必须的都是允许的。	义务允许（OP）	从OA 推出PA。
3. 逻辑上必要的都是必须的。	逻辑真（LT）	如果 A 是自由假设，那么从它推出OA。

很明显，前两个原则是构成 SDL 的基础；[4]第三个原则却不是。第三个原则是从第一个道义原则推出的，该逻辑原则即任何陈述推衍出逻辑真，以及一个不可否认的断言即至少某些事情是法律必须的。

我们将会介绍这些定义和推论规则是如何运用于证明一些论证的有效性的。在 SDL 中，我们将说明任何给定的陈述 A 所表达的事情状态，或者是允许的或者是禁止的：

(1) $-(PA \vee FA)$ PA
(2) $-PA \ \& \ -FA$ 1DM
(3) $FA \ \& \ -FA$ 2 DD
(4) $PA \vee FA$ 1－3 －O

标准的依赖假设原则适用于 DD 以及所有的其他道义推论规则。正如上面所示的证明。DD 可以运用到行中的部分公式，也可以运用到行中

〔4〕 而第二个原则似乎是显而易见的，我们将在后面质疑它。

的全部公式。与此相反，其他四个规则只能运用到行中的全部公式。

道义规则之义务消去（OO）和义务引入（OI）包含一个“道义 339
子证明”的概念。正如该表达所示，一个道义子证明是更大证明中的一部分。通过画框或者用矩形圈出来，从而界定子证明的范围。你可以随时在一个证明的假设行后开始进行道义子证明；而且常常会从由OO推导出的行开始。你也可以随时在证明的最后一行之前结束一个道义子证明；通常一个道义子证明结束于当你要从OI推出的一行。[5]

一个道义子证明中的一行公式，仅仅以下面的几种方式之一来证明：

（1）它由上面子证明中的一行通过OO规则推出；

（2）它由临时假设引入或者通过一致性引入规则；或者

（3）它由子证明中的其他行推出。

只有一个规则允许把道义子证明上面的一行公式移到子证明中；该规则就是OO。只有一个规则允许把道义子证明中的一行公式移到子证明下面；该规则就是OI。下面论证（“汽车保险”）的证明说明了OO和OI规则的使用：

所有汽车必须注册。所有注册的汽车必须参加保险。于是所有汽车必须参加保险。

$O(x)Rx, O(x)(Rx \rightarrow Ix) \vdash O(x)Ix$

（论域：汽车）

1	(1)	$O(x)Rx$	A
2	(2)	$O(x)(Rx \rightarrow Ix)$	A
1	(3)	$(x)Rx$	1 OO
2	(4)	$(x)(Rx \rightarrow Ix)$	2 OO
5	(5)	$-(x)Ix$	PA
5	(6)	$(\exists x)-Ix$	5 QE

〔5〕 一个证明可能包含两个（或者更多）道义子证明。它们可能是连续的或者一个嵌套在另一个中；它们所在的框可能不相交。OO规则或者OI规则的单独运用不能被运用到相互嵌套的两个子证明中。

5	(7)	－Ia	6 EO
1	(8)	Ra	3 UO
2	(9)	Ra → Ia	4 UO
1，2	(10)	Ia	9，8→O
1，2，5	(11)	Ia & －Ia	10，7&I
1，2	(12)	（x）Ix	5－11－O
1，2	(13)	O（x）Ix	12 OI

340 你可以看到，规则OO 和规则OI 以及道义子证明的体系是如何包含这样的原则，即从必须的所推衍出来的也都是必须的。通过上面的道义子证明，说明了“（x）Rx”（第3行）和“（x）（Rx → Ix）”（第4行）推衍出“（x）Ix”（第12行）。既然这些公式的前两个被称为法律要求，我们就得出结论（在第13行上）即第三个公式同样表达了法律要求。

接下来的两个证明，说明了S1与S2的逻辑等值：

（S1）治疗专家必须有研究生学位并且他们由国家认证。

（F1）O（G & C）

（S2）治疗专家必须有研究生学位并且他们必须由州政府认证。

（F2）OG & OC

(1)	O（G & C）	A
(2)	G & C	1 OO
(3)	G	2 &O
(4)	C	2 &O
(5)	OG	3 OI
(6)	OC	4 OI
(7)	OG & OC	5，6 &I

(1)	OG & OC	A
(2)	OG	1&O
(3)	OC	1&O
(4)	G	2 OO
(5)	C	3 OO
(6)	G & C	4，5 &I

(7)　　O(G & C)　　　　　　6 OI

F1 与 F2 的等值意味着算子"O"对"合取的分配"是互相推衍。注意到算子"O"对"析取的分配"只是 F3 推衍出 F4，而反之不成立。

(F3) OG ∨ OC

(F4) O (G ∨ C)

下面的例子说明了 F4 不能推衍出 F3：

(S4) 拉尔夫被要求报送所得税申报表或申请延期。

(S3) 或者拉尔夫被要求报送所得税申请表或者他被要求申请延期。 341

当 S4 为真，而 S3 为假。拉尔夫没有被要求报送所得税申请表（他能够申请延期作为替代），而且他没有被要求申请延期（他能够报送所得税申请表）。

类似地，算子"P"对"析取的分配"是互相推衍，而算子"P"对"合取的分配"只是推衍。就是说，F5 与 F6 等值，而 F7 推衍出 F8[6]，反之则不成立。

(F5) P (A ∨ B)

(F6) PA ∨ PB

(F7) P (A & B)

(F8) PA & PB

下面的解释说明了 F8 不能推衍出 F7：

(S8) 卡拉被允许嫁给阿尔，而且她也被允许嫁给鲍勃。

(S7) 卡拉被允许嫁给阿尔和鲍勃。

我们来运用下面的两条规则，义务/允许规则（OP）（以"O"

---

〔6〕 根据《创世纪》，允许雅各布既娶雷切尔又娶利亚，不过不允许他只娶雷切尔。一种观点认为这是一种情况即"P (A & B)"为真，而"PA"（因此"PA & PB"）为假。(A = 雅各布娶雷切尔，B = 雅各布娶利亚）实际上，情况并非如此。除非雅各布娶利亚，否则他不允许娶雷切尔的陈述不能表达为" - PA"，而是表达为"F (A & - B)"，它在逻辑上与"PA"一致。

开头的公式可以推出“P”开头的公式）以及逻辑真规则（LT）（允许“O”开头的公式与逻辑真联系起来），请看下面的公式证明：

P（A → A）			
1	（1）	A	PA
1	（2）	- - A	1DN
1	（3）	A	2DN
	（4）	A → A	1 - 3→I
	（5）	O（A → A）	4LT
	（6）	P（A → A）	5OP

因为第 4 行是自由假设，所以第 5 行可以由第 4 行推出。（任何一个由自由假设推出的陈述都是逻辑真。）

342 通过构建有效的证明能够建立道义论证的有效性；那么如何说明无效性？我们可以运用称之为“非道义类比”的命题类比方法。因此，通过评估它的非道义类比来检验一个道义论证。在它的可用范围内，这种技巧展示了有效性和无效性。我们定义如下：“规范道义公式”A 是仅包含一个道义算子以“O”或“P”开头的公式，其中，该算子约束该公式在辖域内的其余部分。这种方法由如下五步组成：

非道义类比的方法	
1	前提集是否矛盾或者结论是否逻辑真？ 是：该论证有效。[7] 否：进入第 2 步。
2	删除每个非道义前提。并运用 SDL 的规则使得每个道义公式成为一个或一个以上等值的规范道义公式。这一步是否可以完成？ 是：进入第 3 步。 否：停止检验。不判定的结果。
3	是否每个公式都以 O 开头？ 是：进入第 5 步。 否：进入第 4 步。

〔7〕 如果其前提集是矛盾的或者其结论是逻辑真，任何演绎论证——不只是道义论证——有效。

续表

非道义类比的方法	
4	是否只有一个前提及该结论都以 P 开头？ 是：进入第 5 步。 否：停止检验。不判定的结果。
5	删除道义算子（建立非道义类比）。检验这个类比。是否有效？ 是：此道义论证有效。 否：此道义论证无效。

我们通过检验下面两个论证来解释这种方法，首先是“汽车保险”：

$O\ (x)\ Rx,\ O\ (x)\ (Rx \rightarrow Ix)\ \vdash O\ (x)\ Ix$

上述步骤直接引导我们到第 5 步，得出了非道义类比：

$(x)\ Rx,\ (x)\ (Rx \rightarrow Ix)\ \vdash (x)\ Ix$ 343

该类比是有效的（其结论可以由形式证明或命题类比证明）；因此，这个“汽车保险”的道义论证也是有效的。

请看第二个例子“手枪”：

所有警察必须携带手枪。有警察。因此，这些人必须携带手枪。

$O\ (x)\ (Ox \rightarrow Hx),\ (\exists x)\ Ox \vdash O\ (\exists x)\ Hx$

注意到在第 2 步中排除了第二个（非道义）前提。在第 5 步中，这个论证得出的非道义类比［$(x)\ (Ox \rightarrow Hx)\ \vdash (\exists x)\ Hx$］是无效的（其结论可以由解释证明）；所以 SDL 评估的“手枪”论证也是无效的。直观上，该评估似乎是正确的。但在前提中没有包括必须有警察，所以该结论超出了前提的范围。[8]

SDL 本身具有一些不足之处；我们列举三点如下：（1）在 SDL 一

〔8〕 从这些前提可以有效地推出一个结论，在 SDL 中不能表示“有些人必须携带手枪”的陈述，因为其符号化把道义算子置于量词的辖域内，这样的结构在 SDL 中是不允许的。

些特别的形式中出现了实质蕴含怪论（在第 5.3 节所讨论的）。比如，思考下面的论证（“强奸”）：

> **法律要求强奸不得发生。因此，法律要求如果强奸发生，那么谋杀也发生。**

$$O-R \vdash O\ (R \rightarrow M)$$

（R = 强奸发生，M = 谋杀发生）在 SDL 中，该符号化的有效性很容易证明；而多数人却认为该语言论证是无效的。“强奸”论证的谓语类比似乎更让人惊讶：

> **法律要求没有人强奸$_R$任何人。因此，法律要求无论谁强奸某人，就谋杀$_R$那人。**

$$O\ (x)\ (y)\ -Rxy \vdash O\ (x)\ (y)\ (Rxy \rightarrow Mxy)$$

（论域：人）既然 SDL 规则是基于标准命题逻辑，就应该毫无疑问地得出 SDL 中存在这种悖论。

（2）思考下面的论证（“热狗”）：

344 **所有卖热狗的小贩必须有执照。山姆是一个卖热狗的小贩。因此，山姆必须有执照。**

$$O\ (x)\ (Dx \rightarrow Lx),\ Ds \vdash OLs$$

根据 SDL 判定该论证的符号化无效，然而语言表达的论证看起来却有效。确实，这个论证似乎是一种很常见的法律推理形式——一个具体案件的法律适用。如果山姆是你的当事人（在第一个前提中所表达的法律要求），你会毫无疑问地建议他（作为一个卖热狗的小贩）必须具有执照。

你可能已注意到关于事实的非道义陈述（如“热狗”论证中的第二个前提）在 SDL 中没有发挥作用。很明显，在 SDL 中关于事实的证明方法不能把非道义陈述引入到道义子证明中；而且在关于事实的非道义类比方法中（在第二步中）排除了非道义前提。因为 SDL 忽视了第二个前提并且该结论不能由第一个前提单独推衍，所以 SDL 判定“热狗”论证是无效的。

（3）根据 SDL，不一致的法律义务是不可能的。例如，公式 F9 是该系统中的一个逻辑矛盾，因为从其中推出了标准矛盾。

（F9）OS & O2S

（1）	OS & O －S	A
（2）	OS	1 &O
（3）	O －S	1 &O
（4）	PS	2 OP
（5）	－O －S	4 DD
（6）	O －S & －O －S	3，5 &I

我们认为具有 F9 形式的陈述有时为真；并且如果它们是真的，则其不可能是矛盾的。思考赫尔兹伯格钻石公司诉谷西得梅购物中心有限公司案［Helzberg's Diamond Shops，Inc. v. Vallery West Des Moines Shopping Center，Inc.，564 F. 2d 816（8th Cir. 1977）］。谷西——一个购物中心的运营商，出租商铺给赫尔兹伯格开珠宝商店。这个租约假定了谷西不会允许该购物中心有超过两个其他全线珠宝商店。在购物中心出现三个珠宝商之后，谷西与洛德珠宝商签订租约开设了第四家商店。假定与洛德珠宝签订租约，S9 的左边合取肢为真。假定与赫尔兹伯格的租约并且事实是购物中心已经有三个珠宝商店，右边合取肢也为真。S9 的每个合取肢都为真，所以 S9 为真。

（S9）谷西必须提供商铺给洛德珠宝商并且谷西不是必须提供商铺给洛德珠宝商。

（F9）OS & O－S

（S＝谷西提供商铺给洛德珠宝商）由于粗心大意（或者也许是故意 345
的）使得谷西处于不一致的法律义务处境中。它所面临的法律难题，即是否要遵守与洛德珠宝商的合同。这种情形是司空见惯的。注意如果 S9（F9）为真，不管是OP 规则还是 DD 规则（其被用到证明 F9 不一致时）就必须被排斥。很显然，罪魁祸首是OP 规则，因为它允许从真 S10 推出假 S11。

（S10）谷西必须提供商铺给洛德珠宝商。

（S10）要求谷西提供商铺给洛德珠宝商。

（S11）允许谷西提供商铺给洛德珠宝商。

鉴于这些困难，什么可以代表 SDL？让我们作一个区分——诚然这不太精确——在纯理论与适用的法律道义陈述之间。通过“纯的”法律道义陈述，指的是一个陈述（通常是辖域内一般陈述）表达或者是一个法规或者是一系列法规的推衍。通过“适用的”法律道义陈述，指的是一个陈述表达适用法规（或一些法规）到具体案件、个人等的结果。适用的法律道义陈述通常包含对某个人的引用。思考这些例子：

纯的道义陈述	适用的道义陈述
法律上允许成人购买烟草。	法律允许约翰购买烟草。
法律上要求总统是本国出生的公民。	法律禁止亨利·基辛格当总统。

我们把 SDL 作为表达纯道义陈述的逻辑，于是反对任何一个适用的道义陈述运用它。通过这个策略就可以避免上述第二个和第三个困难。

在纯法律道义逻辑领域内这样的假设是可辩护的，[9]即义务不能是不一致的。如果发现两个公认的法律互相矛盾，为了保持一致性其中一个会被驳倒。一个令人满意的法律系统要求这些法律之间是一致的。但是法律系统并没有要求针对个人引起的不一致法律义务，这是不可能的。

346 义务不能是不一致的这个假设（在纯的道义逻辑中）解决了在相同领域内有两个有效的法律体系而没有一种有效的方法来处理它们之间的不一致。例如，从 1297 年至 1306 年，英格兰的法律要求所有英国基督教主教交税给国王，然而教会的法律禁止他们这么做。[10]为了

---

〔9〕 在模态道义逻辑中，这个假设也是可辩护的（但不是无可争议的）。伦理学家普遍认为，既然人们不能在道德上必须去做不可能的事，所以他们不会服从于不一致的道德义务。但是这已经争论过，即在一个多神崇拜的世界里，“道德性”可以定义为“服从神的意愿”，并且不同的神将会有不一致的事情。See Anton-Hermann Chroust, Book Review, *Natural Law Forum*, i (1956), 135.

〔10〕 See Robert E. Rodes, Jr., *Lay Authority and Reformation in the English Church* (Notre Dame, IN: University of Notre Dame Press, 1982), p. 10.

避免这种类型的案件，我们可以把 SDL 局限在组成单一法律体系的陈述中。

通过把 SDL 局限于纯道义陈述（在一个法律体系中），我们就能避免上面提出的三个缺点中的两个。当然，所付出的代价就是，严重限制了 SDL 的适用范围。因此，道义逻辑系统的效用会大大减弱。

347 附录二　形成规则

有些逻辑公式（如 F1）具有合适的结构，而其他的公式（如 F2X 和 F3X）则违反语法规则。我们注意到 F2X 是完全无意义的，而 F3X 却模棱两可。

(F1) – (A & B)

(F2X) → C &

(F3X) D & E → F

通过运用精确的规则（称作“构成规则”）可以区分“合式”公式与那些非“合式”公式。针对本书中提到的命题逻辑、谓词逻辑及道义逻辑系统，该附录提出了具有上述特点的规则。

现在我们具体规定运用于命题逻辑中的语言，如下：

语句字母：带或不带角分号的大写字母

联结词：&，→，∨，↔，以及 –

组群符号：(,)

我们增加了角分号可以使得语句字母无穷无尽。同时，为了简洁仅使用圆括号作为组群符号。现在可以引入命题逻辑的形成规则：

1. 语句字母是合式公式。

2. 如果 P 是合式公式，那么 –P 也是合式公式。

3. 如果 P 和 Q 是合式公式，那么（P & Q），（P → Q），（P∨Q），以及（P ↔ Q）也是合式公式。

348 4. 只有按上述规则 1 至 3 求得的那些公式，才是合式公式。

这些规则能够“递归”运用。例如，通过规则 1，公式 F4 和 F5 可以归为合式公式；同样，由规则 3，F6 是合式公式；最后，根据规则 2 使得 F1 是合式公式。

（F4） A

（F5） B

（F6 ）（A & B）

（F1） – （A & B）

请注意公式 F2X 或 F3X 没有运用前三条规则，因此，根据规则 4 它们不是合式公式。

这组形成规则符合我们以往书写命题公式的要求，除了以下两种情况例外：①没有把组群符号置于“&”，“→”，“∨”及“↔”所形成公式的最前面和最后面，并且②对于多重合取与析取没有要求内部组群符号。这两种情形可以作为得到合式公式的简便缩写。（因为对于每种情形，额外的组群符号没有起到任何作用。）

谓词逻辑的语言是由命题逻辑的语言再加上如下内容：

个体常项：从 a 到 v 带或不带角分号的小写字母

变项：从 w 到 z 带或不带角分号的小写字母

量词：（x），（∃x）（其中“x”是任何变项）

谓词字母：带或不带角分号的大写字母（当它们跟有一个或一个以上个体常项或变项）

恒等号：=

谓词逻辑的形成规则如下：

1. 语句字母，或者谓词跟有一个或一个以上个体常项，是合式公式。

2. 个体常项跟有恒等号，且恒等号后跟有个体常项，该公式是合式公式。

3. 如果 P 是合式公式，那么 –P 也是合式公式。

4. 如果 P 和 Q 是合式公式，那么（P & Q），（P → Q），（P ∨ Q），以及（P ↔ Q）也是合式公式。

5. 如果在第二个合式公式前加量词（该公式的变项，比如 v，没有出现在第二个公式中）并且用变项 v 取代第二个合式公式中个体常项至少一 349
次，那么该公式是合式公式。

6. 只有按上述规则1至5求得的那些公式，才是合式公式。

按照这组规则，我们可以把F10变为合式公式。

(F7) Gi

(F8) Hi

(F9) (Gi & Hi)

(F10) (∃x)(Gx & Hx)

根据规则1，F7与F8是合式的，规则4则证明F9是合式公式。由规则5，F10能从F9推出，所以F10也是合式公式。

然而公式F11X，不能由规则1到5推出。因此，根据规则6，它不是合式公式。

(F11X)(∃x)(Gx & Hy)

附录一中介绍的道义逻辑所用到的词汇由谓词逻辑的词汇再加上三个道义算子：O，P以及F。道义逻辑的形成规则如下：

1. 任何命题逻辑或者谓词逻辑的合式公式都是合式公式。

2. 如果没有道义算子的公式P是合式公式，那么OP，PP，以及FP也是合式公式。

3. 如果P是合式公式，那么－P也是合式公式。

4. 如果P和Q是合式公式，那么（P & Q），（P → Q），（P ∨ Q），以及（P ↔ Q）也是合式公式。

5. 只有按上述规则1至4求得的那些公式，才是合式公式。

这些规则不允许道义算子的嵌套（如公式F12X和F13X）；也不允许道义算子位于量词的辖域内（如F14X）。而有些道义逻辑则认为下面的公式是合式公式。

(F12X) OPJ

(F13X) O (K → OL)

(F14X) (∃x) OMx

附录三　替换符号 350

本书中运用的符号并不是学界所使用的唯一符号，下面还有一系列其他的符号：

我们的符号	替换的符号	波兰的记号
$\vdash$	$\therefore$	
&	$\cdot$ $\wedge$	K
$\rightarrow$	$\supset$	C
$-$	$\sim$ $\neg$	N
$\vee$		A
$\leftrightarrow$	$\equiv$	E
(x)	$\forall x$ $(\forall x)$	πx
$(\exists x)$	$\exists x$ (Σx)	Σx

波兰的记号（由波兰华沙学院的逻辑学家创建）没有运用组群符号。相反地，它在要联结的陈述字母之前放置联结符号；例如，“如果 P，那么 Q”被符号化为“Cpq”。注意到组群符号是要区别 O1 与 O2 以及 O3 与 O4，但是不区别 P1 与 P2 或者 P3 与 P4：

我们的记号		波兰的记号
（O1）$(P \& Q) \rightarrow R$	=	（P1）CKpqr
（O2）$P \& (Q \rightarrow R)$	=	（P2）KpCqr
（O3）$(x)\ Fx \rightarrow (\exists y)\ Gy$	=	（P3）$C\pi xFx\Sigma yGy$
（O4）$(x)\ [Fx \rightarrow (\exists y)\ Gy]$	=	（P4）$\pi xCFx\Sigma yGy$

351 附录四　标星号的练习题答案

1.3

1. 假陈述：(b)（没有一个陈述有真前提和假结论是有效的）和（g）。

3（a）每个语句推衍出其他的语句。有三种可能性：苏参加了两场考试，没有参加考试，或只有一场考试。在前两种情形下两种陈述都为假；在第三种情形下都为真。因此，如果任何一个陈述为真，其他的陈述一定也为真。

（b）每个语句推衍出其他的语句。有三种可能性：两者都是允许的，没有一个是允许的，或只有一个是允许的。在前两种情形下两种陈述都为真；在第三种情形下都为假。因此，如果任何一个陈述为真，其他的陈述一定也为真。

（c）没有一个语句推衍出其他的语句。当适用于标志 A 所描述的交叉线时，第一个语句为真而第二个语句为假，并且适用于标志 B 的，反之亦然。

（d）第一个语句不能推衍出第二个语句。如果鲍威尔和其他人都 352
被定罪，第一个语句将会为真而第二个语句为假。

第二个语句推衍出第一个语句。如果第一个语句为假，那么鲍威尔无罪而其他人有罪。这种情形使得第二个语句为假。因此，第一个语句不可能为假，并且第二个语句为真。

（e）每一个语句推衍出其他的语句。如果这些语句中的一个为假，那么有一个人处于束缚中并且一个人没有处于束缚中。这种情形使得第二个语句为假。因此当其他的语句为真，没有一个语句可能为假。

（f）第一个语句不能推衍出第二个语句。在这种逻辑可能的情况下，第一个语句可能为真而第二个语句为假：如果任何一个陪审员受贿，那么陪审员 A 将赞成无罪判决。每一个陪审员已经受贿，但只有陪审员 A 赞成无罪判决。

第二个语句不能推衍出第一个语句。在这种逻辑可能的情况下，第二个语句可能为真而第一个语句为假：每一个陪审员将赞成无罪判决当且仅当每个陪审员受贿，但只有一个陪审员受贿，而且没有陪审员赞成无罪判决。

（g）第一个语句不能推衍出第二个语句。在这种逻辑可能的情况下，第一个语句可能为真而第二个语句为假：每种物质具有某种属性并且某种属性不属于任何物质。

第二个语句不能推衍出第一个语句。在这种逻辑可能的情况下，第二个语句可能为真而第一个语句为假：每种属性属于某种物质并且某种物质没有属性。

（h）第一个语句推衍出第二个语句。

1. 人人都爱我家宝宝。
2. 所以，我家宝宝爱我家宝宝。（由 1 推出）
3. 我家宝宝只爱我。
4. 我是我家宝宝。（由 2 和 3 推出）

第二个语句不能推衍出第一个语句。

（i）第一个语句不能推衍出第二个语句。在这种逻辑可能的情况下，第一个语句可能为真而第二个语句为假：每个贬低他人的人贬低惠特曼；爱丽丝只贬低她自己。

第二个语句推衍出第一个语句。如果第一个语句为假，那么有人贬低他人却没有贬低惠特曼。“他人”不可能是惠特曼。这种情形使得第二个语句为假。因此，第一个语句不可能为假并且第二个语句为真。

（j）第一个语句推衍出第二个语句。

1. 沃尔多赞赏所有不赞赏自己的人。
2. 如果沃尔多不赞赏他自己，那么他赞赏他自己。（由 1 推出）
3. 沃尔多赞赏他自己。（由 2 推出）
4. 沃尔多赞赏某个自我赞赏的人。（由 3 推出）

第二个语句不能推衍出第一个语句。

2.1

1（b）F & W

（f）K & D & L

353 2（b）简单

（h）这个语句等值于这两个陈述的合取：

所有出生在美国或加入美国国籍并受其管辖的人因此是美国公民。

所有出生在美国或加入美国国籍并受其管辖的人因此是其所居住州的公民。

下面更深层次的分析揭示了修正案也等值于这四个陈述的合取：

所有出生在美国并受其管辖的人因此是美国公民。

所有加入美国国籍并受其管辖的人因此是美国公民。

所有出生在美国并受其管辖的人因此是其所居住州的公民。

所有加入美国国籍并受其管辖的人因此是其所居住州的公民。

3（b）（1）C & D & E　　　　A

（2）D　　　　1&O

4（b）对于重要的事实并不存在真正的争点，而且证明申请当事人有权获得作为法律问题的判决。

F & E

2.2

1 (b) T → B

(f) (P & M) → O

(j) P → [(N → M) & (O → F)]

2 (b) 迈阿密队赢得最后一场常规季比赛，并且如果纽约队输掉最后一场常规季比赛，那么迈阿密队赢得分区冠军。

3 (b) Q → P

(f) C → S

(j) D → S

4 (b)

(1)	D → E	A
(2)	F → G	A
(3)	D & F	A
(4)	D	3 &O
(5)	E	1，4 →O
(6)	F	3 &O
(7)	G	2，6 →O
(8)	E & G	5，7&I

6. 354

(1)	A	A
(2)	B	A
(3)	(A & B) → C	A
(4)	A & B	1，2&I
(5)	C	3，4→O

10.

1	(1)	U → C	A
2	(2)	F	A
3	(3)	(C & F) → R	A
4	(4)	U	PA
1，4	(5)	C	1，4 →O
1，2，4	(6)	C & F	5，2 &I
1，2，3，4	(7)	R	3，6 →O

1，2，3	(8)	U → R	4 – 7 →I

14（a）如果海地实现政治稳定，它会享有安全的环境。当海地有这样的环境，它会吸引投资。一旦海地吸引投资，海地人就会有工作。当海地人有工作，他们就会有钱。而且当海地人有钱，他们就会有食物。因此，我们所说的实现政治稳定会给海地人民带来食物。

（b）P = 海地实现政治稳定，C = 海地有安全的环境，I = 海地吸引投资，J = 海地人有工作，M = 海地人有钱，F = 海地人有食物

P → C，C → I，I → J，J → M，M → F ⊢ P → F

（c）

1	(1)	P → C	A
2	(2)	C → I	A
3	(3)	I → J	A
4	(4)	J → M	A
5	(5)	M → F	A
6	(6)	P	PA
1，6	(7)	C	1，6 →O
1，2，6	(8)	I	2，7→O
1，2，3，6	(9)	J	3，8 →O
1，2，3，4，6	(10)	M	4，9 →O
1，2，3，4，5，6	(11)	F	5，10 →O
1，2，3，4，5	(12)	P→F	6 – 11 →I

2.3

1（b）W & – V

（f）–（B & S）

（k）–（M & G）→ E

对于“（– M & – G）→ E”而言，上面的符号化更好一些。

（n）A → {– J → [E → （– I & – D）]}

355 2（b）辩方证人没有豁免权并且控方证人没有豁免权。

4（b）

1	(1)	– B → C	A
2	(2)	– B → – C	A

	3	(3)	－B	PA
	1，3	(4)	C	1，3 →O
	2，3	(5)	－C	2，3 →O
	1，2，3	(6)	C &－C	4，5 &I
	1，2	(7)	B	3－6－O
6.	1	(1)	S &－H	A
	2	(2)	S → H	PA
	1	(3)	S	1 &O
	1，2	(4)	H	2，3→O
	1	(5)	－H	I &O
	1，2	(6)	H &－H	4，5 &I
	1	(7)	－（S → H）	2－6－I
10.	1	(1)	S →－A	A
	2	(2)	B → A	A
	3	(3)	S & B	PA
	3	(4)	B	3 &O
	2，3	(5)	A	2，4 →O
	3	(6)	S	3 &O
	1，3	(7)	－A	1，6 →O
	1，2，3	(8)	A &－A	5，7 &I
	1，2	(9)	－（S & B）	3－8－I

2.4

1（b）E∨－E

（f）－L →（R∨F）

（j）（P∨A）→（R∨B）

2（b）在佛罗里达州虐待动物既不是轻罪也不是重罪。

4（b）	1	(1)	（P → O）&（M → O）	A
	2	(2)	P ∨ M	PA
	1	(3)	P → O	1 &O

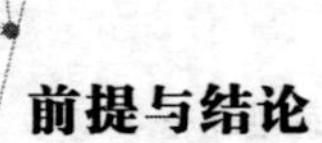

1 (4) M → O 1 &O

1，2 (5) O 2，3，4 ∨O

1 (6) (P∨M) → O 2 –5 →I

6\. 1 (1) A∨M A

2 (2) A → S A

356 3 (3) S → B A

4 (4) M → B A

5 (5) A PA

2，5 (6) S 2，5 →O

2，3，5 (7) B 3，6 →O

2，3 (8) A → B 5 –7 →I

1，2，3，4 (9) B 1，8，4∨O

10\. 1 (1) L∨S A

2 (2) (L → K) & (S → C) A

3 (3) (K → G) & (C → G) A

4 (4) L PA

2 (5) L → K 2 &O

2，4 (6) K 5，4 →O

3 (7) K → G 3 &O

2，3，4 (8) G 7，6 →O

2，3 (9) L → G 4 –8 →I

10 (10) S PA

2 (11) S → C 2 &O

2，10 (12) C 11，10 →O

3 (13) C → G 3 &O

2，3，10 (14) G 13，12 →O

2，3 (15) S → G 10 –14 →I

1，2，3 (16) G 1，9，15 ∨O

2.5

1 (b) P ↔ A

(f) C ↔ S

2（b）并非圣母院队赢得全国冠军当且仅当它赢得杯赛。

4（b）	1	(1)	D →（E & F）	A	
	2	(2)	E → D	A	
	3	(3)	D	PA	
	1，3	(4)	E & F	1，3→O	
	1，3	(5)	E	4 &O	
	1	(6)	D → E	3 –5 →I	
	1，2	(7)	D ↔ E	6，2 ↔ I	
6.	1	(1)	W ↔ P	A	
	2	(2)	–P	A	
	3	(3)	W	PA	
	1	(4)	W → P	1 ↔ O	
	1，3	(5)	P	4，3 →O	357
	1，2，3	(6)	P & –P	5，2 &I	
	1，2	(7)	–W	3 –6 –I	
10.	1	(1)	A ↔ B	A	
	2	(2)	–（A & B）	A	
	3	(3)	A	PA	
	1	(4)	A → B	1 ↔ O	
	1，3	(5)	B	4，3 →O	
	1，2，3	(6)	（A & B）&–（A & B）	3，5，2 &I	
	1，2	(7)	–A	3 –6 –I	
	8	(8)	B	PA	
	1	(9)	B → A	I →O	
	1，8	(10)	A	9，8 →O	
	1，2，8	(11)	（A & B）&–（A & B）	10，8，2 &I	
	1，2	(12)	–B	8 –11 –I	
	1，2	(13)	–A & –B	7，12 &I	

2.6

每一个论证都有一些正确的证明。我们只列出其中一个。

1（b）（1） C∨D A

（2） －C A

（3） D 1，2 DA

（4） －－D 3 DN

3\. （1） B A

（2） （B & S）→ M A

（3） －M A

（4） －（B & S） 2，3 MT

（5） －S 4，1 CA

7\. 1 （1） P →－M A

2 （2） －M →－A A

3 （3） －P →－M A

4 （4） －－A PA

2，4 （5） －－M 2，4 MT

1，2，4 （6） －P 1，5 MT

2，3，4 （7） －－P 3，5 MT

1，2，3，4 （8） －P &－－P 6，7 &I

1，2，3 （9） －A 4－8－O

11\. 1 （1） －（P & C） A

2 （2） －C →－L A

3 （3） L PA

358 3 （4） －－L 3 DN

2，3 （5） －－C 2，4MT

2，3 （6） C 5 DN

1，2，3 （7） －P 1，6 CA

1，2 （8） L →－P 3－7 →I

1，2 （9） －L∨－P 8 AR

2.7

1（b）　无效

	N	L	–	N	→	–	L	⊢	N	→	L
	T	T	F		T	F				T	
	F	T	T		F	F				T	
√	T	F	F		T	T				F	
	F	F	T		T	T				T	
					*						

2（b）　逻辑上不等值

	A	B	–	(A	∨	B)	–	A	∨	–	B
	T	T	F		T		F		F	F	
√	F	T	F		T		T		T	F	
√	T	F	F		T		F		T	T	
	F	F	T		F		T		T	T	
			*						*		

4（b）

	U	O	–	(U	&	O)	–	U	⊢	O
√	F	F	T	F	F	F	T	F		F
			*				*			

6.　有效

P	R	P	P	→	R	⊢	R
T	T	T		T			T
F	T	F		T			T
T	F	T		F			F
F	F	F		T			F
				*			

10.　无效

	P	C	E	–	P	C	→	P	–	E	→	–	P	⊢	–	E
√	F	F	T	T	F	F	T	F	F	T	T	T	F		F	T
				*			*				*				*	

14.　有效

T	P	S	T	→	(P	&	–	S)	–	T	→	(S	&	–	P)	⊢	S	↔	–	P
T	T	T		F		F	F		F		T		F	F				F	F	
F	T	T		T		F	F		T		F		F	F				F	F	
T	F	T		F		F	F		F		T		T	T				T	T	
F	F	T		T		F	F		T		T		T	T				T	T	

T	T	F	T	T	T	F	T	F	F	T	F
F	T	F	T	T	T	T	F	F	F	T	F
T	F	F	F	F	T	F	T	F	T	F	T
F	F	F	T	F	T	T	F	F	T	F	T
			*				*	*		*	

359 **3.1**

1（b）（x） Wx

（f）（x）（Ox → Hx）

（j） –（x）（Lx → Ox）或者（∃x）（Lx & – Ox）

（n）（x）［Bx →（– Dx & Ux）］

2（b）有人受贿。

（f）有些法官是腐败的。

（j）所有法官是律师和政府雇员。

3（b）（Bx → – Wx）

（f）（x） –（Bx ∨ Lx）或者（x）（– Bx & – Lx）

（j） –（∃x）（Ax & – Dx）

（n）（x） Gx & –（∃x） – Gx

3.2

1（b）	（4）	（∃x） –（Dx → Fx）	3 QE
	（5）	–（Da → Fa）	4 EO
	（6）	Da → Ea	1 UO
	（7）	Ea → Fa	2 UO
	（8）	Da → Fa	6，7 CH
	（9）	（Da → Fa） & –（Da → Fa）	8，5 &I
	（10）	（x）（Dx → Fx）	3 – 9 – O

3.	（1）	（x）（Bx → Vx）	A
	（2）	（x） Bx	A
	（3）	–（x） Vx	PA
	（4）	（∃x） – Vx	3 QE

(5)	– Va	4 EO
(6)	Ba → Va	1 UO
(7)	Ba	2 UO
(8)	Va	6，7 →O
(9)	Va & – Va	8，5 &I
(10)	(x) Vx	3 –9 – O

7.	(1)	(∃x)(Kx & Rx & –Px)	A
	(2)	(x)(Kx ↔ Px)	PA
	(3)	Ka & Ra & – Pa	1 EO
	(4)	Ka ↔ Pa	2 UO
	(5)	Ka	3 &O
	(6)	Ka → Pa	4 ↔O
	(7)	Pa	6，5 →O
	(8)	– Pa	3 &O
	(9)	Pa & – Pa	7，8 &I　　360
	(10)	– (x)(Kx ↔ Px)	2 –9 – I

11.	1	(1)	(x) Cx ∨ (x) – Cx	A
	2	(2)	(∃x) – Cx	PA
	3	(3)	– (x) – Cx	PA
	1，3	(4)	(x) Cx	1，3 DA
	2	(5)	– Ca	2 EO
	1，3	(6)	Ca	4 UO
	1，2，3	(7)	Ca & – Ca	6，5 &I
	1，2	(8)	(x) – Cx	3 –7 – O
	1	(9)	(∃x) – Cx → (x) – Cx	2 –8 →I

3.3

1（b）第一个公式不是一个量化。这个论证可以改写成：

(x) Cx，(x) Dx ⊢ (x)(Cx & Dx)

(1)　　C　　A　　有效

（2）　　D　　　A

（3）　　C & D　　1, 2 & I

(f) 有些公式不是全称并且其结论不是存在。

这个论证不能改写成到达第四步的等值形式。

2（b）（x）Ax,（∃x）Bx ⊢（∃x）（Bx & Ax）

A	B	A	B	⊢	B	&	A
T	T	T	T			T	
F	T	F	T			F	
T	F	T	F			F	
F	F	F	F			F	

3（b）（x）（Hx → Ax），（x）（Rx → －Hx）⊢（x）（Rx → －Ax）无效

	H	A	R	H	→	A	R	→	－	H	⊢	R	→	－	A
√	F	T	T	F	T	T	T	T	T	F		T	F	F	T
					*			*					*		

5.（x）（Px ↔ Wx），（x）（－Cx →－Wx） ⊢（x）（Px ↔ Cx）无效

	P	W	C	P	↔	W	－	C	→	－	W	⊢	P	↔	C
√	F	F	T	F	T	F	F	T	T	T	F		F	F	T
					*				*					*	

361　9.（x）－Gx,（x）（－Wx → Fx),（x）（Gx → Wx） ⊢（x）Fx 无效

	G	W	F	－	G	－	W	→	F	G	→	W	⊢	F
√	F	T	F	T	F	F	T	T	F	F	T	T		F
				*				*			*			

11(b)（x)(Ax →－Bx),－（∃x）（Ax & Bx） = （x）－(Ax & Bx)

A	B	A	→	－	B	－	(A	&	B)
T	T		F	F		F		T	
F	T		T	F		T		F	
T	F		T	T		T		F	
F	F		T	T		T		F	
			*			*			

12. $(\exists x)(Ax \mathbin{\&} Bx)$，$(\exists x)(Bx \mathbin{\&} Ax)$　　等值

A	B	A	&	B	B	&	A
T	T		T			T	
F	T		F			F	
T	F		F			F	
F	F		F			F	

13. $(x)(Ax \rightarrow -Bx)$，$(x)(-Bx \rightarrow --Ax)$　　不等值

	A	B	A	→	−	B	−	B	→	−	−	A
√	F	F	F	T	T	F	T	F	F	F	T	F
或√	T	T	T	F	F	T	F	T	T	T	F	T
				*					*			

3.4

3. $(x)[(Ax \mathbin{\&} Bx) \rightarrow Sx] \vdash (x)[(Bx \mathbin{\&} Sx) \rightarrow Ax]$

论域：动物；$Ax = x$ 是一只狗，$Bx = x$ 是雄性，$Sx = x$ 是哺乳动物

所有雄性的狗都是哺乳动物。　　(T)
因此，所有雄性哺乳动物都是狗。　　(F)

7. $(x)(Bx \rightarrow Lx) \mathbin{\&} (x)(Ux \rightarrow Dx)$
$\vdash (x)(Lx \rightarrow Bx) \mathbin{\&} (x)(Dx \rightarrow Ux)$

论域：动物；$Bx = x$ 是一只狗，$Lx = x$ 是一只犬科动物，$Ux = x$ 是一只猫，$Dx = x$ 是猫科动物

所有狗都是犬科动物，所有猫都是猫科动物。(T)
因此，所有犬科动物都是狗，并且所有猫科动物都是猫。(F)

9 (b) $(\exists x)(Ax \mathbin{\&} -Bx)$，$(\exists x)(Bx \mathbin{\&} -Ax)$ 362

论域：人；$Ax = x$ 是一位母亲，$Bx = x$ 是女性

有些母亲不是女性。(F)
有些女性不是母亲。(T)

3.5

1 (b) $-(\exists x)-Lxg$ 或 $(x)--Lxg$ 或 $(x)\ Lxg$

(f) $(x)(\exists y)(Ty \& Dxy)$

(j) $(\exists x)[Jx \& (y)(Ay \rightarrow Rxy)]$

(n) $(x)(y)[(Dx \& Mx \& Sy) \rightarrow -Txy]$ 或 $(x)[(Dx \& Mx) \rightarrow (y)(Sy \rightarrow -Txy)]$

2 (b) 每个人爱每个人。

(f) 有人爱某人，且被某人爱。

或有些人互相爱着彼此。

正如该公式所表达的意思，第一个语句与爱人并且被爱的人是同一个人，所以它更好些。

(j) 每一个人都被他或她所爱的人爱着。

3 (b) $(\exists x)[Px \& (y)(Ey \rightarrow Dxy)]$

(f) $(x)(y)[(Fxy \& Dy) \rightarrow -Lxy]$ 或

$(x)(y)[(Fxy \& Dx) \rightarrow -Lyx]$

(k) 这个语句是模棱两可的。它具有两种含义并对其符号化：

任何一个赛马骑师与高个女人结婚。

$(x)\{(Mx \& Jx) \rightarrow (y)[Axy \rightarrow (Ty \& Wy)]\}$ 或

$(x)(y)[(Mx \& Jx \& Axy) \rightarrow (Ty \& Wy)]$

每个赛马骑师与某个高个女人结婚。

$(x)[(Mx \& Jx) \rightarrow (\exists y, (Axy \& Ty \& Wy)]$

5 (b)

(3)	$(\exists y)-(x)\ Lxy$	2 QE
(4)	$-(x)\ Lxa$	3 EO
(5)	$(\exists x)-Lxa$	4 QE
(6)	$-Lba$	5 EO
(7)	Lba	1 UO
(8)	$Lba \& -Lba$	7，6 &I
(9)	$(y)(x)\ Lxy$	2－8－O

7. (1)　Bsa　A
(2)　Psag　A
(3)　(x) (y) (z) [(Bxy & Pxyz) → Bxz]　A
(4)　(Bsa & Psag) → Bsg　3 UO
(5)　Bsa & Psag　1，2 &I　363
(6)　Bsg　4，5 →O

11. (1)　(x) (y) [Dxy → (Ax & Ay)]　A
(2)　–Am　A
(3)　Dsm　PA
(4)　Dsm → (As & Am)　1 UO
(5)　As & Am　4，3 →O
(6)　Am　5 &O
(7)　Am & –Am　6，2 &I
(8)　–Dsm　3–7–I

一个难度更大的6行证明也是可能的。

15. (1)　Da　A
(2)　–(x) [(Px & Hxa) → (∃y) (Dy & –Hxy)]　PA
(3)　(∃x) –[(Px & Hxa) → (∃y) (Dy & Hxy)]　2 QE
(4)　–[(Pb & Hba) → (∃y) (Dy & Hby)]　3 EO
(5)　Pb & Hba & –(∃y) (Dy & Hby)　4 AR
(6)　–(∃y) (Dy & Hby)　5 &O
(7)　(y) –(Dy & Hby)　6 QE
(8)　–(Da & Hba)　7 UO
(9)　–Hba　8，1 CA
(10)　Hba　5 &O
(11)　Hba & –Hba　10，9 &I
(12)　(x) [(Px & Hxa) → (∃y) (Dy & Hxy)]　2–11–O

17. (x) (Kxx→Bx) ⊢ (x) [(∃y) Kxy→Bx]

该结论也可以写成“(x) (y) (Kxy → Bx)”。

论域：人；Kxy = x 憎恨 y，Bx = x 是一个自我憎恨者

所有憎恨他们自己的人都是自我憎恨者。 (T)

因此，任何一个憎恨任何人的人是自我憎恨者。 (F)

21. $(x)[Ax \rightarrow (\exists y)Cyx]$，$(x)(Sx \vee Ix)$，$(x)[Ix \rightarrow -(\exists y)Cxy]$ $\vdash (\exists x)[Sx \,\&\, (y)(Ay \rightarrow Cxy)]$

第三个前提也可以写成“$(x)[Ix \rightarrow (y) - Cxy]$”。

论域：正整数；$Ax = x$ 是奇数，$Cxy = x$ 比 y 大，$Sx = x$ 比 1 大，$Ix = x$ 比 2 小

对于任何奇正整数有比它更大的数。 (T)

每一个正整数或者大于 1 或者小于 2。 (T)

任何小于 2 的正整数不大于任何正整数。 (T)

因此，有一个大于 1 的正整数比所有奇整数大。 (F)

364 **3.6**

1 (b) $(x)(Rx \rightarrow g \neq x)$

(f) $(x)(y)(x \neq y \rightarrow Bxy)$

(j) $(x)(y)[(Cx \,\&\, Txy) \rightarrow y = g]$

2 (b) 有人爱另一个人。

(f) 母亲特瑞莎爱其他每个人。

(j) 只有一个人爱他自己或她自己。

3 (b)

(2)	$(\exists x)(x \neq x)$	1 QE
(3)	$a \neq a$	2 EO
(4)	$a = a$	=I
(5)	$a = a \,\&\, a \neq a$	4, 3 &I
(6)	$(x)(x = x)$	1 – 5 – O

5.

(1)	Wd	A
(2)	$(x)(Wx \rightarrow x = c) \,\&\, Wc$	A
(3)	$(x)(Wx \rightarrow x = c)$	2 &O
(4)	$Wd \rightarrow d = c$	3 UO
(5)	$d = c$	4, 1 →O

9.

(1)	$Td \,\&\, (x)(x \neq d \rightarrow -Tx)$	A

(2)	$(\exists x)(Px \,\&\, Tx)$	A
(3)	$(x)(x \neq d \rightarrow -Tx)$	1 &O
(4)	$Pa \,\&\, Ta$	2 EO
(5)	$a \neq d \rightarrow -Ta$	3 UO
(6)	Ta	4 &O
(7)	$--Ta$	6 DN
(8)	$-(a \neq d)$	5，7 MT
(9)	$a = d$	8 DN
(10)	Pa	4 &O
(11)	Pd	9，10 =O

14. $(x)(y)(x \neq y \rightarrow Dxy) \vdash (x)(y)Dxy$

论域：整数；$Dxy = x$ 或者大于 y 或者小于 y

> 每个整数或者大于或者小于其他每个整数。(T)
> 因此，每个整数或者大于或者小于每个整数。(F)

因为某个（实际上，每一个）整数既不大于也不小于它本身，所以该结论为假。

3.7

2. 路易斯安那州《创世论法案》与《宪法第一修正案》之条款才是一致的，除非满足：①路易斯安那州立法的目的是所采用法律是长久的，②法律的原则既不推进也不抑制宗教，以及③法律不会导致政 365
府与宗教有过多的联系。路易斯安那州立法的目的之采用法律不是长久的。因此，路易斯安那州《创世论法案》与《宪法第一修正案》之条款是不一致的。

(1)	$C \rightarrow [S \,\&\, -(A \vee I) \,\&\, -E]$	A
(2)	$-S$	A
(3)	C	PA
(4)	$S \,\&\, -(A \vee I) \,\&\, -E$	1，3 →O
(5)	S	4 &O
(6)	$S \,\&\, -S$	5，2 &I

(7) $-C$ 3－6 －I

一个难度更大的5行证明也是可能的。

6(a) $(x)(y)(z)((Sxy \& Kxz \& Hz) \rightarrow \{(Myx \leftrightarrow Fx) \& [Ayx \leftrightarrow (Ux \& -Fx)]\})$

(c) (1) $(S \& K) \rightarrow [A \leftrightarrow (U \& -F)]$ A

(2) $S \& K$ A

(3) $U \& -F$ A

(4) $A \leftrightarrow (U \& -F)$ 1，2 →O

(5) $(U \& -F) \rightarrow A$ 4 ↔ O

(6) A 5，3 →O

4.2

2 (a) 原告

$B \rightarrow D, B \vdash D$

(b) 被告（下级法院） N：$B \rightarrow D$

$D \rightarrow N, -N \vdash -D$

(c) 上诉法院 N：$D \rightarrow N$

$B \rightarrow D, B \vdash D$

6 (a) 起诉

$(x)(y)\{[Gx \& Tyx \& (\exists z)(Azx \& Uz \& Cyz)] \rightarrow Ly\}$
$Gg \& Tcg \& (\exists x)(Axg \& Ux \& Ccx) \vdash Lc$

(b) 商人 N：$Gg \& Tcg \& (\exists x)(Axg \& Ux \& Ccx)$

$(x)(y)(z)[Bxyz \rightarrow (-Sx \rightarrow -Ux)]$
$(x)(y)(z)[(Bxyz \& My \& Fz \& Oz) \rightarrow -Sx]$
$Bacg \& Mc \& Fg \& Og \vdash -Ua$

(c) 法院 N：$(x)(y)(z)[(Bxyz \rightarrow (-Sx \rightarrow -Ux)]$

$(x)(y)(z)[(Bxyz \& -Wyz) \rightarrow Ux]$, $Bacg \& -Wcg \vdash Ua$

4.3

1（b）主张：$Nd \,\&\, Dds \,\&\, Lt$

$Nx = x$ 疏忽开车，$Dxy = x$ 以 y 速度开车，$s = 65$ 英里每小时，$Lx =$ 限速 x，$t = 30$ 英里每小时

否认：被告否认疏忽开车。被告否认以每小时 65 英里的速度或超 366
过限速开车。

N：Nd

N：$Dds \lor (\exists x)(\exists y)(Ddx \,\&\, Ly \,\&\, Mxy)$

$Mxy = x$ 比 y 大

（f）主张：$(\exists x)(Sx \,\&\, Mdx \,\&\, Ndx \,\&\, Ppx \,\&\, Ipx)$

$Sx = x$ 是一个滑梯，$Mxy = x$ 是 y 的制造商，$Nxy = x$ 在制造 y 的过程中疏忽大意，$Pxy = x$ 在玩 y，$Ixy = x$ 在玩 y 的时候受伤

否认：被告不能提供信息关于原告是否在玩滑梯时受伤，否认了原告正在玩的任何滑梯的制造商，并且否认了被告或任何滑梯制造商的疏忽大意。

N：$(\exists x)(Sx \,\&\, Ppx \,\&\, Ipx)$

N：$(\exists x)(Sx \,\&\, Mdx \,\&\, Ppx)$

N：$(\exists x)(Sx \,\&\, Mdx \,\&\, Ndx \,\&\, Ppx) \lor (\exists x)(Sx \,\&\, Mdx \,\&\, Ndx)$

3. 原告：$(x)(Rx \to Odxp)$，$Rt \vdash Odtp$

（$Rx = x$ 是合理的律师费，$Oxyz =$ 依据合同 x 有义务付 y 元给 z，$t =$ 共 2000 美元）

被告：N：$[Rt \lor (\exists x)(Gx \,\&\, Rx)]$

（$Gx = x$ 是一笔超过 500 美元的钱）

被告否认 2000 美元或任何一笔超过 500 美元的钱是这个案件的合理律师费。

7. 原告：$(x)(y)(z)(w)[(Nx \,\&\, Eyzw \,\&\, Dyxzw) \to Oyzx]$，$Ni \,\&\, Edipf \,\&\, Ddipf \vdash Odpi$

被告：N：$[Edipf \lor Ddipf \lor (\exists x)(Edipx \lor Ddipx)]$

被告否认他在爱荷华州菲尔菲尔德或其他任何地方支付或递送过本票。

4.4

2（a）政府：$(x)(Mx \rightarrow Jx)$，$Mc \vdash Jc$

（论域：案例；$Mx = x$ 涉及军事人员，$Jx = x$ 受军事法庭管辖，C = 这个案例）

（b）法院：

D：$(x)(Mx \rightarrow Jx)$

C：$(x)[(Mx \& Sx) \rightarrow Jx]$

N：$(x)[(Mx \& -Sx) \rightarrow Jx]$

N：$-Sc$

（$Sx = x$ 在服役期）

6（a）安吉丽：$(x)(y)(z)(Lxy \rightarrow Sxyz) \vdash Lta \rightarrow Star$

（$Sxyz = x$ 在关于 z 的问题上顺从 y 的意愿，r = 安吉丽对托马斯提议的回复时间）

（b）托马斯：

D：$(x)(y)(z)(Lxy \rightarrow Sxyz)$

367 C：$(x)(y)(z)[(Lxy \& -Pzxy) \rightarrow Sxyz]$

N：$(x)(y)(z)[(Lxy \& Pzxy) \rightarrow Sxyz]$

（$Pxyz = x$ 关于 y 对 z 的占有）

4.5

2. 被告的论证：$(x)(y)(z)(w)[(Exyz \& Swyz) \rightarrow -Lyzw]$，$(\exists x)(Exdp \& Sadx) \vdash -Ldpa$

（$Exyz = x$ 是一种通过 z 进入到 y 的财产所有权的行为；$Sxyz = x$ 是一种通过 y 停止行为 z 的行为；$Lxyz$ = 因为 z，x 对 y 负有责任；a = 被告割断原告帆船的行为）

原告的法律前提辨别：

D：$(x)\ (y)\ (z)\ [\ (Ixy\ \&\ Hxz)\ \rightarrow Lyzx]$
C：$(x)\ (y)\ (z)\ \{\ [Ixy\ \&\ Hxz\ \&-\ (\exists w)\ (Ewyz\ \&\ Sxyw)]\ \rightarrow Lyzx\}$
N：$(x)\ (y)\ (z)\ \{\ [Ixy\ \&\ Hxz\ \&\ (\exists w)\ (Ewyz\ \&\ Sxyw)]\ \rightarrow Lyzx\}$

（$Ixy = x$ 对 y 是一种有意的行为，$Hxy = x$ 伤害 y）

原告的避免：

$(x)(y)(z)(w)[(Exyz\ \&\ Nx)\ \rightarrow (Swyx \rightarrow Lyzw)],(\exists x)\ (Exdp\ \&\ Nx\ \&\ Sadx) \vdash Ldpa$

（$Nx =$ 为了避免危险，x 是必要的）

原告的法律前提辨别：

D：$(x)\ (y)\ (z)\ (w)\ [\ (Exyz\ \&\ Swyx)\ \rightarrow -Lyzw]$
C：$(x)\ (y)\ (z)\ (w)\ [\ (Exyz\ \&-Nx\ \&\ Swyx)\ \rightarrow -Lyzw]$
N：$(x)\ (y)\ (z)\ (w)\ [\ (Exyz\ \&\ Nx\ \&\ Swyx)\ \rightarrow -Lyzw]$

6. 被告的论证：$(x)(y)(z)[(\exists w)Rwxyz \rightarrow -Lyxz],(\exists x)\ Rxpda \vdash -Ldpa$

（$Rxyzw = x$ 是一份 y 考虑到 w 而与 z 签订责任的合约；$Lxyz =$ 依据 z，x 对 y 负有责任；a = 起诉的行为）

原告的法律前提辨别：

D：$(x)\ (y)\ (z)\ (Nxyz \rightarrow Lyzx)$
C：$(x)\ (y)\ (z)\ \{\ [Nxyz\ \&-\ (\exists w)\ Rwzyx]\ \rightarrow Lyzx\}$
N：$(x)\ (y)\ (z)\ \{\ [Nxyz\ \&\ (\exists w)\ Rwzyx]\ \rightarrow Lyzx\}$

（$Nxyz = x$ 是 y 不小心撞倒 z 的行为）

原告的避免：

$(x)\ (y)\ (z)\ \{[Nxyz\ \&(w)\ (Rwzyx \rightarrow Fzw)] \rightarrow Lyzx\},\ (x)\ (Rxpda \rightarrow Fpx),\ Nadp \vdash Ldpa$

（$Fxy = x$ 因欺诈行为来履行 y）

被告的法律前提辨别：

D：$(x)\ (y)\ (z)\ [\ (\exists w)\ Rwxyz \rightarrow -Lyxz]$
C：$(x)\ (y)\ (z)\ [\ (\exists w)\ Rwxyz\ \&-Fxw)\ \rightarrow -Lyxz]$

N：（x）（y）（z）［（∃w）Rwxyz & Fxw）→ − Lyxz］

5.1

1（b）（A & B）→ C

（f）（A → C）&（B → C）

368 2（b）假　无效：A → C ⊢（A∨B）→ C

4（a）（x）［（Ex ↔（Ax & Cx & Ix）］或

（x）［− Ex ↔ −（Ax & Cx & Ix）］

（b）（字面上）（x）｛［−（Ax & Cx）→ − Ex］&（− Ix → − Ex）｝或

（x）［−（Ax & Cx & Ix）→ − Ex］或

（x）［Ex →（Ax & Cx & Ix）］

（c）多数人的观点：所列举的每一个条件是合格的必要条件；这些条件的联合是合格的充分条件。

异议的观点：所列举的每一个条件是合格的必要条件；对于合格没有充分条件。

8.（x）（− Ex → Sx）⊢（x）（Ex → − Sx）

（论域：死亡的申请者；Ex = x 的请求因其死亡而消灭，Sx = 在 x 的案件中法院可以命令适格当事人替代之）

命题类比：− E → S ⊢ E → − S

	E	S	−	E	→	S	⊢	E	→	−	S
√	T	T	F	T	T	T		T	F	F	T
					*				*		

加强的论证（P1）：（x）（− Ex ↔ Sx）⊢（x）（Ex → − Sx）

命题类比：− E ↔ S ⊢ E → − S

E	S	−	E	↔	S	⊢	E	→	−	S
T	T	F		F				F	F	
F	T	T		T				T	F	
T	F	F		T				T	T	
F	F	T		F				T	T	
				*					*	

12. (x)[Rx→(Ax & Bx)] ⊢ (x)(－Rx → －Ax)

（论域：规则制定流程；Rx = 法律规定必须根据行政听证后的记录在制定流程 x 中制定的规则，Ax = 第 556 条适用于 x，Bx = 第 557 条适用于 x）

命题类比：R → (A & B) ⊢ －R → －A

	R	A	B	R	→	(A	&	B)	⊢	－	R	→	－	A
√	F	T		F	T	T				T	F	F	F	T
					*							*		

（B 被赋予什么值并不重要。）

加强的论证（P1）：

(x)[Rx → (Ax & Bx)] & (x)[(Ax ∨ Bx) → Rx]
⊢ (x)(－Rx → －Ax)

注意到这个增加的前提符号化并不正确： 369

'(x)[Rx ↔ (Ax & Bx)]'

命题类比：[R → (A & B)] & [(A ∨ B) → R] ⊢ －R → －A

1	(1)	[R → (A & B)] & [(A ∨ B) → R]	A
2	(2)	－R	PA
1	(3)	(A ∨ B) → R	1 &O
1, 2	(4)	－(A ∨ B)	3, 2 MT
1, 2	(5)	－A & －B	4 DM
1, 2	(6)	－A	5 &O
1	(7)	－R → －A	2－6 →I

5.2

1 (b) (x)(Tx → Mx)
(f) (x)(Wx → Px)
(j) (x)[(Dx & Hx) → Cx]
(n) (∃x)(Jx & Ax)

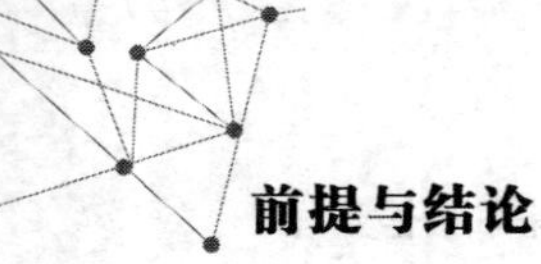

(r) $(x)\ [Tx \to (y)\ (Bxy \to Hxy)]$

(v) $(x)\ [(Ax \ \& -Sx) \to -Bx]$

2 (b) $(x)\ [(Sx \ \& -Ex) \to Ix]$

(f) $(x)\ (y)\ [(Jx \ \& \ Pyx) \to (Oxy \ \& \ Dxy)]$

(j) $(x)\ (y)\ (z)\ \{[(Pxyz \vee Mxyz) \ \& \ (Szx \vee Szy)] \to -Vxy\}$

3. (F1) $(x)\ [Ax \to (Fx \ \& \ Rx)]$

(F2) $(x)\ [Fx \to (Ax \to Rx)]$

(F3) $(x)\ [Rx \to (Ax \to Fx)]$

7. (F1) $(x)\ [(Ox \vee Ex \vee Lx) \to Px]$

(F2) $(x)\ (Ox \to Px) \ \& \ (x)\ (Ex \to Px) \ \& \ (x)\ (Lx \to Px)$ 或

$(x)\ [(Ox \to Px) \ \& \ (Ex \to Px) \ \& \ (Lx \to Px)]$

5.3

2. $-(x)\ (Sx \to -Ux)$

（$Sx = x$ 是与 16 周岁以上的女孩发生的性关系，$Ux = x$ 是不合法的）

注意到下面的符号化可能不正确：

"$(x)\ -(Sx \to -Ux)$"

6. $(x)\ (y)\ (z)\ [Ixy \to (Vzyx \to Hxz)]$

（$Ixy = x$ 是无辜的一方在推定婚姻中与 y 结婚，$Vxyz = x$ 是一种如果 y 与 z 具有有效婚姻，则 z 将享有 y 的财产的权利，$Hxy = x$ 具有 y）

注意到下面的符号化可能不正确：

"$(x)\ (y)\ (z)\ [(Vxy \to Hxzy) \to (Ixy \to Hxzy)]$"

（$Vxy = x$ 与 y 具有有效婚姻，$Hxyz = x$ 对 z 的财产享有权利 y）

370 **5.4**

1 (b) $(\exists x)\ Ax \to (y)\ Ry$

$(x)\ [Ax \to (y)\ Ry]$

$(x)\ [(\exists y)\ Ay \to Rx]$

$(x)\ (y)\ (Ax \to Ry)$

2(b) $(x)[Vx \rightarrow (\exists y)(Qy \,\&\, Sxy)]$

$(x)(\exists y)[Vx \rightarrow (Qy \,\&\, Sxy)]$

(f) $(x)[(Px \,\&\, Hxa) \rightarrow (\exists y)(Dy \,\&\, Hxy)]$ 或

$(x)(\exists y)[(Px \,\&\, Hxa) \rightarrow (Dy \,\&\, Hxy)]$

4(b)

(1)	$P \rightarrow (x)Fx$	A
(2)	$-(x)(P \rightarrow Fx)$	PA
(3)	$(\exists x)-(P \rightarrow Fx)$	2 QE
(4)	$-(P \rightarrow Fa)$	3 EO
(5)	$P \,\&\, -Fa$	4 AR
(6)	P	5 &O
(7)	$(x)Fx$	1, 6 →O
(8)	Fa	7 UO
(9)	$-Fa$	5 &O
(10)	$Fa \,\&\, -Fa$	8, 9 &I
(11)	$(x)(P \rightarrow Fx)$	2 - 10 - O

1	(1)	$(x)(P \rightarrow Fx)$	A
2	(2)	P	PA
3	(3)	$-(x)Fx$	PA
3	(4)	$(\exists x)-Fx$	3 QE
3	(5)	$-Fa$	4 EO
1	(6)	$P \rightarrow Fa$	1 UO
1, 2	(7)	Fa	6, 2 →O
1, 2, 3	(8)	$Fa \,\&\, -Fa$	7, 5 &I
1, 2	(9)	$(x)Fx$	3 - 8 - O
1	(10)	$P \rightarrow (x)Fx$	2 - 9 →I

5.

(1)	$(\exists x)Ix \rightarrow (x)Ix$	A	(F1 推衍出 F2)
(2)	$-(x)[(\exists y)Iy \rightarrow Ix]$	PA	
(3)	$(\exists x)-[(\exists y)Iy \rightarrow Ix]$	2 QE	
(4)	$-[(\exists y)Iy \rightarrow Ia]$	3 EO	
(5)	$(\exists y)Iy \rightarrow -Ia$	4 AR	

(6)　(∃y) Iy　　5 &O

(7)　Ib　　6 EO

(8)　(∃y) Ix　　7 EI

(9)　(x) Ix　　1, 8 →O

(10)　Ia　　9 UO

(11)　–Ia　　5 &O

371 (12)　Ia & –Ia　　10, 11 &I

(13)　(x) [(∃y) Iy → Ix]　　2–12–O

(1)　(x) [(∃y) Iy → Ix]　　A　(F2 推衍出 F3)

(2)　– (x) [Ix → (y) Iy]　　PA

(3)　(∃x) – [Ix → (y) Iy]　　2 QE

(4)　– [Ia → (y) Iy]　　3 EO

(5)　Ia & – (y) Iy　　4 AR

(6)　– (y) Iy　　5 &O

(7)　(∃y) –Iy　　6 QE

(8)　–Ib　　7 EO

(9)　(∃y) Iy → Ib　　1 UO

(10)　Ia　　5 &O

(11)　(∃y) Iy　　10 EI

(12)　Ib　　9, 11 →O

(13)　Ib & –Ib　　12, 8 &I

(14)　(x) [Ix → (y) Iy]　　2–13 –O

(1)　(x) [Ix → (y) Iy]　　A (F3 推衍出 F4)

(2)　– (x) (y) (Ix → Iy)　　PA

(3)　(∃x) – (y) (Ix → Iy)　　2 QE

(4)　– (y) (Ia → Iy)　　3 EO

(5)　(∃y) – (Ia → Iy)　　4 QE

(6)　– (Ia → Ib)　　5 EO

(7)　Ia & –Ib　　6 AR

(8)　Ia → (y) Iy　　1 UO

(9)	Ia	7 &O
(10)	(y) Iy	8, 9 →O
(11)	Ib	10 UO
(12)	-Ib	7 &O
(13)	Ib & -Ib	11, 12 &I
(14)	(x) (y) (Ix → Iy)	2-13-O

1	(1)	(x) (y) (Ix → Iy)	A	(F4 推衍出 F1)
2	(2)	(∃x) Ix	PA	
3	(3)	- (x) Ix	PA	
3	(4)	(∃x) -Ix	3 QE	
2	(5)	Ia	2 EO	
3	(6)	-Ib	4 EO	
1	(7)	Ia → Ib	1 UO	
1, 2	(8)	Ib	7, 5 →O	
1, 2, 3	(9)	Ib & -Ib	8, 6 &I	
1, 2	(10)	(x) Ix	3-9-O	
1	(11)	(∃x) Ix→ (x) Ix	2-10 →I	

5.5 372

2. (x) (Bx → -Px), (x) (Bx → Fx) ⊢ - (x) (Fx → Px)

(1) 论域：天主教徒；Bx = x 是一个路德教徒，Px = x 是一个天主教徒，Fx = x 是一个新教教徒

没有路德教徒是天主教徒。 (T)

所有路德教徒都是新教教徒。 (T)

所以，并非所有新教教徒（以天主教徒为论域）都是天主教徒。[重述为：有新教教徒（以天主教徒为论域）不是天主教徒。]

(F)

(2) 蝙蝠是存在的。

(x)(Bx → -Px), (x)(Bx → Fx), (∃x)Bx ⊢ - (x)(Fx → Px)

(3) 结论转化为一个量化：(∃x) - (Fx → Px)

命题类比的证明：

(1)	B → －P	A
(2)	B → F	A
(3)	B	A
(4)	F	2，3 →O
(5)	－P	1，3 →O
(6)	F & －P	4，5 &I
(7)	－（F → P）	6 AR

6（a）（x）（Tx → Ux），（x）（Px → －Ux）

（b）论域：人；Tx = x 是一个路德教徒，Ux = x 是一个新教教徒，Px = x 是一个伊斯兰教徒

所有路德教徒都是新教教徒。	（T）
没有伊斯兰教徒是新教教徒。	（T）

（c）有些共计 50 朗的硬币组合含有便士。

或

有些含有便士的硬币组合共计 50 朗。

（d）	(1)	（x）（Tx → Ux）	A
	(2)	（x）（Px → －Ux）	A
	(3)	（∃x）（Tx & Px）	A
	(4)	Ta & Pa	3 EO
	(5)	Ta → Ua	1 UO
	(6)	Ta	4 &O
	(7)	Ua	5，6 →O
	(8)	Pa → －Ua	2 UO
	(9)	Pa	4 &O
	(10)	－Ua	8，9 →O
	(11)	Ua & －Ua	7，10 &I

373 **6.2**

2. 海军陆战队希望征募一些好士兵。山姆、查理和威利都是好

士兵。

因此，他们属于这样一类人，即海军陆战队希望征募的一些成员。

6. 欧·布莱恩相信这种情况是，所有爱尔兰小孩应该学习盖尔语。莫林是一个爱尔兰小孩。所以，她属于这样一类人，即欧布莱恩相信这种情况是所有成员应该学习盖尔语。

6.3

2. 一种可能的解决方法：

除非学生因实习工作可以免除，或者他们参加 MTH101 以及 MTH102 或 MTH103，他们才满足数学分级的要求。

$$(x)\ (Sx \rightarrow \{Ex \vee [Ax \ \&\ (Bx \vee Cx)]\})$$

（论域：学生；Ax = x 参加 MTH101，Bx = x 参加 MTH102，Cx = x 参加 MTH103）

6.4

2（a）乔的解释（关于事情的）：Ls ↔（Tsc & Bcj & Dsjc）

检察官的解释（关于陈述的）：Ls ↔（Tsc & Bcj & Isa）

（b）在第二种解释下山姆并没有罪，因为他没有打算占有车主的车。因此，第三个合取肢为假。

6. 多数人的观点：$(\exists x)\ (\exists y)\ (Rx \ \&\ Vyx \ \&\ Kdy) \rightarrow Gd$

（Rx = x 是一个安全运输腐蚀性液体的规章，Vxy = x 违反 y 的行为，Kxy = x 故意进行 y，d，Gx）

异议的观点：Tda → Gd

（Txy = x 有意提出真命题 y，d，a = 该命题是被告违反安全运输腐蚀性液体规章，Gx）

374 附录五　推论规则

命题逻辑

十条原始推论规则		
	引　　入	消　　去
&	从 A 和 B 推出 A & B。	从 A & B 推出 A 或 B。
→	从假设 A（可能还有其他的假设）推出 B，则推出 A → B。	从 A → B 和 A 推出 B。
–	从假设 A（可能还有其他的假设）推出 B & –B，则推出 –A。	从假设 –A（可能还有其他的假设）推出 B & –B，则推出 A。
∨	从 A 推出 A∨B 或 B∨A。	从 A∨B，A→C，和 B→C 推出 C。
↔	从 A → B 和 B → A 推出 A ↔ B。	从 A ↔ B 推出 A → B 或 B → A。

依赖假设原则	
A	一个假设依赖于自身。
→I	A → B 依赖于 B 所依赖的所有假设减去 A 依赖的假设。
–I	–A 依赖于 B & –B 所依赖的所有假设减去 A 依赖的假设。
–O	A 依赖于 B & –B 所依赖的所有假设减去 –A 依赖的假设。

七条导出推论规则		
连锁论证	CH	从 A → B 和 B → C 推出 A → C。
逆分离规则	MT	从 A → B 和 − B 推出 − A。
析取论证	DA	从 A∨B 和 − A 推出 B。 从 A∨B 和 − B 推出 A。
合取论证	CA	从 − （A & B） 和 A 推出 − B。 从 − （A & B） 和 B 推出 − A。
双重否定	DN	从 A 推出 − − A 并且反之亦然。
德摩根律	DM	从 − （A & B） 推出 − A∨ − B 并且反之亦然。 从 − （A∨B） 推出 − A & − B 并且反之亦然。
蕴涵	AR	从 A → B 推出 − A∨B 并且反之亦然。 从 A → B 推出 − （A & − B） 并且反之亦然。 从 − （A → B） 推出 A & − B 并且反之亦然。

谓词逻辑

UO	从一个全称量化可以推出它的任何事例。
EO	从一个存在量化推出它的任何事例，假如被引入的个体常项没有出现在被检验的论证符号化或者导出行以上的任意行中。
EI	从存在量词的任何事例推出存在量化。
QE	从 − （x） Ax 推出 （ ∃x） − Ax，并且反之亦然。 从 − （ ∃x） Ax 推出 （x） − Ax，并且反之亦然。
= O	从 a = b （或 b = a） 和 Fa 推出 Fb。
= I	在一个证明中 a = a 可以随时被引入。

主题词索引

R

案例索引

法条索引

图书在版编目（CIP）数据

前提与结论：法律分析的符号逻辑/（美）罗德斯，（美）波斯伯塞尔著；杜文静译.—北京：中国政法大学出版社，2015.8

ISBN 978-7-5620-6173-1

Ⅰ.①前…　Ⅱ.①罗…　②波…　③杜…　Ⅲ.①法律逻辑学　Ⅳ.①D90-051

中国版本图书馆CIP数据核字(2015)第154731号

出版者　中国政法大学出版社

地　址　北京市海淀区西土城路25号

邮寄地址　北京100088信箱8034分箱　邮编100088

网　址　http://www.cuplpress.com（网络实名：中国政法大学出版社）

电　话　010-58908289(编辑部)　58908334(邮购部)

承　印　固安华明印业有限公司

开　本　880mm×1230mm　1/32

印　张　13.25

字　数　385千字

版　次　2015年8月第1版

印　次　2015年8月第1次印刷

定　价　58.00元